U0794691

高等学校新文科教材

数字化管理系列

数字经济概论

主　编/谢卫红

副主编/李秀敏　王永健　王如玉

INTRODUCTION TO DIGITAL ECONOMICS

中国人民大学出版社

·北京·

前言

数字经济的概念由全球著名的新经济学家唐·塔普斯科特（Don Tapscott）在其 1996 年出版的《数字经济：网络智能时代的前景与风险》一书中正式提出，至今有近 30 年的历史。这期间大数据、人工智能、区块链等数字技术迅猛发展，业已成为驱动经济发展的重要引擎。2016 年，在 G20（二十国集团）峰会上，我国倡导签署了《二十国集团数字经济发展与合作倡议》，这是我国首次在官方文件中使用“数字经济”的提法。2017 年，《政府工作报告》明确指出：“推动‘互联网+’深入发展、促进数字经济加快成长，让企业广泛受益、群众普遍受惠。”数字经济发展逐步上升为国家战略。2021 年 10 月，十九届中共中央政治局就推动我国数字经济健康发展进行第三十四次集体学习，强调要促进数字技术与实体经济深度融合，赋能传统产业转型升级，催生新产业新业态新模式，不断做强做优做大我国数字经济。2022 年 1 月，国务院印发《“十四五”数字经济发展规划》，从全局和战略高度，对“十四五”期间的数字经济发展进行了系统布局。2022 年 10 月，党的二十大对数字中国提出新部署新任务新要求。可以说，大力推动数字经济发展是百年未有之大变局下党中央国务院做出的重大决策部署和战略规划，必将推动我国经济社会高质量发展行稳致远。

人才是第一资源，数字经济的高质量发展离不开高素质人才的支撑。为此教育部于 2020 年在经济学下开设数字经济特色专业，并启动数字经济新专业的申报工作，正式拉开了数字经济人才系统培养的号角。在此背景下，众多高校开始探索数字经济专业的人才培养体系与配套教材的编写。2021 年中央财经大学联合设立数字经济专业的相关高校成立全国数字经济教育联盟，开启了共同探讨数字经济人才培养及交流的航程。2014 年，广东在全国率先成立大数据管理局，广东工业大学顺时而动，随即成立跨学科研究机构——大数据战略研究院，开始了对数字经济的探索之路。研究院由时任校党委书记苏一凡研究员亲自挂帅，本书主编谢卫红教授任执行负责人，整合自动化、计算机、数学、管理、经济等多个学科优势资源，致力于探索相关领域的理论与实践问题。成立 9 年来，研究院围绕物联网、5G、人工智能、数字孪生、知识自动化等数字技术，以及大数据平台与工业互联网平台、工业企业数据库、智能制造、工业大数据、数据安全与网络隐私、数字化转型与创新、商业模式等开展理论与应用研究，就大数据技术应用、传统产业转型升级、战略性新兴产业等主题面向全省企业高管、技术骨干及中层管理者展开培训，参与培训的广东省大数据企业 100 余家，工业企业 1 万余家。应该说，研究院积极投身于广东省数字经济一线主战场，为推动广东数字经济高质量发展做出了一定贡献。2021 年，我校成功获批开设数字经济新专业，专业与学科建设迈上新台阶，为系统培养数字经济人才提供了有力支撑。鉴于此，我们尝试将 9 年来的理论研究心得、广东实践经验总结整理成体系，借鉴国内外相关成果，组织编写了这本《数字经济概论》教材，以期为数字经济人才培养做出新的贡献。

本书的内容主要围绕“四化框架”展开，即数字化产业、产业数字化、数字化治理和数据价值化四个方面。主要章节及内容为：第 1 章为绪论，主要围绕数字经济的概念内涵、数字经济的发展概况、数字经济的影响、从数字经济到数字经济学等内容展开；第 2 章为数字经济相关理论，主要围绕规模报酬递增理论、交易成本理论、共享经济理论、技术可供性理论、资源编排理论、数字创新生态系统理论、虚拟集聚理论、长尾理论等内容展开；第 3 章为数字经济的统计与测算，主要围绕数字经济发展对国民经济核算体系提出的挑战、数字经济增加值的测算、数字经济指数的编制等内容展开；第 4 章为数字技术、数字基础设施及其影响，主要围绕数字技术概述、重要的数字技术、数字基础设施概述、重要的数字基础设施、数字技术引致的产业融合与产业变革等内容展开；第 5 章为平台经济，主要围绕平台经济理论、平台商业模式、平台垄断与治理等内容展开；第 6 章为智能制造，主要围绕智能制造的发展历程、智能制造的概念与本质、智能制造的架构与技术支撑体系、智能制造商业模式、国内外智能制造的主要实践等内容展开；第 7 章为电子商务与数字贸易，主要围绕电子商务和数字贸易概述、电子商务和数字贸易规则、国内外电子商务和数字贸易的发展现状等内容展开；第 8 章为数字金融，主要围绕数字货币、第三方支付、传统金融服务的线上延伸、大数据金融、互联网金融平台等内容展开；第 9 章为数据资产、数据产业与数据交易，主要围绕数据资产、数据的产业化过程、数据资产交易等内容展开；第 10 章为数据隐私与安全，主要围绕个人数据与隐私概述、国内外的隐私规制、信息安全概述、信息安全等级保护、数据管理能力成熟度评估等内容展开；第 11 章为数字经济政策，主要围绕全球主要经济体的数字经济政策概述、我国的数字经济政策体系、数字经济政策展望等内容展开。

本书由我校工业数字经济团队编写完成，团队就章节及内容经过了多次研讨及反复修改完善。第 1 章由王永健副教授、李景睿教授、张艺讲师、明娟教授编写；第 2 章由王永健副教授、王如玉教授、李军副教授编写；第 3 章由李秀敏教授编写；第 4 章由谢卫红教授、郑迪文博士编写；第 5 章和第 8 章由王如玉教授编写；第 6 章由谢卫红教授、李忠顺博士编写；第 7 章由李军副教授编写；第 9 章由曾庆铎博士编写；第 10 章由王忠教授编写；第 11 章由皮亚彬副教授编写。

本书的顺利出版要感谢李景睿教授在编写过程中的督促与推进，感谢各位参与人员的辛苦付出，感谢中国人民大学出版社的大力支持、相关同事的悉心指导及其他给予关心、支持的所有人员。

目录

// 第 1 章 //

绪 论

学习目标

1. 理解数字经济的定义、特征与分类。
2. 了解国内外数字经济发展的现状与趋势，掌握我国数字经济发展面临的挑战。
3. 理解数字经济发展对经济、社会以及企业等不同领域与主体的影响。
4. 理解构建数字经济学科体系的必要性，掌握数字经济学科研究的核心内容。

导 言

《“十四五”数字经济发展规划》指出，数字经济是继农业经济、工业经济之后的主要经济形态，是以数据资源为关键要素，以现代信息网络为主要载体，以信息通信技术融合应用、全要素数字化转型为重要推动力，促进公平与效率更加统一的新经济形态。数字经济发展速度之快、辐射范围之广、影响程度之深前所未有，正推动生产方式、生活方式和治理方式深刻变革，成为重组全球要素资源、重塑全球经济结构、改变全球竞争格局的关键力量。

当前我国数字经济转向深化应用、规范发展、普惠共享的新阶段，本章系统介绍数字经济的发展趋势及其对经济的影响，安排了以下内容：(1) 数字经济的概念内涵；(2) 数字经济的发展概况、趋势与挑战；(3) 数字经济的影响；(4) 数字经济与数字经济学；(5) 本书的内容体系介绍。

第 1 节 数字经济的概念内涵

一、从信息经济到数字经济

信息经济肇始于 20 世纪 40 年代电子计算机的发明，而后信息技术迅猛发展，如 60 年代的大型计算机，70 年代的小型计算机，80 年代的个人电脑，90 年代的桌面互联网，2000 年的移动互联网，2010 年的云计算、大数据、物联网，以及当前热议的虚拟现实、增强现实、元宇宙、人工智能、区块链和5G网络技术的结合，新的数字技术集群不断涌现，对经济、社会、政治、文化、生态各个领域的渗透也泛在化，我们在生活中能处处感受到这种浪潮。正如世界著名的未来学家阿尔文·托夫勒在《第三次浪潮》一书所指出的，人类社会正在经历一场最深刻的大变革，它在几十年的时间内就可以波及全球，这就是第三次浪潮。在这次浪潮中，人类进入以信息和知识为核心动力的信息社会，经济形态也发生了颠覆性变革，为描述这种新的变化，信息经济、知识经济、网络经济、数字经济等新概念层出不穷。

在信息技术发展早期，经济学家对信息与知识在经济发展中的作用重视不足，直到1962年美国经济学家弗里茨·马克卢普出版了《美国的知识生产与分配》一书，首次提出了“知识产业”的概念，并分析了知识生产的特征和机制，把30个产业部门的知识生产与分配活动划分为教育、研发、通信媒介、信息设备和信息服务5大类，对美国知识产业进行了初步测算。自此，信息和知识对经济的贡献问题开始引起学术界的关注，并引发了一系列关于信息经济研究的热潮。之后，马克·波拉特博士以马克卢普的研究为基础，同时吸取了丹尼尔·贝尔的后工业化社会理论，对信息经济进行了出色的研究，大大拓宽了马克卢普的研究范围。波拉特将“知识产业”改称为“信息产业”，并将信息产业看作与农业、工业、服务业三次产业并列的“第四产业”，创造性地提出四次产业分类法。波拉特的研究受到美国商务部的重视，在美国商务部资助下他对美国的信息产业进行了定量分析和测算，发表了九卷本的大型研究报告《信息经济》。1985年美国企业家保罗·霍肯在《未来的经济》中将信息经济描述为一种新技术、新知识和新技能贯穿于整个社会活动的新型经济形式，并认为其根本特征是经济运行过程中信息成分超越物质成分占主导地位，至此，信息经济作为一个正式的概念被提出并被定义。自20世纪90年代以来，在全球范围内拉开了讨论“信息经济”概念及理论体系的序幕。2005年联合国发布的《信息经济报告》，认为“信息经济，不仅仅是ICT，也不仅包括ICT发挥重要作用的电子商务，还包括因ICT（包括互联网和电商模式）的扩散和使用所带来的广泛的社会与经济影响”。2012年经济合作与发展组织（OECD）发布了《信息经济测度》报告，并提出“信息经济由内容创建行业以及保证内容的输送与显示得以实现的ICT在行业中的经济活动所构成。信息经济表现的是ICT在更广泛意义上的影响”。

从20世纪80年代后期开始，国内一些学者就对信息经济的理论与实践发展保持敏锐的洞察，如乌家培、马费成等信息经济与管理领域的老一辈专家积极介绍西方相关领域的前沿，并对信息经济相关问题进行了系统性的研究。如著名信息经济学家乌家培教授于1991年出版的《经济信息与信息经济》一书是国内首部对信息经济进行系统性全面研究的专著，提出信息经济以信息技术为物质基础，以信息产业为部门构成，以信息活动作用的强化为主要特征。2014年2月，习近平总书记在中央网络安全和信息化领导小组第一次会议上的讲话中指出，“信息化和经济全球化相互促进，互联网已经融入社会生活方方面面，深刻改变了人们的生产和生活方式。”在此次会议上，习近平总书记强调，努力把我国建设成为网络强国。这给信息经济赋予了新的内涵，业界掀起研究信息经济的新高潮。

伴随着互联网技术的发展，信息经济发展在20世纪90年代进入网络时代，网络经济成为信息经济发展的新趋势和核心内容，我们所熟知的BAT等大型互联网企业就是这个时代的产物。电子商务等新业态、新模式甚至超越了波拉特提出的“第一信息部门”和“第二信息部门”，这就需要一个新的概念来描绘数字经济发展模式的新变化。1996年，全球著名的新经济学家和商业战略大师唐·泰普斯科特出版了《数字经济：网络智能时代的前景与风险》一书，书的标题出现了“数字经济”一词，该书详细论述了互联网对经济社会的影响。该书在社会各界引起了巨大反响，“数字经济”概念形成，泰普斯科特也因此被称为“数字经济之父”。同年，尼葛洛庞帝的《数字化生存》一书出版并热销，数字化概念风靡全球。在大家都认为这只是学术界创造的新词汇之时，美国政府率先发现了这个趋势，并组织了研究力量对此进行深入研究，分别于1998年、1999年和2000年先后出版了《浮现中的数字经济》（Ⅰ，Ⅱ）和《数字经济》等研究报告。在世纪之交数字经济概念的出现、传播并被广泛接受，是数字经济快速发展与广泛应用的背景下，数字经济范式朝着更广泛、更深入、更高级发展的表现，带来经济社会面貌深刻的巨变。

2008年美国次贷危机爆发后，全球经济复苏乏力，世界主要国家开始探寻使经济恢复的新动能。2016年G20杭州峰会通过的《二十国集团数字经济发展与合作倡议》，首次将数字经济列为G20创新增长蓝图中的一项重要议题。此后，随着全球新一轮科技革命与产业变革的蓬勃兴起与深入发展，数字经济成为推动全球经济的重要引擎和新的增长点。特别是新冠疫情爆发后，数字经济在统筹推进疫情防控和经济社会发展方面起到了不可替代的作用。G20杭州峰会后，国内的数字经济研究呈爆发式增长态势，其发展受到了政府的高度重视，特别是进入“十四五”以来，《中华人民共和国国民经济和社会发展第十四个五年规划和2035年远景目标纲要》提出要以数字化转型整体驱动生产方式、生活方式和治理方式变革，打造数字经济新优势。2021年10月18日，习近平总书记在主持中共中央政治局第三十四次集体学习时强调，数字经济健康发展有利于推动构建新发展格局，有利于推动建设现代化经济体系，有利于推动构筑国家竞争新优势。2021年12月，国务院印发《“十四五”数字经济发展规划》，毫无疑问，数字经济发展已上升为我国的长期战略。

二、数字经济的定义

虽然数字经济受到了社会各界的高度关注，但数字经济的定义时至今日也未形成统一的定论。

早期对数字经济的理解偏向狭义，将数字经济理解为数字部门的经济，也即广泛提及的数字产业本身。如美国商务部在1998—2000年陆续发布的《浮现中的数字经济》和《数字经济》等研究报告中将数字经济归为电子商务以及使电子商务成为可能的信息技术产业，其中，电子商务是一种进行交易的手段，信息技术产业是数字经济变革的发动机，是支持电子商务的基础。美国人口普查局认为，数字经济由电子商务基础设施（硬件、软件、网络、系统）、电子业务（主要通过计算机网络进行商务活动，如电子邮件、视频会议等）和电子商务（主要基于计算机网络进行商品交易的过程，如在线售书和CD等）三部分组成。

随着对数字经济的认识日益加深，今天人们更偏向于从广义的角度来理解数字经济。例如，目前国内广为认同的数字经济定义是2016年的《二十国集团数字经济发展与合作倡议》给出的定义：数字经济是指以数字化的知识和信息作为关键生产要素、以现代信息网络作为重要载体、以信息通信技术的有效使用作为效率提升和经济结构优化的重要推动力的一系列经济活动。OECD 在《数字经济展望 2017》中将“数字经济”界定为经济社会发展的数字化转型，并通过数字化转型的本质特征界定了数字经济的内涵，强调数字化和互联性两大技术支柱对传统生产成本和组织模式的影响，指出应充分运用信息通信技术和互联网，挖掘数字经济对创新发展和包容性增长的驱动力。中国信息化百人会课题组（2018）指出，数字经济是全社会基于数据资源开发利用形成的经济总和。其中，数据是一切比特化的事物，是与物质、能量并列的人类利用的基本生产要素之一；数据资源开发利用是为了服务于人类经济社会发展而进行的数据产生、采集、编码、存储、传输、收集、处理、使用等一切行为及支持这些行为的 ICT 制造、服务与集成。数字经济是以数字化的信息为关键资源，以信息网络为依托，通过信息通信技术与其他领域紧密融合，形成五个层次和类型，即以信息产业为主的基础型数字经济层、将信息资本投入传统产业而形成的融合型数字经济层、体现信息通信技术带来全要素生产率提高的效率型数字经济层、以新产品/新业态形式出现的新生型数字经济层和产生社会正外部效应的福利型数字经济层。

一些学者在对数字经济相关研究提炼总结的基础上，对数字经济的定义提出了新的理解。例如，中国科学院石勇教授认为数字经济是以大数据、智能算法、算力平台三大要素为基础的一种新兴经济形态，它以算力平台为基础，运用智能算法对大数据进行存储、处理、分析和知识发现等，进而服务于各行业的资源优化配置和转型升级，促进经济的高质量发展（石勇，2022）。以上三大组成要素缺一不可：没有大数据，数字经济便是无米之炊；没有智能算法，数字经济不能创造价值；没有算力平台，数字经济将不复存在。陈晓红院士等认为数字经济是以数字化的信息（包括数据要素）为关键资源，以互联网平台为主要信息载体，以数字技术创新驱动为牵引，以一系列新模式和新业态为表现形式的经济活动。根据该定义，数字经济的内涵包含四个核心内容：一是数字化的信息，是指将图像、文字、声音等存储在一定虚拟载体上并可多次使用的信息。二是互联网平台，是指由互联网形成，搭载市场组织、传递数字化的信息的载体，如共享经济平台、电子商务平台等。三是数字化技术，是指能够将数字化的信息解析和处理的新一代信息技术，如人工智能、区块链、云计算、大数据等。四是新经济模式和业态，表现为数字技术与传统实体经济创新融合的产物，如个体新经济、无人经济等。

继《二十国集团数字经济发展与合作倡议》之后，国务院印发的《“十四五”数字经济发展规划》给出了数字经济的官方定义：数字经济是继农业经济、工业经济之后的主要经济形态，是以数据资源为关键要素，以现代信息网络为主要载体，以信息通信技术融合应用、全要素数字化转型为重要推动力，促进公平与效率更加统一的新经济形态。这一定义在以往的基础上更进了一步，特别强调数字经济发展的终极目标是经济效益和社会效益的统一，本书也将采用这一定义作为对数字经济的理解。

三、数字经济的特征

作为人类历史上的第三种经济形态，数字经济具有鲜明的时代特征，信息的零边际生成成本、复制无差异性、即时传播等特征，颠覆了物质、能量要素的独占性、排他性，也颠覆了农业经济和工业经济中一些固有的经济理念。综合中国信息通信研究院（2017）、中国信息化百人会课题组（2018）以及马化腾（2017）等专业机构或专家的意见可以发现，相较于农业经济和工业经济，数字经济具有如下显著特征：

第一，数据成为驱动经济发展的关键生产要素。数据已成为数字经济时代的生产要素，而且是最关键的生产要素，数据驱动型创新正在向技术研发、经济社会等各个领域扩散，成为国家创新发展的关键形式和重要方向。

第二，数字技术创新提供源源不断的动力。数字技术创新活跃，不断拓展人类的认知和增长空间，成为数字经济发展的核心驱动力。区别于以往的通用目的技术，数字技术进步超越了线性约束，呈现出指数级增长态势。

第三，数字素养成为对劳动者和消费者的新要求。随着数字技术向各领域渗透，劳动者越来越需要具有双重技能——数字技能和专业技能。因此，数字素养是数字时代的基本人权，是与听、说、读、写同等重要的基本能力。

第四，数字基础设施成为新的基础设施。数字技术出现后，网络和云计算成为必要的信息基础设施。随着数字经济的发展，数字基础设施的概念变得更宽泛，既包括宽带、无线网络等信息基础设施，也包括对传统物理基础设施的数字化改造。

第五，供给和需求的界限日益模糊。随着数字经济的发展，供给方和需求方的界限日益模糊，逐渐成为融合的“产消者”。供给方能够在提供产品和服务的过程中充分考虑用户的需求，透明度提高、用户参与和消费新模式的出现，使企业不得不改变原来的设计、推广和交付方式。

第六，人类社会、网络世界和物理世界日益融合。网络世界不再只是物理世界的虚拟映象，而是真正进化为人类社会的新天地，成为人类新的生存空间。物理世界、网络世界和人类社会之间的界限逐渐消失，三者构成一个互联互通的新世界。

四、数字经济的分类

国内外研究对数字经济的分类并不相同，本部分将对国内和国外主要的数字经济分类进行介绍。

（一）国内对数字经济的分类

中国信息通信研究院是国内最早系统地研究数字经济的国家智库，做了很多开创性工作。数字产业化和产业数字化就是首先由中国信息通信研究院提出的，已成为国内认识数字经济的基本框架。中国信息通信研究院认为，数字经济分为数字产业化和产业数字化两部分。数字产业化是数字经济的基础部分，也即信息通信产业，包括电子信息制造业、电信业、软件和信息技术服务业、互联网行业四个子行业；产业数字化是数字经济的融合部分，是传统产业应用数字技术所带来的生产数量和效率提升，新增产出构成数字经济的重要组成部分。之后，中国信息通信研究院在“两化”基础上相继加上了数字化治理和数据价值化，从而有了今天的“四化框架”，即数字产业化、产业数字化、数字化治理和数据价值化。

需要注意的是，中国信息通信研究院在规模测算中仍只计算数字产业化和产业数字化两部分。根据中国信息通信研究院的测算，产业数字化在数字经济中的比重逐年提升，从2005年的49.1%提升到2020年的80.9%。从这个角度来说，数字经济是一种融合型经济，其作用和价值主要是融合赋能，助力国民经济高质量发展。随着数字经济规模的扩大，它占GDP的比重也不断提升，由2005年的14.2%提升到2020年的38.6%。因此，数字经济日渐成为经济本身（OECD，2015）。

2021年3月发布的《中华人民共和国国民经济和社会发展第十四个五年规划和2035年远景目标纲要》提出了一个新的名词——"数字经济"，其具体内涵在2021年5月国家统计局发布的《数字经济及其核心产业统计分类（2021）》（以下简称《统计分类》）中予以明确。《统计分类》把数字经济产业范围确定为数字产品制造业、数字产品服务业、数字技术应用业、数字要素驱动业和数字化效率提升业5个大类，以及32个中类和156个小类。其中前4个大类是数字产业化部分，是数字经济核心产业，第5大类是产业数字化部分。各大类的具体情况如下：

（1）数字产品制造业，包括6个中类：计算机制造、通讯及雷达设备制造、数字媒体设备制造、智能设备制造、电子元器件及设备制造、其他数字产品制造业。

（2）数字产品服务业，包括5个中类：数字产品批发、数字产品零售、数字产品租赁、数字产品维修、其他数字产品服务业。

（3）数字技术应用业，包括5个中类：软件开发、电信/广播电视和卫星传输服务、互联网相关服务、信息技术服务、其他数字技术应用业。

（4）数字要素驱动业，包括7个中类：互联网平台、互联网批发零售、互联网金融、数字内容与媒体、信息基础设施建设、数据资源与产权交易、其他数字要素驱动业。

（5）数字化效率提升业，包括9个中类：智慧农业、智能制造、智能交通、智慧物流、数字金融、数字商贸、数字社会、数字政府、其他数字化效率提升业。

（二）国外对数字经济的分类

美国商务部经济分析局（BEA）于2018年3月首次构建了数字经济卫星账户，并进行了规模测算，之后每年修正更新，逐步将数字经济范围从"以数字化为主"的产品和服务扩展到包括"部分数字化"的产品和服务。根据2021年6月的标准，美国把数字经济分成3个大类和10个小类，对应北美产业分类体系（NAICS）中的292个行业。

（1）基础设施（infrastructure），包括硬件（hardware）、软件（software）和设施（structure）3个小类。其中，设施指的是数字经济生产者创造数字经济产品或提供数字经济服务的建筑设施，目前尚未纳入统计。

（2）电子商务（e-commerce），包括B2B和B2C 2个小类。目前还只统计商品交易部分，服务部分尚未纳入统计。

（3）收费数字服务（priced digital service），包括5个小类：云服务（cloud service）、电信服务（telecommunications service）、互联网和数据服务（internet and data service）、数字中介服务（digital intermediary service）和所有其他收费数字服务（all other priced digital service）。其中，数字中介服务尚未纳入统计，互联网和数据服务只纳入了一部分。

2019年5月，加拿大统计局在借鉴OECD（2017）和BEA（2018）做法的基础上，把数字经济分成3个大类，对应70个供应和使用产品码（SUPC）行业，其中有36个行业提供全部数字化的产品，34个行业提供部分数字化的产品。

(1) 数字赋能基础设施 (digitally-enabled infrastructure),包括6个小类:计算机硬件 (computer hardware)、软件 (software)、电信设备和服务 (telecommunications equipment and service)、支持服务 (support service)、设施 (structure) 和物联网 (IoT)。其中,支持服务指的是与数字化相关的教育服务、咨询服务和计算机维修服务等,只有部分纳入统计;设施和物联网尚未纳入统计。

(2) 数字订购交易 (digitally-ordered transaction),也即电子商务。加拿大统计局采用 OECD (2011) 对电子商务的定义——通过专为接单或下单目的而设计的方法,在计算机网络上进行的产品或服务买卖活动。产品和服务必须以上述方法订购,但支付或最终交付不一定要在网上完成。

(3) 数字交付产品 (digitally-delivered product),即以数字格式创建、交付、访问或消费的产品。主要是电影、视频、音乐和录音等数字媒体产品,以及书籍、报纸和杂志等部分数字化的产品。

英国数字、文化、媒体和体育部 (DCMS) 把数字部门 (digital sector) 分成 9 个子行业和 36 个小类。这 9 个子行业是:电子产品和计算机制造,计算机和电子产品批发,出版 (不包括笔译和口译),软件发布,电影、电视、视频、广播和音乐,电信,计算机编程、咨询和相关活动,信息服务活动,计算机和通信设备维修。

数字技术是通用目的技术,能够扩散应用到各个行业。严格来说,数字经济并不是一个行业 (加拿大统计局,2019),只能说是数字技术相关行业的集合。因此,如何界定数字经济的行业范围是第一个挑战。加拿大统计局 (2019) 认为:衡量数字经济规模的最大挑战也许就是缺乏明确一致的定义,即它应该包括什么。

第2节 数字经济的发展概况、趋势与挑战

一、国内外数字经济发展概况

当前,数字经济蓬勃发展,中国信息通信研究院对全球 47 个主要国家 2020 年的数字经济增加值规模进行了测算,结果发现总额达到 32.6 万亿美元,同比名义增长 3.0%,占 GDP 比重为 43.7%。从国别发展来看,数字经济发展高度集中,几个主要国家占据绝对的主导地位。下面通过对美、中、德、日、英五国数字经济发展情况的比较来管窥全球数字经济发展的现状,具体见表 1-1。

表 1-1 美、中、德、日、英五国 2020 年数字经济发展情况的比较

		美国	中国	德国	日本	英国	全球*
增加值总额(万亿美元)		13.6	5.4	2.54	2.48	1.79	32.6
占 GDP 的比重		65.0%	38.6%	66.7%	47.5%	66.0%	43.7%
增速		2.8%	9.6%	4.6%	3.1%	1.0%	3.0%
结构	数字产业化占比	12.3%	19.1%	8.7%	11.9%	10.1%	15.6%
	产业数字化占比	87.7%	80.9%	91.3%	88.1%	89.9%	84.4%

续表

		美国	中国	德国	日本	英国	全球*
产业渗透	第一产业	—	8.9%	24.8%	—	29.9%	8.0%
	第二产业	36%	21%	43.9%	—	—	24.1%
	第三产业	61%	40.7%	67.9%	—	66.1%	43.9%

资料来源：中国信息通信研究院 .

“—”表示未获得具体数值，但超过全球水平。

*：计算对象为全球 47 个主要国家。

从增加值总额来看，五国的数字经济增加值总额高达 25.81 万亿美元，占全球增加值总额近 80%，其中，我国数字经济在全球处于领先位置，从增加值总额看排名第二，仅次于美国。

从占 GDP 的比重来看，德国、英国、美国的数字经济在国民经济中占据主导地位，占 GDP 的比重超过 60%，我国数字经济占 GDP 的比重为 38.6%，未达到全球水平，尚处于第二梯队，与发达国家尚有较大差距，但也说明存在巨大的发展空间。

从增速来看，我国数字经济同比增长 9.6%，位居全球第一，其他四个国家也实现了增长，排在第二的德国的数字经济增速不到我国的一半，这也显示出我国数字经济的蓬勃生机。

从结构来看，产业数字化无疑是数字经济的主战场，47 个国家总体的产业数字化占比高达 84.4%，排在第一位的德国的产业数字化占比已经超过 90%，达到 91.3%，英国、日本和美国也接近 90%，我国的产业数字化占比为 80.9%，未达到全球水平。

从产业渗透情况来看，总体而言，第三产业的数字化渗透率最高，其中德国、英国、美国超过 60%，日本也超过了全球水平，我国尽管未达到全球水平，但也超过了 40%；第二产业的数字化则是各国竞争的焦点领域，作为制造强国的德国独占鳌头，占比达 43.9%，紧随其后的美国为 36%，我国则为 21%，渗透率偏低；第一产业的数字化渗透率总体而言很低，但五国都超过了全球水平，其中英国和德国的渗透率超过了 20%，为全球水平的 3 倍多。

从上述比较分析可以看出，我国的数字经济发展总体而言是大而不强，但有巨大的发展空间和潜力。

二、我国数字经济发展的优势与挑战

（一）我国数字经济发展的优势

近年来，我国数字经济发展取得的巨大成就，在很大程度上得益于以下几方面的优势。

第一，社会主义制度优势。我国的社会主义制度具有集中力量办大事的明显优势。十八大以来，党中央为建设数字经济做出了系统性、科学性、前瞻性的顶层设计，相关部门先后颁布了《促进大数据发展行动纲要》《国家信息化发展战略纲要》《“十四五”数字经济发展规划》等一系列政策文件，数字化成为“十四五”期间的国家重要战略，《中华人民共和国国民经济和社会发展第十四个五年规划和 2035 年远景目标纲要》专门设置一章对我国的数字化发展布局，为我国的数字经济指明了前进方向，相关部门也陆续出台一系列扶持政策，为产业开辟新市场保驾护航，加速了数字经济的快速壮大。2022 年 3 月中共中央、国务院发布的《关于加快建设全国统一大市场的意见》强调要建立统一的技术和数据市场，进一步为数字经济发展提供了广阔的市场空间。

第二，超大规模市场优势。首先，我国拥有超大规模的数字消费市场，截至2022年6月，我国已拥有10.51亿网民和实现74.4%的互联网普及率。2021年，全国网上零售额为13.1万亿元，较2012年增长9倍；截至2022年6月，全国网上零售额为6.3万亿元，同比增长3.1%，这些都为我国的数字经济发展注入了强大动力。其次，我国产业门类齐全，具有完整的产业链基础，有能力提供全方位的数字经济产品与服务。最后，我国拥有良好的数字基础设施，全国5G基站建设规模在2020年已近16万个，截至2021年3月，全国互联网宽带接入端口数量达9.65亿个，强大的通信基础设施能够建立广泛的人-人、人-物、物-物连接，高质量的数字化传输能力将使更丰富的内容得以在网络空间传播。

第三，日趋完善的数字创新生态系统。一方面，我国基础研发队伍庞大，具备开展数字技术科研攻关的能力。根据科学技术部发布的《中国科技人才发展报告（2020）》，“十三五”期间我国科研人员全时当量快速增长——从2016年的387.8万人年增长到2020年的509.2万人年，连续多年居世界第一。科技人才受教育水平不断提高，青年成为科研主力，对基础研究和教育的重视日益增强。目前，我国已在5G通信等多个技术领域形成局部领先的良好优势。另一方面，我国已出现许多具有较强创新能力的数字企业。入围2021年《财富》世界500强的企业中有7家是互联网企业，其中有4家来自中国。截至2022年3月，世界经济论坛和波士顿咨询共同评选出全球103家“工业4.0时代的灯塔工厂”企业，这些企业代表了全球领先的商业创新能力、智能技术研发与投资能力、数字化转型能力，有37家企业来自中国，其中若干企业成为具备全球竞争力和富有创新精神的全球数字产业头部企业，带动中国数字制造和数字服务快速发展。

（二）我国数字经济发展面临的挑战

数字经济作为新兴经济形态，特别是在国家政策的大力支持下，未来必将保持迅猛的发展势头，成为新旧动能转换的核心动力。但是，应该认识到，我国的数字经济发展也面临一系列挑战。

第一，发展不平衡、不充分问题仍然较为突出。一方面，数字鸿沟由“接入鸿沟”变成“认知鸿沟”。随着城乡信息基础设施建设的深入推进，互联网普及率逐年上升，接入鸿沟显现出逐步缩小的迹象，不再是当前数字鸿沟的主要表现形式。但是，不同群体之间获取数字资源，抓住数字资源带来的机会并获取利益的能力依然有显著的区别，在疫情防控期间，不会使用智能手机的群体无法获取健康码而难以获取各类公共服务的问题凸显。另一方面，地区、行业以及企业的数字化发展也存在较为突出的不平衡、不充分问题，例如，就数字经济水平而言，东、西部地区仍存在较大差距；从产业来看，服务业的数字化水平明显高于制造业，农业的数字化水平最低，就制造业内部而言，汽车制造、电子信息、电气机械的数字化水平较高；从企业来看，既有华为等数字化水平极高的企业，也存在大量劳动密集型生产制造企业。

第二，关键核心技术攻关仍需加强。与数字经济相关的产业链、供应链体系仍然存在基础不扎实、发展水平不高的问题，在自主创新能力、产品稳定性和成熟度保证等方面与国际领先水平仍有较大差距，一些基础产品和技术对外依存度高，关键环节存在“卡脖子”现象，高端产品供给不足，亟须纵深发展。例如，高端芯片设计与制造能力严重不足，90%的高端 CPU、DSP、高速通信等核心芯片严重依靠进口，购置成本约占控制系统总成本的 40%；高档数控机床和智能传感器高度依赖从美、德、日等国家进口，精密驱动件、控制件和机加工等关键部件自主技术匮乏。

第三，高端复合型人才极为缺乏。中国信息通信研究院发布的《数字经济就业影响研究报告》显示，截至 2020 年，我国的数字化人才缺口接近 1 100 万，且伴随全行业的数字化工作推进，需要更广泛地引入数字化人才，人才缺口在持续增大。麦肯锡对 800 家公司进行的一项调查显示，人才短缺是实现数字化转型的最大挑战。除了数量上存在巨大缺口外，在人才分布上，人才大多集中在传统的 ICT 领域，且以传统的数字技术研发为主。清华大学的一项研究报告显示，ICT 技能人才占比高达 85%，而深度分析、先进制造、数字营销等职能人才占比加起来不到 5%。数字经济是融合型经济，不仅需要人工智能、5G、算法、大数据、物联网等方面的高端技术人才，更需要既懂技术又懂业务的高端复合型人才，比如在汽车软件设计、架构等方面，需要既懂软件又懂汽车的人才。

数字中国

习近平总书记高度重视数字经济发展

长期以来，我一直重视发展数字技术、数字经济。2000 年我在福建工作期间就提出建设“数字福建”，2003 年在浙江工作期间又提出建设“数字浙江”。党的十八大以来，我多次强调要发展数字经济。2016 年在十八届中央政治局第三十六次集体学习时强调要做大做强数字经济、拓展经济发展新空间；同年在二十国集团领导人杭州峰会上首次提出发展数字经济的倡议，得到各国领导人和企业家的普遍认同；2017 年在十九届中央政治局第二次集体学习时强调要加快建设数字中国，构建以数据为关键要素的数字经济，推动实体经济和数字经济融合发展；2018 年在中央经济工作会议上强调要加快 5G、人工智能、工业互联网等新型基础设施建设；2021 年在致世界互联网大会乌镇峰会的贺信中指出，要激发数字经济活力，增强数字政府效能，优化数字社会环境，构建数字合作格局，筑牢数字安全屏障，让数字文明造福各国人民。

资料来源：习近平．不断做强做优做大我国数字经济．求是，2022（2）．

第 3 节　数字经济的影响

一、对经济增长的影响

（一）微观机理

在数字经济背景下，经济增长的微观问题在很大程度上可以归结为成本问题。主要包括数字经济带来的规模经济、范围经济和长尾效应。

1. 规模经济

随着云计算、互联网等数字技术的蓬勃发展，以及对传统行业的不断渗透融合，企业的成本具有如下新特征：高固定成本与低边际成本。高固定成本主要包含产品创新和研发时投入的资金、人力、物资成本，为吸引用户采用免费、补贴策略所形成的成本。数字经济具有梅特卡夫定律①的特点，在网络外部性的作用下，企业的用户规模达到临界值时，会触发正反馈效应，实现强者愈强的马太效应，此时企业的产品几乎可以实现零复制成本，即庞大的用户规模将促使边际成本呈递减趋势，在固定成本收回后，企业的边际成本将不断下降并趋于零，边际收益实现递增，为企业带来更多收益。数字经济下固定成本与边际成本的特性使得平均成本逐渐降低，形成规模经济，企业价值与企业利润实现增长。

2. 范围经济

经济发展必然带来分工与专业化的问题——数字技术使企业产量增加，也使企业关注产品的多样化。传统经济背景下的范围经济是指同时生产两种或多种产品的成本低于分别生产每种产品所需成本的总和，这里的产品往往相关性较强。在数字经济时代，企业可以依靠某种主营业务积累起来的用户，低成本地开展多样化的业务，使产品种类大幅增加，实现范围经济。例如，腾讯主营即时通信，同时还有电子邮件、新闻、游戏等衍生业务；阿里巴巴主营电子商务，同时又发展出金融、影视等衍生业务。这些衍生业务的共同特征是，都是基于主营业务所搭建起来的平台和积累的用户，具有低成本的特点。因此，范围经济建立在一定的规模经济基础之上，市场占有率、用户数量是企业实现范围经济的基础，数字经济促使规模经济和范围经济充分融合，颠覆企业的传统盈利模式，将范围经济的优势发挥到极致。

3. 长尾效应

数字经济为企业带来了规模经济和范围经济，前者反映产量与平均成本的关系，后者反映产品种类与平均成本的关系。数字经济使得企业增加产量和增加产品种类的成本都大幅降低，从而使得企业能够低成本地满足更多尾部的、边缘化的消费需求。多样化的需求使得市场不易饱和，为中小企业创新提供了生存空间，拓展了市场边界。

（二）中观效应

数字经济对中观产业发展的促进作用主要体现在产业创新效应、产业融合效应与产业关联效应这三个方面，推动产业的结构调整和转型升级，最终促进经济增长。

1. 产业创新效应

作为数字经济底层技术，数字技术为与之直接相关的 ICT 产业带来创新效应。具体而言，由大数据、云计算、人工智能等数字技术驱动的新一代 ICT 产业，具有创新活跃、生产率高、外溢性强等特征，代表未来产业升级的方向；同时，在数字技术扩散与产业化应用的过程中，供给侧与需求侧的响应倒逼 ICT 产业不断升级。产业的升级创新为用户提供了更完善的系统和服务模式，给予用户更好的使用体验，提高了产业总体的盈利水平。

---

① 梅特卡夫定律是一个关于网络价值和网络技术发展的定律，由乔治·吉尔德于 1993 年定名，但以计算机网络先驱、3Com 的创始人罗伯特·梅特卡夫的姓氏命名，以表彰他在以太网上的贡献。该定律的内容是：一个网络的价值等于该网络内节点数的平方，而且该网络的价值与联网的用户数的平方成正比。

2. 产业融合效应

产业融合是指数字技术广泛应用于传统产业，是对传统产业的数字化改造。例如，ICT 广泛应用于工业制造领域而产生的智能制造、个性化定制、网络化协同、服务型制造等，提高了工业生产部门的整体效率；又如，ICT 应用于农业领域带来的数字种植工厂、畜牧养殖环境监测、动物体征监测等，极大地促进了农业生产的发展。因此，加快发展物联网、云计算等数字技术，推进数字经济与实体经济深度融合，发展以数字经济为引领的现代产业体系，加快推动传统产业转型升级，促进产业向数字化、网络化、智能化转变，有助于实现经济高质量发展。

3. 产业关联效应

数字技术带动产业之间的关联和互动，形成产业集群，降低成本。数字产业在连接、平衡和带动三大产业方面发挥了重要作用。具体而言，数字技术首先从数字产业逐渐扩散到联系最为紧密的产业，通过高协同性和正反馈效应形成具有高频互动的产业集群，再通过横向或纵向产业关联，进一步降低其他产业采用新技术范式所需的成本。最后，随着数字技术的不断发展创新，数字产业发展壮大并成为经济社会的主导产业，促进传统产业的数字化改造融资，并带动产业间的正向联动发展。由此，数字经济将完成对产业结构的深度改造与调整，整个经济体完成产业转型升级，实现经济的可持续健康增长。

（三）宏观路径

下面将基于传统的经济增长模型，探讨数字经济对经济增长的影响路径。在该分析框架下，数字经济主要通过优化要素投入、提高配置效率和提升生产效率来促进经济增长，具体影响路径如下。

1. 优化要素投入

增加要素投入或调整要素比重从而增加产出的思路是工业经济背景下增长的本质，不可否认，该路径是最为普遍的经济增长路径，广泛存在于传统经济中，在数字经济中也不可或缺。数字经济带来的规模效应，既增加了投入要素的数量，也提高了投入要素的质量。数字经济的另一个作用是可以较为精准地将生产资料在不同部门之间进行分配，更好地保证经济发展中要素投入的充裕性与持续性。

2. 提高配置效率

提高配置效率在数字经济时代包含两方面的内容：一是生产要素更丰富；二是生产函数更高效。2020 年 3 月，中共中央、国务院发布的《关于构建更加完善的要素市场化配置体制机制的意见》将数据作为与土地、劳动、资本、技术并列的生产要素，标志着数据和其他要素一起，融入了经济价值创造体系，成为数字经济时代的基础性资源、战略性资源和重要生产力。首先，个人数据、交易数据等各类数据激增，数字技术的连通等功能使数据流动起来，真正实现生产者与消费者之间、生产者之间的信息互通，使凌乱的数据成为真正的有效信息，提高了数据和信息的生产效率。其次，数据、信息等知识密集度较高的要素与资本、劳动等要素融合，相互作用、相互补充，实现对传统的流动性较弱的要素的重构，提升传统要素的生产效率。

3. 提升生产效率

数字经济通过促进全要素生产率提升，促进经济增长。在数字化时代，全要素生产率提升既得益于数字技术的快速发展，也受益于商业模式的不断创新。一方面，大数据、云计算、区块链、物联网、人工智能等数字技术提高了生产效率，促进了经济增长，这是技术进步促进经济增长的“常规路径”。另一方面，在数字技术的创新驱动下，一些以价值颠覆、平台模式、跨界融合等为特征的新商业模式诞生，如共享经济、O2O 等。这些商业模式不仅降低了企业的进入门槛，而且更精准地匹配了供需两端，最终促进经济增长。

二、对就业的影响

（一）数字经济对就业的替代效应

数字经济是以数字化的信息为关键生产要素，以数字技术为核心驱动力量，以现代信息网络为重要载体，通过数字技术与实体经济深度融合，不断提高经济社会的数字化、网络化、智能化水平，重构经济发展与治理模式的新型经济形态。数字技术广泛应用于经济社会的各个领域和各个行业，促进经济增长和全要素生产率提升。人类科技史证明，每一次技术进步都会对一部分行业造成较大的冲击，自动化的发展对劳动密集型行业就业人员产生较大的负面冲击。根据德勤发布的《2019 年全球人力资本趋势报告》，随着自动化和人工智能不断引入企业，全球对劳动力的需求特别是对白领和蓝领技工的需求将减少 700 万人。

数字经济发展促使就业结构发生改变，主要体现在以下几个方面。其一，数字技术促使就业技能结构发生改变。数字技术对不同的技能工作者进行筛选，低技能工作者更容易被替代。同时，企业不断加强技术创新，对高技能劳动力的需求会显著增加，促使就业结构呈现两极化趋势。其二，数字经济发展促使产业结构、就业结构发生改变。经济的快速发展会促使产业结构和就业结构不断调整优化，使得服务业的就业吸纳能力持续增强。服务业就业与制造业就业之间会相互影响，进而会影响就业结构。如平台经济和共享经济等产生了众多新兴就业岗位，吸纳大量就业人员。其三，数字经济发展促使就业性别结构发生改变。与男性相比，女性在获取社会资源、教育和就业机会等方面往往处于弱势，女性使用互联网的机会相对更少，但互联网技术的日益普及有助于缩小这种差距，增加女性的就业机会并提高其薪资水平。互联网会显著提高女性的自主创业概率和劳动供给率，进而提高就业性别结构中女性的占比。

数字技术广泛应用于经济生活的各个领域。数字经济对制造业的影响逐步从价值重塑转向价值创造，为制造业转型提供新思路。数字经济不仅推动了宏观产业结构转型升级，对微观企业管理也产生影响，使用工模式趋于多元化、弹性化等。数字经济导致劳动力市场供需不匹配，进而引起结构性失业。数字经济将使程式化任务中的简单低技能劳动被替代，而非程式化的灵活性、创造性和抽象性的高技能劳动需求会增加。同时，就业出现极化趋势，即高技能和低技能工人的就业岗位和工资逐渐增加，而中等技能工人的就业岗位和工资逐渐减少。这些都加剧了结构性失业风险。结构性失业风险由以下几方面引发：

1. 机器自动化带来结构性失业风险

随着中国的劳动力总量下降，部分地区出现了用工荒，同时，劳动力成本不断上升，在国际竞争越来越激烈的情况下，为了压缩成本，很多企业开始大规模采用自动化设备来替代劳动力。自2015年起，中国的机器人行业增速显著高于全球，工业机器人市场规模约占全球的1/3，服务机器人市场规模约占25%，中国是世界第一大工业机器人应用市场，工业机器人密度约为118台/万人，达到发达国家平均水平。机器人趋向于转型化、柔性化，人机协作不断深化，不断提升企业的生产效率。随着自动化设备不断被采用，具有中低水平技能的劳动力被替代的可能性非常大，这会导致失业率上升。

2. 新业态不断出现和旧业态不断被淘汰带来结构性失业风险

随着大数据、人工智能的快速发展，数字技术广泛应用于创新领域，实体经济利用数字技术的广度、深度不断扩展，新业态持续涌现。2020年，中国数字经济规模达到39.2万亿元①，从数字经济结构来看，数字产业化领域的招聘岗位数量占总招聘岗位数量的32.6%，招聘人数占总招聘人数的24.2%。与此同时，旧业态正不断被淘汰，从而出现结构性失业风险。比如，在批发零售领域，淘宝、京东、拼多多等电商平台企业的销售规模越来越大，零售额超过万亿元，对传统的零售批发业态产生替代效应，传统的批发市场逐渐衰落。

3. 产业结构转型带来结构性失业风险

数字经济可以降低获取金融服务的成本。在线支付、网上信贷等降低了个体对传统金融机构的依赖，提高了使用金融服务的便利性。数字经济促进劳动力市场的供需匹配，提升工资水平。数字经济鼓励人们通过移动互联网等新型信息获取手段获取信息，从而降低搜寻成本，提高劳动力市场的供需匹配效率。因此，数字经济降低了创业门槛，促进产业结构升级，从而导致劳动力市场的就业结构相应调整。数字经济通过互联网等降低数字技术的学习成本，加速了数字技术的传播，降低了在不同行业间转移的学习成本。这些使得产业结构转型的速度更快、成本更低，结构性失业风险增加。

（二）数字经济对就业的促进效应

数字经济对劳动力需求不只有抑制作用，也有促进作用。数字经济对就业的积极影响主要体现为广化效应、深化效应以及职位创造效应。

数字经济的广化效应可以从微观和宏观两个角度进行分析。随着数字经济的不断发展，数字经济产生的就业替代提升了生产率，降低了生产成本，使得市场规模进一步扩大，而市场规模的扩大增加了对劳动力的需求，这是数字经济的微观就业效应。利用数字技术的产业，提供的产品和服务的价格降低，使消费者对产品和服务的需求增加，从整体上促进了国民经济总量的扩大和就业的增加，这是数字经济的宏观就业效应。有部分研究认为数字经济是农业经济和工业经济之后的一种新的经济形态，这种经济形态不同于传统的农业经济和工业经济，其基本要素是数据与传统的劳动和资本，这些组合为一种新的经济生产要素，包括很多新业态、新模式，创造了大量新的用工需求，弥补了传统经济形态结构调整导致的失业，而且电子商务和新的网络平台创造了新的用工需求，这种用工需求量大，就业面广，机制灵活。

数字经济的深化效应是指，由于采用最新的信息技术产品，包括人工智能和大数据

---

① 国家互联网信息办公室发布的《数字中国发展报告（2022）》显示，2022年我国数字经济规模达50.2万亿元。

等数字技术，代替了原有落后的生产技术，提升了企业的劳动生产率，劳动生产率高的企业可以实现更大的市场规模，从而增加对劳动力的需求。从历史上看，技术革命虽然大多是劳动替代性的，但往往带来更多的劳动力需求，技术革命产生新的工作岗位。对数字经济来说同样如此，在数字经济中存在大量的平台企业，这些平台企业关联上下游众多的产业，创造了大量的工作机会，包括运营和培训、物流、支付等相关工作。数字经济创造的大量的就业机会不像传统的长期雇佣制的就业岗位，是灵活就业的新形态。

三、对消费的影响

数字经济对经济发展的作用越来越明显。虽然新冠疫情严重打击了传统消费，线下实体店大量关闭，但也推动了消费结构的升级，在数字经济快速发展的背景下，网上交易规模快速扩张。传统消费市场受到打击的同时，新消费市场牢牢抓住了数字经济时代的机遇。数字经济改变了消费模式、丰富了消费方式、扩大了消费群体规模和缩小了城乡消费差距等，有力地促进了消费结构的发展和升级。

（一）数字经济改变消费模式

大数据、互联网、人工智能和实体经济的深度融合，创造出智能制造、产业互联网等数字化的新业态和新模式，如跨境电商消费、网络视频付费点映、电商直播带货、社区线上团购等。数字经济为新业态、新模式的发展创造了有利条件，为新消费模式的出现提供了成长空间。直播带货平台成为2021年疫情期间线上经济增长的重要推动力。直播平台涵盖范围广、领域多，且在上面带货的门槛低。主持人、当红主播、普通人均可通过抖音、淘宝等平台直播带货。受疫情影响而大量积压的零售产品通过直播平台开辟了线上销售这一新销路。由于新冠疫情，线下经济遭受重大打击，但由于数字经济的发展，餐饮、零售、教育等行业转向线上发展模式。美团外卖、拼多多等各大线上平台在疫情期间抓住了发展新机遇。中国互联网络信息中心（CNNIC）发布的第50次《中国互联网络发展状况统计报告》显示，截至2022年6月，我国网络直播用户规模达7.16亿，较2021年12月增长1 290万，占网民整体的68.1%。我国电商直播用户规模为4.69亿，占网民整体的44.6%。

线上经济作为数字经济的一个重要组成部分，正悄无声息地进入我们生活的各个方面。线上购物、线上教育、线上医疗、云办公逐渐成为人们生活、工作、学习的重要方式。线上经济的蓬勃发展在2020年疫情期间尤为显著。受到疫情影响，人们出行受限，线下实体经济受到严重冲击，但随着数字经济的发展，淘宝、京东、拼多多等大型电商平台成为疫情期间的主要购物渠道；抖音、快手等直播平台带货成为新的销售渠道；腾讯课堂、腾讯会议等线上教育平台成为疫情期间开展教育的主要平台。疫情推动线上经济跃上新台阶，涉及的人群广泛、结构多样、领域广阔。线上经济正在智能化、数字化的经济发展大背景下扮演着重要的角色，改变了人们的消费模式。

（二）数字经济丰富消费方式

在数字经济发展的背景下，消费方式从传统的线下发展到线上，形成线下和线上融合消费。在电商平台平稳快速发展和线上销售渠道完善的基础上，线上交易逐渐增多。2021年，全国网上零售额达13.1万亿元，其中，实物商品网上零售额首次突破10万亿元，达 10.8 万亿元。2021 年，实物商品网上零售额占社会消费品零售总额的 24.5%，对社会消费品零售总额增长的贡献率为 23.6%。网络零售市场保持稳步增长，成为促进消费的重要支撑力量。

线上消费方式多样并广泛影响我们的生活，例如，线上教育、网约车、美团外卖、线上影院等。在疫情期间，“宅经济”这一线上经济的衍生分支应运而生。中国互联网络信息中心（CNNIC）发布的第 50 次《中国互联网络发展状况统计报告》显示，截至 2022 年 6 月，中国网络购物用户规模达 8.41 亿，占网民整体的 80.0%。我国网络支付用户规模达 9.04 亿，较 2021 年 12 月增长 81 万，占网民整体的 86.0%。

（三）数字经济扩大消费群体规模

当前，大部分居民已熟练掌握线上消费技能。《中国互联网消费生态大数据报告》显示，80 后成为互联网消费的中坚力量，90 后是互联网消费的潜力股。随着移动应用端的快速发展，年轻群体更能享受数字经济带来的优惠和便利，居民可以足不出户在线上购物、点外卖、看电影等。在疫情期间，互联网也逐步惠及中老年群体。截至 2022 年 6 月，50 岁及以上网民群体占比为 25.8%。京东消费及产业发展研究院发布的《银发经济崛起——2021 老年用户线上消费报告》显示，在人口老龄化的背景下，基于我国现有养老服务格局，未来 90%以上的老年人将选择居家养老，在熟悉的环境中安度晚年，适老产品及服务将更能满足多元化及个性化的需求。2021 年前三季度老年人网购量同比增长 4.8 倍。在居家养老场景下，适老居家消费增长近 1 倍。除家居、服饰等生活必需品，老年人的网购清单增加了旅游、健康、生活服务等方面的内容：旅游消费增长 10 倍、齿科消费增长 8 倍、健康体检增长 2 倍，洗衣服务、生活缴费也呈高倍数增长。由此可见，在数字经济时代，线上消费人数逐步增多，消费群体逐步扩大。

（四）数字经济缩小城乡消费差距

随着互联网在农村的普及，农村网络基础设施得到改善，农村和城市的消费差距正逐步缩小。中国互联网络信息中心（CNNIC）发布的第 50 次《中国互联网络发展状况统计报告》显示，截至 2022 年 6 月，我国农村网民规模为 2.93 亿，占网民整体的 27.9%；城镇网民规模为 7.58 亿，占网民整体的 72.1%，较 2021 年 12 月增长 1 039 万。我国城镇地区互联网普及率为 82.9%，较 2021 年 12 月提升 1.6 个百分点；农村地区互联网普及率为 58.8%，较 2021 年 12 月提升 1.2 个百分点。农村电商快速发展，打通城乡消费循环。2022 年上半年，农村网络零售和农产品网络零售分别增长 2.5%和 11.2%。农村电商有效助力乡村振兴，成为巩固拓展脱贫攻坚成果的重要手段。随着农村互联网普及率的提高及农村电商市场的扩大，农村消费与城市消费差距在逐步缩小，呈收敛趋势。

四、对收入分配的影响

2021 年底我国脱贫攻坚战取得了全面胜利，但地区之间发展不均衡、城乡居民的收入存在差距仍然是我国亟待改变的现状。数字经济在我国经济中的地位迅猛提升，有望成为破解收入差距难题的一个突破口，为缩小收入差距提供新的机遇。同时，我们也要看到数字经济对收入分配潜在的消极影响，要合理利用其发展特点来实现社会公平。数字经济影响收入分配的机制主要表现为数字鸿沟效应、资源正配效应和空间溢出效应（见图 1-1）。

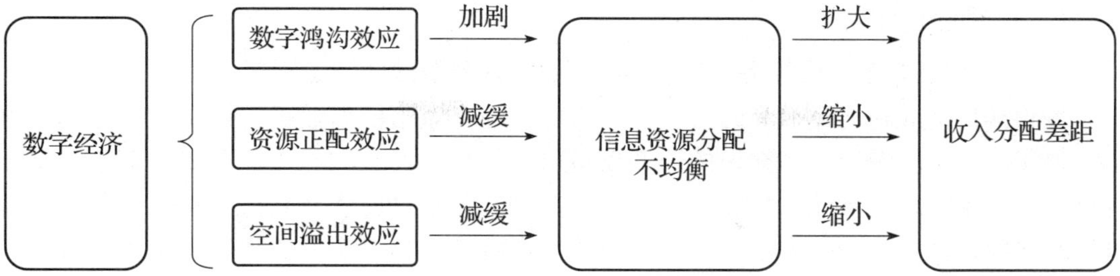

图 1-1 数字经济影响收入分配的机制

（一）数字鸿沟效应

随着数字技术的深入创新与投入使用，数字鸿沟（即各经济主体数字技术普及水平的差距）逐渐显现，主要表现为以互联网为代表的新兴信息技术在经济体之间普及程度的不平衡。知识发展水平、经济发展水平、城市化率、信息基础设施发展水平、居民人均收入水平等都是影响数字鸿沟大小的重要因素。我国与发达国家、国内的各个地区以及城乡之间都存在数字鸿沟。数字鸿沟可分为两级："一级数字鸿沟"指信息的可接入性，"二级数字鸿沟"指信息的鉴别和利用能力。目前我国的固定与移动电话安装率、通信信号覆盖率、网络宽带覆盖率都处于较高水平，用基础设备配置总体水平衡量的"一级数字鸿沟"已基本上填平。但我国的"二级数字鸿沟"仍然较大，这是因为不同使用者群组应用信息与通信技术（ICT）的能力存在差距，数字经济在落后地区与发达地区的发展情况不一。

1. 我国的发达地区与落后地区之间存在数字鸿沟

东部沿海地区作为改革开放的先锋，相较于中西部内陆地区，经济与教育更为发达，拥有更充足的科技人才和研发资金，吸收和开发先进技术的起点更高、基础更好，信息技术的兴起和扩散速度更快。发达地区能更早地将试验成熟的数字技术应用于产品生产和提供服务，数字技术市场化程度更高，发展数字经济带来的收益又进一步增强区位优势。落后地区的社会产出和居民收入水平较低，教育资源和政府税收相对短缺，高素质人才和财政支出预算都十分有限，不利于把数字技术融入市场以实现产业结构优化升级，数字经济发展较慢，从传统经济过渡到数字经济的能力较弱。如果落后地区无法克服数字技术应用层面的劣势，在区位条件呈"强者愈强、弱者愈弱"的马太效应下，数字经济的发展将呈现地区之间的数字鸿沟，加大地区之间经济水平及居民收入的差距。

2. 我国的城市与乡村之间存在数字鸿沟

一方面，从基础设施的角度来看，农村家庭接入网络宽带的数量占比要普遍低于城市家庭，无线网络的渗透率更低。尽管现在农村的智能手机用户数不断上升，但较差的网络信号接收质量、较慢的通信设备传输速度是农村数字经济发展的一大阻碍。另一方面，从人力资本的角度来看，城市的教育资源更为丰富，城市居民的受教育水平更高，获得的知识与技能相比农村居民更多，接纳和适应数字技术更快；农村居民受制于相对较低的受教育水平，在接触同样的数字产品或服务的情况下，他们学习掌握和熟练运用数字产品或服务花费的成本更高，获得收益的效率更低。以上两方面共同加剧了城乡居民之间的数字鸿沟。

（二）资源正配效应

1. 城乡收入差距的根源是约束条件下信息不对称引致的资源配置与机遇不平等

城市居民与农村居民拥有的信息具有不对称性：城市的商业机构提供的服务种类繁多，使得城市居民获得共享知识的公开渠道更多样化，而在农村可以获得的信息来源较为单一且有限，这就导致农村居民在进行生产和交易活动时无法获悉一些关键信息，搜寻信息与做出决策的成本增加。例如，想在城市找到一份满意的工作，城市居民可以相对容易地通过各种中介机构筛选岗位，农村居民则可能要求助于人际关系，信息不对称降低了信息获取能力较弱一方的净剩余。

2. 数字经济减少了信息不对称，实现了资源正配

数字技术有助于及时、准确地促进知识与概念的传播，拓宽信息扩散与获取途径，弥补拥有信息较少者的劣势。例如，农户亲自考察或通过中间商和其他农户提前了解附近市场的农产品价格后，才将农作物运往市场售卖，需要支付额外甚至过高的信息搜寻成本。农户通过互联网获悉农产品市场行情，可以节约搜寻成本，弱化中间商的市场势力，从而制定更具竞争力的价格，增加自身获利机会，提高利润所得。不仅如此，ICT促进了栽种培育、品种改良、病害防治以及生产资料等农业信息的传播，为农户提供了获取农业信息的新机会，通过农业推广服务等改善信息不对称。可见，数字技术产品与服务，例如在手机上下载的相关应用软件，有利于增强农户获取有效信息的能力，扭转农户在市场中的不利地位，恢复垄断所削减的盈利空间，最终实现供给与需求的合理匹配，增加农户收入。

3. 数字经济可以激励创业创新行为，增加收入机会

大型企业和业界信誉高的企业家凭借资产规模和良好的征信记录可以获得政策优惠，而许多尚处于成立初期的中小微企业和个体创业者因为资产未达到条件以及业务信用难以考证评估，无法申请和享受政府的扶助补贴。如果想借一笔创业资金，城市居民凭借灵通的消息可以相对容易地从各种金融机构获得贷款，而农村居民可能会因为当地的金融机构少，同时缺乏社会融资渠道，创业之路更艰难。

数字普惠金融作为数字经济的一个重要组成部分，有效地化解了以上弱势群体面临的创业创新难题。一方面，传统金融机构覆盖不足的群体可以通过网上银行等便捷地获取金融服务；另一方面，利用大数据、人工智能、云计算等现代化数字技术对农村等欠发达地区的信用数据进行收集分析，建立征信系统，完善风险控制体系，金融机构可以更好地为弱势群体提供金融服务，实现资金的公平分配。金融服务工具促进了存款流通，令其顺畅转化为具有杠杆效应的贷款，使弱势群体能够获得同等的金融资源，降低了创业创新者的市场准入门槛和信贷约束，由此促进收入公平分配。

（三）空间溢出效应

1. 在数字经济背景下，先进地区与新兴行业能够发挥示范作用，促进落后地区与后发行业转型升级

最早掌握了前沿技术的行业部门对同类别的行业部门进行扩散，后进入数字化市场的企业通过市场活动对先发企业进行观察，借鉴其市场经验，模仿产品设计，学习服务理念，改进生产工艺技术，优化经营模式，提升自身在产业链中的附加值。同时，数字经济能够刺激传统经济转变形态，使其与新兴经济在市场中共存并开展竞争，为落后地区的经济发展注入新的活力。率先发展数字经济的地区也能作为技术发源中心，在地理空间与经济空间上对周边区域发挥辐射作用。落后地区通过参考典范地区的发展示例，减少了摸索的风险，从而推动当地的数字产业化与产业数字化进程，增进社会总福利，积累经济实力，缩小与先进地区的收入差距。

2. 在数字经济背景下，数字技术加速了不同地区之间的信息流动，促进高技术从发达地区向落后地区传播

进入数字经济时代前，人口的地理迁移和劳动力的行业转移会带来人力资本的交流与知识的碰撞，一地的先进技术随着生活、生产活动中的人员调动扩散到其他地区，不同企业在业务合作中也会产生资金、技术等要素上的联系，区域间的知识溢出、人才流动、投资与贸易往来都能加强技术创新的空间溢出效应。进入数字经济时代后，由于以ICT为基础的数字经济具有互联性、互通性、共享性特征，高度网络化的结构突破了空间距离的限制，降低了区域间的交流成本，缩短了发达地区对落后地区的技术溢出周期，加快了跨区域的生产要素整合，有利于不同经济水平的地区协同发展，在一定程度上缓解了地区收入分配的不均衡。

五、对企业的影响

对工业企业而言，战略决定了组织结构。在工业化时代，不管是直线制、职能制、直线职能制还是事业部制、矩阵制，企业组织结构都像金字塔一样，呈现垂直化、科层制、等级制的特点，在应对外部环境变化、资源配置等方面缺乏足够的灵活性。数字经济的高速发展使得企业的战略发生转变，要求企业对组织结构进行创新，重新协调、评估和筹划人、财、物的组合。在数字经济背景下，企业的战略应聚焦于“做正确的事”，通过加强与其他企业的协同，追求企业价值最大化。传统理论中有关企业竞争优势的描述并没有涉及互补品和用户基础，然而在数字经济背景下二者都对竞争优势的形成发挥重要的作用。有关竞争优势的研究对象也从企业转变为生态圈，价值共创和价值协同成为新的经营理念。有别于经典的价值链理论及战略网络，生态圈可以定义为一组具有不同程度的多变性、互补性且不受等级控制的参与者。生态圈不仅覆盖供给侧，而且向需求侧延伸。在生态圈中，终端用户能够通过数字化连接直接选择产品的组成部分以及组合方式。生态圈的核心在于用户价值的供给而非企业价值。各种技术的应用强化了企业之间的数据共享，重新诠释了服务的内涵，管理者可以及时了解一线情况并且配置相应资源。随着用户对实时性体验的追求不断增强，企业的职能部门之间要加强相互配合、协作共赢，实时对市场需求做出响应，组织结构趋于网络化、扁平化。

企业职能部门之间的协同体现为横向业务的跨界入局以及纵向业务的融会贯通，由此构建起网络化的组织架构。其中，企业、用户都表现为一个个独立的节点，节点之间通过数据传递建立实时的连接。网络组织的运营以节点为单位，具有去中心化、去中介化等特点。在数字化空间中，经济时空的外延不断拓展，逐渐取代物理时空在资源配置中的地位，进一步提高了要素流动对价值创造的效率与效果的影响。一个富有活力的生态圈具有三个特征，即拥有一定的规模，参与者高频交流、彼此信任，不断有新的参与者加入。为了提高价值供给的效率，企业需要不断尝试扩大连接规模。在横向业务上，通过跨界入局为用户创造更多的附加价值。以微信为例，在最早的通信功能基础上，陆续添加了手机充值、生活缴费、城市服务等新功能，通过与第三方合作的模式先后推出了车票购买、打车出行、点餐外卖、酒店预订等服务，打造微信生态圈体系。在纵向业务上，借助迁移学习、城市计算等技术实现业务之间的融会贯通，实现价值供给的成本降低与效率提升。为了提升城市生活品质，阿里巴巴提出“三公里理想生活圈”，在淘宝、天猫、蚂蚁金服、菜鸟、阿里云等业务的基础上，于 2018 年入股居然之家、收购饿了么，打通线上与线下的连接，组成新零售生态的“八路纵队”。

六、对技术创新的影响

从技术创新的角度来看，数字经济的影响是全方位、多层次的，具体而言，数字经济从创新结果、创新主体、创新过程三个方面给技术创新管理带来了颠覆性影响（陈晓红等，2022）。

首先，数字产品改变了以往创新结果的规模和范围。数字产品创新具有三个显著特征：一是可以在虚拟空间无限更新迭代；二是较容易重新整合和使用以满足个性化的需求；三是对数字基础设施依赖性强。这就决定了数字产品有更广阔的发展空间。即使是已经推出或实施的创新，也可以在较短的时间内实现对产品的优化升级，或是通过更多创新主体的参与扩大创新产品的应用范围，例如，微信开发的红包功能迅速占领了电子支付平台。

其次，数字创新主体更加多元化、复杂化，即创新主体的边界在逐渐消失。数字技术通过更低的搜索和分享成本使各创新主体能够有效地获取知识与达成合作，形成分布式创新组织，更强调创新环境的营造而不是以往某一固定群体的创新。例如，研究发现，在建筑项目中使用 3D 技术使多个跨行业企业产生不同的创新。此外，去边界化的创新主体具有高度灵活性，当他们的行为与集体目标不一致或需要补充具有新业务能力的成员时，可以自由进出。

最后，数字创新表现出非线性创新模式，创新过程和创新结果相互作用，两者之间的分界点变得越来越模糊。数字技术增加了创新的不可预测性，除了创新过程产生创新结果这一传统逻辑，越来越多的创新结果反过来促进创新过程的实施，淡化了创新过程的起止时间，使创新过程与创新结果重叠。例如，在药物研发过程中，数字化作为一种创新结果创造了一种新知识形式，为复杂的创新提供了必要的补充性见解。

第 4 节　数字经济与数字经济学

一、构建数字经济学科体系的必要性

数字经济的健康有序发展需要高素质的人才队伍作支撑，也需要科学理论的指导。然而，没有学科归属的数字经济，既缺乏高水平的师资队伍，又缺乏完整的人才培养体系，不利于支撑和指导数字经济发展。构建数字经济学学科体系，形成成熟的分析框架和理论体系具有很强的现实意义。

（一）设立数字经济学学科是完善经济学学科体系的需要

数字化是新一轮科技革命和产业变革的前沿，发展数字经济也是党和政府确定的国家重大发展战略。作为一门为解决现实经济问题而生的学科，经济学的实用性特征要求其学科体系建设必须紧跟时代的步伐。面对我国当前经济社会发展的重大战略需求，将数字经济学纳入经济学学科体系显得尤为重要和紧迫。此外，数字经济颠覆了传统的经济学研究范式，深刻改变了产业体系、市场体系、收入分配体系、区域发展体系、绿色发展体系、开放体系和经济体制等。现行的经济学学科分类尚未将数字经济学纳入经济学学科体系，缺乏数字经济学的学科体系已经严重制约数字经济学理论体系的完善和经济学学科的建设进程。随着数字经济的经济地位由边缘向中心过渡，构建数字经济学学科对完善现代经济学学科体系的意义越来越大。为适应数字经济时代对经济学学科体系的新需求，促进我国经济学理论发展，我国需要尽早将数字经济学学科独立出来，使其成为经济学学科体系中一个单独的门类，从而有利于依据数字经济实践经验，系统构建数字经济学的研究对象、研究方法、研究内容等研究框架，进而完善现代经济学学科体系。

（二）设立数字经济学学科是培养高层次数字经济人才的需要

如第 2 节所述，我国在数字经济人才方面存在巨大的缺口。数字经济是典型的数据密集型和技术密集型经济，行业技术壁垒较高，对从业者的知识储备、技术能力、从业经验提出了更高的要求，掌握数字技术的专业技术人员和拥有全局思维的高层次管理人才尤其稀缺。我国的数字经济人才培育体系主要采用由政府提供资金支持，政府、企业与高校共同参与的职业技能培养模式，这种单一的培养模式缺乏创新性，难以有效整合政府、企业和高校的资源，不能满足数字经济人才的培养需求。现有学科体系下的培养方案、培养目标和培养规格很难适应经济发展需求，学科体系的固化严重制约了数字经济人才的知识结构。基于数字经济人才的供需和培养状况，有必要聚焦数字经济学学科建设，研究适应数字经济人才发展的培养体系，增强数字经济人才培养力度，探索数字经济人才培养模式，积累数字经济人才培养经验，满足数字经济发展对高素质创新人才的需求，进而为数字经济快速发展提供人才支撑。更重要的是，数字经济学学科的设立，有利于发挥高校学科优势和资源优势，健全高校数字经济人才培养体系。比如，设立与数字经济相关的公共选修课和公共必修课，增加与数字经济接触的实践教学机会，有助于提升高校综合性人才培养质量，实现高校人才培养供给链与数字产业发展需求链的有效衔接。数字经济学的设立，可为数字经济人才培养营造良好的发展环境，加快数字经济人才队伍建设。

（三）设立数字经济学学科是为我国数字经济发展提供理论指导的需要

数字经济发展需要全新的方向性、全局性的经济理论与思想指导。当数字经济发展出现重大现实问题时，数字经济学能准确识别其内部基本矛盾，为解决理论难题提供可供参考的分析框架。数字经济学学科的设立有助于形成完善的理论体系、科学的发展观念和以公共社会福利为中心的价值取向，为数字经济探索发展规律、创新发展理念、突破发展瓶颈、提高发展质量提供理论支撑和思想指导。此外，数字经济的发展超越了产业革命的范畴，其不仅涵盖产业经济学、区域经济学、金融学等应用经济学领域，而且涉及管理学、法学、社会学、哲学等学科门类。数字经济学的设立能够推进经济学与其他学科的交叉研究，实现多领域理论研究的协同突破、多学科的交叉融合、跨学科的发展共振。数字经济学跨学科交叉理论的完善，能够为数字经济发展问题提供多样化的解决方案，从整体性、全局性、综合性的角度为数字经济发展指明方向。

二、数字经济学的研究主题

数字经济学的基本任务是研究数字经济的发展规律，并制定相应政策，促进数字经济发展。要在数字经济学理论体系中完成以上基本任务，不仅要借鉴传统经济学的理论体系，而且要研究数字经济学的学科理论框架。按照以上要求，北京师范大学戚聿东教授等（2022）提出数字经济学学科理论体系应包含三个层次。

第一个层次，阐述数字经济学研究的学科领域。数字经济学是一门研究数字经济发展理论与方法的应用经济学科。数字经济学应立足于数字经济的发展与增长，着眼于数字经济产业结构优化，着重研究实现市场资源有效配置的数字市场供求与价格调节机制，还要分析数字企业和企业数字化转型，由此构筑数字经济学的学科研究领域。

第二个层次，阐述数字经济学研究的主要内容。数字经济学研究的核心问题是数据和数据要素对生产要素的优化配置问题。数字经济学研究涵盖各研究领域的主要内容，如数字经济发展领域的数字经济测度、数字经济效益以及数字经济的发展战略与发展模式、发展政策。

第三个层次，阐述数字经济学的发展目标。致力于效率提升和结构优化是数字经济学的发展目标，实现经济效益和社会效益的最大化是数字经济学发展的出发点和落脚点。数字经济学作为一门应用性极强的经济学学科，必须及时把握数字经济的发展趋势，运用数字经济学的理论方法指导数字经济发展，引领数字经济发展和社会进步。只有这样，数字经济学学科才能保持持久的生命力。

第 5 节　本书的内容体系

基于对数字经济概念内涵的界定以及数字经济学的研究主题，我们确定了本书的主要内容，一共包括 11 章，具体情况如下：

第 1 章为绪论。主要介绍数字经济的概念内涵、数字经济的发展概况以及趋势与挑战，对数字经济发展带来的经济社会影响进行剖析，并深入阐述构建数字经济学学科体系的必要性及相关研究主题。

第 2 章为数字经济相关理论。主要包括规模报酬递增理论、交易成本理论、共享经济理论、技术可供性理论、资源编排理论、数字创新生态系统理论、虚拟集聚理论以及长尾理论 8 个部分的内容。

第 3 章为数字经济的统计与测算。主要包括数字经济发展对国民经济核算体系提出的挑战、数字经济增加值的测算以及数字经济指数的编制 3 个部分的内容。

第 4 章为数字技术、数字基础设施及其影响。主要包括数字技术概述、重要的数字技术、数字基础设施概述、重要的数字基础设施以及数字技术引致的产业融合与产业变革 5 个部分的内容。

第 5 章为平台经济。主要包括平台经济理论、平台商业模式、平台垄断与治理 3 个部分的内容。

第 6 章为智能制造。主要包括智能制造的发展历程、智能制造的概念与本质、智能制造的架构与技术支撑体系、智能制造商业模式、国内外智能制造的主要实践 5 个部分的内容。

第 7 章为电子商务与数字贸易。主要包括电子商务和数字贸易概述、电子商务和数字贸易规则、国内外电子商务和数字贸易的发展现状 3 个部分的内容。

第 8 章为数字金融。主要包括数字货币、第三方支付、传统金融服务的线上延伸、大数据金融、互联网金融平台 5 个部分的内容。

第 9 章为数据资产、数据产业与数据交易。主要包括数据资产、数据产业化过程、数据交易 3 个部分的内容。

第 10 章为数据隐私与安全。主要包括个人数据与隐私概述、国内外的隐私规制、信息安全概述、信息安全等级保护、数据管理能力成熟度评估 5 个部分的内容。

第 11 章为数字经济政策。主要包括全球主要经济体的数字经济政策概述、我国的数字经济政策体系、数字经济政策展望 3 个部分的内容。

// 基本概念 //

数字经济（digital economy） 信息经济（information economy）

数字经济学（digital economics）

// 讨论题 //

1. 数字经济与信息经济有何异同？
2. 我国数字经济的发展现状如何？我国数字经济发展面临哪些挑战？
3. 数字经济发展对经济社会有哪些影响？
4. 数字经济学学科体系构建的必要性体现在哪些方面？数字经济学学科包括哪些研究主题？

// 第 2 章 //

数字经济相关理论

学习目标

1. 掌握规模报酬递增理论、交易成本理论的基本内涵及在数字经济领域的应用。

2. 理解共享经济的概念，能够分析共享经济的福利效应和存在的问题与风险。

3. 掌握技术可供性、资源编排以及数字创新生态系统等管理理论的基本内涵。

4. 理解虚拟集聚的概念，能够分析数字经济背景下虚拟集聚的效应、类型、机理、功能、载体、特征与模式。

5. 理解长尾理论及其在现实生活中的应用。

导　言

理论基础是数字经济学的核心议题之一，作为一种新的经济形态，数字经济必将对现有理论提出新的挑战。目前，尚未有完全源于数字经济的全新理论，但一些传统理论也能较好地阐述数字经济中的诸多现象，这些理论涉及宏观、中观和微观，下面对其中一些代表性理论进行简要的介绍。

本章的主要内容包括：(1) 规模报酬递增理论；(2) 交易成本理论；(3) 共享经济理论；(4) 技术可供性理论；(5) 资源编排理论；(6) 数字创新生态系统理论；(7) 虚拟集聚理论；(8) 长尾理论。

第 1 节　规模报酬递增理论

一、规模报酬递增理论概述

在生产过程中，企业同比例扩大所有的生产要素投入，如果产量增加的倍数大于生产要素增加的倍数，则称生产是规模报酬递增的；若产量增加的倍数等于生产要素增加的倍数，则称生产是规模报酬不变的；若产量增加的倍数小于生产要素增加的倍数，则称生产是规模报酬递减的。

例如，对于给定的柯布-道格拉斯生产函数 $Q=f(L, K)=AL^{\alpha}K^{\beta}$，若企业将所有的生产要素投入量扩大 λ 倍，则有：

$$f(\lambda L, \lambda K)=A(\lambda L)^{\alpha}(\lambda K)^{\beta}=\lambda^{\alpha+\beta}AL^{\alpha}K^{\beta} \tag{2-1}$$

即产量将扩大 $\lambda^{\alpha+\beta}$ 倍。因此，若 $\alpha+\beta>1$，则生产是规模报酬递增的；若 $\alpha+\beta=1$，则生产是规模报酬不变的；若 $\alpha+\beta<1$，则生产是规模报酬递减的。

（一）规模经济的原因

其一，专业化。规模扩大后可以进行更精细的分工，实现专业化生产，从而提高效率。例如，如果规模够大，制作一件衣服可以分成剪裁、缝纫、钉扣子、熨烫、包装等不同的工序进行流水化作业，这要比在小作坊都由一个人完成效率高。

其二，设备的不可分性。很多设备具有不可分性，无论是少量生产还是大量生产，都需要一套设备，不能因为生产少就少用设备。例如，炼钢炉一旦点火就有一个最低炼钢量，要持续很长时间。一架中型客机一旦执行飞行任务，不管有 200 名乘客还是只有 1 名乘客，都需要 1 架飞机。因此，规模大可以更好地利用这些设备。

其三，节约管理费用。规模扩大后可以更好地利用各种基础设施，如厂区运输、企业综合管理、仓储服务。

其四，范围经济。当企业生产多种产品时，多种产品可以共用一套生产设施，从而节省成本。例如，发电厂可以发电和供热，苹果公司可以生产电脑、手机、电子手表。只有扩大规模才能同时生产多样化的产品，从而提高每类产品的生产效率。

（二）规模不经济的原因

其一，管理和协调不灵活。规模扩大后，层级与部门增加，生产决策往往需要各个部门配合执行，其中管理和协调变得滞缓。

其二，生产决策从制定到执行要经过不同的层级，传递速度变慢，而且决策信息在传递过程中也会出现不同程度的失真。例如，总部的真实意图在某一个具体生产企业不一定得到清晰的理解。

其三，应变能力变弱。规模扩大后，企业固然能够承受各种不确定性的冲击，但是很难做到及时调整战略，就如俗话说的，船大难掉头。

二、数字经济的规模效应

数字经济的核心要素是数据，而数据具有可无限复制、反复使用而不会发生实质性损耗的特性。数据使用的频率越高、使用的范围越大，其创造的价值也会越多，在增加价值的同时不会给数据提供方带来实质性损耗。这一特性决定了数字经济具有很强的正外部性，能够形成一定的范围经济和规模经济。数字经济的规模效应在某种意义上是无限的，边际成本很低，甚至为零。传统经济活动是竞争性的或者说是排他性的，数据资产具有非竞争性特征，大家可以共享。

微观经济学中的生产理论认为，在技术不变的情况下，厂商的生产决策取决于生产要素的短期变动和长期变动。在短期内，厂商的生产决策建立在边际收益递减规律基础上，确定劳动力合理的投入区间和最佳投入点。在全部生产要素可变的条件下（长期），决定厂商盈利能力最优的因素是生产的适度规模。

企业的规模主要取决于三个外部因素：企业所提供的产品对应的市场类型、企业所处的发展阶段以及企业的技术水平。与传统经济不同，在网络经济条件下，数字经济平台企业的规模不仅受成本结构的制约，而且受网络外部性的影响。正的网络外部性和低的市场进入壁垒有助于用户规模的增长，随着用户规模的增长，单位产品价格下降，产品供给增加，进而促使生产规模扩大。因此，数字经济平台企业能快速集聚规模效应。

生产规模的变化可能会导致企业内部生产的规模经济或规模不经济。当一个企业所有投入的增长比例小于产出的增长比例，便会导致递增的规模报酬，此时，平均总成本从长期来看是降低的。相反，当所有投入的增长比例大于产出的增长比例时，递减的规模报酬将会显现，此时，平均总成本增加。递增和递减的规模报酬均表明未达到最优的生产规模。当所有投入和产出出现同等比例的变化时，企业便进入了不变的规模报酬阶段。

（一）数字经济的规模报酬递增

随着网络和数据规模的上升，企业的价值呈指数级上升，这正是正反馈发展的基本规律。随着正反馈的发展，规模越大的企业盈利越多，规模越小的企业越可能走向衰落，最终出现一家独大的"赢者通吃"现象。"赢者通吃"现象在数字市场中非常普遍，用户资源往往会流向具有较大市场份额的顶端企业，因而在数字市场中企业对市场份额的竞争比传统市场更为激烈。这被称为数字市场的先占式博弈，即谁先占有最大的市场份额，谁便可以在与其他企业的博弈中处于优势地位。

数字经济的外部性本质上是一种需求规模效应，即随着需求的增加，边际成本趋近于零，由于数字产品具有极强的外部性，收益会持续上升。在这种情况下，就会出现需求越多、规模越大、价格越低的现象，和传统的马歇尔均衡正好相反。在这种情况下，规模就成为企业追求的第一要务，规模越大，成本越低。在传统经济时代，盈利是企业的核心指标，而在数字经济时代，规模成为最主要的先行指标。为了扩大规模，忍受相当长时间的亏损，然后通过外部性实现盈利已成为数字经济平台企业的标准竞争模式。

（二）数字经济的规模报酬递减

数字经济中存在规模报酬递增已成为共识。规模报酬递增意味着"赢者通吃"。规模越大，价格越低，通过创新和技术的快速迭代建立不可超越的竞争优势，并快速占领市场已经成为企业优先考虑的竞争策略。那么，数字经济中存在规模报酬递减吗？规模报酬递减始于何时？规模报酬递减和规模报酬递增的分界线在哪里？这些是值得思考的重要问题。

数字经济平台企业在发展过程中，在"锁定效应"和风险资本的刺激下，大多采取规模扩张战略获取"赢者通吃"的市场优势。然而，实践表明，这种急功近利的规模扩张行为与数字经济平台企业的内部组织结构和管理水平并不匹配，由此带来了诸多隐患，如战略定位不清晰、售后服务不完善、内部协作效率低、信息不流通、管理无效率等。由于这些原因，许多数字经济平台企业如昙花一现。当出现过度的规模扩张时，数字经济平台企业则表现出很强的规模报酬递减特征。

三、数字经济的网络效应

（一）网络效应

网络效应也称网络外部性（network externality）。根据美国经济学家迈克尔·卡茨（Michael Katz）和卡尔·夏皮罗（Carl Shapiro）（1985）的定义：网络外部性是指当消费同一产品或服务的消费者人数增加时，某一消费者消费该产品或服务所获得的效用增量。网络外部性并不总是正的，也可能是负的，即存在网络规模的扩大反而降低用户效用的情况。

基于网络效应的来源，可以将网络效应分为两类：一类是由于网络用户之间的联系而直接产生的网络效应；另一类是由于市场的中介作用而间接产生的网络效应。

直接网络效应反映同一市场内消费者之间的相互依赖性，即同一产品的消费者可以直接增加其他消费者的效用。根据梅特卡夫定律（Metcalfe's Law）（见图 2-1），网络价值等于节点数的平方，即当一个网络中存在 n 个用户，就会有 $n(n-1)$ 种网络，第 $n+1$ 个用户将给现有的用户增加 $2n$ 个新的连接，从而给所有的其他用户提供了直接的网络外部性价值。网络、电话、传真机、在线服务、E-mail 等，都是体现直接网络外部性的典型例子。

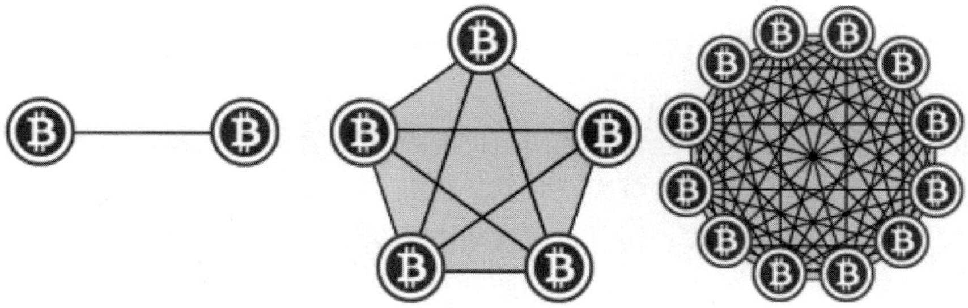

图 2-1　梅特卡夫定律

网络的价值可表示为：

$$V=K\times N^2 \tag{2-2}$$

式中，K 为价值系数；N 为用户数。网络价值与网络规模的平方成正比，具体表现是网络价值与网络内节点数的平方、与联网的用户数的平方成正比。梅特卡夫定律指出，一个网络的用户数越多，那么整个网络和该网络内的每台计算机的价值也就越大。

自 20 世纪 90 年代以来，互联网不仅呈现出超乎寻常的指数级增长趋势，而且爆炸性地向经济和社会的各个领域广泛地渗透和扩张。网络内的节点数越多，网络对经济和社会的影响就越大。梅特卡夫定律揭示了互联网的价值随着用户数的增长而呈指数级增长的规则。

梅特卡夫定律背后的理论，亦即网络外部性：使用者越多，对原来的使用者而言，网络价值不会如一般经济财产那样（人越多分享到的越少），反而相反。大体而言，根据梅特卡夫定律和网络外部性，信息化的企业加以连接，最终造就一个规模可与实体市场相媲美、充满无限商机且成长潜力惊人的全球电子商务市场。

间接网络效应主要产生于基础产品与辅助产品在技术上的互补性，这种互补性导致产品需求上的相互依赖性。例如，PC与应用软件，若没有与之相配套的互补品，那么单一的产品对用户是没有多少价值的。在存在间接网络外部性的市场中，用户使用一种产品的价值取决于与该产品互补的产品的数量和质量。一种产品的互补品越多，那么该产品的市场需求就越大，卡茨和夏皮罗将这种互补品之间的网络外部性关系称为硬件/软件范式。用户购买一种硬件（软件）产品时，将会关注有多少其他用户购买相同的硬件（软件）以及与之相配套的软件（硬件），因为一种预期用户安装基础大的产品将能引致更多的互补品，从而使现有购买者获得更大的价值。例如，Windows操作系统拥有大量的用户，因而软件公司倾向于向Windows用户提供更多的应用软件和服务。

（二）数字经济的网络效应分析

随着人、流程和技术之间的相互联系和互操作性的不断增强，网络效应作为经济现象和商业机会正变得更加重要。由数据驱动的数字经济竞争者，将越来越多地投资于如何最好地创造、培育和变现网络效应。

从技术上讲，经济学家所说的网络效应，也称为网络外部性，指产品或服务对用户的价值随着用户数增加而增加。这个传统的定义不完整，例如产品或服务的质量以及用户的质量，对价值创造的影响而言，与用户数一样重要甚至更为重要。换句话说，“如何”和“多少”同样重要。

网络效应更注重用户的交互作用，用户既是网站内容的浏览者，也是网站内容的创造者。所谓网站内容的创造者，是说互联网上的每一个用户不仅仅是读者，同时也是作者；不仅仅是在互联网上冲浪，同时也是波浪制造者；在模式上由单纯的“读”向“读写”以及“共同建设”发展；由被动地接收信息向主动创造信息发展。例如，每当有人在网络上建立链接时，百度就会变得更智能；每次有人进行搜索，百度就会变得更智能；每次有人点击广告，百度就会变得更智能。它会根据这些信息立即采取行动，改善用户体验。这种设计思路同样适用于京东和淘宝的推荐页、利用滴滴叫车、在携程上寻找或提供住宿，以及使用智能手机应用等。用户的参与越多，越能产生更高的价值和有价值的体验。创造的价值越多，越会产生更多的用户以及创新的用途。这种良性的价值循环颠覆了世界各地的产业。价值可以实现指数级增长，但成本只略微增长，这就是数字经济的网络效应的神奇之处。

网络效应不仅仅是为更多的用户创造更多的价值，它还承担让更多的用户对企业和彼此实现更多价值的任务。网络效应之所以特殊，在于网络让贡献者因对网络中的每个人都更有价值而变得更有价值。简单地说，让用户更好，就能带来更好的用户。这对供给侧和需求侧来说同样重要。在双边市场中，双边都实现网络效应。例如，滴滴司机和华为应用程序开发商都从改善自身能力的投资中获得收益，而百度搜索者和智联招聘求职者也是类似的情况。在数字经济时代，影响个人网络表现的数字接入、算法和分析，将同时促进和加速网络效应。

第 2 节　交易成本理论

一、交易成本理论概述

交易成本理论是整个现代产权理论大厦的基石，由著名经济学家科斯于 1937 年在其论文《企业的性质》中首次提出。该理论认为，企业和市场是两种可以相互替代的资源配置机制，由于存在有限理性、机会主义、不确定性与小数目条件使得市场交易成本高昂，为节约交易成本，企业作为代替市场的新型交易形式应运而生。交易成本决定了企业的存在，企业采取不同组织方式的最终目的也是节约交易成本。他指出：市场和企业是两种不同的组织劳动分工的方式（即两种不同的“交易”方式），企业产生的原因是企业组织劳动分工的交易成本低于市场组织劳动分工的成本。一方面，企业作为一种交易形式，可以把若干生产要素的所有者和产品的所有者组成一个单位参加市场交易，从而减少了交易者数目和交易摩擦，因而降低了交易成本；另一方面，在企业内部，市场交易被取消，伴随着市场交易的复杂结构被企业家替代，企业家指挥生产，因此，企业替代了市场。由此可见，企业内部交易和市场交易存在着不同的交易成本，而企业替代市场，是因为通过企业交易而形成的交易成本比通过市场交易而形成的交易成本低。在科斯之后，经过一系列经济学家的传承和发展，特别是威廉姆森进一步用资产专用性、不确定性和交易频率来表征和测度交易费用，交易成本经济学才逐步形成，并成为组织经济学的核心内容（聂辉华，2004）。

自科斯尝试解释企业为什么存在而提出交易成本理论以来，交易成本的内涵与外延在国内外学者的研究下不断丰富和拓展。科斯认为，市场经济主体为了进行交易，首先需要获得准确的市场信息，在交易过程中和交易对象协商交易内容和细节、签订和维护交易合同，这些过程所产生的成本为交易成本。达尔曼（Dahlman，1979）在科斯的研究基础上提出，交易成本除了包含科斯提出的内容，还应该包含交易过程中的转换成本。威廉姆森从交易成本产生的原因方面进行了思考，他认为交易成本主要产生于两个方面：一方面是环境因素，主要包括交易信息存在不对称现象、交易的复杂性和不确定、交易环境的制约以及资产专用性不易转变等；另一方面是人性因素，即人不是完全理性的或者没有完全信息，在交易过程中必然无法了解每个选择的结果并且可能产生机会主义行为。他还根据原因将交易成本按签约前（事前）和签约后（事后）进行了分类。国内学者张五常（1999）则结合上述多种研究的结论和思想，将交易成本的定义拓展到非常宽泛的视角，即交易成本是约束竞争的成本，只有一个人的社会才不存在交易成本，并强调信息不完全是产生交易成本的主要原因。

可以说，对于交易成本，其内涵界定和研究范围均未统一，但就一般理解而言，交易成本主要是指企业用于寻找交易对象、洽谈交易、订立合同、执行交易、监督交易等方面的费用与支出，主要由搜寻成本、谈判成本、签约成本与监督成本构成。

二、数字经济时代的交易成本

一方面，数字经济的发展可以有效降低企业的交易成本；另一方面，从交易成本视角可以解释数字经济中的诸多现象。

数字经济能够从如下角度降低企业的交易成本：其一，数字技术的发展能够加速信息的存储、扩散与传播，有助于企业接触到更大范围内的上下游企业，并了解这些潜在交易对手的资信水平、履约历史、产品或服务质量等信息，有利于企业对潜在交易对手进行比较、筛选，降低企业需要付出的搜寻成本。其二，数字技术加速信息传播极大地便利了企业间的互动，使得标的物价格、工艺、质量等契约关键要素变得透明可比，从而降低企业与交易对手在签订契约过程中需要付出的协商、谈判成本。其三，互联网、物联网等数字技术确保在契约签订后，企业可以及时与交易对手建立联系并实时跟踪标的物，一旦交易对手行为偏离合作方向，或出现契约签订时未预期到的情况，企业可以及时干预以保障交易正常进行，这意味着在数字技术的支持下企业需要付出的监督成本将显著下降。企业与交易对手也可根据即时的需要灵活调整交易细节，降低契约不完备引发的其他相关成本。其四，数字化加速信息存储与传播能够帮助企业在事前就对潜在交易对手高效地进行筛选，使匹配到高质量交易对手的概率提高，降低违约风险。同时，数字技术下高度透明的资信水平、履约记录、市场评价等信息意味着交易对手一旦发生违约，其需要承担的声誉损失将大大增加。基于声誉威胁，交易对手的违约概率也会降低，这进一步确保企业因交易对手违约或其他机会主义行为所付出的相关成本降低。

此外，交易成本理论为我们理解和解释数字经济中的诸多现象提供了有力的工具。例如，网约车中的顺风车。交易成本的下降可以促成本来难以达成的交易。依托网约车平台的声誉机制，原本缺乏互信的双方节约建立人际信任的高额成本，顺利实现交易。“本来难以达成”说明其中可能包含让人却步的风险，数字技术可在一定程度上降低风险。

又如，平台经济中难以界定市场或识别垄断的难题，同样与交易成本相关。从根本上说，平台的经营内容不是产品本身，而是“降低交易成本”。诚然，在不同产业或不同场景中，降低交易成本的做法并不一致，然而，相较于研发、生产、销售不同产品，降低交易成本更容易实现。某一平台既要应对经营相近产品的其他平台，又要应对致力于降低交易成本且有能力迁移至同一行业其他平台的数字经济参与者。因此，界定市场难，而跨界竞争易。比如优步，从出行做起，已逐渐扩张至外卖、物流、通勤等多个细分市场。如果仍从经营品类出发，人的出行与物的递送恐怕很难归入同一市场。然而，如果从降低交易成本出发，将优步看作降低闲置运力之交易成本的平台，以上扩张即顺理成章。

第 3 节　共享经济理论

一、共享经济的内涵与特征

随着共享经济在现实生活中出现和大规模扩张，越来越多的学者投入到对共享经济的研究中。共享经济作为一种概念源于费尔逊和斯潘思（Felson & Spaeth，1978）提出的“协同消费”一词。2005 年左右，国内外学术界开始关注共享经济，2012 年后文献量呈指数级增长（韩卫波，2018），且大部分发表于 2015—2017 年（何超等，2018），但从 2018 年开始，文献量加速下降，同时还产生了借助数字经济“搭便车”的现象，一些本属于共享经济的内容纷纷在以数字经济为主题的文献中出现，这也说明共享经济与数字经济有着密不可分的关系。

对于共享经济，国内外学术界至今也没有给出一个明确的定义，且存在共享经济和分享经济两种不同的表述，国内早期普遍采用的提法是分享经济，之后则大多统一为共享经济。尽管有一些研究指出了两者的不同，但本书不对这两个概念进行严格区分。国家信息中心、中国互联网协会联合发布的《中国分享经济发展报告 2016》是国内最早对这一经济形态进行系统性研究的权威报告，其对分享经济的定义为：利用互联网等现代信息技术整合、分享海量的分散化闲置资源，满足多样化需求的经济活动总和。这一定义包含以下三个基本内涵：（1）分享经济是信息革命发展到一定阶段后出现的新经济形态。互联网（尤其是移动互联网）、宽带、云计算、大数据、物联网、移动支付、基于位置的服务（LBS）等现代信息技术及其创新应用的快速发展，使分享经济成为可能。（2）分享经济是连接供需双方的最优资源配置方式。面对资源短缺与闲置共存的难题，分享经济借助互联网能够迅速整合各类分散的闲置资源，准确发现多样化需求，实现供需双方快速匹配，并大幅降低交易成本。（3）分享经济是适应信息社会发展的新理念。工业社会强调生产和收益最大化，崇尚资源与财富占有；信息社会强调以人为本和可持续发展，崇尚最佳体验与物尽其用。2018 年后，国家信息中心发布的研究报告则开始采用共享经济这个概念，但其内涵依然是之前对分享经济的界定。

国家发改委高技术产业司发布的《分享经济发展指南（征求意见稿）》则将分享经济定义为利用网络信息技术，通过互联网平台将分散的资源进行优化配置，提高资源利用效率的新经济形态。

随着数字经济的不断发展，共享经济的概念内涵也被不断研究，国家信息中心发布的《中国共享经济发展报告 2022》将共享经济界定为利用互联网平台将分散的资源进行优化配置，通过推动资产权属、组织形态、就业模式和消费方式的创新，提高资源利用效率、便利群众生活的新业态、新模式。这一定义不仅强调了经济效益，而且强调了社会效益。共享经济集中体现了新的消费观和发展观，是互联网时代全新的经济形态，与传统经济模式相比，共享经济具有以下六个特征：

其一，技术特征：基于互联网平台。正是互联网尤其是智能终端的迅速普及使得海量的供方与需方得以迅速建立联系。互联网平台并不直接提供产品或服务，而是将参与者连接起来，提供即时、便捷、高效的技术支持、信息服务和信用保障。离开互联网，现代意义上的共享经济将不复存在。

其二，主体特征：大众参与。足够多的供方和足够多的需方共同参与是共享经济得以发展的前提条件。互联网平台的开放性使得普通个体只要拥有一定的资源和一技之长，就可以很方便地参与到共享经济中来。同时，共享经济属于典型的双边市场，即供需双方通过平台进行交易，一方参与者越多，另一方得到的收益就越大，两个群体相互吸引、相互促进，网络效应进一步放大。在共享经济中，参与者往往既是生产者又是消费者，个体潜能与价值得到最大发挥。

其三，客体特征：资源要素的快速流动与高效配置。现实世界中的资源是有限的，但闲置也普遍存在，如未利用的车座、房间、设备、时间等。共享经济就是将这些海量的、分散的各类资源通过网络整合起来，让其发挥最大效用，满足日益增长的多样化需求，实现“稀缺中的富足”。

其四，行为特征：权属关系的新变化。一般而言，共享经济主要通过所有权与使用权的分离，采用以租代买、以租代售等方式让渡产品或服务的部分使用权，实现资源利用效率的最大化。从实践发展来看，共享经济将渗透到更多的领域，股权众筹等业态已经涉及所有权的分享。

其五，效果特征：用户体验最佳。在信息技术的作用下，共享经济极大地降低了交易成本，能够以快速、便捷、低成本、多样化的方式满足用户的个性化需求。用户评价能够得到及时、公开、透明的反馈，会对其他用户的选择产生直接影响，这将推动平台与供方努力改进服务，注重提升用户体验。

其六，文化特征：不求拥有，但求所用。共享经济较好地满足了人所固有的社会化交往、分享和自我实现的需求，也顺应了当前人类环保意识的觉醒。

二、共享经济的福利分析

共享经济作为数字经济的一种典型模式，兼具“网络经济”和“平台经济”的双重特征，并且其“利用闲置资源创造社会价值”的目标使其具有“普惠经济”属性。共享经济模式在培育经济发展新动能与促进闲置资源再利用方面发挥着重要作用，不仅可以助力供给侧改革，促进国家经济发展，而且能够有效解决产能过剩困境，优化资源配置。从福利经济学的角度来分析，在不损害交易双方原有福利的前提下，如果交易是自愿的，说明双方的福利都得到了改进，因此，共享经济具有帕累托改进的良好特性。

与传统经济模式相比，共享经济模式改变了存量资源短缺与闲置并存的窘境，通过共享经济平台对供需双方进行精准匹配，提高了资源利用效率。基于福利经济学，考虑到共享经济利用的是闲置资源，具有“零边际成本”特性，因而平台上的每一次交易都是帕累托改进（即社会福利的增加）。对于闲置的房屋、车辆、设备等资源而言，共享经济能够高效激活这些闲置存量，优化资源配置，提升社会福利水平。以下从共享经济影响社会福利的机制以及政府在共享经济福利提升中的作用两方面来论述共享经济中的福利效应问题。

第一，共享经济影响社会福利的机制。共享经济所具有的技术特征提升了社会福利，主要存在以下影响机制（刘征驰等，2020）：（1）扩大交易主体的可选择空间，从而提升福利。共享经济中的接入技术可以实现分散化资源的规模集聚，以移动互联网为代表的数字技术的发展打破了距离遥远和信息不通所造成的市场限制，使闲置资源变为“可交易”资源。接入技术赋能使得海量的分散化闲置资源可以通过移动互联网的接入被集中起来形成规模效应，充分发挥互联网在资源配置中的优化和集成作用，扩大交易主体的可选择空间和福利提升空间。（2）降低搜寻成本从而提升社会福利。共享经济中的匹配技术可以精准匹配平台企业，运用接入技术获得规模化的供需数据，再通过智能算法对供需双方进行精准匹配，有效提高资源利用率，使社会福利得以提升。相较于传统的交易方式，匹配技术赋能使得平台企业能够以更快速、更智能的方式解决闲置资源供需匹配问题，大大降低交易双方的搜寻成本并提高搜寻效率。（3）降低交易成本从而提升福利。共享经济中的执行技术将交易环节“信息化”和“算法化”，通过便捷的精准化交易方式降低交易难度，提高交易效率，降低双方的交易成本。

第二，政府在共享经济福利提升中的作用。政府在共享经济中发挥了提升共享经济机制运行效率的职能，可以提升对该机制的投入并形成市场中的帕累托改进（吴岱蔚等，2018）。具体而言，政府的投入使得共享经济市场中参与者交易的产品的信息更加充分。一方面，消费者之间的信息不对称程度降低；另一方面，消费者在交易过程中的时间、空间限制被打破，促使更多的消费者进入共享经济市场并参与闲置资源使用权的交易。因此，共享经济平台的存在提升了市场中闲置资源使用权的交易效率。只要政府投入为消费者在交易过程中带来的福利高于带来的社会成本，社会净福利就会提升，消费者进行交易的动机与政府对共享经济平台的投入动机便会同时增强，共享经济的市场规模就会随之扩大。成本的降低和建设平台效率的提升有助于提升市场中闲置资源使用权的交易效率，扩大共享经济市场规模，实现社会福利最大化。

因此，政府应鼓励合理、稳健地建设和发展共享经济平台，鼓励共享经济的技术创新，促进传统业态转型升级。政府通过投入公共资金建设共享经济平台，可以促进闲置社会资源的共享，提高消费者参与共享经济、循环消费的意识。

三、共享经济的问题与风险

近年来，共享经济蓬勃发展，但也存在一些问题与风险。具体而言，主要存在以下几方面的问题和风险。

第一，供需双方的行为失范带来道德风险。共享经济大多采用平台模式，供需双方基于平台信息来建立交易关系，极易因交易者行为失范而产生道德风险。一方面，资源供给方的不道德或违法行为会对资源需求方造成伤害。例如共享出行领域，按照相关规定，网约车营运必须同时满足平台拥有“网约车平台经营许可证”、车辆拥有“网络预约出租汽车运输证”、司机拥有“网络预约出租汽车驾驶员证”，三证缺一不可，然而，全国网约车监管信息交互平台数据显示，2021 年 6 月，订单量超过 30 万单的网约车平台共 13 家，其中有的平台订单合规率仅为 16%左右，7 月共收到订单 77 656.4 万单，环比上升 10.7%，订单量增加的同时合规率却在下滑，当月订单合规率环比下降的平台近六成。另一方面，资源需求方违约的行为也时有发生，如在服装共享租赁中逾期不还，在短租房屋中配置的设备或物品等丢失或损坏，等等。

第二，用户隐私与信息安全风险。在共享经济的平台模式中，供需双方参与交易都必须在平台进行实名注册，以便适时监管。对于这些个人真实信息，一旦平台的网络系统被黑客侵入窃取或被有意泄露以牟利，都将极大地损害用户利益。如在个人信息保护方面，违规收集（包括未经用户同意超范围收集，未公开收集使用规则，强制索取）和违规使用（包括某一应用未经用户同意与其他应用共享用户个人信息，用户难以关闭某一应用利用个人信息进行定向推送或精准营销的功能）等问题屡禁不止。部分平台企业的数据安全意识不强，在数据收集、传输及向第三方提供数据等环节，并未建立相应的数据安全管理制度和采取必要的安全技术措施。

第三，垄断和不正当竞争引发的问题与风险。不同共享经济平台的激烈竞争往往以价格战为主，也带来潜在的行业垄断问题。一方面，低价竞争和滥用市场地位设置不合理定价规则。在网约车、货运、共享单车、社区团购等领域均出现过以免费、超低价或者补贴形式吸引用户的行为，定价明显有违市场合理水平，不仅对合规经营的平台形成挤压，扰乱了整个行业的正常秩序，也导致服务质量无法保障，用户利益受到侵害。如低价接单的货拉拉司机往往希望通过劳务付出增加收入，一旦事与愿违，难免心中不快而对用户恶语相向，或为在有限的时间内多接单而发生绕行等行为，比如货拉拉平台上屡屡有用户投诉司机临时加价、货物损坏等损害用户利益的事件曝出。另一方面，部分平台在用户形成使用依赖、取得市场主导地位后随意涨价的现象屡见不鲜，且存在计价标价不透明、不规范等问题，相关部门曾多次就这一问题召开行政指导会。还有的平台通过设置极为复杂的计费规则、“大数据杀熟”等方法损害消费者权益，攫取消费者剩余。

第四，平台用工不规范等问题较为突出。共享经济平台的灵活用工模式对传统的劳动法制度提出了新的挑战，出现了一些游走在“灰色地带”的用工行为。一方面，劳动者权益保障缺位。由于当前劳动者权益保护的有关制度规定，包括法定工作时间、最低工作标准、失业保险、员工福利等，都是建立在明确的劳动关系基础上，这让劳动关系不明确的新就业形态劳动者被排除在法定保护之外，平台缺乏充分保障劳动者权益的意识和动力。另一方面，存在新技术手段支撑下的过度劳动控制。在通过算法技术寻求“最优解”的属性之下，平台对劳动者效率的控制也达到了前所未有的高度，对劳动者的身体健康和生命安全造成了威胁。

第五，共享经济平台企业“走出去”带来的风险与挑战。一方面，数据跨境流动频繁带来治理新挑战。平台企业海外上市后，不排除在海外政府监管压力下可能存在数据跨境流动的安全隐患，包括平台企业依据当地法规做出的主动提供行为，外部监管压力、网络安全体系不健全和技术能力不足所造成的被动泄露，这些都可能直接影响国家安全和公共利益。另一方面，平台企业在拓展国际市场的过程中面临更大的不确定性和更高的合规成本。2020 年 12 月，美国国会通过《外国公司问责法案》并经总统签署后正式生效。该法案对外国公司在美上市提出额外的信息披露要求，规定任何一家外国公司连续三年未能遵守美国公众公司会计监督委员会（PCAOB）的审计要求将被禁止上市。美国资本市场监管政策的变化，让不少拟海外上市的中国企业重新进行策略评估，选择更合适的上市方式。新规配套细则加大了中概股退市担忧，也为平台企业的境外融资带来更多不确定性。实际上，自 2022 年 3 月以来，中国在美上市的一系列数字经济企业纷纷被列入预摘牌名单就印证了这一点。此外，平台企业拓展海外市场、跨境运营的合规成本可能大幅增加。以欧盟为例，自《通用数据保护条例》（GDPR）生效以来，欧盟数据保护监管机构对科技巨头的监管要求一直在加强，已在欧洲对谷歌、脸书、苹果和微软进行严格的审查。GDPR 对世界其他经济体个人信息和数据保护制度的示范作用明显，随后一些经济体加大了对跨境平台企业的处罚力度，明显提高了跨境平台企业的合规成本。

第 4 节　技术可供性理论

一、技术可供性理论概述

可供性（affordance）的概念由美国心理学家詹姆斯·吉布森（James Gibson）提出，最早出现在生态心理学领域，指的是物体具有的功能属性或特征以及动物根据物体的这些功能属性或特征并结合自身需求利用物体所存在的可能性。换言之，可供性旨在阐述客观物体为动物这类生命体提供实施特定行为的可能性。任何动物都能感知到物体的特征，但对这些特征的使用（即物体的可供性）与动物的主观态度和行为相关。

在后续的研究中，可供性的概念被更广泛地讨论，可供性的思想也被陆续引入组织管理研究等领域，使得其内涵和应用获得了极大的拓展。经过诺曼、哈奇比、马库斯等信息系统学者的应用和发展，可供性越来越受到信息系统领域的重视。诺曼区分了三个相关但不同的维度：物体的真实示能性、主体感知的示能性、物体传达的示能性相关信息。马库斯和西尔弗（Markus & Silver，2008）基于社会技术理论提出技术工具、功能示能性、符号表达三个概念，将该理论应用于技术采纳与使用研究。莱昂纳迪（Leonardi，2011）揭示了技术与惯例之间“鳞次栉比”的互动关系。有学者研究技术可供性与约束理论，还有学者进一步将可供性与实现过程分离，提出了可供性实现理论，揭示了行为主体基于技术可供性实现具体目标的过程机制（Strong et al.，2014）。

技术可供性被定义为“特定用户组所认可的面向目标的行动的可能性”。技术可供性理论融合了技术决定论和社会建构主义两种相反的观点。在信息系统研究领域，现有研究主要从技术与人的关系视角研究可供性，聚焦于行为主体与技术工具之间的关系，既重视信息技术的物理属性，也重视使用者的主体属性。在技术可供性的理论视角下，行为主体与环境相互适应，可供性是具体行为实施的必要非充分条件，是一种潜在行为，不起决定性作用，具体实施受到各种环境因素影响。

技术可供性反映了用户的目标以及用户如何利用数字技术来实现这些目标。事实上，由于目标导向的行动的可变性，相同的数字技术可以在不同的环境中有不同的使用方式，从而在不同的情况下产生不同的可供性。技术可供性认为行动者目标的实现并非在于是否拥有技术工具本身，而在于行动者具备的目标和利用信息技术的能力，导致同一种信息技术可以引致不同的绩效结果的局面。只有行动者感知到那些能够有助于实现目标的技术特征或功能属性时，这些技术特征或功能属性才会被行动者利用和配置。

可供性可用于理解数字技术的物质性如何促进或限制它在一个组织环境中的各种潜在使用。同时，行为主体的目标也会塑造技术的特征。技术可供性理论强调行为主体的目标导向、预期目标和实际行为的动态反馈关系，如图 2－2 所示。借助这一理论可以有效剖析社会化网络营销企业价值创造的内在机理，揭示工业大数据背景下企业价值创造的过程，同时也为揭示数字技术对数字化创新及企业绩效的影响提供了新的视角。

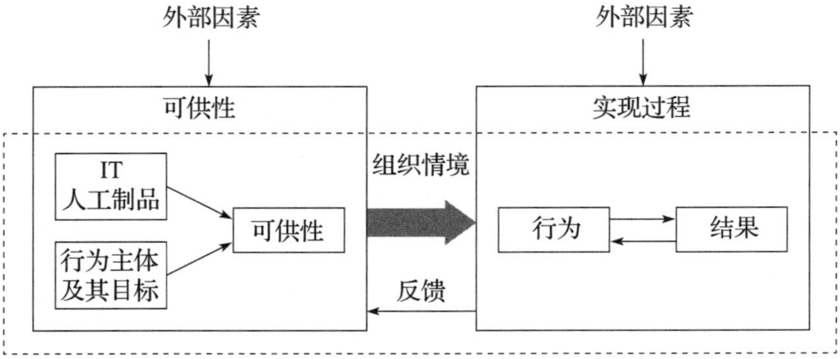

图 2-2　技术可供性理论框架

二、数字技术可供性分析

数字技术可供性作为数字创新领域的前沿技术研究议题，是指数字技术相对于特定实体提供的潜在行为可能性，是技术可供性的一个细分。数字技术可供性强调特定实体对数字技术这一客观对象功能属性的感知，即特定实体在内需驱动下与感知到的可供性交互，形成行动潜力，而非囿于数字技术用途单一层面的挖掘。数字技术可供性是企业数字创新异质性的关键诱因，具体来说，在不同情境下企业对理解相似数字技术的创新活动存在显著差异，从而产生了截然不同的结果。究其本质，数字技术可供性的同质化处理和异质化处理过程催生了企业数字创新价值的不同实现路径，包括积累可供性和变异可供性两种实现机制。积累可供性是指数字技术能够以二进制数字表征企业生产制造、销售运营等数据和信息，并利用数字技术进行同质化处理。基于积累可供性，企业便于与其他组织在统一标准下实现沟通、协作，进而达到组织目标。变异可供性则源于数字技术的可重新编程性，是指数字技术应用于数字设备所依托的数字程序的编程，为不同企业在集体层面实现数字技术组合使用提供支持。积累可供性与变异可供性在数字技术应用于企业数字创新方面相辅相成、相互促进、相得益彰。

已有研究主要围绕单个企业探讨数字技术可供性在服务创新、知识分享与创新绩效、在线学习、企业社交媒体与知识分享等方面的作用。后续研究从数字技术可供性的负面效应揭示了感知可供性的意义。例如，在知识分享层面，数字化有助于信息完全公开，但从组织内部运作来看，信息的过度透明可能会引发冲突，也可能不利于管理者对权力的掌控，或者影响个人隐私或知识产权等。总体而言，数字技术可供性研究还处于起步阶段，有待进一步深入探索。

第 5 节　资源编排理论

一、资源编排理论概述

资源基础观是战略管理领域最重要的理论之一，并且不断被拓展应用于市场营销、信息系统、生产运作等领域。该理论的核心逻辑是有价值、稀缺、不可模仿和难以替代的资源是企业竞争优势的根本来源。然而，传统的资源基础观主要是从静态视角来考察企业资源特性与竞争优势的关系，忽视了资源的形成与演变过程，特别是与资源相关的管理者行动的作用，不能解释拥有相同或类似资源基础的企业为何有不同的绩效表现（Sirmon et al.，2011）。

在对传统资源基础观进行修正和延伸的基础上，西蒙等（Sirmon et al.，2011）融合资源编排（Helfat et al.，2007）和资源管理（Sirmon et al.，2007）的相关观点，提出了资源编排理论。从图 2－3 中可以看到：资源编排模型对资源行动应具有创新特征，行动与商业模式相匹配，有相应的组织架构设计以支持行动的实施，关注弥补资源管理模型在这方面的空白；资源管理模型涵盖的捆绑资源形成能力维度弥补了资源编排模型在该环节的缺失。资源编排理论认为，资源只有被有效地管理起来才能实现价值最大化，因而，与资源相关的管理者行动是企业资源转化为竞争优势的关键。西蒙等（Sirmon et al.，2007，2011）将资源编排划分为三个过程：（1）构建（structuring），通过资源的获取、积累以及剥离形成企业的资源集合；（2）捆绑（binding），通过维持、丰富和开拓三种方式，将资源整合形成核心能力；（3）利用（leveraging），通过对核心能力的调动、协调和重置，利用市场机会并创造价值。资源编排模型涵盖的流程、流程间的协同以及资源编排流程与情境的动态匹配，构成资源编排理论的核心。

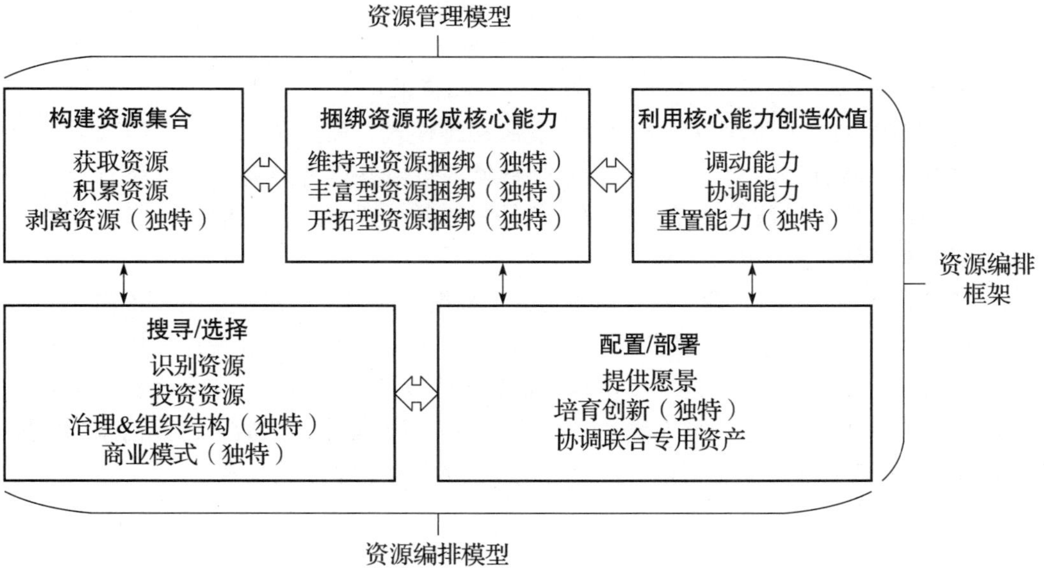

图 2－3　资源编排框架

注：独特指该管理流程只存在于该模型中。

二、资源编排与数字化转型

随着网络经济的纵深发展，平台企业已成为企业中的新物种，与传统企业面对双边市场、网络外部性等新约束不同，平台企业的资源编排规律与传统企业存在差异，进行深入挖掘是未来研究探索的新方向。

在数字化时代，赢得竞争优势的关键资源已变成数字资源，与传统非数字资源相比，数字资源的资源属性和价值创造机制的改变必然导致资源编排对象与情景的增加，为资源编排研究创造更大的空间，大数据时代资源编排规律是未来研究的重要领域。

阿米特和汉（Amit & Han，2017）提出了一个数字化时代价值创造的新资源编排逻辑。他们认为，战略和组织设计的理论发展本质上是一种基于系统的、以价值创造为核心的范式，这与已有的以企业为基础的、以价值创造为范式的有关资源编排研究必然会形成理论互补。这些新观点有助于提升我们对有关数字资源如何被编排以创造价值的理论认识。具体而言，在数字化时代企业能够创造和管理更加复杂的活动系统，也能够创造和管理支撑这些复杂活动系统的资源体系，更为重要的是，进一步强化了梅特卡夫定律，这恰恰是驱动用户获取商业模式设计战略的重要力量。正如免费模式的盛行，为了获取先发优势，企业越来越以用户和合作伙伴的价值创造战略为优先，这种优先性远远超越了价值获取战略，这种做法在数字化时代必将成为主流。因此，学术研究有必要更加重视资源编排逻辑的变化，特别是能包容和激发价值创造战略的新资源编排逻辑。

两位学者进一步提炼了数字化时代四种基本的资源编排原型。原型 A 简单，是传统逻辑主导的资源配置逻辑，焦点企业转化资源来满足需求，作为交换，用户利用其资源（例如货币）回馈焦点企业而带给企业营业收入。原型 B 是焦点企业与合作伙伴协同来满足需求，用于满足需求的资源并不是在焦点企业内部完成整合，而是由目标企业和合作伙伴各自贡献。在这种情况下，合作伙伴就是焦点企业商业生态系统中的互补者，而不是焦点企业的直接资源提供者。焦点企业的角色并不是原型 A 中的整合者（或者转换者），而是一个组织者，发现并诱使其他企业加入，共同面向用户创造价值。因此，用户会同时为焦点企业及其合作伙伴贡献其资源（例如货币）。

原型 C 描述的是基于双边市场的企业资源编排模式。焦点企业投入资源来促进或创造两个价值共创者群体的交易，此时，一个群体内价值共创者的需求能够被另一个群体内价值共创者的资源满足。焦点企业的角色是赋能者，这一角色在根本上取决于焦点企业如何配置其资源。

原型 D 描述的是焦点企业连接双边市场的资源编排模式。与原型 C 的赋能者不同，在原型 D 中焦点企业的角色是桥接提供者（bridge provider）。焦点企业使用其资源来回应一个价值共创者群体的需求。更进一步，焦点企业赋能该价值共创者群体掌控资源来满足另一个价值共创者群体的需求，同时从后一个价值共创者群体中获取收入。目前来看，原型 C 和原型 D 在企业经营中日益普遍，在数字化时代的创业企业中更是常见。

第 6 节　数字创新生态系统理论

一、数字创新生态系统的构成与类型

（一）数字创新生态系统的内涵与特征

数字创新生态系统是指由相互作用的组织和个人共同参与，依托数字技术，为推进产品和服务协同创新而建立起来的复杂经济结构。基于罗恩·阿德纳的研究框架，数字创新生态系统在创新要素、参与主体、主体间关系等方面均有特殊性。一是创新要素数

字化，数字资源、数字技术与数字基础设施作为创新生态系统的关键要素，使得参与者的创新基础、创新过程具有独特性。二是参与主体虚拟化，基于数字技术，参与者之间的联系广度及灵活度都显著提升，海量高度异质的参与者成为价值创造主体，且创新主体之间依靠平台实现无边界虚拟连接。三是主体间关系生态化，多层次的数字架构让参与者在不同架构层面上开展活动，参与者之间的关系更加动态、开放，创新合作从顺序线性的供应链模式变为多层网状的生态系统模式。

这些特点加速了数字创新生态系统中的创新过程，提供了新的价值创造路径，让数字创新生态系统成为推动产业与组织发展的有效手段。首先，数字化的创新要素为实现产业模式创新提供燃料，赋能实体经济，甚至颠覆传统产业创新基础。其次，虚拟化的参与主体能够突破创新主体间的时间、空间障碍，大幅加快产业创新过程。最后，生态化的主体间关系通过跨层次资源互补与共享促成新的产品组合与解决方案，为创新主体价值创造提供新的路径。

（二）数字创新生态系统的构成要素

从数字创新生态系统价值创造的角度出发，参与者角色可以分为四类：领导者、直接价值创造者、价值创造支持者、辅助角色。

领导者，即数字创新生态系统中发挥重要引领作用的领军企业。比如，软件生态系统中的微软，智能电网能源生态系统中的思科、IBM、通用电气等，也可以称这些领导者为主导者或基石组织。

直接价值创造者，包括供应商、互补者和用户等。例如，半导体光刻生态系统中的镜片和面罩生产商，PC 游戏生态系统中的游戏开发者，乐高生态系统中的社群，云计算生态系统中的用户等。直接价值创造者是整个数字创新生态系统的中流砥柱，也是以用户价值为核心的价值创造者。

价值创造支持者，包括行业专家、专业机构等。比如，医疗生态系统中的专家，区域生态系统中的大学和公共研究机构。价值创造支持者虽然不直接为用户价值创造做贡献，但在整个数字创新生态系统的价值创造过程中提供重要的专业指导和支持。

辅助角色，包括创业服务提供者、赞助商和监管者等。常见的有互联网硬件、软件生态系统中的服务提供者，生物医学研究生态系统中的政策制定者，创业生态系统中的政策规制者等。这类参与者与用户和行业专家往往在数字创新生态系统创立初期便参与进来，随着系统的扩张而成长。

（三）数字创新生态系统的类型

基于数字化与创新生态系统之间的关系，数字创新生态系统具有两种基本表现形式：一是创新导向的数字生态系统；二是数字赋能的创新生态系统。

1. 创新导向的数字生态系统

这种类型的系统指的是促进数字创新应用和扩展的数字创新生态系统，它具备创新生态系统通过创新实现价值创造和共享的基本特征，也可以理解为围绕数字化而形成的创新生态系统，它延续了数字生态系统收敛性、可扩展性、自生长性和模块性的基本特征。收敛性是指数字化能够增加生产要素新组合或产生新生产函数，促进原有生产要素的优化重组。可扩展性是指数字要素具备可共享和重复使用的特点，几乎可以零成本使用，因此具备可扩展性的数据能够作为新的生产要素进入创新过程，同时数字技术促使这种低成本的投入要素带来产出的快速提升，使规模报酬递增成为可能，形成了数字创新与可扩展性创新导向的数字生态系统。自生长性是指数字技术的模块化和交互性增进了创新主体间的交流协作，使得数字化用户的需求有效地反馈给数字主体，以用户需求为核心进行交互创新与大规模定制成为可能。模块性使得数字创新能够应用于其他用途，数字生态系统能靠虚拟现实技术扩展信息空间，因此平台组织在社会经济发展中起到了越来越重要的作用，而模块性使得数字平台具有网络效应，生态系统的价值将随着平台参与者的增加而增加。

2. 数字赋能的创新生态系统

数字化丰富了创新生态系统的要素组成，改善了创新要素之间的协同共生关系，促使创新生态系统的行为逻辑发生变化，形成了数字赋能的创新生态系统。在数字化背景下，创新生态系统的行为逻辑具有新的特征。需求侧的用户将作为新的主体参与创新过程，以用户需求为核心进行交互创新与大规模定制成为可能。创新效率得以提升，不同创新主体在不同时间、地点参与创新过程，改变组织运行机制以及企业间的竞合关系。数字技术还将改善信息披露与共享方式，强化制度建设和改善非正式协调机制。数字技术催生了数字平台，能够促使外部生产者和消费者进行交互协同，有助于其他生态系统成员利用数字平台来设计和控制多个产品。数字化还将推动创新生态系统的深化应用，实现创新主体的共同引进。

创新生态系统强调组织间的相互依赖性，将创新视为一个复杂的由不同利益相关者驱动的过程。不同于创新网络或创新系统等概念，创新生态系统包含用户参与者，覆盖诸多利益相关者，聚焦于不同创新主体以及生态系统之间的复杂关联和互动。在创新生态系统内，不同主体所形成或面临的生态环境成了促进创新应用与扩散的重要因素，因此，相较于创新系统，创新生态系统具备更强的创新能力和更优的效能，扩展了创新系统的理论与实践。

二、数字创新生态系统的结构

由于建立数字创新生态系统的组织在行业、规模、战略导向、商业模式上都会存在差异，所以因核心企业的不同产生了不同结构的数字创新生态系统，具体来说主要有高山型、竹林型和蓄水池型。

（一）高山型

是指创新生态系统的核心主体是单一企业，该企业根据自身所处的行业和技术创新需求直接与合作伙伴开展合作，建立以自身为核心的创新生态系统。“高山型”创新生态系统普遍出现在行业核心技术资源集中于某家或某几家企业的情况下，这些企业可以凭借对资源的垄断或类垄断围绕自身建立创新生态系统，其余企业则通过提供辅助性资源支持来参与价值创造活动。例如苹果、华为等构建的数字创新生态系统就偏向于“高山型”。

（二）竹林型

是指由一家或多家企业牵头，与几个关键组织建立联盟式的创新合作关系，以产生抱团的“竹林效应”，再围绕创新联盟构建联盟成员共同治理的创新生态系统。在互联网环境下，高速发展的企业就像竹子，一夜之间，拔节生长，但是单棵竹子的生命周期很短暂，难以应对外部环境的变化及时做出改变，就如同很多互联网企业的生命周期都不长，它们多衰亡于战略或资源滞后。那么，竹子的优势是什么呢？它具备快速形成竹林的能力，竹根在地下快速生长，新的竹笋不断长出，一片能抵挡风雨的竹林就形成了。同样，企业建立创新联盟后，其抗风险能力也呈指数级提升。例如，小米构建的数字创新生态系统就是“竹林型”的典型代表。

（三）蓄水池型

构建“蓄水池型”创新生态系统的核心是搭建技术平台，这个平台就像一个蓄水池，把活跃在创新生态系统中的各个参与者和创新要素汇聚起来，进行交互，外部组织也可以深度参与进来，企业内部部门可以直接通过平台与外部组织建立合作关系。在“蓄水池型”创新生态系统中，核心企业除了直接参与创新活动外，更多的是扮演系统维护者的角色，通过平台建设和运维，为众多创新参与者交互提供稳定持续的环境，以参与者目标和价值的实现为己任，推动创新生态系统和产业发展并从中受益。例如，海尔、淘宝、天猫、拼多多等构建的数字创新生态系统就属于“蓄水池型”。

通过对上述三种创新生态系统结构的总结，我们可以清楚地看到，就参与者和维护者角色而言，核心企业在三种结构中的重要性是不断下降的。一方面，创新生态系统结构向松散转变，系统的边界逐渐变得模糊，准入门槛逐渐降低，企业加入创新生态系统变得越来越容易。比如在“蓄水池型”创新生态系统中，参与者可以通过平台直接参与创新活动，而不需要达到核心企业或创新联盟的要求及标准。

另一方面，在创新生态系统中，参与者的重要性越来越高，创新活动的嵌入程度越来越高。比如在“高山型”创新生态系统中，参与者是以企业为单位参与创新活动，而在“蓄水池型”创新生态系统中，最小参与单位是企业内部的职能部门，使得创新活动嵌入更深、更精细，创新资源配置和价值创造也更精准。

当然，我们无法说这三种结构孰优孰劣，参与者的重要性高固然可以提升创新活动的嵌入程度，提高创新资源配置的精准性，但相应地带来的成本和管控风险也会很高。因此，企业在选择建立或参与创新生态系统时，一定要根据自身条件和具体情况具体分析，牢记“没有最好的，只有最合适的”。

第 7 节　虚拟集聚理论

一、虚拟集聚的理论基础

传统产业地理空间集聚很普遍。产业上下游企业因为规模报酬递增和知识溢出形成在地理空间上的集聚，更强化了上下游企业之间的依存或竞合关系。以电子信息产业为例，生产电子元器件的上游企业为下游企业提供生产最终电子产品所需的电子零部件，从而形成较发达的电子信息产业集聚区，这是传统产业链模式下产业地理空间集聚的一个典型形态。但新一代信息技术使得企业之间的地理空间关联与纽带变得没那么紧密。

具体来说，企业之间可能会从原先的地理空间集聚模式变成以数据和信息实时交换为核心的虚拟集聚模式。特别是物联网、大数据计算等技术可能会导致产业中的上下游企业在地理空间上的依存度降低。同时，互联网商业模式的兴起使得满足消费者的不同需求成为可能，这意味着产业上下游企业之间并不需要按照固定的生产工序绑定生产合作关系，而是变成了任务型连接。这种任务型连接使得原来需要依靠地理空间上的邻近来降低交易成本的企业，可以实现选择成本、交易成本的自动降低，可以更便利地选择合作伙伴与服务对象，也可以更快捷地与上下游企业进行信息交流。因此，原有的产业地理空间集聚模式产生了新的变革，产业集聚打破对地理空间邻近的依赖，进而在信息网络空间中形成一种更为紧密的耦合关系，发展为一种线上和线下融合的产业虚拟集聚的新形态。

竞争战略之父迈克尔·波特（Michael Porter）在 1990 年出版的《国家竞争优势》一书中提出了“产业的集群现象”，并阐述了“因地缘而集中”的集群理论，列举的四大案例分别是德国的印刷机、美国的医疗检测仪器、意大利的瓷砖产业和日本的工业机器人。在这之前，他的集群思想指导了一些国家和地区的战略。与此同时，中国正在进行着改革开放，制造业迅猛发展，并成就了沿海发达地区“世界工厂”的美誉，国内学者王辑慈教授等人最早研究发生在沿海地区的集群，如广东的“一镇一品”、浙江的“块状经济”等，产生较大影响力的成果如王辑慈（2001）、符正平（1999）、王珺（2002）、金祥荣（2002）等。

经济学家关注的是“集聚”（agglomeration）而不是“集群”（cluster）。经济学研究侧重的是生产要素如何向一个方向集中，并最终在某个地方集聚的过程。在最早的研究中，奇尼茨（Chinitz，1961）深刻地阐释并对比了纽约和匹兹堡的集聚经济；川岛（Kawashima，1975）探讨了制造业中的城市集聚经济。克鲁格曼（Krugman，1980）将D-S模型（Dixit & Stiglitz，1977）应用于经济地理学，引领了空间经济学的发展；将D-S模型应用于国际贸易学，引领了新贸易理论的发展。这两大功绩使他在 2008 年独享了诺贝尔经济学奖。在空间经济学被引入中国之后（梁琦，2002，2003，2005），我国经济学界迅速掀起了产业集聚研究热潮。在实践中，产业集聚不仅成为中国各级政府发展产业、提升区域经济竞争力的重要战略，也成为实体经济产业链发展和城市化的有效途径。

随着信息技术的发展，社会发生了深刻的变化，学界也出现了关于 E-Clusters 的研究。如布朗和洛克特（Brown & Lockett，2001）认为，互联网给很多企业提供平台，使得它们在平台上通过相互关联，形成一类数字化的企业集群。梅森（Mason et al.，2004）认为，ICT 将原先分散在各个地区的组织连接起来，它们在地理空间上是分散的，但在信息空间中形成集群，即所谓的 E-Clusters。依托互联网在时间、空间、主体上的广泛性，E-Clusters 可以拓展产品生产、购买、消费、服务等环节的感知、链接、数据、计算等功能，使得上下游企业与终端消费者等多主体之间的信息快速、准确、及时传递和沟通。汉森（Hansen，2004）认为，E-Clusters 的竞争优势大小依赖于数字化程度。达维多维奇（Davidovic，2013）认为，E-Clusters 的竞争优势，除了集群内各个产品环节、服务和产品的数字化，还需要打造一个全天候实时在线的采购与分销互联网渠道，实现这些节点与渠道的互联网化。

2015 年 3 月，李克强总理在全国“两会”期间提出“互联网＋”概念。同年 7 月，国务院出台《关于积极推进“互联网＋”行动的指导意见》。在 2015—2019 年的政府工作报告中“互联网＋”多次出现。“互联网＋”驱动数字经济，2017 年，政府工作报告首次提出“数字经济”，从 2017 年的“促进数字经济加快成长”，到 2019 年的“壮大数字经济”，到 2020 年的“全面推进‘互联网＋’，打造数字经济新优势”，到 2021 年的“加快数字化发展，打造数字经济新优势”，再到 2022 年的“促进数字经济发展，完善数字经济治理”，政府工作报告多次提及“数字经济”。物联网、云计算、大数据、移动互联网和人工智能等新一代信息技术实现了信息采集、传输、处理和应用之间的统一，构建了一种崭新的“信息化元模型”，具体表现为“云、网、端、台”结构，这是数字经济的基础设施。有了这些基础设施，企业进行信息化建设就不需要自己巨额投资，而是租用。从“自建”到“租用”的转变大大简化了企业的信息化建设，企业得以轻装上阵并节省大量的投资成本，全社会也能够节省资源，这也被称为“轻装信息化”（相对于自建基础设施的“重装信息化”）。从“轻装信息化”的技术冲击、架构重组、融合创新三个层面来理解，“互联网＋”并不只是技术层面的应用革新，而是一个全新的发展范式，通过数据化—信息共享—资源优化—产业变革这样一个过程来推动经济和社会系统不断动态优化，促进生产、消费、社会管理等多场景的跨界交互与融合，进而形成新的商业模式，助力数字经济。

总而言之，数字经济下的“互联网＋”是一个涵盖经济、商业、人际、社会、技术、资源等多维度的跨界系统，是依托新一代信息技术打造的复杂网络空间系统。在这个网络空间系统中，生产消费模式得以改变，资源配置方式不同以往，而且空间是虚拟的，只要技术能发挥支撑作用，虚拟空间就可以无限扩大，这些将对产业集聚产生深刻影响。

二、数字经济下产业集聚的效应、类型和机理

（一）数字经济下产业集聚的效应

影响地理空间集聚的因素均可以用外部性概括，包括金融外部性和技术外部性（梁琦，2003，2007）。前者指生产和交易成本的节约，后者指知识溢出带来的利益。随着互联网的发展，用户至上、粉丝经济、平台思维等新理念、新思维不断涌现。消费者成为产业链中不可忽视的重要一环，对生产、交易产生了很大的影响。同时，互联网技术也极大地改善了信息、知识交流的手段并提高了效率，大大降低了地理空间集聚对知识溢出的依赖程度。

1. 新一代信息技术影响集聚的运输成本

产业集聚的关键效应之一是降低运输成本。产业之所以形成地理空间集聚，是因为集聚能降低运输成本。以往的地理空间集聚是上下游企业集聚，而“互联网＋”让消费者能与生产者集聚，改变了市场模式，物流方式和运输成本也随之发生变化。在传统的市场模式下，运输成本体现在产品的“冰山成本”中，继而以冰山成本的形式体现在产品价格中。在“互联网＋”背景下，生产消费模式变成了供方向需方直供，运输成本取决于社会物流业的平均成本，而单件运输成本会高于以商场为生产-消费媒介的传统市场体系下的单件运输成本。一方面，随着企业的经营活动由点状的地理网格空间扩散到整个市场网络，市场覆盖面进一步扩大，运输量分散，没有规模效益，导致运输成本上升。另一方面，在“互联网＋”背景下，供方直接向需方直供——需方按需下单，供方按需供货，供方无库存成本和被占用的资金。有了互联网，出现了新的物流模式，快递业发

展迅速，运输成本曲线也随着社会物流业的专业化发展而逐步下行。

2. 新一代信息技术降低集聚的交易成本

产业集聚有上下游关联效应。集聚中的上下游企业在互联网的技术条件下，由面对面交流变成了随时随地在虚拟空间交流，这使得产业的上下游交易成本大大降低，从而提升市场交易效率。同时，在经营中产生的业务数据有利于积累交易信用，能够降低双方风险成本，也大大提升市场交易效率。

3. 新一代信息技术降低集聚的信息匹配和选择成本

产业集聚有信息匹配和选择效应。借助互联网，需求信息和供给信息非常容易匹配且成本低廉。消费者通过互联网产生的海量消费订单和数据直接引导生产。对于供方来说，通过互联网可覆盖以前在地理空间很难触达的市场，有助于扩大生产规模，产生规模效应，增强自身竞争力；供方也可以根据互联网信息接单生产，更好地满足消费者的个性化需求，增加销售量。对于需方来说，在互联网上能以很小的代价获得大量的相关产品信息，产品信息搜寻成本大大降低；在产品种类增长的同时，信息易得，选择面更广，能增大消费者盈余。

4. 新一代信息技术使集聚的知识溢出不再依赖地理邻近性

在知识时代，产业集聚的最大效应是知识溢出。知识分为显性知识和缄默知识。对于缄默知识，需要面对面交流；所有不可编码信息的传递均有空间局限性。但随着信息技术的发展，缄默知识的不可编码性降低，不可编码信息传递的空间局限性降低，远在大洋两岸也可以通过各种技术手段无障碍地如同近在咫尺般交流，缄默知识可以在网络空间“面对面”地感知。在网络空间中，知识溢出是实时的、全球化的，信息的交换不局限于文字和语音，多媒体技术、VR/AR 等技术的发展使得不可编码信息也能快速实时交换。各种信息实时共享和交换的便利性使得知识溢出不再依赖地理邻近性。

5. 新一代信息技术降低集聚的拥塞效应

地理空间集聚有负面效应，称为拥塞效应。因为地理空间总是有限的，而中心-外围定律使得生产要素总是在中心逐利，总是往中心集聚。当在有限的空间里生产要素密度达到一定阈值，就会出现所谓的过度集聚，使得土地更加稀缺、交通更加拥堵、空间更加污浊，于是土地租金、交通成本、环境治理成本都会上升，并带动劳动力成本上升。“互联网＋”使得生产要素不在地理空间集聚也有集聚的优势：首先，通过互联网和信息技术，将生产和生活空间数据化、网络化，实现生产要素的互联互通，推动物理世界、网络空间与生产关系网络的数字化与高度融合；其次，通过发挥互联网与物联网在生产要素连接上的跨界渗透能力，推动线下与线上的高度融合；再次，借助供应链与消费者间的海量实时互动数据，依托大数据与云计算等技术，改善资源配置方式，提高生产、服务与资源的配置效率；最后，在全社会各个层面依托互联网和物联网，极大地拓展整个社会资源的储能空间，更好地实现资源的空间配置和有效利用。

（二）数字经济下的产业集聚类型

互联网、物联网等技术在加速与实体经济的融合过程中形成了新兴产业集聚。例如，杭州萧山开发区在原来的传统产业基础上打造的“互联网小镇”、阿里巴巴与地方政府合作的浙江织里产业带、海尔家电的交互定制平台等在线产业群。

有些产业集聚原本是地理空间集聚，但也要进行信息化升级。信息化是企业升级的趋势，地理空间集聚中的企业也不例外，而且因为地理空间集聚特性，企业能更好地建设和利用数字基础设施，更好地实现“轻装信息化”，企业上云（工业云）更便利，制造服务化进程加快，“轻装信息化”的价值链更长，从而使得地理空间集聚更加稳健，且大大提升集聚力，吸引更多的资源集聚，即在虚拟空间中产生新的集聚。此时，既有地理空间集聚，又有互联网上的虚拟集聚，两者融合，地理空间集聚在先，虚拟集聚在后，这类属于“产业集聚＋互联网”。

另一类则是纯粹的虚拟集聚，不需要地理空间集聚，完全是互联网上的“大量集中形成集聚”，通过网络平台配以物流进行交流和交易，比如亚马逊、淘宝、京东等电商平台。这类属于“互联网＋产业集聚”，是纯粹在互联网虚拟空间中的集聚。

还有一类，即地理空间集聚与虚拟集聚同时进行。典型的就是互联网行业自身也需要地理空间集聚。广州琶洲互联网创新集聚区就是一个代表。该集聚区定位为广州国际科技创新枢纽先行区、国家级“互联网＋”创新示范区、全球互联网产业创新创业优选地，腾讯、阿里、复星、国美、小米、YY 直播、唯品会、环球市场集团、康美药业、粤科金融、粤传媒等企业均入驻。到 2025 年，预计总部示范区内企业主营业务收入达 2 000 亿元，带动琶洲西区企业主营业务突破 5 000 亿元。广州琶洲互联网创新集聚区培育发展互联网服务及新媒体等六大产业，创建国家互联网“双创”示范中心。

不论是上述哪一类，在信息技术越来越发达的当今，要想集聚具有稳定性，离不开虚拟集聚。

（三）虚拟集聚的形成机理

人们对美好生活的追求使得当今时代市场需求发生了很大的改变，需求更加多样化、个性化。随着互联网技术的发展，市场供给有条件满足新的需求，生产系统由“福特制”的大规模生产方式向面向消费者的柔性生产方式转变，这改变了传统的供给方式，从而引发了虚拟集聚（见图 2－4）。

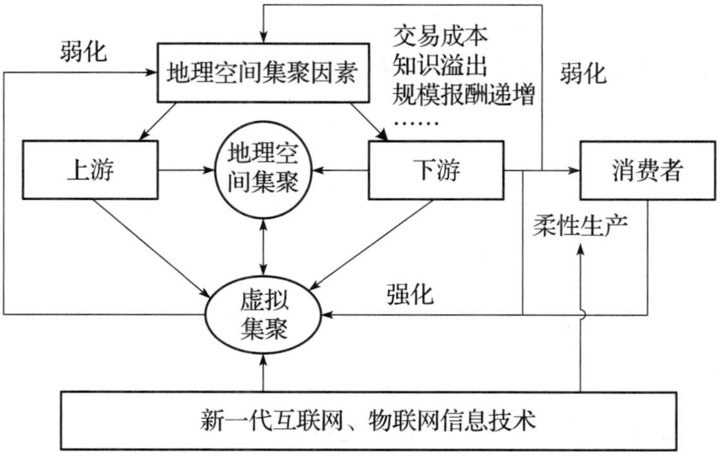

图 2－4　虚拟集聚示意图

传统的企业业务扩张是以空间拓展和空间竞争为主：通过市场的地域扩张、产品扩张、上下游扩张来获得竞争优势。甚至在寡头垄断的价格合谋中，卡特尔（cartel，垄断利益集团、垄断联盟）协议也常根据地域来划分势力范围。在数字经济时代，除了这种地域性，还要考虑在虚拟网络空间中的竞争优势。在互联网时代，消费者由于信息交换成本大幅降低而更加关注差异化的体验，注重消费的时效性，重视交付周期，这导致企业之间的竞争从空间竞争变成了即时竞争与满足差异化需求的竞争。“互联网＋”对生产环节的不断渗透和升级，也能够解决传统企业面临的产品同质化与大规模生产带来的产品过剩问题，传统的产品设计与交付模式已经被彻底颠覆。传统企业的产品设计更多的是基于市场调研，但对目标客户的研究和把握很难做到精准匹配客户的需求。传统企业对目标客户的定位是一个统计调查的样本区间，而非特定目标客户群体，因此，企业在进行产品定义和设计时也很难做到满足消费者的个性化需求。“互联网＋”缩短了消费者与生产中各环节的信息交换距离，信息技术的进步使得企业在产品生产中的各个环节都能了解到消费者的个性化需求，并通过与上下游企业的信息共享和生产合作机制，以规模化的柔性生产降低生产成本，使得消费者的个性化需求在较大程度上能得到满足。

在数字经济下，生产是以围绕满足消费者的个性化需求角度出发，同时互联网技术的进步对产品的工艺、流程、组织、分工等产生积极作用，引起了生产环节产业集聚的变化，这种变化是从满足消费环节的异质性出发而使产品的生产链条柔性化所引起的。产业集聚呈现出上下游企业以任务型合作为出发点，在地理空间中出现集聚弱化的趋势，而在网络空间中企业之间、企业与消费者之间的信息耦合度显著提高，这些主体在网络空间集聚并形成关联。因此，虚拟集聚不仅是上下游企业和相关行业的集聚，也是生产者与消费者的集聚。它是网络空间中的虚拟集聚，也是真实存在的集聚。

互联网带来了消费升级、生产变革和跨界竞争，在新的不断增加的市场风险以及生产技术条件下，必然要求产业链上下游企业之间在网络空间中形成一种新的竞争协作型关系网络。这种关系网络以整体参与外部竞争，从而对外部市场需求变化和不确定性冲击快速做出反应。专业化的柔性生产体系使得网络空间中每个企业面临的是一种短期的、动态的、多变的契约关系。由于互联网在契约关系中的企业之间搭建了信息共享平台，企业间会出于共同的消费者需求预测、共同的价值观和历史交易数据，形成良好的相互信任的合作关系。这种合作关系恰恰建立在网络空间中企业相互之间协调共同利益、共同面对满足消费者异质性需求的信念之上。它降低了网络空间中企业之间的交易风险，更有效地降低交易成本。在网络空间的集聚有利于在网络空间中相互耦合的企业通过要素、数据资源共享以及实时在线的交流、沟通，准确有效地传递隐性知识和相关信息，从而有利于在网络空间中邻近的经济行为主体通过竞争协作的策略互动培育和激发创新。这种在网络空间中激发的创新绩效，以及交易风险和成本降低带来的收益有可能会大于地理空间集聚带来的收益，从而促进产业的上下游企业之间、相关行业之间、生产者与消费者之间在网络空间中进一步集聚，并可能弱化产业的地理空间集聚。

三、虚拟集聚的功能、载体、特征与模式

（一）虚拟集聚的功能

按照国务院发展研究中心课题组（2016）的分类，信息化催生的新一轮产业变革主

要表现为两种形式：一是互联网衍生众多新兴产业；二是信息化与传统产业融合创新。这两种形式下的产业组织均与虚拟集聚相关。信息化与传统行业融合创新又有两种情况：一种是传统企业智能化，工业互联网是一种虚拟集聚产业组织形态；另一种是新兴企业综合运用新一代信息技术切入传统行业＋服务业的关键环节，并以一种全新的商业模式将两个以上传统行业所特有的关键环节整合起来，形成一种更受市场欢迎的新业态，例如，我国电子商务与互联网金融结合衍生出各种互联网金融业态，其产业组织形态也是虚拟集聚。现在我们更关注的是制造业新业态。

2015 年 5 月国务院印发《中国制造 2025》，其核心是加快推进制造业创新发展、提质增效，实现从制造大国向制造强国的转变。虚拟集聚是推动互联网、大数据、人工智能和制造业深度融合的新业态、新路径，其功能具体表现为以下几个。

1. 促进数字产业化

任何产业的发展都离不开市场，实验室的产品要产业化，必须要有市场；市场前景越大越广泛，产业前景也越大越广泛，产业发展也就越快越壮大。虚拟集聚为新一代信息技术提供了广泛的应用市场，必将促进新一代信息技术的发展，从而形成产业化。物联网、云计算、大数据既是一类创新技术，又是一种虚拟集聚产业组织，更是一个市场规模动辄达千亿元的新兴行业。

2. 推动制造业向制造服务化转型

在数字经济下，中国制造业向制造服务化转型应该有新的内容，要从向价值链高端延伸变成向价值链高端衍生。现在已经不是过去那种向微笑曲线两端发展，即从制造向研发和销售两端延伸了，而是向为消费者提供个性化定制、智能信息服务衍生，以获取高附加值。过去我们重视微笑曲线的两端，轻视生产制造，如今人们发现生产制造必须是消费端的衍生；过去没有技术使得生产制造能充分接收和反馈这种衍生的信息，现在信息技术能够做到这一点，这将是向更高价值端的攀升，有利于提高我国制造业竞争力，也有利于我国进行供给侧结构性改革。

3. 培育新兴产业集群

从全球的产业端来看，2021 年全球物联网支出最高的产业为制造业，制造业物联网价值达 2 058 亿美元。① 制造业是最有吸引力的产业。党的十九大报告提出“培育若干世界级先进制造业集群”的任务，各省都在尽力瞄准国际标准提高水平，譬如湖北、安徽、河南等；行业协会也在想方设法，譬如中国铸造行业协会等。打造产业集群必须坚持让市场起决定性作用、更好地发挥政府的作用。可以肯定，只要目标是盯住世界先进的制造业集群，一定离不开虚拟集聚，一定是地理空间集聚和虚拟集聚相融合，否则就谈不上“世界先进”了。

4. 改造传统产业集群

传统产业集群中的企业智能化是应用信息技术实现的。我国提倡“两化融合”已有多年，但在企业实施过程中往往需要政府提供资金和人才支持。随着数字经济与实体经济的深度融合，信息基础设施更加巨型化和基础化，投资规模也更大，盈利模式也更多

① 参见 IoT in Manufacturing Market，Precedent Research，https://www.precedenceresearch.com/iot-in-manufacturing-market。

样化，一般需要互联网企业与制造业领军企业合作共建，而追随的企业则通过租用信息基础设施实现“轻装信息化”。因此，虚拟集聚一定是由大企业主导的，是互联网企业和制造业寡头的联袂。如果传统产业集群中没有这样的大企业，都是中小企业，没有建设信息基础设施的能力，那么地方政府往往通过信息基础设施建设来帮助集群整体提升信息化水平。

（二）虚拟集聚的载体

虚拟集聚的载体是网络平台。这些平台在网络上将产品/服务供应者（卖方）和消费者（买方）联系在一起，让买卖双方通过平台直接谈判和交易。这种市场形态有双边市场也有多边市场，网络空间中的虚拟集聚就依赖这样的平台为载体。各类生产要素在平台上集聚，不仅形成上下游企业的关联，也形成生产者与消费者的关联。一个个虚拟集聚，就是各类生产要素在一个网络平台上的集聚。平台上的企业和消费者成为虚拟集群内的主体。平台将各个相互依赖的主体集聚起来，形成低成本、高效率的点对点联结。

平台经济伴随互联网而产生。一些大型平台企业如亚马逊、eBay、BAT（百度、阿里巴巴、腾讯）等早已广为人知，但过去阿里巴巴主要经营商贸平台，如淘宝、天猫等。自 2016 年 10 月以来，我国掀起建设工业云平台的热潮。工信部明确了《中国制造 2025》共 18 个重点领域，其中将重点扶持工业云和大数据公共服务平台建设及应用推广。工信部明确将选择条件成熟、显示度高、带动性强的行业，支持 3 家科研机构或大型企业，联合上下游，分别建设 2 个公共工业云服务平台和 1 个工业大数据服务平台。各大科研单位、互联网企业和地方政府都积极投身于此。BAT 向工业云平台发展；大型制造业企业如华为有“华为云”；机械制造企业徐工和三一重工分别有“徐工工业云”和“根云”大数据平台；海尔集团有“海尔云”；地方政府如长沙市政府则专为中小企业打造“长沙工业云”等。

正是这些平台推动了集聚模式的创新：虚拟集聚。在这些平台上集聚的企业，既有大型的先进制造业企业，也有信息化水平低的中小企业，可满足中国制造业的需求。譬如三一重工孵化的互联网平台“树根互联”，目前覆盖了包括纺织机械、发电机组、数据机床、3D 打印、建材装备、医疗器械、物流运输、铸造生产、智慧工地、金融租赁等 30 个细分行业。

制造业虚拟集聚的发展反过来促进了一批以云制造服务为核心、以“资源共享、能力协同、互利共赢”为目标的生产性服务平台企业，力图提供基于“互联网＋智能制造”的云服务。譬如中国航天科工控股的航天云网，以及为航天云网推进创新创业和大数据业务的实施主体西塔公司等。

过去，学者们将平台定义为“一种交易空间或场所，促成双方或多方客户之间的交易，收取恰当的费用来获取收益。平台经济学（platform economics）就是研究平台之间的竞争与垄断情况，强调市场结构的作用，通过交易成本和合约理论，分析不同类型平台的发展模式与竞争机制，并提出相应政策建议的新经济学科”。显然，虚拟集聚赋予了平台经济新的定义。工业云平台是生产要素的集聚，助力客户交易只是工业云平台最简单的一项功能。所有关于生产要素空间集聚的理论，均可向虚拟集聚扩展，并且虚拟集聚有比地理空间集聚更广阔的空间和更丰富的内涵。虚拟集聚将进一步丰富产业集聚理论，改写产业组织理论，深化企业竞争理论，等等。

（三）虚拟集聚的特征

虚拟集聚与地理空间集聚都是“空间集聚”，它们的相同之处在于“集聚”：（1）都是产业集聚形态；（2）都是资源的空间配置方式。

它们的不同之处在于“空间”：（1）依托的空间不同，一个是互联网上的虚拟空间，一个是真实的地理空间；（2）空间的大小不同，一个是随着信息技术的发展可充分扩展的，一个是受自然地理条件及人文社会环境限制的；（3）信息传递的时效性不同，虚拟空间信息传递的时效性更高；（4）参与的消费者规模不同，虚拟空间有更多的产品终端消费者参与其中。

虚拟集聚具有数据资源化、信息在线化、需求碎片化、交易泛在化、生产柔性化、系统社会化、平台巨型化和全链一体化等特征。

1. 数据资源化

传统地理空间集聚强调的是物质资源、资本和产品以及劳动等要素的集聚，而虚拟集聚更重视在整个生产消费环节中物质资源、资本和产品隐含的数据信息，并将其视为整个生产消费环节中最重要的资源之一。产业虚拟集聚主要依靠新一代信息技术对数据进行收集、整理和交换，并对这些数据进行挖掘处理，进而得到隐藏在数据中的市场和消费者需求，根据这些数据资源快速实现生产要素在生产消费环节中的优化配置。

2. 信息在线化

与传统产业的经营活动重点在线下不同，虚拟集聚的线上特征明显。通过互联网与物联网技术，要素和信息实时在线化，实现上下游企业之间、生产者与消费者之间的全天候实时交互，进而推动产业链上的不同环节高效融合，以及跨产业的交互融合。实现这种高效、精准的交互融合，是新产品、新模式和新业态得以出现的前提条件。

3. 需求碎片化

相较于传统的地理空间集聚，虚拟集聚可以依托互联网在时间、空间和主体上的广泛性，加大拓展产品生产、购买、消费、服务等环节的感知、链接、数据、计算等功能，使得上下游企业与终端消费者等多主体之间的信息能快速、准确、及时传递和沟通。在这种情形下，传统产业的规模经济作用将被弱化，消费者的个性化需求得到重视，并且能得到满足。也正因如此，虚拟集聚不同于地理空间集聚，它不仅有大量的生产者集聚，而且有大量的终端消费者集聚。

4. 交易泛在化

互联网提供了一个没有交易时间、地理空间限制的交易空间，在这个交易空间中成交的双方在地理空间上可能远隔千里，广泛分布在整个地理空间中进行着 24 小时的交易。正是这种交易的泛在性，使得在“互联网＋”背景下企业及其客户在地理空间分布上具有全球分布的特征，进而通过分析海量的泛在性交易数据，能够准确地把握消费者偏好规律，使按需生产成为可能。

5. 生产柔性化

消费者的差异化需求引发了小批量、多品种的柔性生产，以最大限度满足消费者的个性化需求。在虚拟集聚网络中，各价值链环节会依据市场需求动态变化，甚至直接出现定制化与精准化供需匹配，以柔性化的供应链体系来满足个性化生产的需要，这使得产业组织结构更偏向于扁平化，生产能够围绕消费者的个性化需求展开。

6. 系统社会化

在传统的企业中，企业的决策是独立的，即便是寡头垄断企业。地理空间集聚中的企业一般不会形成寡头集聚，更少有合谋，企业在市场上各自为政。但虚拟集聚中的企业构建数字化的信息系统，会从企业级推进到社会级，从而使原先各自为政的企业演化成社会化的企业。

7. 平台巨型化

传统的地理空间集聚也有公共服务平台，但这些公共服务平台都是集群内部的，由某一地理空间范围内的所有企业享用，或是由集群内企业互助，或是由集群行业协会和地方政府打造。但在虚拟集聚中，因为平台自身是资金、技术、人才集聚的巨无霸，而一般的企业都是“轻装信息化”的，平台往往需要几家大企业联合建设和运营，需要制造业企业和互联网企业联合打造。平台投资规模大，技术强大，功能强大，集聚力强大。

8. 全链一体化

传统的地理空间集聚一般是某条产业链的上下游企业集中而形成产业集群。但虚拟集聚中的平台规模大、功能强大，往往超越单一产业链，实现全产业链覆盖。例如，海尔的“智汇云”既包括“智造云”，专注于智能智造的互联工厂云平台 COSMOPlat，也包括提供基于海尔特色的财税、人力、法务、协同、数据以及专业产业云的“智企云”，还包括主要助力企业营销，以集群经济为出发点，汇聚用户的场景化小数据，利用共享平台进行数据治理、利用、挖掘，向中小微制造业企业提供与制造互联互通的数字化营销及电商服务的“智数云”，将工业领域中的智能智造、供应链、金融、营销、管理等各类资源集聚。三一重工的“树根互联”云平台已接入近 90 万台设备，覆盖多个工业细分行业。虚拟集聚大大提高跨界融合、资源配置和协同的能力，从而提升企业的竞争优势和价值增值能力。

（四）虚拟集聚的模式

虚拟集聚模式正由企业家们不断创新。这里我们以电子信息产业为例，通过对电子信息产业的观察，可以发现三种不同于传统地理空间集聚的虚拟集聚模式。

1. 生产环节围绕核心企业的供应链虚拟集聚

围绕核心企业的需求，上下游企业利用信息系统与核心企业高度集成，但在地理空间上分布于全球。比如，围绕苹果公司 iPhone 手机生产的上下游产业集群。苹果公布的截至 2021 会计年度的前 200 大供应链名单显示，全球各地的 190 家企业参与了苹果 98% 的原料、制造、组装等项目。这些企业来自中国、美国、日本、欧洲、韩国、新加坡等。围绕 iPhone 手机的生产，苹果建立了覆盖全球的生产供应链管理体系，这种资源要素的配置形式正是建立在强大、高效的互联网信息系统之上。传统上下游企业需要依靠地理邻近性来减弱供应链的“长鞭效应”，而通过高效的信息系统和强生产计划性，上下游企业在生产环节能实时、透明地传递生产信息，极大地降低了对地理邻近性的依赖。

2. 消费环节围绕满足碎片化、个性化消费需求的电商平台虚拟集聚

以阿里巴巴为例，2020 财年阿里巴巴数字经济体的消费型商业业务成交额突破 7 万亿元，成为全球最大的移动经济实体，年收入超 5 000 亿元，阿里巴巴拥有的活跃消费者达到 7.26 亿。淘宝现在有 950 万卖家，这些卖家在地理空间上分布较广，据阿里研究院发布的《中国淘宝村研究报告》，截至 2020 年底，在全国发现 5 425 个淘宝村，1 756 个淘宝镇，覆盖 27 个省（自治区、直辖市）。

3. 围绕标准和行业联盟的产业虚拟集聚

由产业链上的核心环节共同推动产业协调发展，合作可能是跨区域的、全国性的或全球性的。比如 NB-IoT 产业联盟，NB-IoT 聚焦于低功耗广域（LPWA）物联网（IoT）市场，是一种可在全球范围内广泛应用的新兴技术，从纵向来看，目前已形成“底层芯片—模组—终端—运营商—应用”的完整产业链。

为确保不同企业的解决方案和业务互联互通，与 NB-IoT 产业所有伙伴合作，促进 NB-IoT 产业未来的快速发展及商用部署，2016 年 2 月，GSMA 联合华为等企业成立了 NB-IoT 联盟，这个联盟涵盖芯片、终端、模组、运营各环节的众多组织，在全球范围内推进 NB-IoT 技术领域的资源优化配置，这种产业资源配置也与传统的空间集聚形式有较大的不同，是一种新的产业虚拟集聚模式。

由于虚拟集聚具有一些与地理空间集聚显著不同的特征，在各个层面上对资源的空间配置产生影响，也有可能会减弱产业链上下游企业在地理空间上的集聚。

案例 2-1

谷　歌

谷歌成立于 1998 年，由拉里·佩奇和谢尔盖·布林共同创建，被公认为全球最大的搜索引擎公司。谷歌是一家位于美国的跨国科技企业，业务包括互联网搜索、云计算、广告技术等，同时开发并提供大量基于互联网的产品与服务，其主要利润来自 AdWords 等广告服务。

1999 年下半年，谷歌网站“Google”正式启用。2015 年谷歌在年度“世界品牌 500 强”排行榜中重返榜首，苹果公司和亚马逊分别位居第二和第三位。2016 年、2017 年、2018 年连续三年，谷歌在 BrandZ 最具价值全球品牌 100 强中名列第一，2019 年名列第二。

谷歌的发展深刻诠释了数字经济的内涵，即边际成本趋近于零，边际收益随网络规模的扩大递增。网络规模越大，用户黏性越强；数据量越大，算法越精确，对用户的吸引力越大，外部性越强；收益越高，研发投入越多，进而扩展到其他领域。谷歌目前在全球搜索领域、无人驾驶领域和移动互联网操作系统领域都是当之无愧的行业霸主。

第 8 节　长尾理论

长尾理论是指只要产品的储存量和流通渠道足够多，需求不旺或销量不佳的产品所共同占据的市场份额可以和那些少数热销产品所占据的市场份额相匹敌甚至更大，即众多小市场汇聚成可与主流相匹敌的市场能量。

一、实现长尾需要符合三个基本原则

原则一：应有尽有（尾巴必须足够长）。必须有足够长的“尾巴”，让用户需要的东西都能获得，这就要求有足够的产品数量聚合。虽然长尾理论证明了非热销产品仍有生存能力，但需要数量的积累。没有一个巨大的数量累积，就不能形成规模经济，长尾活动也将不存在。

原则二：半价服务。长尾产品的价格不能升高，甚至要减半。这种降价是有基础的，不是盲目降价，需要保证长尾产品在流通过程中“摩擦”的成本降低。

原则三：关联推荐（首尾相连实现需求聚合）。长尾经济的形成并不只在于让非热销产品的数量多于热销产品的数量，关键是在尾巴（非热销）的产品与那些在头部（销售很旺）的产品之间建立起关联，也就是说仅有简单的聚合是不够的，必须通过其他的技术来实现产品之间的关联（如协同过滤系统实现关联推荐），增加产品被潜在客户发现的机会。

二、长尾理论与电子商务应用

在互联网的推动下，被奉为传统商业圣经的“二八定律”（把精力放在有80%的客户购买的20%的主流产品上，着力维护购买自家80%产品的20%的主流客户）发生了变化，这一点在媒体业特别突出，经济驱动模式呈现从主流市场向非主流市场转变的趋势。

1. 案例一：谷歌

谷歌是一家典型的“长尾”公司，将广告商和出版商的“长尾”商业化发挥得淋漓尽致。数以万计的个人和中小企业从未打过广告或者没有大规模地打过广告，在浩瀚的商业世界中，这些个人和企业渺小得不会受到广告商的重视，甚至其本身都没有打广告的意识。谷歌的AdSense降低了广告门槛，让打广告不再高不可攀，而是自助的、廉价的，谁都可以发布广告。对成千上万的博客站点和小规模的商业网站来说，在自己的站点放上广告变成举手之劳。谷歌目前有一半的生意来自这些小网站而不是搜索结果中的广告。数以百万计的中小企业代表了一个巨大的长尾广告市场。这条长尾有多长，目前无人能预知。

2. 案例二：亚马逊

亚马逊的成功在于它几乎收集了100%的书目，相较于其他网络书店，亚马逊的核心优势在于：别的书店做到90%，但亚马逊做到了100%，对众多读者来说，亚马逊提供了其他企业无法提供的接近无限的选择。比如，一家大型书店通常可摆放10万本书，但在亚马逊的图书销售额中，有1/4来自排名10万之后的图书。这些“冷门”书的销售额正高速增长，预估未来可占书市的一半。亚马逊一名前员工精辟地概述“长尾”的本质：现在我们所卖的那些过去根本卖不动的书比我们现在所卖的那些过去卖得动的书要多得多。

除了谷歌和亚马逊，成功运用长尾理论的例子还有很多，比如维基百科、奈飞等。这意味着消费者在面对无限的选择时，真正想要的东西和所获取的渠道都出现了重大的变化，一种崭新的商业模式也跟着崛起。

// 基本概念 //

规模报酬（returns to scale）
交易成本（transaction costs）
共享经济（share economy）
技术可供性（technology affordance）
资源编排（resource orchestration）
数字创新生态系统（digital innovative ecosystem）
虚拟集聚（virtual agglomeration）
长尾（long tail）

// 讨论题 //

1. 规模报酬递增、交易成本等传统经济理论的内涵是什么？在数字经济背景下，这些传统理论将如何被重构？
2. 你所知道的共享经济模式有哪些？它们是如何影响我们的生活的？
3. 数字技术可供性如何更好地发挥作用？
4. 在数字经济背景下，企业如何通过有效编排资源来将数字相关资源转化为竞争优势？
5. 国家、区域、企业等不同层次的数字创新生态系统要如何搭建？
6. 你所知道的虚拟集聚案例还有哪些？它们如何发挥作用？

// 第3章 //

数字经济的统计与测算

学习目标

1. 了解数字经济发展对国民经济核算体系提出的挑战。
2. 掌握数字经济增加值的测算方法。
3. 了解国内外编制数字经济指数的实践。

导 言

中国信息通信研究院发布的研究报告《全球数字经济新图景（2020年）》显示，2019年美国的数字经济规模为13.1万亿美元，占当年美国GDP的61.0%。根据美国商务部经济分析局（BEA）的测算，2019年美国的数字经济规模为2.05万亿美元，占当年美国GDP的9.6%。两个机构发布的美国数字经济规模为什么如此不同？2021年11月上旬，赛迪顾问联合四川德阳发布了2021年第三季度中国数字经济发展指数（德阳指数），为173.2，其增速高于GDP同期增速2.2个百分点。数字经济发展指数又是什么？为什么要单独统计和测算数字经济规模和数字经济发展指数？

本章着重分析数字经济发展对国民经济核算体系提出的挑战，国内外对数字经济规模的测算与综合发展水平的评价。具体包括三方面的内容：(1) 分析数字经济发展对国民经济核算体系提出的挑战；(2) 介绍国内外对数字经济增加值的测算；(3) 介绍国内外编制数字经济指数的实践。

第1节 数字经济发展对国民经济核算体系提出的挑战

一、数字经济发展对国民经济统计调查制度方法提出的挑战

数字经济时代出现了许多新产业、新业态、新商业模式和新就业模式，如共享经济、平台经济、电子商务以及灵活就业等，它们对现行的国民经济统计调查制度方法提出严峻的挑战。其中，对现行的生产统计、投资统计、收入统计和价格统计的调查制度方法

提出的挑战尤其突出。

（一）数字经济发展对生产统计调查制度方法提出的挑战

生产统计调查是国民经济核算的重要组成部分，主要对生产者的生产、销售、收入、支出和用工等信息进行统计调查。我国的生产统计调查主要以法人单位和个体经营户为主要调查对象。法人单位是指有权拥有资产、承担负债，并独立从事社会经济活动（或与其他单位进行交易）的组织。法人单位应同时满足以下条件：（1）依法成立，有自己的名称、组织机构和场所，能够独立承担民事责任；（2）独立拥有（或授权使用）资产或者经费，承担负债，有权与其他单位签订合同；（3）具有包括资产负债表在内的账户，或者能够根据需要编制账户。个体经营户是指生产资料归劳动者个人所有，以个体劳动为基础，劳动成果由劳动者个人占有和支配的一种经营组织。个体经营户主要分为个体工商户和民办非企业单位两种类型。

在数字经济条件下，生产者与消费者的界限日益模糊，生产活动的参与者不局限于法人单位和个体经营户，作为消费者的居民个人与住户也加入了生产者的行列，出现了 C2C 这种供求新模式。如滴滴出行提供个人对个人的共享出行服务，小猪短租和途家提供点对点的共享住宿服务，春雨医生提供在线医患交流服务，知乎提供个人之间的知识共享服务。这些经济活动通常被称为共享经济。在共享经济中，提供共享服务的居民个人和住户既不是法人单位，也不是个体经营户，尚未被列为统计单位，其生产、销售、收入及支出等信息也未被纳入国民经济统计调查体系，从而导致国民经济统计核算生产活动的相关指标被低估。因此，改革统计单位划分方法和统计调查共享经济生产活动的相关数据成为完善生产统计调查制度方法的重要内容。

（二）数字经济发展对投资统计调查制度方法提出的挑战

投资通常与消费、出口并称为拉动国民经济的“三驾马车”，可见投资的重要性。因此，科学地统计调查投资的规模与结构对分析国民经济发展至关重要。在采用支出法进行 GDP 核算时，投资以资本形成总额表示，分为固定资本形成总额和存货变动两部分。在传统的国民经济核算体系中，固定资本形成总额只计算建筑物、机器和设备等硬件设施，“2008 年国民账户体系”（SNA 2008）扩展了固定资本的核算范围，提出了知识产权产品的概念，将固定资本的核算范围延伸至研发成果、矿藏勘探和评估、计算机软件和数据库以及娱乐、文学或艺术品原件。其中，计算机软件是数字经济的重要内容之一，在 SNA 2008 框架下，它的规模直接影响投资规模。

在数字经济时代，计算机软件业发展十分迅速。2010 年，我国共有软件企业 2.07 万家，软件业务收入 1.36 万亿元，其中，软件产品收入 0.49 万亿元，软件业务出口收入 267.35 亿美元，年末从业人员 272.46 万人。到 2021 年，全国软件企业增至 3.06 万家，是 2010 年的 1.48 倍，软件业务收入 9.55 万亿元，是 2010 年的 7.02 倍，其中，软件产品收入 2.30 万亿元，是 2010 年的 4.69 倍，软件业务出口收入 629.91 亿美元，是 2010 年的 2.36 倍，年末从业人员 708.73 万人，是 2010 年的 2.60 倍。[①] 因此，科学地

---

① 参见《中国电子信息产业统计年鉴（软件篇）2010》和“2021 年软件和信息技术服务业年度统计数据”（https：www. miit. goo. cn/gxsj/tjfx/rjy/index. html，2022 - 11 - 01），并进行相应的计算。

统计和核算计算机软件业的相关数据日益重要。

目前，我国主要运用工信部提供的计算机软件产品销售收入数据统计计算机软件的固定资本形成总额。该数据在反映计算机软件固定资本形成方面存在明显的不足。首先，该数据没有区分销售的软件是本国生产的还是进口的；其次，该数据不能反映软件是作为消费使用还是作为投资使用。另外，在数字经济时代，企事业单位和政府部门还开发了大量的自用型软件，它们不进入市场交易，未被计入软件产品的销售收入。

（三）数字经济发展对收入统计调查制度方法提出的挑战

居民收入是国民经济统计调查的重要内容之一。如《中华人民共和国 2021 年国民经济和社会发展统计公报》报告了 2021 年全国居民的收入状况：全年全国居民人均可支配收入为 35 128 元，比上年增长 8.1%（扣除物价因素，下同）；城镇居民人均可支配收入为 47 412 元，比上年增长 7.1%；农村居民人均可支配收入为 18 931 元，比上年增长 9.7%。城乡居民人均可支配收入的比值为 2.50，比上年缩小 0.06。按五等份收入分组的人均可支配收入分别为：低收入组 8 333 元，中间偏下收入组 18 445 元，中间收入组 29 053 元，中间偏上收入组 44 949 元，高收入组 85 836 元。全年脱贫县农村居民人均可支配收入为 14 051 元，比上年增长 10.8%。[①]

目前，世界各国普遍采用住户调查法对居民收入进行统计调查。住户调查的样本主要根据随机抽样、自愿原则确定。有些中高收入家庭不愿意接受调查或者不提供真实收入信息，导致中高收入家庭样本代表性不足、居民收入数据精度不高、收入水平低估等问题，这已经成为世界各国的收入统计调查普遍面临的难题。我国的收入统计调查同样面临这一难题，如罗楚亮（2019）的研究表明，由于高收入人群的缺失，基于住户调查数据所得到的基尼系数存在一定程度的低估。

在数字经济时代，中高收入家庭样本代表性不足、居民收入数据精度不高和收入水平低估等问题更加突出。一方面，拒绝接受调查的住户增多。随着数字经济的发展，出现了许多新职业，如程序员、游戏设计师、算法分析师等，这些新职业收入水平高、工作节奏快，出于隐私保护等考虑，许多家庭不愿意接受调查。另一方面，许多收入信息的统计调查难度较大。数字经济时代出现了许多新经济活动，如短租、顺风车、直播和网络零工等，这些新经济活动带来的收入性质不明确，纳入统计调查的难度较大。

（四）数字经济发展对价格统计调查制度方法提出的挑战

价格统计也是国民经济统计调查的重要内容之一。基于价格统计数据编制的居民消费价格指数（CPI）和工业生产者出厂价格指数（PPI）等是反映市场供需、通货膨胀、社会生产与商品流通状况的晴雨表，是居民消费、企业投资及政府宏观调控的重要依据。因此，价格指数的编制至关重要。编制 CPI 的基本流程是：首先，确定采价产品和服务项目；其次，选择产品和服务项目的规格品与采价点；最后，定期采集价格信息。目前，我国根据相关规定和全国城乡近 13 万户居民家庭的消费支出构成资料确定编制 CPI 所需的八大类产品与服务项目，即食品烟酒、衣着、居住、生活用品及服务、交通和通信、

---

① 国家统计局. 中华人民共和国 2021 年国民经济和社会发展统计公报.（2022 - 02 - 28）. http://www.stats.gov.cn/tjsj/zxfb/202202/t20220227_1827960.html.

教育文化和娱乐、医疗保健、其他，具体包括 262 个基本分类、约 600 种产品和服务；参加全国数据汇总的调查市县约 500 个，调查网点包括超市、菜市场、百货商场、医院和旅行社等约 5 万个。

在数字经济条件下，产品的更新换代率提高、生命周期缩短，新产品不断涌现，在线销售的产品和服务种类日益增多，所占比例也不断提高，而且在线销售的产品价格相对低廉，价格变动灵活，对价格统计调查制度方法提出挑战。具体表现在：（1）采价产品和服务项目的代表性不足。一方面，采价产品和服务项目在一定时期内相对稳定，如我国 CPI 篮子每 5 年轮换一次，不断涌现的新产品不能及时纳入采价产品和服务项目目录；另一方面，采价产品和服务以线下交易为主，线上产品和服务还未被列入采价目录。（2）价格信息不完全。线上产品和服务的价格相对低廉，占比越来越大，仅采集线下交易的价格势必会造成价格信息的失真。另外，各种电子优惠券和会员价格也会使价格信息失真。（3）移动支付使采集价格信息变得更加困难。随着数字经济的发展，移动支付广泛应用，在线上线下购物、餐饮住宿、出行和教育娱乐等场景中扫码支付已经非常普遍，使得现行采价方法的问题更加突出，采集价格信息变得更加困难。

二、数字经济发展对国民经济统计标准提出的挑战

数字经济时代出现的新产业、新业态、新商业模式和新就业模式对现行的国民经济统计标准提出严峻的挑战，主要表现在对机构部门分类标准、行业分类标准、产品分类标准、职业分类标准和就业统计标准提出了新的要求。

（一）数字经济发展对机构部门分类标准提出的挑战

机构部门分类是国民经济核算体系中最重要的分类之一。SNA 2008 指出，机构部门是由从事相同或相近经济活动的机构单位集合所组成的部门。机构部门的划分对国民经济核算具有非常重要的作用：（1）机构部门分类包括的范围广，可以用来全面描述经济活动，特别是有助于表明生产和最终消费之间的联系；（2）机构部门分类有助于准确地反映某一经济体的市场化发育程度，包括金融市场的发育程度；（3）机构部门分类有助于反映收入和资金流动状况与财产结构。SNA 2008 把经济总体划分为五个互不包容的部门，分别是非金融公司部门、金融公司部门、广义政府部门、为住户服务的非营利机构部门和住户部门。我国现行的“中国国民经济核算体系（2016）”将经济总体划分为非金融企业部门、金融企业部门、广义政府部门、为住户服务的非营利机构部门和住户部门。

随着数字经济的发展，企业不断创新，涌现出许多新业态和新商业模式，对机构部门的划分产生了重要影响。影响最大的是互联网企业。互联网企业有广义和狭义之分，前者是指以计算机网络技术为基础、利用网络平台提供服务并获得收入的企业，后者是指在互联网上注册域名、建立网站且利用互联网进行各种商务活动的企业。互联网企业（尤其是狭义的互联网企业）与传统机构部门明显不同，同时又与传统机构部门高度融合，将其归入非金融企业部门或金融企业部门都不够准确，因此有必要将其划分为一类独立的机构部门，从而将我国经济总体的机构部门分为六类，即非金融企业部门、金融企业部门、互联网企业部门、广义政府部门、为住户服务的非营利机构部门和住户部门。

（二）数字经济发展对行业分类标准提出的挑战

国民经济行业分类是对国民经济活动进行分类的主要标准之一，在国民经济统计数据的采集、处理、分析以及国际比较中具有重要地位。随着国民经济的发展和产业结构的变迁，国家统计部门会不断调整国民经济行业分类标准。我国的《国民经济行业分类》国家标准于 1984 年首次发布，此后经历了 1994 年、2002 年、2011 年和 2017 年四次修订。根据统计实践需要，GB/T 4754—2017《国民经济行业分类》国家标准第 1 号修改单（以下简称第 1 号修改单）已经国家标准化管理委员会批准，于 2019 年 3 月 29 日起实施。我国现行国民经济行业分类标准将国民经济活动分为 20 个门类、97 个大类、473 个中类和 1 382 个小类。

数字经济的发展对国民经济行业分类标准提出了挑战。首先，相对于不断涌现的新产业，《国民经济行业分类》的修订比较滞后，不能及时详细地反映这些新兴经济活动的发展情况。如我国对《国民经济行业分类》的四次修订，间隔最短的一次是 6 年，按第 1 号修改单修订后的版本与 2017 年的版本间隔近 2 年的时间。其次，数字经济与传统产业的融合不断加深，使得一些经济活动在统计实践中难以准确归类。以贵阳货车帮科技有限公司（以下简称“货车帮”）为例，由于“货车帮”代平台上的货车司机缴纳增值税，货车的运输业务收入被计入“货车帮”的主营业务收入，按照现行的《国民经济行业分类》，“货车帮”被划分到传统的交通运输业。虽然国家统计局分别于 2018 年和 2021 年颁布了《新产业新业态新商业模式统计分类（2018）》与《数字经济及其核心产业统计分类（2021）》，但是这两个分类标准仍然以《国民经济行业分类（GB/T 4754—2017）》为基础，并未从根本上解决分类标准滞后和难以准确归类的问题。

（三）数字经济发展对产品分类标准提出的挑战

在国民经济行业分类标准的基础上，还需要对国民经济活动中的产品和服务制定分类标准，为以产品和服务为对象的统计调查活动提供指导。自 1998 年联合国颁布第 1 版《产品总分类》以来，世界各国或是直接采用联合国的分类，或是在联合国分类的基础上制定本国的产品分类标准。我国 2004 年开始着手编制《统计用产品分类目录》，于 2010 年颁布并实施。《统计用产品分类目录》涉及国民经济行业活动的全部 36 142 个产品，其中，实物类产品 30 015 个，服务类产品 6 127 个。在实物类产品中，农、林、牧、渔业产品 1 527 个，工业产品 28 028 个，建筑业产品 450 个。[①]

随着数字经济的发展，涌现出 3D 打印机、无人机、无人驾驶汽车、智能机器人等新的有形数字产品和大数据、云服务等新的无形数字产品。这些新产品不能及时地被列入《统计用产品分类目录》，相关的生产、消费、投资和进出口等统计信息不能得到充分的反映，使统计数据准确性受到影响，也不利于进行相关产品的国际比较分析。软件产品就是一个典型的例证。因此，应提高产品分类标准的更新和修订频率，编制《统计用数字产品分类目录》，以应对数字经济快速发展及新的数字产品不断涌现给产品分类标准带来的挑战。

---

① 参见“国家统计局就《统计用产品分类目录》答问/全文”（中国发展门户网，http://cn.chinagate.cn/economics/2010-02/23/content_19461960_2.htm，2010-02-23），分项数据加总不得总和，原文如此。

(四) 数字经济发展对职业分类标准提出的挑战

职业分类是社会劳动分工的产物，职业是劳动者在社会经济活动中获取收入、实现自身价值的依托。对职业进行科学分类，是现代市场经济条件下实现社会化管理的必然选择，对国民经济信息统计、人力资源管理、劳动力市场分析、教育规划和职业资格制度改革等具有重要意义。国际劳工组织制定的《国际标准职业分类》颁布于 1958 年，之后经历了 1968 年、1988 年和 2008 年三次修订，形成《国际标准职业分类（2008)》。我国于 1995 年初开始编制《中华人民共和国职业分类大典》，1999 年 5 月正式颁布，将我国的职业分为 8 个大类、66 个中类、413 个小类、1 838 个职业。2010 年启动修订工作，并于 2015 年 7 月颁布了新修订的版本。我国新的职业分类体系维持 8 个大类不变，增加了 9 个中类和 21 个小类，职业总数也减为 1 481 个。2021 年 4 月 27 日，新一轮《中华人民共和国职业分类大典》修订工作正式启动，新的版本于 2022 年 7 月公布。2022 年版《中华人民共和国职业分类大典》以 2015 年版为基础，将近年来已发布的新职业纳入其中，保持大类体系不变，增加或取消了部分中类、小类及职业（工种)，优化调整了部分归类，修改完善了部分职业信息描述。

在数字经济条件下，新的职业不断出现，需要不断调整职业分类标准。如《中华人民共和国职业分类大典》2015 年版公布之后，人力资源和社会保障部、国家市场监督管理总局和国家统计局先后发布了四批新增职业信息。其中，第一批公布的 13 个新职业中有 12 个与数字经济直接相关，第二批公布的 16 个新职业中有 7 个与数字经济直接相关，第三批公布的 9 个新职业中有 6 个与数字经济直接相关，第四批公布的 18 个新职业中有 6 个与数字经济直接相关。即使是这样高频率地补充新增职业信息，也不能满足日新月异的实践发展需要。作为“数字化＋生活服务”代表的美团，新业态所孕育的新职业就超过了 70 种；网约车司机、线上门店装修师、VR 指导师和景区数字化运营师等都没有在最新的职业分类标准中得到体现。

(五) 数字经济发展对就业统计标准提出的挑战

充分就业是宏观经济政策的四大目标之一。2021 年，在国内外经济形势十分复杂的情况下，我国宏观经济运行态势良好，全国城镇新增就业 1 269 万人，城镇调查失业率平均为 5.1%；2022 年的主要预期目标是城镇新增就业 1 100 万人以上，城镇调查失业率全年控制在 5.5%以内[①]。城镇就业人员是指城镇人口中年满 16 周岁、为取得报酬或经营利润在调查周期内从事了 1 小时以上（含 1 小时）劳动的人员，或由于在职学习、休假等原因在调查周期内暂时未工作的人员，或由于停工、单位不景气等原因临时未工作的人员。城镇调查失业率是指城镇失业人口占城镇就业人口与失业人口之和的百分比，根据全国月度劳动力调查数据计算。城镇调查失业率中的失业人口采用国际劳工组织推荐的国际标准进行定义，即指当前无工作、正在努力寻找工作、有合适的工作后能够马上开始工作的人。

世界银行发布的《2019 年世界发展报告》指出，数字技术正在催生更多的短期性工作而不是“标准化”的长期合同。所谓短期性工作，也称“零工”，一般是指灵活就业者

---

① 李克强. 政府工作报告——2022 年 3 月 5 日在第十三届全国人民代表大会第五次会议上. (2022 - 03 - 12). http://www.gov.cn/premier/2022-03/12/content_5678750.htm.

从事的经济活动，在互联网时代主要表现为在线劳动力市场和基于应用程序的按需工作，这类工作通常基于平台产生的订单，每一个订单的完成都类似于一条虚拟的生产线。目前，“零工”涉及的行业越来越广泛，居于前列的是快递、教育、交通、家政、旅游和咨询等行业。Edison Research 发布的 2018 年研究报告显示，有近 1/4 的美国成年人通过“零工”获得收入，从事“零工”的劳动者占所有劳动力的 34%。[①] 但是，由于“零工”没有确定的长期合同，获得工作和收入具有很大的不确定性，现行的就业统计标准无法准确地反映“零工”呈现出来的灵活就业方式，许多采取灵活就业方式且有收入的人员可能被统计为非就业人员。

三、数字经济发展对政府统计应用提出的挑战

在传统经济中，政府部门调查、统计和发布的国民经济统计数据是进行社会经济统计分析的最权威数据来源，如统计年鉴、统计月报及统计公报等。近年来，随着数字经济的发展，数据的种类不断丰富，如大数据和微观数据等，这给政府统计应用带来挑战。

（一）大数据应用对政府统计应用提出的挑战

近年来，随着互联网、移动互联网和物联网等新一代信息与通信技术（ICT）在企业生产经营、居民生活和政府治理中的广泛应用，产生了海量、高频和多样化的大数据。大数据是以容量大、类型多、存取速度快、应用价值高为主要特征的数据集合，正快速发展为对数量巨大、来源分散、格式多样的数据进行采集、存储和关联分析，从中发现新知识、创造新价值、提升新能力的新一代信息技术和服务业态。

大数据的出现给国民经济统计应用带来的挑战主要表现在以下三个方面：（1）政府统计的权威地位受到挑战。在大数据时代，政府统计部门不再是经济社会数据的主要拥有者和唯一发布者，如 Wind 目前已经成为我国金融数据和分析工具的主要提供商之一。（2）政府的统计调查体系受到挑战。目前，我国的统计调查体系主要是以周期性普查为基础，以抽样调查为主体，综合运用全面调查、重点调查等方法，并充分利用行政记录等资料的统计调查体系。随着大数据的发展与完善，某些领域和某些方面的大数据可能会取代传统的抽样调查、普查和全面调查等方法，成为获取统计数据的重要方法，这种获取统计数据的方法将会越来越重要。（3）政府统计的数据处理模式受到挑战。在现行的统计调查体系下，对普查和全面调查数据进行直接审核、汇总、加工处理及对抽样调查数据进行推算放大是典型的数据处理模式，大数据体量大、频率高、可变性强，具有很大的不确定性，往往需要依赖各种算法来实现数据源质量评估、数据结构转换、数据清洗和异常值检测等处理过程。

（二）微观数据应用对政府统计应用提出的挑战

政府统计数据根据所描述或反映的对象不同可以分为微观数据和综合数据。其中，微观数据是指以微观主体（企业、住户、个人等）为基本单位的信息，包括调查数据、行政记录等多种数据类型；综合数据为在微观数据基础上经过整理和加工汇总形成的行业、区

---

① The Gig Economy: From the Marketplace-Edison Research Poll DECEMBER 2018. https://www.edisonresearch.com/americans-and-the-gig-economy/.

域等宏观层面的数据。随着经济社会的发展，政府统计部门公布的综合数据已经不能满足国家治理和社会各界的需求。如《中华人民共和国 2021 年国民经济和社会发展统计公报》显示，2021 年我国全年货物出口 21.73 万亿元，比上年增长 21.2%。[①] 人们可能非常想知道是哪些企业在国际经济环境如此复杂的情况下支撑了我国出口的高速增长。

数字技术的迅速发展和广泛应用使政府统计部门提供微观数据成为可能。如我国海关总署数据在线查询平台已经能够提供各省分产品、分国别的进出口统计数据。但是，微观数据的应用会涉及商业秘密和个人隐私的保护问题。因此，在数字经济时代，如何既能保护好商业秘密和个人隐私，又能充分开发利用微观数据资源，是政府统计应用面临的主要难题。我国 2015 年出台的《促进大数据发展行动纲要》明确规定，要大力推动政府部门共享数据，在依法加强安全保障和隐私保护的前提下，稳步推动公共数据资源开放，让微观数据应用成为提升国家治理能力的新途径，为有效处理复杂社会问题提供新手段。

第 2 节　数字经济增加值的测算

一、国内外学术界对数字经济增加值测算方法的探讨

随着数字经济的发展，国内外学术界对数字经济增加值的测算进行了许多有益的探索，主要包括：(1) 数字经济增加值核算范围的界定；(2) 数字产业细分行业增加值的估算；(3) 传统产业中数字经济增加值的剥离。

（一）数字经济增加值核算范围的界定

对数字经济增加值进行核算，首先要界定数字经济的核算范围。在界定数字经济核算范围方面，目前比较有代表性的研究是马克·波拉特（1977）、康铁祥（2008）、许宪春和张美慧（2020）以及中国信息通信研究院发布的数字经济增加值测算相关报告。

马克·波拉特 1977 年在《信息经济：定义与测度》中对 1967 年美国的信息经济进行了全面的测算。他将信息经济分为一级信息部门和二级信息部门两大类。其中，一级信息部门是指所有向市场提供信息产品和信息服务的企业，主要包括知识生产和发明、信息流动和通信、风险经营、调查和协调性、信息处理和传递服务、信息产品产业、部分政府活动及信息基础设施八个行业；二级信息部门一般是指政府和非信息企业提供的供内部消费用的一切信息服务。

我国学者康铁祥 2008 年在《中国数字经济规模测算研究》一文中借鉴马克·波拉特（1977）的思路，将数字经济分为数字产业和数字辅助活动两大类，对 2002 年中国的数字经济增加值进行测算。其中，数字产业包括通信设备制造业、电子计算机整机制造业、其他电子计算机设备制造业、电子元器件制造业、家用视听设备制造业、其他通信和电子设备制造业、信息传输服务业以及计算机服务与软件业八个行业。数字辅助活动即除

---

① 国家统计局．中华人民共和国 2021 年国民经济和社会发展统计公报．(2022－02－28)．http://www.stats.gov.cn/tjsj/zxfb/202202/t20220227_1827960.html.

上述八个行业以外的其他行业。

我国学者许宪春和张美慧 2020 年在《中国数字经济规模测算研究：基于国际比较的视角》一文中将数字经济分为数字化赋权基础设施、数字化媒体、数字化交易和数字经济交易产品四个部分，从我国现行的《统计用产品分类目录》中筛选数字经济相关产品，并依据我国 2011 年版和 2017 年版的《国民经济行业分类》确定生产这些产品的行业，对我国 2007—2017 年的数字经济增加值进行测算。其中，数字化赋权基础设施、数字化媒体和数字化交易的具体范围，以及同我国《统计用产品分类目录》、2017 年版《国民经济行业分类》的对应见表 3-1。数字经济交易产品这一部分由于同数字化赋权基础设施存在较大重合而没有单列，其增加值也未单独计算。

中国信息通信研究院在历年发布的关于数字经济增加值测算的研究报告中均将数字经济分为数字产业化和产业数字化两部分。其中，数字产业化部分指信息通信产业，主要包括电子信息设备制造、电子信息设备销售和租赁、电子信息传输服务、计算机服务和软件业、其他信息相关服务以及数字技术的广泛融合渗透产生的新兴行业，如云计算、物联网、大数据、互联网金融等；产业数字化部分即除数字产业化部分以外的其他国民经济行业。

表 3-1 数字经济对应的统计用产品与行业分类

数字经济	包含内容	《统计用产品分类目录》中对应的产品	《国民经济行业分类》中对应的行业
数字化赋权基础设施	电信设备与服务	60—电信和其他信息传输服务 电信服务，互联网信息服务，广播信号传输服务，电视信号传输服务，卫星传输服务	I—信息传输、软件和信息技术服务业 I—63 电信、广播电视和卫星传输服务 I—64 互联网和相关服务* I—65 软件和信息技术服务业*
	计算机软件	61—计算机信息服务 计算机系统服务，数据处理服务，计算机及外部设备维修服务，其他计算机信息服务	
		62—软件服务 基础软件设计服务，应用软件设计服务，嵌入式软件服务，软件技术服务	
	计算机硬件	40—通信设备、计算机及其他电子设备 通信传输设备，通信交换设备，通信终端设备，移动通信设备，移动通信终端设备及零部件，通信接入设备，雷达、无线电导航及无线电遥控设备，广播电视设备，电子计算机及其部件，计算机网络设备，电子计算机外部设备及装置，电子计算机配套产品及耗材，信息系统安全产品，真空电子器件及零件，半导体分立器，集成电路，微电子组件，电子元件，敏感元件及传感器，印制电路板，家用音视频设备，其他未列明电子设备	C—制造业 C—39 计算机、通信和其他电子设备制造业

续表

数字经济	包含内容	《统计用产品分类目录》中对应的产品	《国民经济行业分类》中对应的行业
数字化媒体	互联网发行与出版	88—新闻出版服务 网络新闻采编服务，电子出版物出版服务，互联网出版服务	R—86 新闻和出版业 R—8624 音像制品出版 R—8625 电子出版物出版 R—8626 数字出版
	互联网广播	89—广播、电视、电影和音像服务 互联网广播节目播出服务，互联网电视节目播出服务，网络电影播出服务	R—87 广播、电视、电影和录音制作业 R—8710 广播 R—8720 电视 R—8740 广播电视集成播控 R—8750 电影和广播电视节目发行
	流量与下载	89—广播、电视、电影和音像服务 电影放映服务，音像制作服务	R—87 广播、电视、电影和录音制作业 R—8730 影视节目制作 R—8760 电影放映 R—8770 录音制作
	相关支持服务	60—电信和其他信息传输服务 互联网信息服务 61—计算机信息服务 计算机系统服务，数据处理服务	I—64 互联网和相关服务* I—6421 互联网搜索服务* I—6422 互联网游戏服务* I—6429 互联网其他信息服务* I—6490 其他互联网服务* I—65 软件和信息技术服务业* I—6531 信息系统集成服务* I—6550 信息处理和储存支持服务*
数字化交易	B2B 批发	63—批发服务 其他未列明批发服务，贸易代理服务	F—51 批发业 F—5193 互联网批发 F—5181 贸易代理*
	B2C 零售	65—零售服务 互联网销售	F—52 零售业 5292 互联网零售

*：该行业中的内容有一部分属于数字经济产业。

资料来源：许宪春，张美慧. 中国数字经济规模测算研究：基于国际比较的视角. 中国工业经济，2020（5）：23-41.

（二）数字产业细分行业增加值的估算

在现行的国民经济统计核算框架内，许多数字产业细分行业的增加值数据无法直接获得，不得不进行估算。如马克·波拉特（1977）界定的一级信息部门，康铁祥（2008）界定的数字产业八个细分行业，许宪春和张美慧（2020）界定的除信息传输、软件和信息技术服务业之外的数字产业类别。

对于一级信息部门的增加值，马克·波拉特（1977）分别采用最终需求法和增值法以及相关国民经济统计数据进行估算。其中，最终需求法用于核算一级信息部门的总产品中供给私人部门和公共部门消费、资本形成与净出口的总值；增值法用于核算一级信息部门中的从业人员报酬、营业盈余、生产税净额与固定资产折旧的总值。

康铁祥（2008）运用投入产出数据估算数字产业及其八个细分行业的增加值，所用数据来源于细分为 122 个部门的 2002 年中国投入产出表。通过将投入产出表中数字产业八个细分行业的增加值直接加总，得到数字产业的增加值。

许宪春和张美慧（2020）提出行业增加值结构系数法，用于估算除信息传输、软件和信息技术服务业（在《中国统计年鉴》中可以直接查到）之外的数字产业类别的增加值。其中，行业增加值结构系数可以称为比例系数，即运用投入产出表中的相关数据计算数字产业细分类别的增加值占其所在大类增加值的比重。将行业增加值结构系数同《中国统计年鉴》中相关大类的增加值相乘，即得到数字产业细分行业的增加值。有些行业小类在投入产出表中未分列，则采用经济普查数据计算相关行业小类的主营业务收入占其所在大类主营业务收入的比重，以此代替行业增加值结构系数。由于投入产出表不是每年编制，经济普查也不是每年进行，对于无投入产出表和经济普查数据年份的行业增加值结构系数，则根据有投入产出表和经济普查数据年份的行业增加值结构系数进行估算。

（三）传统产业中数字经济增加值的剥离

对于传统产业中数字经济增加值的剥离，各项研究所采取的方法多种多样，归纳起来大致有两大类：一类是在 SNA 框架下进行估算，另一类则是运用计量经济模型进行估算。前者如马克·波拉特（1977）对二级信息部分增加值的估算、康铁祥（2008）对数字辅助活动增加值的估算，后者如中国信息通信研究院对产业数字化部分增加值的估算。

马克·波拉特（1977）把二级信息部门的增加值看作由提供这种服务所消耗的劳动力以及资本这两种资源的价值构成，采用如下公式进行计算：

$$VA_i = L_i \times (W_i + DE_i) \tag{3-1}$$

式中，VA_i 为第 i 个二级信息部门的增加值；L_i 为第 i 个二级信息部门中信息活动的从业人数；W_i 为第 i 个二级信息部门全部从业人员的平均工资；DE_i 为二级信息部门按全部从业人员平均的固定资产折旧额。

康铁祥（2008）运用投入产出数据测算数字辅助活动的增加值。该测算方法建立在两个假设的基础上：（1）属于同一行业部门的非数字产业部门在投入产出结构上是同质的；（2）所有非数字产业部门中数字产品投入与非数字产品投入对部门增加值的贡献是无差别的。这里的数字产品投入是指非数字产业部门对上述八个数字产业细分行业的中间消耗。根据这两个假设，数字辅助活动的增加值按如下公式计算：

$$SVA = \sum_i \frac{DIN_i}{TIN_i} \times NDVA_i \tag{3-2}$$

式中，SVA 为数字辅助活动的增加值；DIN_i 为第 i 个非数字产业部门中的数字产品投入；TIN_i 为第 i 个非数字产业部门的总投入；$NDVA_i$ 为第 i 个非数字产业部门的增加值。

运用计量经济模型剥离传统产业中数字经济的增加值，主要采用增长核算账户框架（KLEMS）估算信息与通信技术（ICT）资本对 GDP 增长的贡献率，再用该贡献率与 GDP 的增量相乘，即得到传统产业中数字经济的增加值。KLEMS 以生产可能性边界为基础，认为总产出是资本（K）、劳动（L）、能源（E）、原材料（M）和服务（S）的函数，并假设市场是完全竞争的、投入要素被充分利用、规模报酬不变，因此，产出的增长率可以表示为各种投入增长率的加权平均值，权重为各项投入占总产出的份额。中国信息通信研究院在其发布的《中国数字经济发展白皮书》和《全球数字经济新图景》等研究报告中均采用KLEMS对中国及各省、自治区和直辖市以及世界各主要国家产业数字化部分的增加值进行估算，具体的估算模型如下：

$$OTP_{it}=HA_{it}f(CAP_{it}^{ICT},CAP_{it}^{NICT},MID_{it},LAB_{it}) \tag{3-3}$$

式中，下标 i，t 分别表示国家（或地区）和时期；OTP，HA，CAP^{ICT}，CAP^{NICT}，MID，LAB 分别为总产出、希克斯中性技术进步、ICT 资本、非 ICT 资本、中间投入和劳动力。式（3-3）可以显性化为以下超越对数生产函数：

$$\begin{aligned}\mathrm{d}OTP_{it}=&\mathrm{d}HA_{it}+\beta_{CAP_{it}^{ICT}}\mathrm{d}CAP_{it}^{ICT}+\beta_{CAP_{it}^{NICT}}\mathrm{d}CAP_{it}^{NICT}\\&+\beta_{MID_{it}}\mathrm{d}MID_{it}+\beta_{LAB_{it}}\mathrm{d}LAB_{it})\end{aligned} \tag{3-4}$$

式中，$\mathrm{d}OTP$，$\mathrm{d}HA$，$\mathrm{d}CAP^{ICT}$，$\mathrm{d}CAP^{NICT}$，$\mathrm{d}MID$，$\mathrm{d}LAB$ 分别为总产出、希克斯中性技术进步、ICT 资本、非 ICT 资本、中间投入和劳动力的增长率；$\beta_{CAP^{ICT}}$，$\beta_{CAP^{NICT}}$，β_{MID}，β_{LAB} 分别为 ICT 资本、非 ICT 资本、中间投入和劳动力投入在总产出中的份额。

二、美国经济分析局对数字经济增加值的测算

2018 年，美国商务部经济分析局（BEA）发布了研究报告《数字经济的定义和测量》，建立了统计核算美国数字经济的基本框架，对 2006—2016 年美国数字经济增加值及其结构和增长率进行测算，将数字经济从传统的国民经济统计数据中剥离出来，分析数字经济在国民经济中的地位与作用。

（一）BEA 测算数字经济增加值的基本范围

BEA 借鉴 OECD 测算数字经济的方法，主要从互联网和 ICT 的角度界定数字经济的范围，具体包括：（1）计算机网络存在和运行所需的数字基础设施；（2）数字交易，也称电子商务；（3）用户创建和访问的数字内容——数字媒体。BEA 根据北美产业分类体系（NAICS），在供给表、使用表框架下确定数字经济相关产品和服务目录。其中，有些产品类别中只有部分产品属于数字经济，需要对其进行评估，以确定属于数字经济的产品比例。受基础资料所限，实际核算中仅包括以数字经济产品为主的类别。BEA 邀请专家从数字经济相关产品和服务目录中选择了 200 多种产品和服务用于测算数字经济增加值，具体见表 3-2。

表 3-2　美国 BEA 用于测算数字经济增加值的产品和服务

大类	中类	小类	对应的产业类别
基础设施	硬件	数字电子预压系统和元器件，报警系统，视听设备，磁带、唱片、CD 和 DVD，印制电路板，电子电路用电容器，计算机及其周边设备，计算机系统设计，数据和信息加工，设备管理，数码相机，电子元器件，电子连接器，打印机，显示器和配件，销售终端设备和配件，集成电路板，公共广播系统，录音带和录像带复制，视频媒体录制，电阻器，半导体及其相关设备，软件复制，扬声器，电视接收器，电子玩具和游戏等	NAICS 333 NAICS 334 NAICS 339

续表

大类	中类	小类	对应的产业类别
基础设施	软件	应用软件，游戏软件，软件出版发行授权，技术支撑服务软件，系统软件发行，自用软件等	NAICS 511 NAICS 541
	支持服务	应用服务，虚拟主机，其他 IT 基础设施提供服务，辅助数据处理服务，商业流程管理服务，数据管理、加工、存储和信息、文件转换服务，计算机设施管理服务，计算机系统设计服务，自定义计算机编程，其他计算机相关服务，计算机培训学校，其他技术和贸易学校，通信设备修理和保养，计算机和办公设备修理与保养，消费电器修理和保养等	NAICS 518 NAICS 541 NAICS 611 NAICS 811
	电信	天线系统，广播、演播室零件和配件，运营商线路设备和调制解调器，手机，数据通信设备，其他通信系统、设备和元件与组件，电话交换设备元件和组件，广播电视和无线通信设备，无线网络设备，有线语音设备，电线和电缆，光纤光缆，电话、电报电线电缆，电话设备安装，本地和长途固定电话服务，本地和长途移动电话服务，宽带网络接入服务，快递服务，网络电话，电信服务授权，多渠道节目发行服务，拨号网络接入服务，寻呼、移动调度和专门的无线服务，卫星通信服务等	NAICS 334 NAICS 335 NAICS 517
电子商务	B2B	B2B 网络批发	NAICS 425
	B2C	网络零售，电子拍卖，电子购物	NAICS 454
数字媒体	数字媒体	广播电视节目制作，广播电视节目播放时间销售，广播电视节目授权，公共和非商业广播电视节目服务，应用服务提供，主页和其他 IT 基础设施提供服务，网络出版和广播订购，网络出版权和广播权授权等	NAICS 512 NAICS 515 NAICS 518 NAICS 519

资料来源：Barefoot K，Curtis D，Jolliff W A，et al. Defining and Measuring the Digital Economy.（2018－03－15）. https://www. bea. gov/research/papers/2018/defining-and-measuring-digital-economy.

（二）BEA 测算数字经济增加值的基本方法

在确定数字经济增加值的测算范围之后，BEA 假设数字经济中间消耗占数字经济总产出的比重与相应行业中间消耗占总产出的比重相同。类似地，数字经济增加值占数字经济总产出的比重与相应行业增加值占总产出的比重也相同。上述假设可以用式（3－5）和式（3－6）表示：

$$\frac{i\text{ 行业中数字经济的中间消耗}}{i\text{ 行业中数字经济的总产出}}=\frac{i\text{ 行业的中间消耗}}{i\text{ 行业的总产出}} \tag{3-5}$$

$$\frac{i\text{ 行业中数字经济的增加值}}{i\text{ 行业中数字经济的总产出}}=\frac{i\text{ 行业的增加值}}{i\text{ 行业的总产出}}=i\text{ 行业的增加值率} \tag{3-6}$$

根据上述假设，只要知道数字经济的总产出，就可根据所在行业的增加值率计算其数字经济增加值。

BEA 还测算了数字经济增加值的价格指数和质量指数。首先，根据供给表对各行业数字经济产品和服务进行消胀处理，得到数字经济总产出指数；其次，根据需求表对数字经济产品和服务的中间投入进行消胀处理，得到数字经济中间投入指数；最后，在此基础上，用数字经济的实际产出减去数字经济的实际中间投入，得到数字经济实际增加值，并用费雪指数框架计算数字经济增加值指数。

（三）BEA 测算数字经济增加值的主要结果

2019 年，BEA 运用上述测算方法对数字经济测算数据进行了更新和扩展，得到了 1997—2017 年美国数字经济增加值及其结构和增长率。1997—2017 年，除 2001 年因新经济泡沫破灭而减少外，美国按当年价格计算的数字经济增加值均在增加，占 GDP 的比重平均为 6.1%。2017 年，美国数字经济增加值为 13 513 亿美元（当年价），占 GDP 的 6.9%（见图 3-1）。

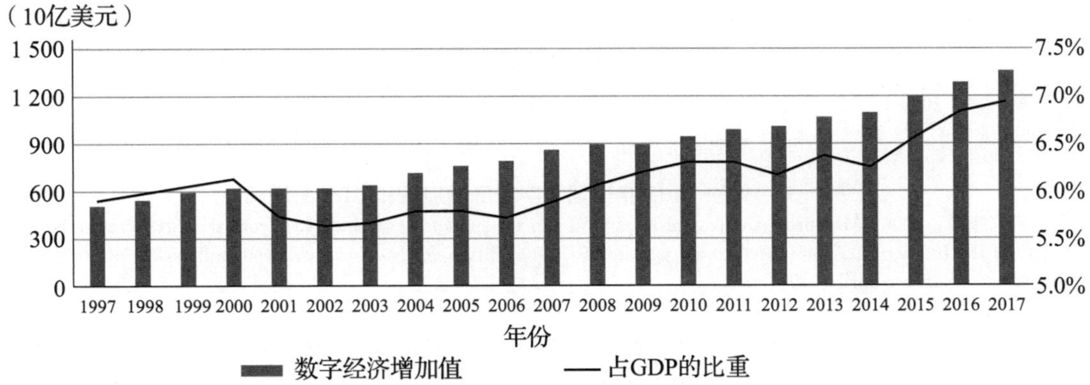

图 3-1　1997—2017 年美国数字经济增加值（当年价）及其占 GDP 的比重

资料来源：BEA. Measuring the Digital Economy: An Update Incorporating Data from the 2018 Comprehensive Update of the Industry Economic Accounts. (2019-04-01). https://www.bea.gov/system/files/2019-04/digital-economy-report-update-april-2019_1.pdf.

从数字经济内部结构来看，美国数字经济以数字基础设施为主，但其比重在下降。1997 年，硬件、软件、电信及支持服务的增加值合计占数字经济总增加值的 95.0%，电子商务和数字媒体的占比只有 5%；2017 年，数字基础设施的占比下降至 84.6%，电子商务和数字媒体的占比上升至 15.4%（见图 3-2）。

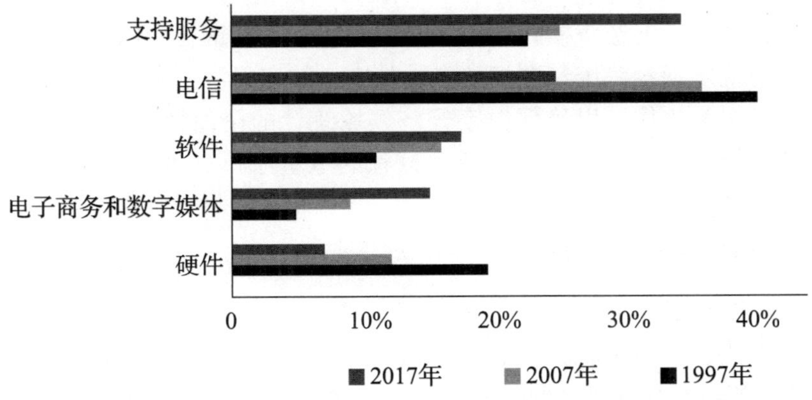

图 3-2　1997 年、2007 年和 2017 年美国数字经济各部门增加值的占比

资料来源：BEA. Measuring the Digital Economy: An Update Incorporating Data from the 2018 Comprehensive Update of the Industry Economic Accounts. (2019-04-01). https://www.bea.gov/system/files/2019-04/digital-economy-report-update-april-2019_1.pdf.

从数字经济的增长情况来看，数字经济一直是美国经济增长的引擎。1998—2017 年数字经济的增长率始终高于 GDP 的增长率，除了少数几个年份，其他年份的数字经济增加值增长率是 GDP 增长率的 4 倍左右。2017 年，数字经济增加值的增长率为 8.3%，而 GDP 的增长率只有 2.2%（见图 3-3）。

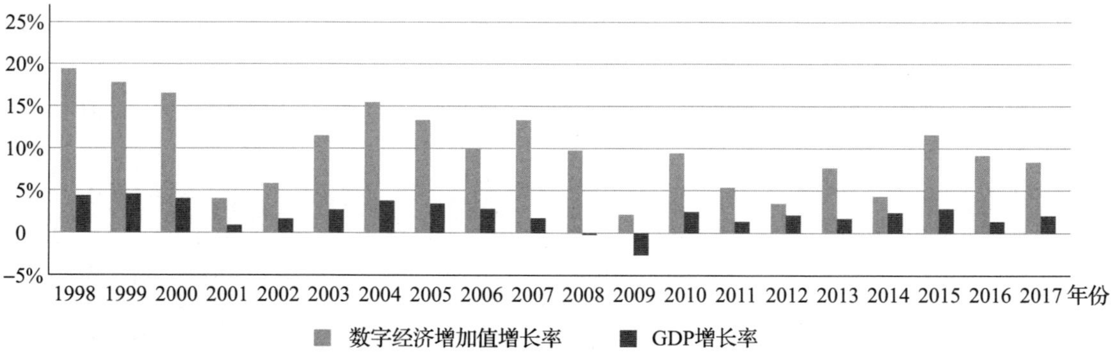

图 3-3　1998—2017 年美国数字经济增加值和 GDP 的增长率

资料来源：BEA. Measuring the Digital Economy: An Update Incorporating Data from the 2018 Comprehensive Update of the Industry Economic Accounts.（2019-04-01）. https://www.bea.gov/system/files/2019-04/digital-economy-report-update-april-2019_1.pdf.

2020—2021 年 BEA 进一步改进数字经济增加值的测算方法，并用新方法更新了 2005 年以来的数据。根据 2021 年的测算结果，2005—2019 年美国数字经济增加值以年均 6.5%的速度增长，高于 GDP 年均增长率 4.7 个百分点。2019 年，按当年价格计算的数字经济增加值为 20 516 亿美元，占 GDP 的 9.6%；按实际价格计算的数字经济增加值增长率为 5.2%，高于 GDP 增长率 3 个百分点。①

三、国内外对数字经济卫星账户的探索

SNA 1993 引入了卫星账户的概念，并指出对于那些直接纳入中心框架将使内容受到一定限制的特殊活动，可通过建立卫星账户对其进行全面的描述。卫星账户是传统国民经济核算的辅助统计账户，通常用于分析国民经济运行中的特殊方面，通过构建卫星账户可对特殊形态的经济模式及相关产业的运行状况进行专门的统计监测与分析，核算结果是对传统宏观经济统计数据的有效补充。数字经济卫星账户（DESA）将数字经济活动的运行视为整体，以确保数字经济领域统计的全面性。数字经济卫星账户是一种用于反映所有机构部门数字经济活动过程的卫星账户。目前，国内外对数字经济卫星账户的构建尚处于初期探索阶段。

（一）OECD 的数字经济卫星账户

2016 年，OECD 成立了“数字经济下 GDP 测度的咨询组”，该小组于 2017 年提出了建立数字经济卫星账户的构想，形成了一个既能对接 SNA 中心体系又能开展独立核算的数字经济卫星账户概念框架（见图 3-4）。这一框架主要依据数字化订购、促成平台和

① BEA. Updated Digital Economy Estimate-June 2021.（2021-06-01）https://www.bea.gov/system/files/2021-06/DE%20June%202021%20update%20for%20web%20v3.pdf.

数字化运输等数字交易的三大特征界定数字经济的主体与客体，并以并集的方式识别数字经济活动。数字经济的主体主要是指数字交易的行为主体，包括生产者、使用者和促成者；客体主要是指数字交易产品。

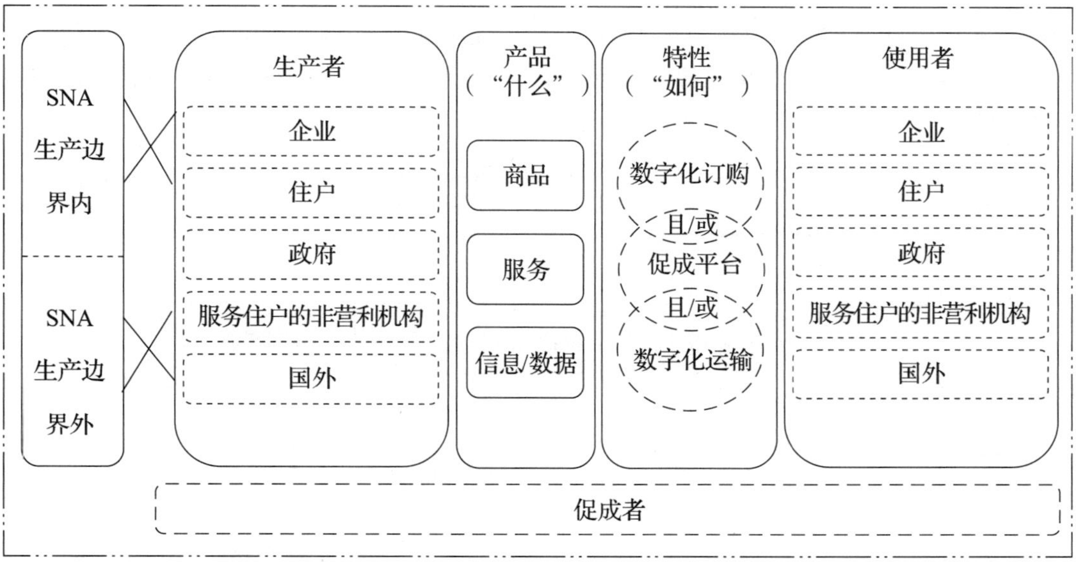

图 3－4　OECD 数字经济卫星账户概念框架

资料来源：向书坚，吴文君．OECD 数字经济核算研究最新动态及其启示．统计研究，2018，35（12）：3－15.

OECD 的数字经济卫星账户与传统 SNA 核算的主要区别在于：（1）对于数字经济中的生产者，除传统企业部门外还增设了住户部门，使得生产者与使用者保持一致，以解决居民参与生产活动给数字经济核算带来的难题；（2）将数字交易的辅助性主体列为促成者，以描述数字经济的支撑性产业，如 ICT 基础设施和辅助性活动等；（3）除传统商品与服务外，还增加了信息/数据，以核算数字经济中“免费”服务等非货币化交易背后的数据价值交换；（4）将至少具备数字交易三大特征之一的经济交易界定为数字经济范畴，从而排除了不具备任何数字特征的经济交易。

（二）中国的数字经济卫星账户

近年来，国家统计局就数字经济统计测度陆续出台了多项政策文件与措施，具体包括：（1）《新产业、新业态、新商业模式专项统计报表制度》，涉及与数字经济息息相关的电子商务、互联网金融等重点领域；（2）《中国国民经济核算体系 2016》，将“新兴经济核算”作为拓展核算的一部分正式纳入国民经济核算体系；（3）《2017 新动能新产业发展报告》，提出了三种“三新”经济增加值核算方法，编制了经济新动能发展指数统计指标体系，并对 2015 年中国经济新动能发展指数进行测算，描绘了中国新型经济发展图谱；（4）《新产业新业态新商业模式统计分类（2018）》，以现行《国民经济行业分类》为基础，对符合“三新”特征的有关活动进行再分类，对监测中国“三新”经济活动规模、结构和质量具有重要意义；（5）《数字经济及其核心产业统计分类（2021）》，为我国数字经济规模测算提供了统一可比的统计标准、口径和范围。

目前，中国的数字经济卫星账户还处于学术探索阶段。杨仲山和张美慧（2019）参照OECD的数字经济卫星账户概念框架，构建了中国数字经济卫星账户的基本框架。他们认为，数字经济卫星账户应包括以下内容：（1）描述数字经济规模和经济贡献的宏观经济总量指标；（2）数字经济运行的详细数据，以及对国内供给和进口如何满足消费需求的描述（编制在供给表、使用表中）；（3）数字经济详细的生产账户，包括与其他生产性经济活动相联系的就业和固定资产投资等数据。中国数字经济卫星账户的基本框架见图3-5。

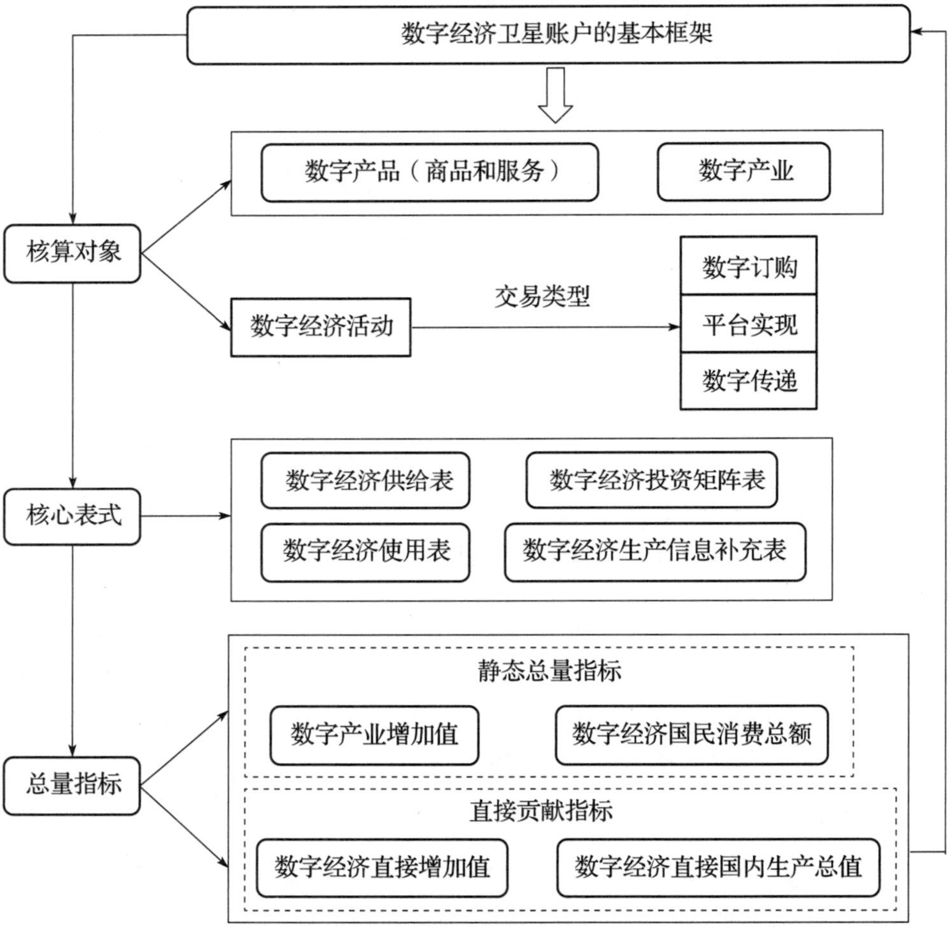

图3-5　中国数字经济卫星账户的基本框架

资料来源：杨仲山，张美慧．数字经济卫星账户：国际经验及中国编制方案的设计．统计研究，2019，36（5）：16-30.

在数字经济卫星账户的基本框架中，各核心表式的编制是测算数字经济总量指标的基础。通过编制数字经济供给表与数字经济使用表，得到数字经济总产出与数字经济中间投入数据，进而核算数字经济直接增加值等总量指标；通过编制数字经济投资矩阵表，获得数字经济资本形成总额等总量指标；通过编制数字经济生产信息补充表，核算数字经济运行中特殊交易（如“免费”数字内容交易）的相关总量指标。

第 3 节　数字经济指数的编制

用数字经济增加值衡量数字经济规模，比较直观，便于比较。但是，数字经济增加值仅核算了数字经济的产出规模，适合衡量狭义数字经济（包括数字产业化和产业数字化）的规模，不适用于对广义数字经济（包括数字产业化、产业数字化和经济社会的数字化转型等）的综合发展水平进行评估。编制数字经济指数就是要从多个维度对数字经济发展水平进行综合评估。

一、指数及其编制方法概述

（一）指数的概念

指数的概念起源于 18 世纪中叶欧洲资本主义快速发展时期。当时，大量金银流入欧洲，使得金银的价格急剧上涨，引起社会各界的普遍关注，从而产生测算物价变动程度的要求。于是，统计学家和经济学家开始尝试编制价格指数，形成了指数理论。200 多年来，指数理论不断发展，应用范围亦不断扩展，目前已经广泛应用于工业生产、进出口贸易、铁路运输、工资、成本、生活费用和证券等领域。指数是指说明社会经济现象数量变动或差异程度的相对数，有广义和狭义之分。广义的指数是指一切说明社会经济现象数量变动或差异程度的相对数；狭义的指数是指综合反映复杂现象总体数量变动或差异程度的特殊相对数。所谓复杂现象总体，是指那些由许多不同度量单位、性质各异的个体组成且在数量上不能直接加总的现象总体。统计学和经济学中的指数通常指狭义的指数。

居民消费价格指数（CPI）和 GDP 平减指数是两种典型的狭义指数。前者是反映一定时期内城乡居民所购买的生活消费品和服务项目价格变动趋势和程度的相对数，是对城镇居民消费价格指数和农村居民消费价格指数进行综合汇总计算得到的结果；后者是按购买者价格或市场价格计算的 GDP 除以按不变价格计算的 GDP 得到的结果。城乡居民在一定时期内所购买的生活消费品和服务项目的数量不能直接相加，如面包数量（个或克）和车票数量（张）不能直接相加，它们的价格即使都以“元”来表示，也不能直接相加。类似地，GDP 的各个构成项目的数量和价格也不能直接相加，如按支出法核算的 GDP，除城乡居民消费及其价格不能直接加总外，政府消费、资本形成和净出口的数量与价格也不能直接加总。因此，GDP 和居民消费及其价格都是复杂现象总体。

要反映复杂现象总体的变动，就必须解决其不能直接加总的问题。常用的方法主要有综合法和平均法。综合法通过对比基期和报告期的综合总量指数，关键是引入同度量因素，并固定同度量因素的时期，使计算得到的指数只反映指数化指标的变动情况。物量指标和价格都可用作同度量因素。把同度量因素固定在基期的，称为拉氏指数；把同度量因素固定在报告期的，称为帕氏指数。拉氏指数常用来计算物量指数，帕氏指数常用来计算价格指数。在计算物量指数时，还可用某一特定时期的价格作为同度量因素，这种指数称为固定权数指数。当研究对象范围过大时，要获取每个个体基期和报告期的物量与价格数据相当困难，在实践中通常根据抽样调查获得代表性商品的个体指数，然后对个体指数进行加权平均计算总指数，这种方法即为平均法。平均法通过对个体指数进行加权平均计算最终指数，具体方法包括加权算术平均法和加权调和平均法，前者权数为基期总额，后者权数为报告期总额。

在实践中，通常还需要计算比 CPI 和 GDP 等复杂现象总体还复杂的现象对应的指数，如 OECD 编制的美好生活指数。这类现象可能是许多种复杂现象总体的综合，不仅存在不同度量的问题，还存在不同的复杂现象总体对整体的作用方向不同的情况。如 OECD 编制的美好生活指数包括生活条件和生活质量两个分指数。其中，生活条件指数由收入与财富、住房、就业与工作质量三个维度 17 项指标构成；生活质量指数由健康、知识和技能、环境质量、主观幸福感、安全、工作与生活的平衡、社会关系以及公众参与八个维度 30 项指标构成。可见，两类指数的每个维度都属于复杂现象总体。构成每类指数的指标对总指数并不都起正向作用，有一些指标对总指数起负向作用，如每个维度反映不平等的指标，住房维度的“住房拥挤率”，就业与工作质量维度的“长期失业率”，健康维度的“死于自杀、急性酒精中毒和药物过量的人数”以及环境质量维度的“暴露于室外空气污染的人数”等。对应这类更复杂现象的指数，可称为综合评价指数。

（二）综合评价指数的编制方法

综合评价指数采用综合评价法进行编制。综合评价法是多指标综合评价法的简称，是指在建立评价指标体系的基础上，利用一定方法对各个指标做预处理，通过构建综合评价模型求得综合评价值，据以对复杂现象总体进行比较、分类和排序的一种分析方法。综合评价法适用于社会、经济、自然和科技等领域由多种复杂因素构成的现象总体。构成这种现象总体的要素之间不存在同度量因素，反映各要素的具体指标对现象总体的作用程度亦不尽相同，还可能出现相互矛盾、异向变化等复杂情况。因此，使各项评价指标同度量化和同向化，并根据各项指标对现象总体的作用强度确定其权重，是综合评价法的关键内容。实施综合评价法的基本步骤如下：

第一步，明确综合评价目的。任何经济活动分析都针对一定的目的，综合评价也不例外。只有明确目的，才能围绕这一目的进行影响因素分析，从而确定选择什么指标、采用什么方法来进行综合评价。综合评价法可用于对现象总体作全面评价，如联合国开发计划署编制人类发展指数（HDI）对各成员经济社会发展水平进行综合评价，也可用于对某一主题作综合评价，如 OECD 编制美好生活指数对各国的生活质量进行综合评价，国家发改委编制营商环境指数对全国 80 座城市的营商环境进行综合评价。

第二步，建立评价指标体系。单个评价指标只能反映现象总体的某一方面或某一侧面，为综合反映现象总体，必须建立能够反映现象总体各个方面或侧面的、由多个指标组成的评价指标体系。评价指标体系的建立，需要遵循目的性、可比性、低相关性和可操作性。目的性是指各项指标的选取必须紧紧围绕综合评价目的层层展开，以使评价结论明确反映评价意图；可比性是指所选取的指标能够反映评价对象普遍具有的特征，以保证评价指标体系对每个评价单位是可比的；低相关性是指尽量选取相关性较低的指标，避免选取相关性高的指标，如 GDP、人均 GDP、GDP 增长率和人均 GDP 增长率四个指标之间的相关性较高，同时进入指标体系会过分强调 GDP 对评价现象总体的影响；可操作性是指一个评价指标体系要能付诸实施，即要求针对每个评价指标都能够准确、及时地收集到实际数据。

第三步，对评价指标进行同向化和同度量化处理。在评价指标体系中，有些指标从正面说明现象总体，称为正向指标，数值越大越好，如收入水平；有些指标从反面说明现象总体，称为逆向指标，数值越小越好，如长期失业率。在综合评价中，需要将正向指标和逆向指标作同向化处理，即逆向指标作正向化处理或正向指标作逆向化处理。通常情况下，对评价指标作同向化处理以逆向指标正向化居多。对于逆向指标正向化，取倒数是一种简便易行的方法，但是取倒数会改变原指标值的分布规律，而进行线性变换更为合理。线性变换的公式如下：

$$x'_{ij}=\max\{x_j\}-x_{ij} \text{ 或 } x'_{ij}=-x_{ij} \tag{3-7}$$

式中，x_{ij} 为第 i 个评价对象的第 j 项指标值；x'_{ij} 为第 i 个评价对象的第 j 项指标经变换后得到的新指标值；$\max\{x_j\}$ 为所有评价对象第 j 项指标的最大值。

对评价指标进行同度量化处理，就是要去除指标的量纲，使所有指标可以相加，也称无量纲化处理或标准化处理。同度量化处理的常用方法有极差正规化法、标准化法和均值化法，具体公式分别如下：

$$y_{ij}=\frac{x_{ij}-\min\{x_j\}}{\max\{x_j\}-\min\{x_j\}} \tag{3-8}$$

$$y_{ij}=\frac{x_{ij}-\overline{x}_j}{\sigma_j} \tag{3-9}$$

$$y_{ij}=\frac{x_{ij}}{\overline{x}_j} \tag{3-10}$$

在上述公式中，y_{ij} 为第 i 个评价对象第 j 项指标的标准化值；x_{ij}，$\max\{x_j\}$，$\min\{x_j\}$ 分别为第 i 个评价对象的第 j 项指标值、所有评价对象第 j 项指标的最大值、所有评价对象第 j 项指标的最小值；σ_j 和 $\overline{x}_j$ 分别为所有评价对象第 j 项指标的标准差与平均值。对于逆向指标，须采用正向化处理后的值。

第四步，确定各评价指标的权重。权重是指各评价指标在综合评价中的重要程度。某个指标越重要，权重越大；反之，权重越小。权重往往用相对数表示，其和为 1。评价指标体系通常由不同层次的指标构成，同一层次的指标权重之和应该为 1。确定权重的方法一般有主观赋权法和客观赋权法。主观赋权法是指由若干专家或分析人员根据各自的专业知识和经验确定权重的方法，如德尔菲法（也称专家调查法）和层次分析法等；客观赋权法是指根据评价指标本身的数值特征或评价指标之间的内在关系确定权重的方法，如主成分分析法和熵权法等。

第五步，计算综合评价指数。在对各评价指标进行同向化和同度量化处理并确定权重后，将每个评价对象的各项指标综合成一个数值，得到综合评价指数。对各项指标汇总的方法很多，常用的有排队计分法、加权指数法和功效系数法。排队计分法是将所有评价对象的各单项指标依据优劣排序，并按如下公式计算各评价对象的各单项指标值：

$$z_{ij}=100-\frac{k-1}{n-1}\times 100 \tag{3-11}$$

式中，z_{ij} 为第 i 个评价对象的第 j 项指标值；n 为评价对象的总数；k 为评价对象的名次。第一名的得分为 100，最后一名的得分为 0，排在中间的得分为 0～100。对于各评价对象的各项指标值，一般采用加权平均法计算综合评价指数。

加权指数法是将各单项指标值加权求和计算综合评价指数的方法。其中，各单项指标值是各评价指标值与对比标准值的比值。对比标准值可以是总体的平均值或规划值，也可以是某个公认值。加权指数法的公式为：

$$V_i = \frac{\sum_j \left(\frac{y_{ij}}{Y_j}\right) w_j}{\sum_j w_j} \tag{3-12}$$

式中，V_i 为第 i 个评价对象的综合评价指数；y_{ij} 为第 i 个评价对象的第 j 项指标的标准化值；Y_j 为第 j 项指标的对比标准值；w_j 为第 j 项指标的权重。

功效系数法又叫功效函数法，是依据多目标规划原理对每一项评价指标确定一个满意值和不允许值，以满意值为上限，以不允许值为下限，计算各指标实现满意值的程度，并以此确定各单项指标值，再加权平均，最后得到综合评价指数。一般采用线性功效函数计算各单项指标值，公式为：

$$d_{ij} = \frac{y_{ij} - y_j^s}{y_j^h - y_j^s} \tag{3-13}$$

式中，d_{ij} 为第 i 个评价对象的第 j 项指标值；y_{ij} 的含义与式（3－8）的相同；y_j^h 和 y_j^s 分别为第 j 项指标的满意值与不允许值。

二、国外数字经济指数的编制

国外数字经济指数的编制最早可以追溯到 20 世纪 90 年代。当时，随着互联网的广泛应用及对经济社会发展影响的不断显现，许多经济体和国际机构开始关注数字经济的发展及影响并编制数字经济指数。30 多年来，有关数字经济指数编制的研究不断发展。目前，国外比较有代表性的数字经济指标、指数是联合国国际电信联盟（ITU）提出的 ICT 发展指数、欧盟提出的数字经济与社会指数、OECD 提出的数字经济评估体系和澳大利亚提出的数字包容性指数等。

（一）联合国国际电信联盟的 ICT 发展指数

联合国国际电信联盟从 2005 年开始着手编制 ICT 发展指数的工作，并从 2009 年开始每年发布 ICT 发展指数（IDI），用于比较分析各成员的 ICT 发展水平。IDI 原来由 ICT 接入、ICT 使用和 ICT 技能 3 个一级指标及 11 个二级指标构成。所有指标均为正向指标，不需要进行同向化处理。对于二级指标，采用指标值与参考值的比值作为标准化值，每个指标的参考值见表 3－3。对 ICT 接入、ICT 使用和 ICT 技能 3 个一级指标下的二级指标分别求算术平均数，得到三个分指数，再分别赋予三个分指数 40％、40％及 20％的权重，最后加权求和得到 IDI。2017 年 3 月，国际电信联盟召开特别会议，决定修订和扩展 IDI 指标体系。新的 IDI 指标体系仍然包括 ICT 接入、ICT 使用和 ICT 技能 3 个一级指标，但二级指标的数量增加到了 14 个。

表 3－3　国际电信联盟 IDI 指标体系

一级指标	二级指标（旧）		二级指标（新）
	指标	参考值	
ICT 接入	每百人固定电话签约用户数 每百人蜂窝移动电话签约用户数 用户平均国际互联网带宽 家庭电脑普及率 家庭互联网接入率	60 120 2 158 212* 100 100	家庭电脑普及率 家庭互联网接入率 用户平均国际互联网带宽 3G/LTE 移动网络覆盖率 按速度等级划分的固定宽带签约率
ICT 使用	互联网用户率 每百人固定宽带签约用户数 每百人移动宽带签约用户数	100 60 100	互联网用户率 每百人移动宽带签约用户数 移动宽带用户平均签约流量 固定宽带用户平均签约流量 移动电话拥有率
ICT 技能	平均受教育年限 中等教育入学率 高等教育入学率	15 100 100	平均受教育年限 中等教育入学率 高等教育入学率 ICT 技能覆盖率

*：参考值的对数值为 6.33。该参考值与其所对应的“用户平均国际互联网带宽”指标值都要取对数后再标准化。

资料来源：ITU. The ICT Development Index（IDI）：Conceptual Framework and Methodology. https://www.itu.int/en/ITU-D/Statistics/Pages/publications/mis2017/methodology.aspx；ITU. The ICT Development Index（IDI）：Methodology，Indicators and Definitions（as of February 2019）.（2019－02－01）. https://www.itu.int/en/ITU-D/Statistics/Documents/statistics/ITU_ICT%20Development%20Index.pdf.

在新的指标体系下，数据的获取、协调和应用都面临巨大的挑战。因此，国际电信联盟从 2018 年开始暂停发布 IDI。

（二）欧盟的数字经济与社会指数

欧盟从 2014 年开始每年发布数字经济与社会指数（DESI）报告。为了充分反映各成员国数字经济的发展与变化，欧盟不断调整和完善 DESI 的编制方法。2021 年版为最新版本，DESI 由 4 个一级指标、10 个二级指标和 33 个三级指标构成，具体见表 3－4。

表 3－4　欧盟 DESI 指标体系

一级指标	二级指标	三级指标		
		指标	最小值	最大值
人力资本（25%）	互联网用户技能（50%）	最基本的数字技能*	0	100%
		基本技能以上的数字技能	0	66%
		最基本的软件技能	0	100%
	高级技能与发展（50%）	ICT 专家数*	0	10%
		ICT 女性专家数*	0	50%
		企业提供 ICT 培训的数量	0	50%
		ICT 本科毕业生数	0	10%

续表

一级指标	二级指标	三级指标		
		指标	最小值	最大值
宽带接入（25%）	固定宽带安装（25%）	固定宽带安装	50%	100%
		安装 100M 以上的固定宽带	0	100%
		安装 1G 以上的固定宽带	0	50%
	固定宽带覆盖率（25%）	高速宽带（NGA）覆盖率	25%	100%
		高性能固定网络（VHCN）覆盖率*	0	100%
	移动宽带（40%）	4G 覆盖率	40%	100%
		5G 稳定性	0	100%
		5G 覆盖率*	0	100%
		移动宽带安装	0	100%
	宽带价格指数（10%）	宽带价格指数	25	100
数字技术融合（25%）	数字强度（15%）	达到基本数字强度的中小企业数*	25%	100%
	商用数字技术（70%）	电子信息共享	0	60%
		社交媒体	0	50%
		大数据*	0	75%
		云服务*	0	75%
		人工智能*	0	75%
		用于环境可持续性的 ICT	30%	100%
	电子商务（15%）	电子发票	0	100%
		在线销售的中小企业数量	0	50%
		电子商务销售额	0	33%
		跨境电子商务销售额	0	25%
数字化公共服务（25%）	电子政务（100%）	电子政务用户数	0	100%
		预填表格数	0	100
		公民数字公共服务*	35	100
		企业数字公共服务*	40	100
		数据开放	0	100%

注：一级指标和二级指标括号中的数字表示权重；赋予三级指标中带“*”者双倍权重。

资料来源：European Commission. Digital Economy and Society Index (DESI) 2021：DESI Methodological Note. (2021-11-12). https://digital-strategy.ec.europa.eu/en/policies/desi.

对于三级指标，采用极差正规化法进行标准化处理，而且固定极值，固定的最小值和最大值见表 3-4。对于正向指标，采用式（3-8），以保证原指标值越大，标准化处理以后的值越大；对于逆向指标，式（3-8）的分子部分改为最大值与原指标值的差，以保证原指标值越小，标准化处理以后的值越大。在赋权方面，4 个一级指标平均赋权，权重均为 25%；二级指标凭主观赋予不同的权重；对于三级指标，每个二级指标下的绝大多数三级指标平均赋权，但对 2030 年目标[①]至关重要的指标（带“＊”的指标）则赋予双倍权重。按照表 3－4 的结构，依次加权求和得到各分指数和数字经济总指数。

（三）OECD 的数字经济评估体系

2014 年，OECD 发布了一份题为《衡量数字经济：一个新视角》的研究报告，提出了数字经济的评估议程，具体包括六大行动：（1）完善 ICT 及其与宏观经济表现之间关系的衡量；（2）界定和测量数字经济所需技术；（3）开发监测安全、隐私和消费者保护方面的指标；（4）针对社会目标和数字经济的社会影响推进 ICT 的衡量；（5）投资建立全面优质的数据基础设施以衡量数字经济的影响；（6）建立一个以互联网为数据源的统计质量保证框架。按照上述议程，OECD 建立了一个包括智能基础设施建设、社会赋能、激发创新和促进增长与就业 4 个一级指标、38 个二级指标、93 个三级指标、众多四级指标的数字经济评估体系，见表 3－5（三级和四级指标略）。

表 3－5　OECD 的数字经济评估体系

一级指标	二级指标	一级指标	二级指标
智能基础设施建设	宽带普及率 移动数据通信 互联网发展 提高网速 网络连接价格 ICT 设备与应用 跨境电子商务 安全性 安全和隐私受威胁状况 完善网络安全和隐私保护的证据基础	社会赋能	互联网用户 在线行为 用户复杂性 数字原住民 儿童在线 应用于教育的 ICT 工作场所的 ICT 技能 电子商务消费者 无国界的内容 电子政务应用 ICT 与健康
激发创新	ICT 和研发 ICT 行业创新 电子商务 开放微观数据的可能性 ICT 专利 ICT 设计 ICT 商标 知识扩散	促进增长与就业	ICT 投资 ICT 经营动态 ICT 增加值 信息产业的劳动生产率 通信服务质量 电子商务 ICT 人力资本 ICT 相关就业和 ICT 部门就业 贸易竞争与全球价值链

资料来源：OECD. Measuring the Digital Economy：A New Perspective. https://read.oecd-ilibrary.org/science-and-technology/measuring-the-digital-economy_9789264221796-en＃page128.

截至目前，OECD 并未运用上述指标体系计算数字经济指数并对各成员国的数字经济整体发展水平进行评估。在研究报告《衡量数字经济：一个新视角》中，OECD 也只是就各分项指标进行分析和比较。

（四）澳大利亚的数字包容性指数

澳大利亚数字包容性指数（ADII）是由澳大利亚皇家墨尔本理工大学的朱立安・托

① 参见欧盟《2030 年数字十年政策方案》。

马斯（Julian Thomas）教授率领的研究团队在澳洲电信的资助下于 2015 年建立的。该研究团队从 2016 年开始每年发布《测量澳大利亚的数字鸿沟：澳大利亚的数字包容性指数》报告。他们运用调查数据从接入、承受能力和数字技能三个维度对澳大利亚的数字包容性进行评估。所谓数字包容性，是确保每个澳大利亚人都能够接入和有效使用数字技术，都有机会从数字技术进步中获益，如健康管理、接受教育和服务、参与文化活动、理财、收看新闻、连接亲朋好友及外部世界。

随着数字经济的发展，ADII 的编制方法也不断改进。2021 年版 ADII 仍然由接入、承受能力和数字技能三个维度的分指数合成，但各分指数的构成要素和数据来源都发生了很大变化。接入主要评估数字技术进步和电信产品供给水平，具体包括使用频率和强度、接入类型、数据流量和速度以及设备类型四个方面；承受能力主要评估用户获得优质和稳定接入服务的成本与压力，具体包括网络支出占家庭收入的比例和网络服务质量；数字技能主要衡量用户的数字技术水平，分为基本操作、熟练操作、信息导航、社交、创建和自动化六项。对各维度的构成要素按百分制打分，求算术平均值得到三个维度的分指数，再对三个维度的分指数求算术平均值，得到总指数，即 ADII。所有数据均来自 ADII 研究团队采集的澳大利亚网络使用调查数据（AIUS）。

三、国内数字经济指数的编制

20 世纪 90 年代中期，我国也开始了数字经济指数的编制工作。1996 年，国家统计局开始研究信息化综合评价指数，先后推出了中国信息化发展指数（Ⅰ）和信息化发展指数（Ⅱ），对 1995 年以来全国及各地区的信息化综合发展水平进行评估，并从 2005 年开始每年发布信息化发展指数，直至 2014 年。随着数字经济的不断发展，越来越多的政府部门、研究机构和学者尝试编制数字经济指数。目前，比较有代表性的是国家互联网信息办公室的地区信息化发展指数、赛迪研究院的中国数字经济发展指数、腾讯研究院的数字中国指数、财新数联的中国数字经济指数和新华三集团的中国城市数字经济指数。

（一）国家互联网信息办公室的地区信息化发展指数

为了更好地评估各地区落实《国家信息化发展战略纲要》和《“十三五”国家信息化规划》的进展情况，国家互联网信息办公室组织有关单位，结合国家统计局、工信部、中国互联网络信息中心（CNNIC）等部门与机构的统计数据及指数，从信息服务应用、信息技术产业、产业数字化、信息基础设施、网络安全、政策环境六个方面建立地区信息化发展评价体系，形成地区信息化发展指数，对 2017 年以来各省、自治区和直辖市的信息化综合发展水平进行评估，并公布于自 2018 年起每年发布的《数字中国建设发展报告》。在实践中，地区信息化发展评价体系不断完善。2021 年发布的《数字中国建设发展报告（2020 年）》中的地区信息化发展评价指标体系和权重见表 3-6。

表 3-6　地区信息化发展评价指标体系和权重

指标名称	重点评估要素	权重
信息服务应用	网上政务服务能力、政务新媒体、社会保障应用、互联网+教育等	20%
信息技术产业	信息技术有效发明专利、互联网产业、软件及信息服务业、信息领域高新技术企业等	20%

续表

指标名称	重点评估要素	权重
产业数字化	两化融合指数、电子商务、数字乡村等	20%
信息基础设施	互联网普及情况、宽带服务质量、5G 网络发展水平、物联网发展水平等	15%
网络安全	网络安全工作机制、网络安全防护体系、网络安全风险等	10%
政策环境	政策法规、规划布局、资金投入、人才队伍、工作机制等	15%

资料来源：国家互联网信息办公室. 数字中国建设发展报告（2020 年）.（2021－07－02）. http://www.cac.gov.cn/2021-06/28/c_1626464503226700.htm.

（二）赛迪研究院的中国数字经济发展指数

赛迪研究院（也称中国电子信息产业发展研究院）编制并发布了 2010—2015 年全国及各省、自治区和直辖市的信息化指数与网络就绪度指数、信息通信技术应用指数、应用效益指数三个分指数。2016 年，赛迪研究院开始编制数字经济发展指数（DEDI），对我国 31 个省、自治区和直辖市的数字经济发展水平进行评估，并将评估结果在每年发布的《中国数字经济发展指数白皮书》中予以公布。DEDI 由基础、产业、融合和环境 4 个一级指标，以及 10 个二级指标、41 个三级指标合成，具体的评价指标体系见表 3－7。

表 3－7　中国数字经济发展指数指标体系

一级指标	二级指标	三级指标
基础	传统数字基础设施	4G 用户数、4G 平均下载速率、固定宽带用户数、固定宽带平均下载速率、互联网普及率、网页数量、域名数量
	新型数字基础设施	数据中心招标数量、数据中心招标金额、5G 试点城市数量、规划 5G 基站数量、IPv6 比例
产业	产业规模	计算机、通信和其他电子设备制造业总产值，信息传输、软件和信息技术服务业总产值，电信业务总量
	产业主体	ICT 领域主板上市企业数量、互联网百强企业数量、独角兽企业数量
融合	工业和信息化融合	“两化融合”水平、生产设备数字化率、数字化研发设计工具普及率、应用电子商务比例、实现网络化协同的企业比例、“两化融合水平”贯标企业数量、关键工序数控化率
	农业数字化	数字农业农村创新项目数量、淘宝村数量
	服务业数字化	第三方支付金融牌照数量、电子商务交易额、互联网医院数量、国家信息化教育示范区数量、智慧景区数量
环境	政务新媒体	政府网站数量缩减比例、政务机构微博数量、政务头条号数量
	政府网上服务	政府网上政务服务在线办理成熟度、政府网上政务服务在线服务成效度
	政务数据治理	政务数据治理平台项目数量、政务数据平台建设资金投入、政务数据治理工作推动力、省级以上政务数据开放平台建设情况

资料来源：赛迪顾问.《2020 中国数字经济发展指数白皮书》发布.（2020－09－28）. https://www.ccidgroup.com/info/1096/21309.htm.

该指标体系中的所有指标均为正向指标。对于数值型指标，为了避免原始值差异过大造成指标区分度不均衡，采用式（3－14）进行无量纲化处理；对于指数型指标，采用式（3－15）进行无量纲化处理。具体公式为：

$$Z_{ij}=\ln\left(1+\frac{X_{ij}}{\overline{\overline{X}}_j}\right)\times 50 \tag{3-14}$$

$$Z_{ij}=\frac{X_{ij}}{\overline{\overline{X}}_j}\times 50 \tag{3-15}$$

式（3－14）和式（3－15）中，X_{ij}，Z_{ij} 分别为地区 i 第 j 项指标的原始值和无量纲化后的值；X_j 为各地区第 j 项指标的平均值。

指标权重的确定采取专家打分法。由专家组对指标体系中三级指标的权重进行打分，各级指标体系权重总分为 100。指标的最终权重为专家打分的平均值。对各地区的各级指标按加权平均法逐级汇总，得到数字经济发展分指数和总指数。

2021 年 4 月，赛迪顾问与四川德阳联合通过大数据平台智能发布以 2017 年第四季度为对比基期、以季度为监测周期的数字经济发展指数，也称“德阳指数”。德阳指数包括 8 个一级指标和 55 个二级指标。德阳指数的评价指标体系见表 3－8。

表 3－8　德阳指数的评价指标体系

一级指标	二级指标
数字基础	移动电话普及率、4G 移动用户情况、互联网宽带接入情况、城市宽带接入情况、农村宽带接入情况、光纤接入情况、移动互联网接入流量情况、蜂窝物联网终端用户情况
数字产业	电信业务总量，电信新兴业务收入占比，电子信息制造业规模增速，电子信息制造业利润增速，信息传输、软件和信息技术服务业规模，互联网及相关服务业收入，软件业利润，重点数字产品产量
数字融合	数字化研发设计工具普及率、网络化协同企业比例、生产设备数字化率、工业电子商务比例、双创平台普及率、智能制造就绪率、农业电商水平、网络零售额
数字治理	数字政务服务办件数、数字政务服务用户数、政务数据开放情况、政务平台建设情况
主体活力	软件企业数、电子设备制造企业数、数字经济上市企业数
资本势力	数字经济投融资事件数、数字经济投融资金额数、数字经济上市企业市值
创新动力	发明专利申请数、发明专利授权数、数字技术合同成交额
民众参与	办公商务、出行服务、房产服务、健康美容、教育学习、金融理财、旅游服务、汽车服务、生活服务、手机游戏、电子阅读、新闻资讯、医疗服务、移动购物、移动社交、移动视频、移动音乐、育儿母婴

资料来源：赛迪顾问．中国数字经济发展指数白皮书发布．（2021－04－22）．https://www.ccidgroup.com/info/1096/32959.htm.

通过整合国家统计局、工信部、国家发改委、国家政务服务平台、国家知识产权局及科技部等权威数据，综合运用主成分分析法、层次分析法与德尔菲法确定各项指标权重，采用离差标准化法进行标准化，并通过加权平均法运算得到最终结果。

（三）腾讯研究院的数字中国指数

2016—2018 年腾讯研究院联合京东、滴滴出行、携程等互联网企业共同发布中国“互联网＋”数字经济指数和基础分指数、产业分指数、双创分指数及智慧民生分指数，对我国 31 个省、自治区、直辖市和 351 个城市的数字化发展水平进行评估。从 2019 年开始，腾讯研究院在沿用“互联网＋”数字经济指数大部分指标和权重的基础上构建和发布数字中国指数。数字中国指数由数字产业、数字文化、数字生活和数字政务 4 个一级指标以及 94 个二级指标加权平均而得，具体的评价指标体系见表 3－9。

表 3－9　数字中国指数的评价指标体系

一级指标	二级指标
数字产业	公众号累计粉丝数、公众号活跃粉丝数、公众号月群发文章数、公众号月均转发次数、公众号月均点击 PV、公众号菜单月均点击次数、公众号菜单月均点击人数、公众号客服接口月调用量、公众号模板消息接口月调用量、公众号是否开通支付功能、移动支付总笔数、移动支付总金额、标准化用云量、腾讯地图定位请求次数、企业微信登录用户数、企业微信活跃企业数、企业微信历史注册企业数、购买用户总数（京东）、有效单量（京东）、购买金额（京东）、订单总数（滴滴出行）、司机人数（滴滴出行）、DAU（携程）、酒店间夜量（携程）、机票票量（携程）、可预订酒店量（携程）、交易流水（美团点评）、交易笔数（美团点评）、浏览量（美团点评）、检索量（美团点评）、独立商户数（美团点评）、交易金额（拼多多）
数字文化	新闻评论量、新闻点击量、游戏次数、游戏时长、视频累计播放次数、视频日均播放人数、视频累计播放时长、动漫累计阅读章节数、动漫累计阅读时长、动漫活跃用户数、阅读字数（阅文集团）、阅读时长（阅文集团）、播放总次数（腾讯音乐娱乐集团）、播放总时长（腾讯音乐娱乐集团）、下载总次数（腾讯音乐娱乐集团）、注册用户数（快手）、播放次数（快手）、点赞次数（快手）、线上购票人次（猫眼）、线上票房总金额（猫眼）
数字生活	微信好友数、微信群数、微信公众号数、微信消息数、微信朋友圈数、微信点赞数、微信评论数、手 Q 消息数、手 Q 群消息数、手 Q 表情消息数、手 Q 离线文件数、手 Q 图片消息数、手 Q 语音消息数、手 Q 视频次数、手 Q 语音通话次数、手 Q 日志操作次数、手 Q 相册操作次数、手 Q 说说操作次数、手 Q 分享操作次数、手 Q like 操作次数、手 Q 好友数、手 Q 群个数、红包金额、红包数量、转账金额、转账笔数
数字政务	服务项目价值、服务质量星级、月活跃用户数、回流率、故障率、重点行业丰富度、政务类公众号累计粉丝数、政务类公众号活跃粉丝数、政务类公众号月群发文章数、政务类公众号月均转发次数、政务类公众号月均点击 PV、政务类公众号菜单月均点击次数、政务类公众号菜单月均点击人数、政务类公众号客服接口月调用量、政务类公众号模板消息接口月调用量、政务类公众号是否开通支付功能

资料来源：腾讯研究院．重磅报告｜中国互联网＋指数 2017 发布．（2017－04－19）．https://www.tisi.org/4868.

各指标和分指数的权重采用专家打分法决定，按照重要性程度由低到高评分，最低为 1 分，最高为 5 分。最终权重按如下公式计算：

$$\alpha_j=\sum_{i=1}^{n}\alpha_{ij}/(\sum_{i=1}^{n}\sum_{j}^{m}\alpha_{ij}) \qquad (3-16)$$

式中，α_j 为第 j 项指标的权重；α_{ij} 为第 i 位专家对第 j 项指标的打分；n 为专家总数；m 为指标总数。

（四）财新数联的中国数字经济指数

财新数联由财新智库和数联铭品于 2017 年 12 月合资成立，中国数字经济指数（DEI）最早发布于 2017 年 5 月，是财新智库和数联铭品等联合研制的中国新经济指数（NEI）的分指数。DEI 的特点是按月发布，利用网络大数据挖掘手段度量全国及各省、自治区和直辖市的数字经济增长情况。DEI 由数字经济产业指数、数字经济融合指数、数字经济溢出指数和数字经济基础设施指数 4 个一级指标，以及 28 个二级指标、80 个三级指标构成（见表 3 - 10）。

表 3 - 10　中国数字经济指数（DEI）的指标体系

一级指标	二级指标	三级指标	数据来源
数字经济产业指数	大数据产业	大数据产业的劳动投入、大数据产业的资本投入、大数据产业的创新投入	智联、51job、前程、猎聘、拉勾、58 同城、赶集网等招聘网站，国家知识产权局，各地工商局，私募通、投资中国等风险投资网站，各类招标网站
	互联网产业	互联网产业的劳动投入、互联网产业的资本投入、互联网产业的创新投入	
	人工智能产业	人工智能产业的劳动投入、人工智能产业的资本投入、人工智能产业的创新投入	
数字经济融合指数	工业互联网	工业互联网领域的劳动投入、工业互联网领域的资本投入、工业互联网领域的创新投入	
	智慧供应链	智慧供应链领域的劳动投入、智慧供应链领域的资本投入、智慧供应链领域的创新投入	
	共享经济	共享经济领域的劳动投入、共享经济领域的资本投入、共享经济领域的创新投入	
	金融科技	金融科技领域的劳动投入、金融科技领域的资本投入、金融科技领域的创新投入	
数字经济溢出指数	制造业对数字经济的利用率	制造业中信息产业作为中间投入品的比例、制造业的劳动投入中信息技术相关劳动力占比、制造业的创新投入中信息技术相关专利占比	国家统计局、各大招聘网站、国家知识产权局、各地工商局及风险投资数据
	制造业占比	制造业的劳动投入分布、制造业的资本投入分布、制造业的创新投入分布	
	其他行业对数字经济的利用率（共 8 类）	其他行业中信息产业作为中间投入品的比例、其他行业的劳动投入中信息技术相关劳动力占比、其他行业的创新投入中信息技术相关专利占比	
	其他行业占比（共 8 类）	各个行业的劳动投入分布、各个行业的资本投入分布、各个行业的创新投入分布	

续表

一级指标	二级指标	三级指标	数据来源
数字经济基础设施指数	数据资源管理体系	数据采集的基础设施	各类招标网站、各大招聘网站、CNNIC、国家统计局及风险投资数据
	互联网基础设施	数据存储和传输的基础设施投入	
	数字化生活应用普及程度	在线支付比例、共享经济比例、共享经济规模	

资料来源：财新智库，BBD. 2022 年 3 月中国数字经济指数报告.（2022－05－14）. https://yun.ccxe.com.cn/indices/dei.

根据上述指标体系，将数字经济产业指数、数字经济融合指数、数字经济溢出指数和数字经济基础设施指数相乘得到 DEI。为了剔除 DEI 中的规模报酬递增效应，对 4 个一级子指数进行调整，数字经济产业指数加 1 再取对数，数字经济溢出指数、数字经济基础设施指数和数字经济融合指数分别开 2 次方、3 次方和 6 次方。具体公式如下：

$$\mathrm{DEI}=\ln(1+I_t)\times\sqrt{S_t}\times\sqrt[3]{F_t}\times\sqrt[6]{M_t} \tag{3-17}$$

式中，I_t，S_t，F_t，M_t 分别为产业指数、溢出指数、基础设施指数和融合指数，分别为所对应二级子指数之和。对于 I_t 下的 3 个二级子指数，M_t 下的 4 个二级子指数，S_t 下的制造业占比、其他行业占比二级子指数，均采用加权求和的方法计算，劳动投入、资本投入、创新投入的权重分别为 0.4、0.3、0.3；S_t 下的制造业对数字经济的利用率和其他行业对数字经济的利用率二级子指数以及 F_t 下的数字化生活应用普及程度二级子指数按算术平均法计算。对于三级指标中的绝对量指标，按式（3－15）作标准化处理，但全国和各地区均以全国 2016 年 1 月的相应值为标准值（分母）。

（五）新华三集团的中国城市数字经济指数

2017—2020 年新华三集团连续四年发布《中国城市数字经济指数白皮书》。2021 年的中国城市数字经济指数由新华三集团与中国信息通信研究院联合编制，并发布于《中国城市数字经济指数蓝皮书（2021）》。中国城市数字经济指数的评价对象是城市，2021 年待评价城市的数量由 2017 年的 40 个增加到了 242 个①。中国城市数字经济指数的指标体系包括数据及信息化基础设施、城市服务、城市治理、产业融合 4 个一级指标和 12 个二级指标、46 个三级指标，并采用加权平均法合成，各级指标及其权重见表 3－11。

表 3－11　中国城市数字经济指数的指标体系及权重

一级指标	二级指标	三级指标
数据及信息化基础设施（20%）	信息基础设施（30%）	固网宽带应用渗透率（20%）、移动网络应用渗透率（20%）、城市云平台（30%）、信息安全（30%）
	数据基础（50%）	城市大数据平台（40%）、政务数据共享交换平台（30%）、开放数据平台（30%）
	运营基础（20%）	运营体制（50%）、运营机制（50%）

① H3C. 城市数字经济指数.（2021－04－09）. http://www.h3c.com/cn/Deindex/2021/Faq/.

续表

一级指标	二级指标	三级指标
城市服务（35%）	政策规划（15%）	覆盖民生领域的政策数量（50%）、民生领域的数字化政策项目（50%）
	建设运营（65%）	教育数字化（10%）、医疗数字化（10%）、交通服务数字化（10%）、民政服务数字化（10%）、人社服务数字化（10%）、扶贫数字化（10%）、营商环境数字化（15%）、生活环境数字化（15%）、均衡性指标（10%）
	运营成效（20%）	示范工程应用（50%）、城市服务综合指数（50%）
城市治理（20%）	政策规划（15%）	覆盖治理领域的数量（50%）、治理领域数字化项目的数量（50%）
	建设运营（65%）	公共安全治理数字化（15%）、信用治理数字化（15%）、生态环保数字化（15%）、市政管理数字化（15%）、应急管理数字化（15%）、自然资源管理数字化（15%）、均衡性指标（10%）
	运营成效（20%）	示范工程应用（50%）、城市治理综合指数（50%）
产业融合（25%）	数字产业化（10%）	数字产业化驱动产业（30%）、数字产业化主体产业（70%）
	产业数字化（70%）	农业（12.5%）、金融（12.5%）、制造业（12.5%）、能源（12.5%）、生活服务（12.5%）、交通物流（12.5%）、科教文卫（12.5%）、医疗健康（12.5%）
	运营成效（20%）	示范工程应用（30%）、产业生态（30%）、产业融合综合指数（40%）

注：指标后括号中的数字表示该指标的权重。

资料来源：H3C．城市数字经济指数．（2021－04－09）．http://www.h3c.com/cn/Deindex/2021/Faq/.

// 基本概念 //

数字经济增加值（value-added of digital economy）

数字经济卫星账户（digital economy satellite accounts，DESA）

数字经济指数（digital economy index）

// 讨论题 //

1. 数字经济发展对国民经济核算体系提出了哪些挑战？
2. 中国信息通信研究院和美国商务部 BEA 对数字经济增加值的测算有何不同？
3. 比较分析国家互联网信息办公室、赛迪研究院、腾讯研究院、财新数联和新华三集团等所提出的数字经济指数的主要特点。

// 第4章 //

数字技术、数字基础设施及其影响

学习目标

1. 了解数字技术、数字基础设施的概念及构成。
2. 了解数字技术、数字基础设施的特征及应用。
3. 了解数字技术对产业发展的影响。

导　言

在数字经济时代，随着技术、模式、业态和制度创新成为数字经济的常态，需求端的常态化创新将向基础设施端传导，敏捷高效成为数字经济发展的刚需。数据的爆发式增长、海量集聚蕴藏着巨大的价值，为智能化发展带来了新机遇。协同推进技术、模式、业态和制度创新，切实存好、管好、用好数据要素，将为经济社会数字化发展带来强劲动力。在这种情形下，数字技术和数字基础设施成为数字经济发展的重要支撑点和着力点。

为了详细介绍数字技术、数字基础设施及其影响，本章安排了以下内容：(1) 数字技术概述；(2) 重要的数字技术；(3) 数字基础设施概述；(4) 重要的数字基础设施；(5) 数字技术引致的产业融合与产业变革。

第1节　数字技术概述

一、网络技术、信息技术与数字技术

目前，我国信息化建设取得巨大进展，截至2021年12月底，中国网民规模破十亿，达10.11亿人，较2020年12月底增加了0.22亿人，庞大的网民规模为推动我国经济高质量发展提供强大的内生动力，加速我国数字新基建建设、打通国内大循环、促进数字政府服务水平提升。网络技术、信息技术以及数字技术在此背景下的发展显得尤为重要。

（一）网络技术

网络技术（network technology）是通信技术和计算机技术的结合，它以网络协议为基础，是连接全球范围内独立且分散的计算机的集合。在连接过程中，双绞线、电缆、光纤、载波、微波或通信卫星都是介质。网络技术的发展经历了如下几个阶段。

1. 技术准备阶段（1950—1970 年）

20 世纪 50 年代至 70 年代初是网络技术的准备阶段，网络技术作为单元技术萌芽于作为群体技术的计算机技术与通信技术共同作用的土壤中。计算机技术与通信技术的首次结合出现在 50 年代初，当时，美国的地面防空系统通过通信线路把测控仪器和远程雷达连接在了一台主控电脑上，这为网络技术的出现打下了基础。此后不久，美国航空公司将其分布在全美境内的 2 000 多台计算机连接到一台中央主控电脑上，这便是 60 年代末以计算机为中心的联机系统。标志着真正意义上的网络技术的诞生实际上是分组交换理论的出现。1969 年，美国国防部基于分组交换理论，建立了举世闻名的阿帕网，这是计算机网络发展史上的一个里程碑。分组交换理论作为网络技术在秩序意义上的重要技术建制，对网络技术日后的发展起到了至关重要的作用。

2. 标准化形成与竞争加剧阶段（1971—1993 年）

在每一项技术中，技术标准都是该技术的重要组成部分，技术的标准化也是这一技术走向成熟和稳定的标志。同样，对于网络技术来说，标准化也是其在发展过程中不可或缺的重要环节。经过了 20 余年的发展，人类社会对网络标准化的需求越来越高。在这一阶段，各类科学研究团体都建立了自己的网络体系，但这些体系之间的差别很大，无法融合为一个整体的体系结构。此时，在世界范围内存在的两个矛盾日益严重，一个是各国都想夺取网络技术发展先机的矛盾，另一个则是新型计算机网络产业和传统电信行业之间相竞争的矛盾。网络技术的蓬勃发展，使众多国家都意识到它在军事、科学、经济等方面不可估量的前景，于是各国为了在发展中取得先机，便加大对网络技术开发的投入。随着国家的投入，网络技术得以快速发展，逐渐威胁到传统电信企业的生存与发展，于是电信企业加大了对电信数据网建设的投入力度，试图以自己的资源优势来压倒计算机网络。这种混乱且剧烈的竞争局面催生了网络技术标准化——TCP/IP 协议。每一个可以进行传输数据分组的系统在 TCP/IP 协议中都被当作一个独立的物理网络，它们在协议中的地位是平等的。这种对等特性大大简化了对异构网的处理，为开发者提供了极大的便利。正是这种自由性和灵活性使 TCP/IP 协议最终成为全球统一的网络标准。

在这一阶段，众多新技术不断涌现，彼此竞争。互联网正是在这种技术相互竞争中出现与成长的，而最后统一确立的技术标准则为互联网日后的发展提供了保障，也为网络技术的飞速发展打下了坚实的基础。

3. 改变世界的万维网时代（1994—2008 年）

随着网络技术的全球标准化，它的技术建制不论在秩序上还是在制度上都实现了突破性的发展，万维网的发展道路由此展开。毫无疑问，此时 IP 技术是网络技术最核心的部分。美国走在世界各国的前面，对网络技术投入了大量的商业资本，于是 IP 技术飞速发展，转入社会化应用时期。该时期又分为两个阶段：初级阶段与发展阶段。在初级阶段，互联网刚离开实验室实现社会商用，它以扩大网络、扩充用户和增加网站作为发展的主要手段，在电子邮件处理与网页浏览方面被广泛应用。然而，互联网刚用于商业，还没有有效的盈利模式让各企业得以遵循，再加上投机行为的泛滥，导致了 20 世纪末至 21 世纪初的网络经济泡沫。发展阶段是从 2001 年开始，之前的网络经济泡沫并没有成为网络技术发展的障碍，因为宽带、无线移动通信等技术相继出现及发展，展现在互联网面前的是一条无限宽广的道路。用户群体和网络规模不断扩大，在此基础上第二代万维网技术出现了，它在当时主要以社交网络为代表，具有自组织的个性化特征。普通用户成为这种互联网新应用的内容提供者，这激发了公众参与的热情，同时因为有数量庞大的内容提供，网络内容日益繁荣，为互联网的进一步发展提供了巨大的空间。也是在这个阶段，互联网真正走进人们的生活，成为人们生活中不可替代的一部分。在这个阶段，网络技术对社会、政治、经济、文化、科学、教育、军事产生了巨大而深远的影响。"智能终端网络"以人为本的先进技术理念，技术的标准性和开放性，各种开源软件的大力支持，以市场为驱动力支持的应用创新，美国政府的大力支持和资本市场的追捧等都是这个阶段网络技术迅速发展的原因。

4. 新形势下的网络技术发展及展望（2009 年至今）

每一次国际金融危机都会带来一场科技革命、一次大的变革。2008 年的金融危机是网络技术发展的转折点。各经济体通过应对金融危机，更加深刻地认识到互联网的战略性地位。一方面，各经济体纷纷将网络基础设施建设纳入经济刺激计划，提供更多就业机会的同时还大力提高网络覆盖率，推动网络基础设施升级。如美国奥巴马政府为支持国内宽带发展设立了 72 亿美元的专项资金，欧盟也拟提供 10 亿欧元来推动各成员国的宽带发展。另一方面，互联网与其他产业深度融合的直接结果是新一轮产业革命的出现。例如，美国奥巴马政府宣称要将美国打造成"世界的宽带灯塔"；欧盟发布"数字红利"和未来物联网络发展战略；日本推出"i-Japan"计划，推动公共部门的信息化应用等。在中国，信息网络产业已成为推动产业升级、迈向信息社会、推进两化融合的重要力量。信息网络产业成为全球范围内未来战略性新兴产业之一。

在新形势下，网络技术的未来演进方式大致有三种：改良、革命、整合。"改良"思路认为现阶段的互联网存储内容巨大，将其全部推翻重建是不现实的，成本也是无法估算的，最合理的方式就是通过新技术对现有的网络进行修补。"革命"思路则认为，改良性的修补只会让互联网的发展负担更重，是缺乏远见的想法，必须有一个长期目标对互联网做一次全新的设定。"改良"思路与"革命"思路的主要区别在于对当前的互联网体系结构持沿用态度还是舍弃态度。"整合"思路认为零星修补当前的互联网技术不能彻底解决问题，彻底对其进行变革又需要一个相当漫长的过程，它中和了前两种思路，认为解决当前问题的最好方法是对互联网进行大范围的系统性修补。

（二）信息技术

网络技术的发展离不开信息技术（information technology）的支撑。信息技术是用于管理和处理信息的各种技术的总称，主要是应用计算机科学和通信技术来设计、开发、安装和实施信息系统及应用软件。信息技术主要包括传感技术、计算机与智能技术、通信技术和控制技术。信息技术的应用包括计算机硬件和软件、网络和通信技术、应用软件开发工具等。随着计算机和互联网的普及，人们日益普遍地使用计算机来生产、处理、交换和传播各种形式的信息（如书籍、商业文件、报刊、唱片、电影、电视节目、语音、图形、影像等）。在企业、学校和其他组织中，信息技术体系结构是一个为达成战略目标而采用和发展信息技术的综合结构，包括管理和技术两部分。管理部分包括使命、职能与信息需求、系统配置和信息流程；技术部分包括用于实现管理体系结构的信息技术标准、规则等。由于计算机是信息管理的中心，计算机部门通常被称为“信息技术部门”。有些企业称这个部门为“信息服务”（IS）部门或“管理信息服务”（MIS）部门。另一些企业选择不设立内部的信息技术部门，而是使用外部服务，以获得更好的效益。

按表现形态的不同，信息技术可分为硬技术（物化技术）与软技术（非物化技术）。前者指各种信息设备及其功能，如显微镜、电话机、通信卫星、多媒体电脑。后者指有关信息获取与处理的各种知识、方法与技能，如语言文字技术、数据统计分析技术、规划决策技术、计算机软件技术等。

按工作流程中基本环节的不同，信息技术可分为信息获取技术、信息传递技术、信息存储技术、信息加工技术及信息标准化技术。信息获取技术包括信息的搜索、感知、接收、过滤等，如显微镜、望远镜、气象卫星、温度计、钟表、搜索引擎中的技术等。信息传递技术是指跨越空间共享信息的技术，又可分为不同类型，如单向传递与双向传递技术，单通道传递、多通道传递与广播传递技术。信息存储技术是指跨越时间保存信息的技术，如印刷术、照相术、录音术、录像术、缩微术、磁盘术、光盘术等。信息加工技术是对信息进行描述、分类、排序、转换、浓缩、扩充、创新等的技术。信息加工技术的发展已有两次突破：从人脑加工信息到使用物理工具（如算盘、标尺等）进行信息加工，再发展为使用计算机与网络进行信息加工。信息标准化技术是指使信息的获取、传递、存储、加工各环节有机衔接，以提高信息交换共享能力的技术，如信息管理标准、字符编码标准、语言文字的规范化等。

按技术的功能层次不同，信息技术可分为基础层次的信息技术（如新材料技术、新能源技术），支撑层次的信息技术（如机械技术、电子技术、激光技术、生物技术、空间技术等），主体层次的信息技术（如感测技术、通信技术、计算机技术、控制技术），应用层次的信息技术（如文化教育、商业贸易、工农业生产以及社会管理中用以提高效率和效益的各种自动化、智能化、信息化应用软件与设备）。

（三）数字技术

网络技术和信息技术相互交融、相互作用，并结合时代特征最终发展为数字技术（digital technology）。数字技术是指借助一定的设备将各种信息转化为计算机能识别的二进制数字后进行运算、加工、存储、传送、传播、还原的技术，可以泛指包括移动互联网、物联网、大数据、云计算和人工智能等在内的诸多技术。对数字技术的概念解析重点应放在它的深刻影响上，包括与其他技术的融合发展、数字技术普及带来的社会变革、微观经济运作和宏观经济水平的变化。可以说，人类社会的发展史是一个由弱连接到强连接、从低信息化向高信息化逐步演变的历史过程。著名未来学家约翰·奈斯比特认为，“在社会多方面的变化中，从工业社会到信息社会的转变更为微妙，也更具有爆炸性”。数字技术的应用使人类社会呈现出高度在线化和网络化的特征，数据信息正在快速取代传统物品交换和资本流动而成为新的社会驱动力量。在高度联通的网络世界中，人与人、人与物、物与物之间相互牵绊和依存，显现出巨大的不确定性。在微观经济层面，无论是传统企业还是互联网企业，数字技术的使用都扩大了信息获取范围和提高了信息获取速度，改变了传统的商业运作方式并催生新的商业模式。在宏观经济层面，政府率先改变治理方式，提供基于数字技术的公共服务，并为促进信息通信技术的应用提供基础条件和有利政策。

数字技术催生了数字经济。“数字经济”一词最早于 1996 年由唐·泰普斯科特在其著作《数字经济：网络智能时代的前景与风险》中提出。在世界经济发展存在较大不确定性的情况下，基于数字技术飞速发展，智能手机的普及使用户能够随时随地上网，通过数字手段增值的经济形态成为促进商业创新和就业增长的重要亮点，逐步成为世界各国追寻的确定性趋势。在 2016 年 G20 杭州峰会上，《二十国集团数字经济发展与合作倡议》对“数字经济”给出了官方定义，指以使用数字化的知识和信息作为关键生产要素、以现代信息网络作为重要载体、以数字技术的有效使用作为效率提升和经济结构优化的重要推动力的一系列经济活动。数字经济的发展趋势与数字技术的发展和应用保持一致的节奏，前者的发展进程都与同一时期的技术特征紧密相关。华为在《2016 全球联接指数量化数字经济进程》报告中划分了三个时期：第一阶段以个人电脑的普及和网络浏览器的应用为标志；第二阶段以移动互联网技术和智能手机的发展为标志；当前进入第三阶段，即以物联网、大数据、人工智能、云计算、区块链等数字技术集成应用为标志。阿里研究院在 2017 年《数字经济 2.0》报告中则采用了另一种划分方式：首先是数字经济 1.0 阶段，核心是 IT（information technology）化，即 IT 技术被广泛使用，传统行业和领域的数字化程度显著提高；其次是数字经济 2.0 阶段，核心是 DT（data technology）化，即通过万物在线互联，数据信息以前所未有的速度增长，成为驱动商业模式创新发展的核心力量。腾讯研究院和工信部在 2017 年《数字经济白皮书》中指出，人工智能、虚拟现实、机器学习等最新技术开始融入社会经济和生产生活的各个方面，数字经济和实体经济的边界日渐模糊，甚至最终将消失。数字经济是一个生态系统，与实体经济融合发展才是数字经济的更大价值所在，数字经济将很快成为国民经济的同义词……未来既没有纯粹的互联网企业，因为互联网将成为覆盖全社会的基础设施，也没有纯粹的传统产业，因为所有传统产业都已经嫁接了互联网基因。随着互联网接入市场逐渐饱和，用户流量红利递减，数字经济与社会经济各个方面的充分融合发展变得更加重要。

对于数字技术的影响机制，相关学者在多年前强调了数字化对交易成本下降的影响。例如依恩斯蒂和拉哈尼（Iansiti & Lakhani，2014）认为交易对象之间的协作是数字化的核心问题，不是“流失和替代”而是“联通和重组”，因为交易正在数字化，数据以新的方式被生成和分析，而以前离散的人员和活动正在被连接起来。在国内，阿里巴巴复杂科学研究中心主任张翼成提出，在电商时代需要将交易行为纳入社交网络的框架下重新思考，因为竞争者（分配资源）和创新者（创造资源）的角色经常混在一起，无法分割，需要深入挖掘各类主体在交流、交易过程中形成、聚集与传递消费意愿的机制。2018 年，阿里巴巴首席战略官曾鸣在《智能商业》中提出网络协同和数据智能是未来商业发展的内核。网络协同可实现大规模业务发展，数据智能则可确保高效运营和决策。借助网络协同和数据智能，信息和决策可同时在整个网络中流动，实现业务各个方面和各个主体之间的实时协同，从而使企业可同时进行规模扩张和提供个性化服务，越来越多的产品和服务得以以低廉的成本按需生产。这些深层次影响机制研究对思考数字技术如何驱动公共服务创新提供了有益的启发。

简言之，数字技术的不断发展既为治理体系和治理能力现代化提供了有力工具，又成为新时代一个新的治理命题。在数字时代，政府显然不愿意让数字空间处于无人看管的无政府状态，但核心问题是政府应该如何提供公共服务和基础设施，制定和实施公共政策，促进经济在物理世界和数字世界交融增长。作为政策制定者，政府也是数字技术的首要应用者，通过数字技术以更好的联结和更高的效率“在正确的时间、正确的地点，依据正确的信息”为公民提供高品质、低成本的公共服务成为迫在眉睫的改革要求。公共服务作为人类通过集体行为应对风险的创举，不仅需要技术细节方面的调整，更需要制度层面的创新，以找到一条适应时代变迁的新路径，为公共服务持续改善提供新的图景。

二、数字技术的基本特征

数字技术嵌在信息通信技术内或是由信息通信技术支撑的产品或服务内，包含数字组件（digital artifacts）、数字平台（digital platforms）和数字基础设施（digital infrastructure）。其中，数字组件是数字应用程序、物理设备中为用户提供某一功能的软件/硬件，如手机上的 App；数字平台是指为数字组件等互补性产品提供的共享的通用服务和体系架构，如苹果的 iOS 平台；数字基础设施是为创新和创业提供交流、合作和计算能力的工具和系统，如云计算技术。

数字技术具有四大基本特征，即可编辑性、可扩展性、开放性和关联性。其中，可编辑性和可扩展性属于数字技术的内容属性，开放性和关联性属于数字技术的结构属性。

可编辑性与可扩展性是数字技术的两大内容属性。可编辑性是指可以被控制主体之外的对象访问和修改的能力。一方面，可编辑性能促使设备的逻辑符号功能与执行功能相分离，可以通过逻辑结构的变化注入新的功能，以适应新的环境；另一方面，由于数据的同质性（数字信号可以将任何模拟信号映射成二进制数字），数字内容可以和来源于其他设备的数据重组，实现媒体设备和数字内容之间的分离。可扩展性是指能够低成本、高速度增强功能和性能的能力，通过较少的修改甚至只是硬件/软件的添置，就能实现较高的性能，处理大规模的业务。在数字时代，随着云计算、大数据等技术的不断崛起，企业可以利用数字技术实现杠杆效应，即以较少的资源投入实现较多的产出。

开放性与关联性是数字技术的两大结构属性。开放性是指数字技术允许其他主体参与和共享的程度。一方面，企业可以分享自身的技术基础设施，为多样化主体的技术开发提供支持，实现价值共创；另一方面，开放性也实现了众多数据的可视化，在一定程度上降低了市场信息的不对称。关联性是指利用和其他参与主体之间的一系列关系促进功能实现的能力，能够促进多主体之间的连接与互动。关联性为企业获取资源提供了渠道，同时也促使企业直接与全球客户连接。

可编辑性和可扩展性为开放性和关联性提供了重要的支撑，反过来，开放性和关联性的提高促进了多样化主体之间的互动，又会促使可编辑性和可扩展性得到提升。因此，内容属性与结构属性之间是相辅相成的，而不是孤立存在的。

三、通用目的技术与颠覆性技术

（一）通用目的技术

技术变革是“富裕的杠杆”，是推动长期增长的重要力量。技术进步是经济增长的源泉，而长期的经济增长是由少数几种关键技术所推动的，经济学家称之为“通用目的技术”（GPT）。斯坦福大学的布雷斯纳汉（Bresnahan）和特拉维夫大学的特拉坦伯格（Trajtenberg）在合著的开创性文章中提出，通用目的技术是“增长的引擎”，它有三个基本特性：

（1）普遍适用性：它能广泛应用于大多数行业。

（2）动态演进性：随着时间的推移，通用目的技术能不断得到改进，使用成本不断降低。

（3）创新互补性：它提高了应用部门的研发生产率，这反过来促进了通用目的技术自身的进步。

加拿大学者克利福德·贝卡（Clifford Bekar）等定义了通用目的技术的六个特征，以和其他技术区分开来：（1）使能技术，而不是完整的最终解决方案；（2）创新互补性，下游部门的研发生产力由于通用目的技术创新而提高；（3）普遍的生产力收益；（4）为下游部门创新提供必要条件；（5）普遍性；（6）没有相近替代技术。

加拿大经济学家、熊彼特奖得主理查德·利普西（Richard Lipsey）在与人合著的《经济转型：通用目的技术和长期经济增长》中把通用目的技术划分为产品、流程和组织三类。他们通过对西方技术史进行研究，认为有史以来共有24种技术属于通用目的技术。其中，产品类（P）有14项（轮子、青铜、铁、水车、蒸汽机、三桅帆船、铁路、铁轮船、内燃机、电力、机动车、飞机、计算机、互联网），流程类（Pr）有7项（植物驯化、动物驯养、矿石冶炼、写作、印刷、生物技术、纳米技术），组织类（O）有3项（工厂体系、批量生产/连续工艺/工厂、精益生产），如表4-1所示。

表4-1　通用目的技术分类

编号	名称	时间	分类
1	植物驯化	公元前9000—前8000年	Pr
2	动物驯养	公元前8500—前7500年	Pr
3	矿石冶炼	公元前8000—前7000年	Pr
4	轮子	公元前4000—前3000年	P
5	写作	公元前3400—前3200年	Pr
6	青铜	公元前2800年	P
7	铁	公元前1200年	P
8	水车	中世纪早期	P
9	三桅帆船	15世纪	P
10	印刷	16世纪	Pr

续表

编号	名称	时间	分类
11	蒸汽机	18 世纪末至 19 世纪初	P
12	工厂体系	18 世纪末至 19 世纪初	O
13	铁路	19 世纪中期	P
14	铁轮船	19 世纪中期	P
15	内燃机	19 世纪晚期	P
16	电力	19 世纪晚期	P
17	机动车	20 世纪	P
18	飞机	20 世纪	P
19	批量生产/连续工艺/工厂	20 世纪	O
20	计算机	20 世纪	P
21	精益生产	20 世纪	O
22	互联网	20 世纪	P
23	生物技术	20 世纪	Pr
24	纳米技术	21 世纪	Pr

也有学者把半导体、信息技术、人工智能、5G 等技术作为通用目的技术。通用目的技术可以是单一技术，也可以是一组密切相关的技术，因此有的学者也把包括计算机、互联网、人工智能等相关技术在内的数字技术作为通用目的技术。

（二）颠覆性技术

与通用目的技术相对的是颠覆性技术。颠覆性技术也称为破坏性技术，1997 年由哈佛大学教授克莱顿·克里斯坦森在《创新者的窘境》中首次提出，被定义为以意想不到的方式取代现有主流技术的技术，其蕴含的破坏性、变革性思想最早可追溯至经济学家熊彼特提出的“创造性破坏”。时至今日，颠覆性技术这一概念广泛应用，很多学者与机构根据自身研究视角或定位需求阐述颠覆性技术。关于颠覆性技术的认识，有三种基本观点。

首先是基于自下而上理念的研究视角，即颠覆性技术的出现遵循自下而上的轨道，初始阶段的技术性能和边际收益较低，面向较低水平的市场和用户群，因此，很难受到现有企业的重视，但在拓展市场的过程中，颠覆性技术的性能得到快速提升，逐渐进入主流市场。其次是“轨道变异”说，即相较于持续性技术，颠覆性技术不遵循既有的性能提升轨道，而是通过改变技术性能衡量标准（产品属性集）的方式替代现有技术，开辟出能够接纳新技术属性的新兴市场，使现有企业的竞争态势产生破坏性的改变。最后是“动力机制”说，即从动力机制的角度来说，颠覆性技术多源于市场拉动机制，在新技术属性的基础上，研发者需要从用户需求的角度设定性能目标，制定技术发展战略。

颠覆性技术具有以下几方面的基本特点：

（1）颠覆性技术来源的多样化。颠覆性技术有四个重要的来源：一是基于科学原理的重大突破产生颠覆性技术，这类技术一出现，人们便达成广泛共识，促使其快速向各个领域渗透、融合，此时往往会产生定义时代的重大颠覆性技术。这类技术很重要，但数量不多。二是基于集成创新产生颠覆性技术。这类技术通过新技术与现有多种技术的跨界融合，实现功能的重大突破和性能曲线的显著提升，改变产业结构和力量对比。三是技术的颠覆性应用形成颠覆性技术。传统技术跨学科、跨领域或非常规的应用，往往会在应用领域产生颠覆性效果，形成颠覆性技术。随着社会进入“技术爆炸”时代和以大数据为代表的新科研范式出现，这类技术越来越多，涉及的范围越来越广、过程越来越复杂、速度越来越快，如互联网平台技术。四是以颠覆性思路解决问题催生颠覆性技术（问题导向）。这种方式在当前商业创新中盛行，如 SpaceX 的可回收火箭以有悖常理的思路实现现有功能，获得了巨大的成功，催生新的颠覆性技术。该理念也带动“先开发、再研究”创新模式的兴起。对于这类技术，大多数人经历“看不上、看不懂、来不及”的过程，其带来的冲击通常让人措手不及。

（2）颠覆性技术具有体系化的技术结构。颠覆性技术是一个技术群或技术体系，具有复杂的内在结构。从空间角度来看，颠覆性技术是包含主导技术、辅助技术、支撑技术的复杂技术群，跨多学科、多领域。一方面，这些技术通常不是齐头并进，而是发育成熟期不同步，任何技术都能制约或助推颠覆性技术的发展。另一方面，这些技术通常不属于同一主体，甚至不属于同一地区、同一国家，这注定了颠覆性技术创新要伴随大量的技术转移、技术集成和二次创新，是复杂的过程，孕育巨大的机遇。从时间角度来看，与其他技术一样，颠覆性技术的成熟也历经实验室技术、原型或样机技术、商业或军事应用技术等不同的技术形态。每一次技术形态转换，不仅面临原有维持性技术激烈的竞争，也伴随技术主体的变换，是一个复杂的、动态的技术选择与适应的结果。

（3）颠覆性技术创新兼具技术和管理两大冲突。作为能使传统“投资、产业、技术、人才、规则”归零的革命性力量，颠覆性技术与被替代技术之间的关系不仅仅是单纯的新旧技术体系之间的竞争，在颠覆性技术创新过程中蕴含了技术和管理两大冲突。一是技术体系冲突。作为新生的革命性技术，颠覆性技术在成熟过程中与现有技术体系存在巨大冲突。一方面与现有主流技术的配套基础、产业体系不适应，在现有技术体系内很难得到发展；另一方面颠覆性技术发展壮大的结果将改变、颠覆甚至归零现有技术体系。技术体系冲突决定了新技术的成长周期长、挑战多、不确定性大、风险大，考验决策力，同时也使后发者获得可贵的战略性机遇。二是管理体系冲突。旧的管理体系会阻碍甚至排斥颠覆性技术发展。管理体系与管理对象相匹配，组织现有的管理理念、价值观、资源、流程往往不适应颠覆性技术的发展。面对颠覆性技术变革，在原有轨道上越优秀、管理得越好的企业失败得越快。在人才、技术、资金各方面占优势的行业巨头，往往是颠覆性技术变革的失败者，如柯达“发明了数码相机，却被数码相机颠覆”。

（4）颠覆性技术具有演化阶段之分，时间尺度明显。实现颠覆性技术并非一蹴而就，而是一个长期演进的过程，具有时间尺度的特征，需要经历酝酿期、萌芽期、潜伏期、形成期、成长期、成熟期等阶段，既符合创新生命周期的一般规律，在演化特性上也具有不连续、非线性阶跃式成长和长期孕育、阶段爆发的特点。颠覆性技术的创新过程通过核心技术的若干次重大突破引爆市场，驱动产业沿着利基产品（利基市场）—中间产品（中间市场）—主流产品（主流市场）路径跃迁，存在明显的阶段爆发特点。在此过程中新原理的发现与传播（科学突破）、新技术的发明与分叉（技术分叉）、新产业的产生与锁定（产业锁定）等转折点的识别与把握具有重大的战略意义。

（5）颠覆性技术的颠覆效果具有层次性。颠覆性技术的影响范围具有层次性，与创新过程中变革的强度密切相关。颠覆范围的不同形成了大颠覆、小颠覆的层次性，由大及小依次递推。技术经济范式变革对军事、经济、科技、社会宏观结构与运行模式产生颠覆性影响；产业体系变革对某产业或领域的技术体系结构与运行模式进行重构，替代原有技术体系；技术变革是在产品/工艺技术层次的突破性变革，取代传统技术。

（6）颠覆性技术具有多路径的市场切入方式。克莱顿·克里斯坦森认为：颠覆性技术最初由低端或边缘市场、新市场切入，颠覆路径是自下而上侵入，以简单、方便、成本低为初始阶段特征，是一种依赖产品创新的低成本-低性能组合切入方式。相应地，高端颠覆是一种高成本-高性能组合切入方式，也是一个重要类型，它依托于技术突破，大幅提升主流产品的性能，同时在其他新产品性能中具有重大突破，以较高初始价格进入高端市场，颠覆路径是自上而下扩散。除此之外，通过改变价值链的组合实现商业模式创新，颠覆既有价值体系，也是一种特殊的市场切入方式。把握不同路径切入的特征条件对不同需求主导的颠覆性技术选择与培育具有战略价值。

第 2 节　重要的数字技术

一、元宇宙

元宇宙既有兼容并包之意，又有无限拓展之期。从构词法上看，元宇宙（metaverse）是 meta 和 verse 的合体词。meta 是从希腊语 μέτα 演变而来的，本意为“在……之上，在……之后”，引申为“超越”。verse 则是英文 universe 的简写，意为“宇宙”。两个词合在一起指的就是一个超越现实的世界。“元宇宙”一词出自尼尔·斯蒂芬森（Neal Stephenson）于 1992 年出版的小说《雪崩》。所谓的“元宇宙”，是一个虚拟的城市环境。这个虚拟环境沿着一条宽度为 100 米、长度为 65 536 千米的“环星”公路发展，里面的土地可以像现实世界中的土地一样被买卖，购买者可以根据需要在上面建造建筑物。用户可以通过 VR 设备以数字化身（avatar）的形式进入这个虚拟世界，并在里面和人们互动。元宇宙为人类社会实现最终数字化提供了新的路径，并与“后人类社会”发生全方位的交集，展现了一个与大航海时代、工业革命时代、宇航时代具有同样历史意义的新时代。

理解元宇宙，可从以下三个视角来切入。从平行宇宙视角来看，元宇宙被解读为人类创造的数字虚拟宇宙，通过映射自然宇宙构成人类思想的实验室。从融合宇宙视角来看，元宇宙被认为是一种虚实相融的社会形态。从进化宇宙视角来看，元宇宙被定义为基于数字技术构建的数字社会，是新一代的数字网络，是数字文明的高阶形态。

元宇宙的三大特征包括与现实世界平行、反作用于现实世界、多种高技术综合。元宇宙的实现路径包括：第一，沉浸和叠加。沉浸路径的代表是 VR 技术，比如佩戴 VR

设备，可以让人进入一种“万物皆备于我”的沉浸式专属场景，这种场景既是沉浸的，也是内卷的。叠加路径的代表是 AR 技术，它是在现有条件上叠加和外拓，比如给普通机器人加上皮囊皮相、注入灵魂情感，令其成为仿真机器人。第二，激进和渐进。通往元宇宙的路径，一直有激进和渐进两种方式。比如 Roblox 就是激进路径的代表，从一开始就不提供游戏，只提供开发平台和社区，以创作激励机制吸引用户，实现完全由用户打造的去中心化世界。这意味着任何人都可以进入这个空间进行编辑、发布剧本或设置游戏关卡等。第三，开放和封闭。还存在开放和封闭两种路径。这在手机市场上的体现较为明显，比如苹果系统就是一个封闭的系统，软硬件都是封闭的，这种逻辑为“我即宇宙”。

在应用层面，元宇宙以虚实融合的应用为特征成为当前阶段的共识。超越最初提出的虚拟空间“下一代互联网”的提法，形成“下一代信息产业”的概念，结合虚拟世界来构建新的经济社会与产业形态，体现“以虚促实”“脱虚向实”的发展路径，走向“虚实融合生长的社会空间”的新构建。在认知交互方面，新兴虚拟场景为用户带来真实的交互体验，以满足用户的精神需求，同时带动社会及经济发展。在商业生活方面，元宇宙成为重构商业形态和生活方式的全新风口。其在旅游、娱乐、艺术、办公等垂直商业赛道快速变革，改写产业形态、创新组织形式，带动商业发展和生活方式的升级。在工业生产方面，元宇宙将新技术连点成线，创建新兴信息通信技术与实体经济深度融合的新生态，从而变革管理机制、赋能技术生产、促进产业融合。在文化教育层面，元宇宙在创新人才培养模式、赋能智慧教育环境、提供多样化教育资源、支持多元化学习生活以及实现智能教学评价等方面均具有可操作性。元宇宙赋能社会管理和智慧城市建设的下一个前沿是以在线共享数字空间、现实虚拟感知交互等核心特征，催生全新的社会管理数字化转型。

二、知识自动化

2013 年，麦肯锡全球研究院发布了《颠覆性技术：改变生活、商业和全球经济的进步》的报告。报告指出，知识自动化是指用计算机来自动执行之前只有人可以完成的知识型工作，并列举了 12 种改变经济和未来的颠覆性技术，其中知识自动化位列第二。知识自动化可以被视为进一步发展人工智能技术的新方向，以及用于处理 CPSS 型复杂系统的管理和控制的正常框架。知识自动化的目标是从 UDC 到 AFC，即处理不确定性（U）、多样性（D）和复杂性（C）问题，具有敏捷性（A）、聚焦（F）和收敛（C）能力。

知识自动化的相关研究大致经历了机械自动化、电气自动化和信息化三个不同的阶段。知识自动化是数字化背景下工业自动化发展的新阶段。机械自动化和电气自动化更加注重对工业生产运营的实用性。知识自动化是自动化领域研究的一个前沿课题，其原理是利用机器学习和人工智能等相关数字技术对现有的重复性知识型工作内容进行智能分析与处理。在自动化领域相关研究方面，传统的机械自动化和电气自动化研究成果大多以专利的形式展示，能够解决工业生产运营过程中的实际问题。知识自动化研究成果多以期刊论文的形式展示。原因是传统的自动化理论研究已经发展到了相当成熟的阶段，而知识自动化相关研究尚未成熟。与传统的机械自动化和电气自动化研究所处的时代背景不同，在数字化背景下，当前的知识自动化研究正处于上升阶段。

在关键技术方面，知识自动化研究不同于传统的自动化研究。在数字化背景下，知识自动化所呈现的四类关键技术分别为：工程中间件技术、系统集成技术、智能规划技术和自然人机接口。中间件是一种独立的系统软件或服务程序，分布式应用软件借助中间件在不同的技术之间共享资源。中间件位于客户机服务器的操作系统之上，管理计算资源和网络通信。系统集成技术就是通过结构化的综合布线系统和计算机网络技术，将各个分离的设备（如个人电脑）、功能和信息等集成到相互关联的、统一和协调的系统中，使资源达到充分共享，实现集中、高效、便利的管理。系统集成技术是功能集成、BSV 液晶拼接集成、综合布线、网络集成、软件界面集成等多项系统的融合，并非是一种单一的技术。系统集成技术实现的关键在于解决系统之间的互联和互操作性问题，它是一个多厂商、多协议和面向各种应用的体系结构。这需要解决各类设备、子系统间的接口、协议、系统平台、应用软件等与子系统、建筑环境、施工配合、组织管理和人员配备相关的一切面向集成的问题。智能规划技术是对周围环境进行认识与分析，根据预定实现的目标，对若干可供选择的动作及资源限制和相关约束进行推理，综合制定出实现目标的动作序列。该动作序列称为一个规划。智能规划可应用于工厂的车间作业调度、现代物流管理中的物资运输调度、智能机器人的动作规划以及宇航技术等领域。自然人机接口又称人机界面或用户界面，是指人与计算机之间建立联系、交换信息的输入输出设备接口，包括键盘、显示器、打印机、鼠标等。

知识自动化系统的分层结构模型如图 4－1 所示，知识自动化系统分为数据模块、知识建模模块和用户建模模块。其中，数据模块包括数据收集、数据预处理、数据分析和知识单元生成；知识建模模块包括知识库、知识包生成器、知识包建立器；用户建模模块包括文件库、文件分配器、知识抓取器和知识缺口分析器。该模型在解决知识自动化系统和用户的数据对接问题方面提供了方便。在知识缺口分析器中，可及时更新现存的知识单元，并存储于知识库中，不断完善知识单元，为决策人员提供战略决策支持，弥补知识库中只存在固定知识单元、知识单元更新不及时的缺陷。

三、人工智能

人工智能是一门研究计算机模拟人的思维过程和智能行为的学科，应用于机器人技术、语音识别、图像识别、自然语言处理等。通过将计算机科学、信息论、语言学、哲学、力学、心理学等知识融会贯通来模拟人类的认知、学习、推理、行为等，实质是试图通过知识和技术来生产机器，从而替代人类的体力和脑力劳动。人工智能作为一门交叉性学科和综合性学科，发展至今仍然存在很多争议，人工智能的概念界定也没有统一，不同的学者对人工智能的定义不同。麻省理工学院的帕特里克·亨利·温斯顿（Patrick Henry Winston）教授认为，人工智能是研究如何使计算机去做过去只有人类才能完成的智能型工作。斯坦福大学国际研究院人工智能研究中心的尼尔斯·尼尔森（Nils Nilsson）教授认为，人工智能是一门关于知识的科学——如何表示知识、如何获取知识以及如何使用知识。

从对人的发展的影响来看，人工智能的特征主要有：（1）革命性通用目的技术。人工智能是一种革命性通用目的技术，能够对经济社会的各个领域产生巨大、深远的影响，能够从根本上改变人们的生活方式、生产方式、思维方式，进而推动经济发展和社会变

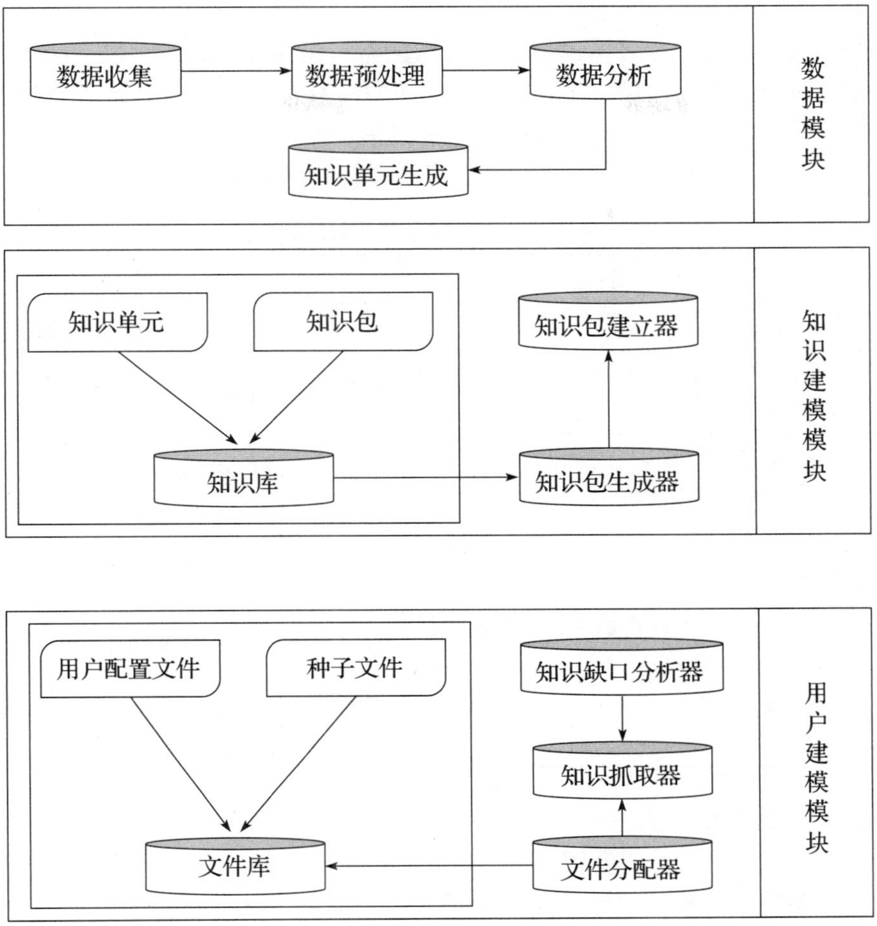

图 4－1　知识自动化系统分层结构模型

革。（2）对人的解放。人工智能可以模拟和实现人类的智能活动，能够自动根据逻辑指令来运行和工作。虽然目前人工智能远远比不上人脑思维，但是在某些领域已经完全超越人类个体。就目前的技术水平而言，人工智能只能模拟人类智能活动的一部分，不能完全按照人类的思维方式主动思考，但是随着人工智能技术的发展与进步，人工智能模拟人类思维的能力会逐渐提高。人工智能可以看成人的主观能动性的一种具体的物化表现形式，但其实质仍旧是人类的主观能动性。一种友善的人工智能体系有助于促进人类发展和社会进步，能够不断提高社会生产力水平，并不会威胁到人的主体性地位，反而能够实现对人的解放。（3）对人的替代。从短期来看，尽管人工智能的应用会取代部分工作岗位甚至造成部分职位消失，使得劳动者暂时失去工作，出现技术排挤人力的现象，但人工智能是替代人类完成那些高强度、高危险、高精度的任务，人类可以去做价值更高、创造性更强的工作。人工智能推动生产力各要素——劳动资料、劳动对象以及劳动者的发展与变化，提高劳动生产率和投资回报率，让人类获得更多发展自身智力和休闲娱乐的自由时间，从而有助于促进人的自由全面发展。

从宏观战略层面来看，我国的人工智能发展获得了国家层面的认可和大力支持，人工智能在经济社会发展中的重要地位更加凸显。从国家所发布的一系列与人工智能相关的政策文件来看（见表4-2），人工智能已经成为国家非常重视的技术发展领域，也成为推动经济发展的新动力、提升国家竞争力的新焦点、保障民生的新手段。在国家和社会各界的积极推动下，在丰富的研发投入、高层次的技术人才储备以及充足资金的支持下，我国的人工智能必将获得快速发展，进入蓬勃发展的新时期，人工智能的发展与应用必然会成为推动国家快速发展、城市智能化、社会现代化的关键因素。

表4-2 我国人工智能的相关政策文件

发布时间	名称	内容
2015.5	《中国制造2025》	大力发展智能制造，推动产业智能化和现代化
2015.7	《关于积极推进“互联网+”行动的指导意见》	推进人工智能核心技术的突破与发展
2016.3	《中华人民共和国国民经济和社会发展第十三个五年规划纲要》	重视人工智能领域的发展
2016.5	《“互联网+”人工智能三年行动实施方案》	注重发挥人工智能技术的创新引导作用
2017.3	第十二届全国人民代表大会第五次会议《政府工作报告》	“人工智能”第一次被正式写入政府工作报告
2017.7	《国务院关于印发新一代人工智能发展规划的通知》	不断提高新一代人工智能的发展水平，促进智能经济的发展

人工神经网络是人工智能的主要研究领域。人工神经网络主要是通过研究人类大脑的组织结构和思维方式，试图使用大量的人工神经元、处理元件以及电子元件等来模拟人类大脑神经系统的结构及运行过程，属于人工智能技术在计算智能方面的重要应用，可以帮助或辅助人类存储、处理和分析大量的数据信息。在人工神经网络中，信息主要依靠神经元之间的相互作用来进行传递和处理，依靠元件之间分布式的物理联系来进行存储，并且依靠神经元连接权重的动态调整来实现网络的学习与识别。相较于传统的数据处理方式，人工神经网络技术能够更好地分析模糊数据、随机性数据以及非线性数据，也能够处理巨大的、复杂的、模糊的系统。随着人工智能技术的快速发展与应用，人工神经网络方面的研究也获得了长足进展，已经协助人类解决了很多难题，并且表现出较强的智能特征。人工神经网络通过实现对人类大脑组织结构和思维方式的模拟，已经成为一种重要的信息处理系统，在经济社会中具有较强的应用价值和较好的发展前景。人工神经网络很难实现对人脑和人类智能的完全替代，但是它可以扩展和提升人类对外部世界的认识和控制能力。

四、区块链

区块链（blockchain）是以比特币为代表的加密数字货币体系的基础支撑技术。区块链技术结合分布式数据存储、点对点传输、共识机制、加密算法等计算机技术，构建出一种新型应用模式。

区块链起源于比特币，但目前已有很多创新模式被提出，区块链的内涵及应用场景越来越丰富。区块链的发展可以归纳为三个阶段：以可编程货币为主要特征的区块链

1.0，以可编程金融为标志的区块链 2.0，以可编程社会为最终目标的区块链 3.0。区块链的基础架构模型如图 4－2 所示。相较于传统的 OSI 七层模型，区块链基础架构分为六层，包括数据层、网络层、共识层、激励层、合约层和应用层。其中，数据层封装了区块链底层存储数据的区块，以及相关链式结构、树形结构和有向无环图结构，并通过密码学相关技术保障数据加密和不可篡改。网络层包括分布式自治系统的组网机制、传播协议以及数据校验机制。例如，比特币采用的 Gossip 协议，以太坊采用的 Kademlia 协议。共识层中包括区块链主要的共识算法和共识机制，是区块链最核心的创新之一，也是分布式计算领域的重要研究方向。共识层的作用是在决策权分散的去中心化系统中快速、高效地针对数据的有效性达成一致。激励层以代币的形式发放和分配奖励。前提假设是参与共识的节点是自利的，必须引入经济学知识设计激励相容的奖励机制并与共识算法相融合，以保证区块链中的记账和校验节点稳定工作。合约层封装了图灵完备的脚本、算法、程序以及编

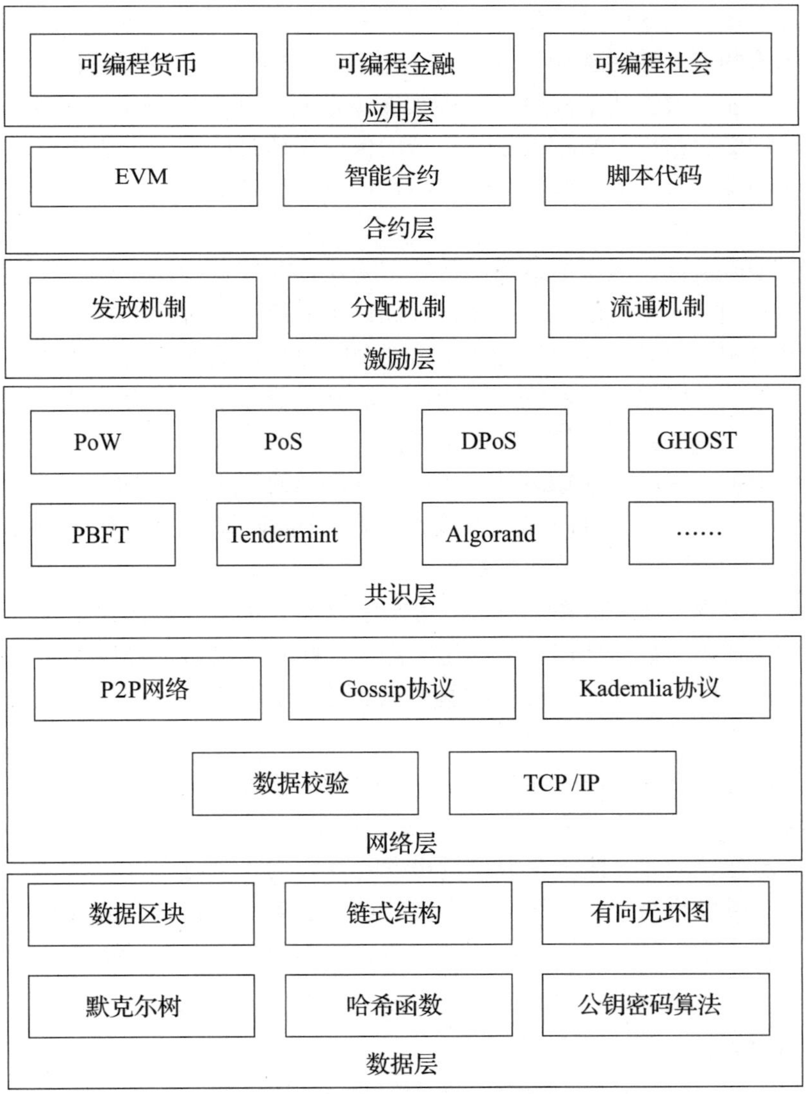

图 4－2 区块链基础架构模型

译执行智能合约的虚拟机等，是区块链实现可编程的基础设施。应用层则封装了区块链的各种应用场景。该模型中，每层用到的都是已有的计算机技术或者是对成熟技术的优化改进。其中分布式节点的共识机制、基于时间戳的区块链式或图式存储结构、可编程的智能合约是区块链最典型、最具代表性的创新。

典型的区块链技术方案应该具有以下特征：

（1）去中心化。区块链数据的生成、存储、传输、验证和维护等过程均是基于分布式的系统结构。整个系统中所有参与节点都具有同等的权利和义务，不依赖中心化的硬件或管理机构，采用纯数学的方式建立分布式节点之间的信任关系。公有链可以做到完全无中心化，作为区块链的不同部署形式，联盟链以多中心的形式存在，但同样要求所有参与节点具有同等的权利和义务。

（2）可靠数据库。区块链系统将有时间戳的数据区块结构线性存储，通过时间维度增强数据的可验证性和可追溯性。任一参与节点都可以拥有一份完整的无差别的数据。单个节点修改本地的数据库是无效的，除非控制系统中一半以上的节点。参与系统的节点越多，数据库的安全性就越高。因此，区块链可提供可靠的数据存储。

（3）去信任。区块链技术采用非对称加密算法对交易进行签名，使交易不可伪造。利用哈希算法和默克尔树（Merkle tree）结构保证确认过的数据无法篡改。最后通过分布式共识算法确保各参与节点对区块链上数据的有效性达成一致。系统中的各节点无须彼此信任就可以交易和协作。

（4）交易准匿名性。区块链系统通常采用公钥作为用户标识，有些研究提出使用分布式身份来识别用户，不再依赖基于公钥基础设施的第三方机构颁发的数字证书。用户只需提供公开公钥或由其生成的地址，不需要公开自己的真实身份。此外，用户可以公开任意数量的地址，以保证匿名性。因此，区块链上节点之间的交易和协作是针对地址进行的，与用户的真实身份无关，具有准匿名性。

（5）集体维护。区块链系统是由所有拥有记账功能的节点共同维护的，每个参与节点拥有同等的权利，可以参与区块的生成、校验、记录等全部环节。在诚实节点不低于安全阈值的情况下，任意一个节点的下线或丢失都不会影响整个系统。

（6）开源可编程。区块链系统对任一参与节点而言都是开源的，任一参与节点都可以获取项目的源代码、数据结构、初始化文件等，同时可以通过接口查询系统中的全部数据。此外，区块链平台会提供灵活的脚本代码系统，支持用户编程、创建智能合约、开发去中心化的应用等。

在区块链的应用方面，国内外学者普遍认为区块链的应用有三个扩散过程：区块链1.0主要是数字代币的应用，区块链2.0主要是智能合约的扩展，区块链3.0则是信用社会的深化。在金融领域，区块链在数字货币发行及筹资、跨境支付与结算、票据转移与供应链金融、证券发行与交易、保险与捐赠的点对点实现、客户征信与反欺诈等方面有广泛的应用。作为金融科技（FinTech）的核心技术，区块链在金融领域的应用场景如图4-3所示。

五、工业互联网

根据工业互联网联盟（IIC）给出的定义，工业互联网是“一种物品、机器、计算机

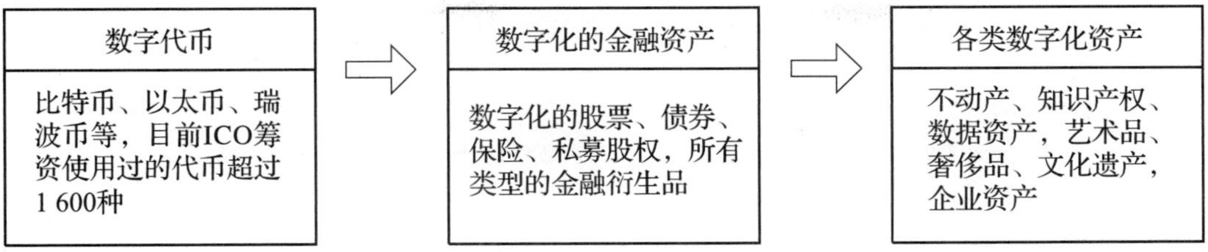

图 4－3　区块链在金融领域的应用场景

和人的互联网利用先进的数据分析方法，辅助提供智能工业操作，改变商业产出。它包括全球工业生态系统、先进计算和制造、普适感知、泛在网络连接的融合”。工业互联网时代的显著特点在于：通过互联网将人与智能物体连接起来；通过物体感知技术获取智能物体的工业数据；通过互联网将工业数据传输到工业互联网平台；通过工业互联网平台自身的数据分析技术对所获取的海量工业数据进行分析，获取机器智能，进而将其反馈到智能物体的设计、制造和使用当中；通过机器智能的获取，提高生产效率。

工业互联网平台体系包括四个层次：感知识别层、网络连接层、平台汇聚层和数据分析层。

感知识别层负责收集现场智能设备的数据，它的内核在于智能装备技术和智能传感技术，通过智能装备技术和智能传感技术实现对物理、信息世界数据的采集，通过智能传感技术采集智能设备的各项工业数据。

网络连接层负责连接感知识别层和平台汇聚层，作为两个层次的中间层，解决数据的输送问题。选择性地以有线或无线的方式将智能设备接入互联网体系中，实现生产数据传输到互联网平台。

平台汇聚层负责汇聚体系下所有的工业数据信息，提供数据的存储和运算分析服务，作为整个工业互联网平台体系的“大脑”，接收和存储感知识别层汇聚的数据，并向数据分析层提供强大的算力。

数据分析层负责对数据进行深入分析和优化，在这个信息体系内，主流的工业软件系统包括 SCADA、MES、ERP。工业互联网平台提供的强大算力可以高效地对感知识别层汇聚的工业数据进行分析和优化，使生产管理更有智慧。

工业互联网将工业控制在线连接，构成多个巨大的、端到端的、与人连接的系统，并且完全与企业系统、商业过程以及分析方案集成，这些端到端的系统称为工业互联网系统。图 4－4 为工业互联网系统的一个示例。在工业互联网系统的具体技术定义中，需要满足三个基本特性：物理安全、信息安全、系统自愈。鉴定一种技术或一个系统是否符合工业互联网的要求，可以根据这三个基本特性加以辨别。在进一步的性能描述中，工业互联网系统的用户可直接获取真实数据和其他信息系统进行深层次的交互并进行深入分析，进而促进决策，协同提高生产管理效率。跟以往互联网系统不一样的是，工业互联网系统是把工业控制系统与企业运营管理系统和决策支持系统结合起来的现代控制系统，也可以称之为工业应用领域的工业生态系统。

工业互联网平台的架构包括工业信息物理系统、现场基础设施及服务、各种支持开发的软件平台和成熟的通用软件。通过工业互联网平台实现 OT 和 IT 的连接，目的是提升数字化车间的信息流，基于数据对管理和决策进行指导，推动产品的智能化和价值化。

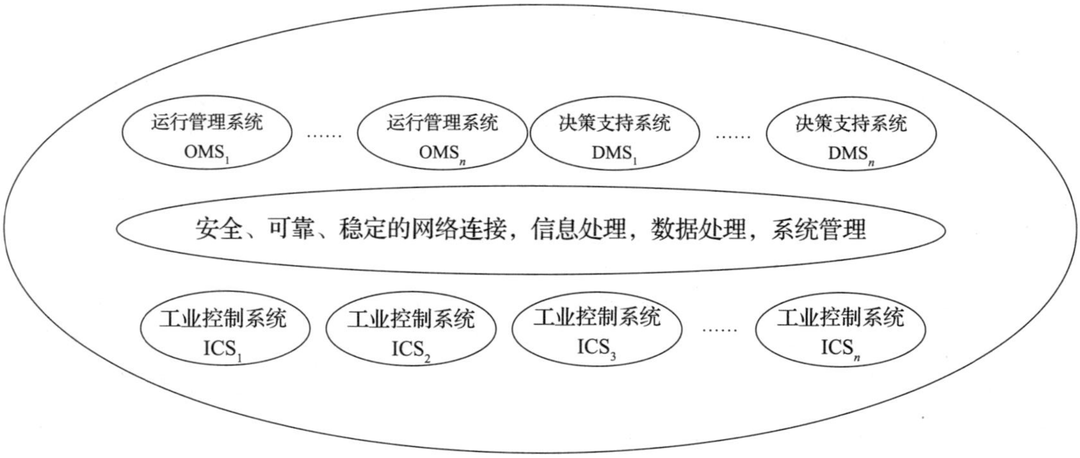

图 4-4 工业互联网系统示例

习近平总书记在全国高校思想政治工作会议上的重要讲话中指出："要用好课堂教学这个主渠道，思想政治理论课要坚持在改进中加强，提升思想政治教育亲和力和针对性，满足学生成长发展需求和期待，其他各门课都要守好一段渠、种好责任田，使各类课程与思想政治理论课同向同行，形成协同效应。"因此，在课程思政建设方面，需要引导学生了解工业互联网技术的构成与应用以及我国工业互联网的发展状况，为学生提供更加广阔的知识视野。

六、5G

5G 是第五代移动通信的简称。我国 IMT-2020（5G）推进组依据综合 5G 关键能力与核心技术，提出 5G 概念：5G 由标志性能力指标和一组关键技术共同定义，其中，标志性能力指标是指 Gbps 用户体验速率，一组关键技术包括大规模天线阵列、超密集组网、新型多址、全频谱接入和新型网络架构。因此，标志性能力指标指的是用户体验速率，是移动通信技术中最重要、最具有工程意义的指标，是用户在常规网络环境下可以真实享受的数据传输速率；一组关键技术指的是利用新的技术，用于满足广范围、大容量、低时延、高可靠、低功耗、多连接的业务和应用场景。

《5G 概念白皮书》定义的 5G 关键技术主要包含无线技术和网络技术。无线技术主要涉及大规模天线、超密集网络、新型多址和全频谱接入；网络技术主要为新型网络架构，其中软件定义网络（SDN）、网络功能虚拟化（NFV）这两项技术的实现方式在业界得到了广泛认可，达成了行业共识；此外，F-OFDM、FBMC、D2D、（Q-ary）LDPC、全双工、灵活双工、网络编码和极化码也被认为是潜在的关键技术。

相较于 4G 通信系统，5G 通信系统具有超高的频谱利用率和能效，其在资源利用率和传输速率等方面将得到极大的提升，具体表现在以下方面。

首先，在数据传输速率方面。随着移动数据使用习惯的养成，用户对数据传输速率的要求日益严苛，成为 5G 技术研发的重要推动力。5G 大规模商用后预计可以在很大程度上满足用户对数据传输速率的要求，这可以通过两个指标来集中体现。第一，用户体验速率。这是在现实情况中用户真实体验到的速率，是具有工程意义的指标。5G 通信网络用户体验速率的目标范围从100Mbps（足以支持高清流媒体）到1Gbps，且95%的用户将达到100Mbps，4G通信网络的用户体验速率约为1Mbps。第二，峰值速率。这是用户在最理想的网络配置下可以实现的最佳数据传输速率。通常来说峰值速率是一个营销数字，没有具体的实用意义。根据相关测算，5G通信网络的峰值速率可以达到几十Gbps的级别。

其次，在通信方面。通信时延是指一台设备通过网络向另一台设备发送信息包所需的时间。目前4G通信网络的传输时延为15～50毫秒量级，这种时延只适用于大多数当前基本服务，对要求低时延的应用场景来说远远不够。5G通信网络将大大降低传输时延至个位数毫秒量级，满足车联网自动驾驶、工业控制、VR、AR对时延的严苛要求。

最后，在能耗和成本方面。随着5G大规模商用，通信成本和能源消耗会相应减少，因为在5G通信网络中每链路数据传输速率将提升约100倍，这意味着每比特的能量消耗和通信成本比4G通信网络降低至少100倍。

根据国际电信联盟（ITU）对5G技术的描述和分析，5G技术的应用主要集中在以下三大场景。

第一，增强型移动宽带（eMBB）：主要追求极致的用户通信体验，相应的主要场景要求超大带宽移动网络服务，包括高速移动网络接入、3D或超高清视频直播与分享、VR、AR、随时随地云端接入等大容量移动宽带服务。

第二，高可靠低时延通信（URLLC）：主要针对物联网的应用场景，讲求万物之间快速稳定地互联，这种应用场景侧重于对时延和可靠性要求极高的数据传输服务，以保证业务的正常开展。主要场景包括ms级时延要求的无人驾驶、10ms级时延要求的工业互联和生产自动化，这类应用场景要求极低的网络时延和接近100%的可靠性。

第三，海量机器类通信（mMTC）：主要反映设备间的稳定持续通信需求，针对智能城市、家居及农业、环境监测等应用场景进行传感和数据采集。具体功能主要包括广泛连接的车联网、智能物流管理、智能仓储等，这类应用场景对时延要求相对不高，但终端需要适应各种复杂的工作环境。

七、数字孪生

数字孪生技术概念产生于2002年，2003年迈克尔·格里夫（Michael Grieves）教授在美国密歇根大学的产品全生命周期管理（PLM）课程上提出“物理产品的等价虚拟化表达”概念，由于当时受数据传感、大数据、产品可视化等技术发展的限制，这一概念并没有得到实现，但因为其已经具备数字孪生体的组成要素，所以可以认为是数字孪生技术最初的概念。2014年格里夫在《数字孪生：通过虚拟工厂复制实现卓越制造》中详细阐述了数字孪生的概念、模型和应用案例。数字孪生技术最早的应用是美国国家航空航天局（NASA）制造了两台相同的航天飞行器，一台用于正式飞行，一台留在地球模拟正在执行任务的航天飞行器的状态，后者被称为原航天飞行器的孪生体，通过对孪生体进行仿真试验来辅助在太空运行的航天飞行器做出飞行计划与状态调整。后来，美国国防部提出将数字孪生技术用于航天飞行器的维护工作，研发人员根据航天飞行器的物理模型构建出对物理模型完整映射的虚拟模型来刻画和反映航天飞行器的全生命周期。

数字孪生技术是指利用数字技术对物理实体的行为、特征、性能等进行描述和建模的过程和方法，该技术具有实时同步、高保真度、忠实映射等特性，能够实现物理世界与信息世界的交互与融合。数字孪生体是指使用数字孪生技术建立的与现实世界中的物理实体完全对应的虚拟模型，能够实时模拟物理实体在现实环境中的行为和性能，也称为数字孪生模型。

数字孪生技术被认为是架设在现实物理世界与虚拟数字世界之间的桥梁，它将是实现信息物理系统的核心关键技术。现在，数字孪生技术应用于航天飞行器结构寿命预测、车间生产调度优化、产品设计等各个领域。利用数据的实时传输建立多种数据模型，从而反映物理实体的数字孪生技术正在对工业、制造业等领域产生巨大甚至是颠覆性的影响。

2014 年，格里夫提出数字孪生的三大组成部分，分别是现实空间中的物理实体、虚拟空间中的虚拟产品以及连接物理实体与虚拟产品的信息通道。物理实体可以是现实生活中存在的任何一件产品、一台设备、一套生产流程或一个系统。虚拟产品将通过传感器数据、模拟器数据等数据还原出物理实体的真实形态以及状态，同时将指令数据通过信息通道传回物理实体，最终虚拟产品与物理实体趋于一致并影响物理实体的状态。

数字孪生技术的应用主要有：

（1）最早，美国国家航空航天局使用数字孪生技术对航天飞行器进行仿真分析、检测和预测，辅助地面管控人员进行决策。

（2）格里夫和西门子公司使用数字孪生技术进行产品的全生命周期管理。利用数字孪生技术对产品设计、产品功能、产品性能、加工工艺、维修维护等进行仿真分析。

（3）以欧特克公司为代表的工程建设类软件供应商将数字孪生技术应用于建筑、工厂、基础设施等建设领域，把建筑和基础设施看作产品进行全生命周期管理。

（4）北京航空航天大学陶飞等将数字孪生技术应用于车间的建设和管控，主要涉及基于数字孪生的产品设计、基于数字孪生的虚拟样机、基于数字孪生的车间快速设计、基于数字孪生的工艺规划、基于数字孪生的车间生产调度优化、基于数字孪生的生产物流精准配送、基于数字孪生的车间装备智能控制、基于数字孪生的车间人机交互、基于数字孪生的装配、基于数字孪生的测试/检测、基于数字孪生的制造能耗管理、基于数字孪生的产品质量分析与追溯、基于数字孪生的故障预测与健康管理、基于数字孪生的产品服务系统等。

第 3 节　数字基础设施概述

一、概念

数字基础设施是以信息网络为基础，综合集成新一代信息技术，围绕数据的感知、传输、存储、计算、处理和安全等环节形成的支撑经济社会数字化发展的新型基础设施体系。狭义的数字基础设施指的是信息基础设施，即基于新一代信息技术演化发展形成的基础设施。广义的数字基础设施不仅包括信息基础设施，而且包括融合基础设施，即传统基础设施利用新一代信息技术进行智能化改造后所形成的基础设施。

数字基础设施是新兴事物，可以从以下角度来理解和把握。第一，从预期作用看，数字基础设施将为经济社会数字化转型和创新发展提供动力和支撑。新一轮科技革命和产业变革正处在实现重大突破的历史关口，数字基础设施可以降低全社会应用数字技术进行创新的成本，构建由数据驱动的创新体系和新型生产范式，以信息化、智能化为杠杆培育新动能，全面提升我国经济产业实力。第二，从形成方式看，数字基础设施是以信息网络为基础、以新一代信息技术和数字化为驱动因素形成的，既有基于新技术全新构建的，也有原有基础设施自身演进升级形成的，还有利用信息技术赋能转型升级形成的。第三，从发展情况看，数字基础设施具有较强的成长性。随着科技革命和产业变革的发展，围绕数据生成、处理和流通的整个流程，会不断产生新的基础设施形态。由于技术和商业模式尚处于演进阶段，不同的数字基础设施所处的发展阶段不同，其属性的强弱也不同。

二、基本特征

除具有基础性、公共性、强外部性等基础设施的一般特征外，相对成熟的传统基础设施而言，数字基础设施最突出的特征是技术创新性强，并由此衍生出一系列新技术经济特征。

一是创新活跃，范畴持续拓展延伸。信息技术本身就是当前最活跃的科技创新领域，随着新一代信息技术与经济社会深度融合，越来越多的新兴网络、应用平台和信息系统都可以为生产生活提供基本服务和一般条件，提升整体社会产出水平，数字基础设施的范畴会随着新技术、新模式的发展不断拓展延伸。

二是技术性强，设施迭代升级迅速。传统基础设施较为成熟、升级缓慢，而数字基础设施所依托的信息技术在不断创新和优化，部分技术还不稳定，需要进行迭代式开发和升级，建设、运营、管理和维护等都对技术提出更高要求。

三是面向应用，需要持续投入开发。不同于传统基础设施低信息化水平的运行模式，数字基础设施软硬结合，基于对数据的实时采集、计算、分析来实现与应用的紧密耦合，需要根据场景变化不断进行二次开发，以快速响应用户需求，实现资源优化配置，这需要大量的持续性投入。

四是数据为核，统一标准重视规范。数据是新型基础设施实现高效运行的核心生产要素，在以市场力量为主的建设模式下，为了加速数据的流动、更充分地发挥数据的价值，需要完善的数字治理体系，更需要形成统一的建设标准、技术规范等，推动不同设施之间互联互通，实现城市间、行业间、企业间的数据流通共享。

五是网络性强，安全可靠要求更高。数字基础设施特别是信息基础设施和融合基础设施实行的是联网运行，数字世界和物理世界高度融合，生产生活将取决于数字基础设施的安全可靠运行，恶意攻击或网络故障会造成不可估量的损失，甚至传统基础设施的运行也会受到严重影响。

六是跨界融合，创新型人才需求大。数字基础设施快速迭代创新、加速跨界融合，建设和运营对技术的要求高，需要大量熟悉信息通信、软件和传统领域的技术型人才和融合型人才，对我国人才结构提出较高要求。

三、新基建

新型基础设施建设（新基建）是以科技端的基础设施建设为研究主体，以现代化发展和数字化、智能化发展为研究基础而形成的新概念。新基建的内涵与数字经济相关产业密切相关。自 2018 年 12 月中央首次提出新基建概念以来，随着新基建不断推进，新基建的内涵越来越丰富，对新基建相关内容的梳理如表 4－3 所示。

表 4－3　新基建概念的发展进程

召开/发布时间	提及新基建相关会议/报告	新基建相关重点内容	核心要点
2018.12	2018 年中央经济工作会议	国内投资需求潜力巨大，要发挥投资的重要作用，加快 5G 商用步伐，加强人工智能、物联网等新型基础设施建设	提出加快 5G、人工智能、物联网等新型基础设施建设
2019.3	《关于 2018 年国民经济和社会发展计划执行情况与 2019 年国民经济和社会发展计划草案的报告》	实施数字经济，建设人工智能创新应用先导区和大数据综合试验区。加快 5G 和 IPv6 规模部署，加强人工智能、物联网等应用	提出加强新型基础设施建设和应用
2020.1	2020 年 1 月 3 日国务院常务会议	出台信息网络等新型基础设施投资支持政策，推进智能、绿色制造	提出推进智能、绿色制造
2020.2	中央全面深化改革委员会第十二次会议	打造经济适用、智能绿色、安全可靠的现代化基础设施体系	提出打造现代化基础设施体系

从新基建的发展方向来看，它包括三部分内容：一是信息基础设施，主要是指以信息技术为基础所形成的基础设施，如以 5G、物联网为代表的通信基础设施，以人工智能为代表的新技术基础设施；二是融合基础设施，这是指依靠新一代信息技术实现转型升级的传统基础设施，如智能交通基础设施；三是创新基础设施，这是指支持科学研究、技术开发、产品研发的具有公益属性的基础设施，如重大科技基础设施、产业技术创新基础设施。

从新型基础设施的范围来看，它包含传统基建智能化改造部分。（1）5G。5G 作为当前信息基础设施的核心引领技术，对把我国建设成为网络强国具有重要意义。新基建在 5G 领域主要有两方面内容：一是进行相关网络建设；二是进行 5G 基站建设。它们的数量和投资额会随着新基建的发展不断提升，其中 5G 基站建设和建筑企业密切相关。（2）特高压。在新基建带动下，特高压将迎来更具竞争力的电网形态。特高压的建设属于能源与通信领域，与建筑企业相关性不高。（3）充电桩。在我国绿色理念不断深化、节能环保要求不断提高的今天，充电桩对新能源汽车的迅速增加起着决定性作用，是新能源汽车大量推广的前提。截至 2023 年 6 月底，全国累计建成各类充电桩超过 660 万台。（4）城际高铁和轨道交通。新基建将促使城际高铁和轨道交通快速发展，在相关的工程项目中，建筑企业可以承接土建施工部分的工程。（5）大数据中心。大数据中心是实现海量数据存储的前提，也是实现人工智能的基础。目前我国大数据产业呈爆发式增长，对数据中心的需求将进一步增加，未来建筑市场必定会增加数据中心建设项目数量，这对于建筑企业而言是一次发展机会。(6) 人工智能。人工智能是新一轮信息化升级过程中的关键性战略技术，对我国社会、经济发展具有重要意义。新基建在人工智能领域的布局主要是加快相关技术的研发和推动人工智能的产业规模平稳增长。人工智能主要针对高科技企业，但它对建筑企业的数字化改造也有重要意义。(7) 工业互联网。在工业互联网领域，新基建属于软性基础设施，它对建筑企业实现工业化发展和智慧工地的场景应用至关重要。(8) 新兴传统基建。随着技术的研发与升级，越来越多的技术应用于“铁公基”等传统基础设施建设，传统基础设施被逐渐改造为新型基础设施。这对于建筑企业而言是相关性最高的部分。

就基础设施本身而言，一个维度是基础设施的本质，即社会公共性平台建设，包括物理化（实体）平台和数字化（虚拟）平台；另一个维度是完成基础设施建设的手段，包括物理化手段和数字化手段，如图 4-5 所示。

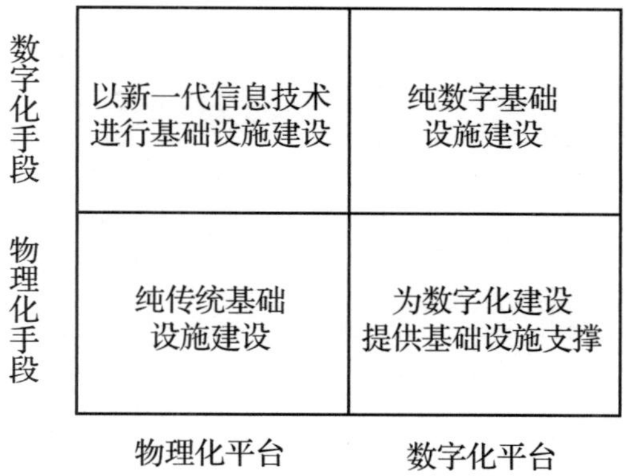

图 4-5 基础设施建设的不同形式

从图 4-5 中不难看出，除了纯传统基础设施建设，其余基础设施建设都属于新基建的范畴。新基建具有以下特点：

第一，数据赋能性。新基建的发展是以智能、信息技术为引领，数据是其重要组成部分，各行各业在参与新基建的过程中需要以数据作为智能决策的基础，数据资产化将成为数字化转型的关键。在海量数据中进行各类数据的统一、自动化与智能化存储和管理并实时进行分析是释放数据价值的关键。如在疫情期间，数据赋能工地实时监测工人状态，以确保工人健康状况；实时了解各类建材的使用量，以做好成本管理工作和提升作业效率。

第二，协调融合性。新基建不再受物理空间限制，其表现形式不再是单一的单元简单组合，而是多种基础设施的网络化互联和融合。一是线上、线下互联，如物联网通过射频识别、红外线感应将线下实物信息通过互联网传到线上，从而进行信息交流，实现对实物的识别、定位和管理。二是不同领域的技术融合，如数据中心对数据进行有效处理，通过 5G 实现工业互联网全要素、全环节的高效互通。

第三，应用灵活性。相较于传统基础设施建设，新基建的功能属性不是固定不变的，而是动态变化的，根据环节变化、需求变化快速调整。如根据疫情防控需要，通过大数据中心和云计算快速调配网络数据资源，形成“健康码”以配合疫情防控，在疫情防控解除后，资源可快速释放，“健康码”可演变成常态的信息码，以支持未来的医疗、出行等服务。新基建可以通过保留底层基础技术，根据需求差异进行产品的优化配置。

根据以上分析可提出新基建在未来的发展方向：

（1）中央顶层设计，政策路线明朗。自2018年首次提出新基建以来，中央级会议或文件多次提到加强新基建，早在2013年，国家已经就新基建展开部署和规划。国家层面的新基建相关重点政策包括的领域众多、涉及的行业广泛，按照信息基础设施、融合基础设施、创新基础设施三方面对政策进行梳理总结，如表4-4所示。

表4-4 国家层面新基建相关政策

涉及类型	发布/提出时间	政策/会议	重点内容
信息基础设施	2015年5月	《中国制造2025》	提出要推进信息化与工业化深度融合
	2015年5月	《关于加快高速宽带网络建设推进网络提速降费的指导意见》	提出到2020年技术先进、应用多样、保障有力的大数据产业基本形成
	2015年8月	《促进大数据发展行动纲要》	提出主要任务是推动产业创新发展，培育新兴业态
	2015年7月	《关于积极推进"互联网+"行动的指导意见》	提及推动各类要素资源聚集、开放和共享
	2015年9月	《关于加快电动汽车充电基础设施建设的指导意见》	提出到2020年基本建成高效方便的充电基础设施体系
	2016年7月	《"十三五"国家科技创新规划》	将智能制造和机器人列为"科技创新2030重大项目"之一
	2016年5月	《"互联网+"人工智能三年行动实施方案》	提出到2018年国内要形成千亿元级的人工智能市场应用规模
	2016年12月	《大数据产业发展规划（2016—2020年）》	全面部署"十三五"时期的大数据产业发展工作
	2017年1月	《关于促进移动互联网健康有序发展的意见》	提出加快建设网络云计算机大数据平台等
	2017年11月	《关于深化"互联网+先进制造业"发展工业互联网的指导意见》	规划和指导我国工业互联网发展
	2017年12月	《关于促进新一代人工智能产业发展三年行动计划（2018—2020年）》	提出推进人工智能和实体经济深度融合
	2018年6月	《工业互联网发展行动计划（2018—2020年）》	对发展工业互联网提出明确的行动内容
	2018年11月	《关于组织实施2019年新一代信息基础设施建设工程的通知》	提出中西部和东北地区实施中小城市基础网络完善工程
	2019年3月	《关于促进人工智能和实体经济深度融合的指导意见》	提出要促进人工智能和实体经济深度融合

续表

涉及类型	发布/提出时间	政策/会议	重点内容
信息基础设施	2019 年 4 月	《关于开展深入推进宽带网络提速降费支撑经济高质量发展 2019 专项行动的通知》	提出深入推进宽带网络提速降费
	2019 年 12 月	《关于促进“互联网＋社会服务”发展的意见》	提出促进社会服务多元化的具体措施
	2019 年 12 月	《新能源汽车产业发展规划（2021—2035 年）》（征求意见稿）	提出将深化“三纵三横”研发布局
融合基础设施	2016 年 3 月	《交通基础设施重大工程建设三年行动计划（2021—2035 年）》（征求意见稿）	提出推动形成便捷高效的综合交通网络
	2018 年 6 月	《关于进一步加强城市轨道交通规划建设管理的意见》	提出城市轨道交通建设要求
	2017 年 2 月	《“十三五”现代综合交通运输体系发展规划》	提出到 2020 年基本建成现代综合交通运输体系
	2019 年 12 月	《推进综合交通运输大数据发展行动纲要（2020—2025 年）》	提出推进大数据共享开放以及创新应用
	2020 年 2 月	中央全面深化改革委员会第十二次会议	提出要打造现代化基础设施体系
创新基础设施	2013 年 2 月	《国家重大科技基础设施建设中长期规划（2012—2030 年）》	提出到 2030 年基本建成运行高效的重大科技基础设施体系
	2019 年 10 月	《高等学校国家重大科技基础设施建设管理办法（暂行）》	提出加强高等学校重大科技基础设施建设

从政策内容来看，大部分政策是针对 5G、大数据中心等信息基础设施建设进行指导和说明，这表明新基建主要是以新一代信息技术为引领，是为了全面提高我国各行各业的信息化、智能化、数字化水平。融合基础设施主要是通过新一代信息技术来补充、完善和改造传统基础设施建设，就目前的政策来看，主要是针对交通基础设施智慧化建设。至于创新基础设施，国家早在 2013 年就对重大科技基础设施的未来发展做出规划，支撑科学研究、技术开发、产品研发的具有公益属性的基础设施同样至关重要。

（2）项目引领发展，新基建复苏“老基建”。在中央大力倡导发展新基建的形势下，各地政府纷纷积极响应，全国多个省市发布了专门针对新基建的政策文件，其中多份文件明确安排了具体项目。

（3）技术应用加快，数字化趋势明显。一方面，我国新一代信息技术逐渐成熟，可为新基建项目提供支持。当前，5G 已进入商用阶段，相关基站技术实现突破，满足商用功能的设备可研发投产；人工智能关键技术如机器学习、语言处理、智能应用日趋成熟，在各领域得到进一步应用；工业互联网则呈现出基础支撑日益完善的趋势；大数据作为国家战略，产业规模连续多年保持两位数的高速增长。新一代信息技术都不同程度地取得突破和日趋成熟，这无疑加速了它们在多方面的应用，随着新业态、新模式的不断涌现，其应用速度和应用范围将进一步提高和扩大。另一方面，随着全国新基建项目的陆续开展，新一代信息技术的应用也日益频繁。网络基础设施是开展其他新基建项目的前提，绝大多数省份将新型网络基础设施作为建设重点。像5G、云计算等新技术得到充分应用，在新基建项目建设过程中将发挥沟通交流、信息聚合、数据共享、资源调配、精准定位等重要作用，数据作为各项技术应用的基础元素，让整个新基建的数字化特征进一步凸显。

第4节　重要的数字基础设施

一、信息网络基础设施

信息技术是现代经济发展的一个重要引擎，信息化已成为中国的国家战略。从消费互联网化到产业互联网化，信息网络已成为人们生产、生活中不可或缺的工具。信息网络基础设施具体可细分为信息基础设施和网络基础设施。

（一）信息基础设施

信息基础设施（information infrastructure）是基础设施的重要组成部分，也是生产、生活中不可或缺的一部分，它所涵盖的范围非常广泛，有为手机提供信号的无线基站，支持电脑上网的固定宽带，还有相关的配套电源、建筑等设施。广义上，信息基础设施指具有承载、处理和传递功能的媒介，包括相应的配套设施。信息基础设施作为基础设施中一个极其重要的组成部分，既具备基础设施的一般特征，又具备区别于一般基础设施的特征。信息基础设施不是某个人或某些人专有的，它属于国家性质的公共资源；信息基础设施可以为全国范围内人们的生产生活提供物质基础，完善的信息基础设施建设能够保障国家的正常运转和经济贸易的繁荣发展，它是一个国家、一座城市发展的必要条件。在实践中，由于信息基础设施建设的投资量较大、投资期较长、投资收益产生较慢，个人投资者很难直接对信息基础设施进行投资，因此多由国家、各级政府参与主要建设。

具体来讲，信息基础设施建设具有以下四个特性：技术要求较高；基础性强；高投入、高回报；带动性。根据这些特性，可总结出信息基础设施建设的相关影响。

（1）信息基础设施建设能够促进经济增长。信息基础设施建设促进多种投入要素在不同区域间流动，在一定程度上会产生分散效应；它也可以加强不同区域之间的经济往来，使资源向某些区域集中，从而促使不同区域产生不同的分工，产生集聚效应。基础设施为经济社会发展提供了必要的物质基础，没有基础设施的发展，经济就不可能长远发展；作为经济活动的原始生产要素投入，基础设施也是不同区域之间实现交流、沟通的物质底层。完善的信息基础设施建设包含两部分：一是全国范围内邮政业务的发展，为居民的生产生活带来了极大的便利；二是信息网络的完善，建立覆盖全世界的通信网络，让人们可以获得全世界的最新信息。

（2）信息基础设施建设促进房地产投资。信息基础设施建设不仅能促进城市的信息化、完善化，而且有利于促进各部分层级间的交流与沟通；信息基础设施的不断完善可加快城市化进程，并且会引起该地区房地产投资的增加。

（3）信息基础设施建设影响的差异化。不同区域的区位、环境、资源禀赋等各不相同，完善的信息基础设施建设可以优化该地区的投资环境，也是区域提高竞争力行之有效的方法。另外，信息基础设施建设拥有巨大的网络外部性。

（4）信息基础设施建设影响的中介效应。影响经济发展的主要原因之一就是地区与地区之间的距离，随着信息技术的不断进步和全国范围内信息基础设施的不断完善，长距离、无延迟的交流成为可能，并且传输成本近似等于零。这打破了地理因素对经济发展的约束，再配置完善的运输机制，经济发展的扩散成为可能，为经济发展不断扩散提供源源不断的外部动力。然而，在实际发展过程中，信息基础设施建设对经济空间布局的影响并不是十分清晰，不一定导致经济空间布局从聚集过渡到分散。

（二）网络基础设施

网络基础设施（network infrastructure）是指支撑计算机网络正常运行的物理性结构，通过软硬件设施搭建的通信信道，在两个或更多端点之间实现连接的网络通信体系。网络基础设施的基本结构包括硬件设施和软件设施两部分。网络基础设施的硬件设施包括终端设备、传输链路以及转接交换设备。网络基础设施的软件设施包括网络协议和网络软件。网络基础设施除了具有基础设施的一般特征外，还具有以下特征：

（1）本地外部效应。网络基础设施作为公共品具有外部效应，如交通基础设施的完善使得人们出行更加便利；良好的交通运输状况可降企业的运输成本，还在一定程度上有助于保障企业有形资产如汽车的耐用性，减少维护成本、提高使用效率、降低故障发生率及延长使用寿命，从而降低营运成本。

（2）集聚效应。完善的网络基础设施改善了地区的投资环境，增强了地区的区位优势，促使其他地区的生产要素向该地区集聚。具体来说，网络基础设施的完善扩大了本地市场规模，降低区域内的交易成本和运输成本，提高企业的资本投资回报率，使资本向该地区流动。生产要素的流入促进地区经济的发展，但这是以其他地区生产要素流出为代价的。集聚效应表现为空间上的负外部性。

（3）网络效应。网络基础设施构成了节点之间、节点与域面之间以及域面之间功能联系的通道，使得地理空间连成一体，促进了区域之间的可达性。网络基础设施的完善会促进各种生产要素、商品的区域间流动及新信息、新技术的区域间扩散，降低区域间的运输成本和信息不对称，从而促进整个市场规模扩大，促使一体化市场形成，进而优化要素配置、改善产业布局，对网络上的所有区域都有积极的影响。网络效应表现为空间上的正外部性。

二、数字技术赋能的传统基础设施

数字技术赋能的传统基础设施是数据收集、交换、存储、处理和传播的先决条件，包括互联网技术、手机和所有其他围绕数据的数字工具。伴随新一代信息技术迭代和传统产业数字化转型升级，传统基础设施在数字技术的赋能下，不断演化形成新型数字基础设施。一般来说，数字基础设施是以信息网络为基础，依托新一代信息技术，围绕数据的收集、存储、处理、计算、传输、应用和安全，为经济社会发展提供支撑的一系列新型基础设施。数字基础设施包括两类：一是信息基础设施；二是融合基础设施。从技术本身来看，数字基础设施主要涵盖 5G、大数据、云计算、人工智能、物联网、区块链等新一代信息技术以及基于这些技术形成的数字平台；从技术应用来看，数字基础设施表现为传统物理基础设施的数字化转型升级。数字基础设施作为一种基础设施，具备基础设施的一般特征，包括基础性、公共性和强外部性。与传统基础设施不同，数字基础设施还具有技术创新性强的特点，范围不断延伸、技术迭代迅速、持续投资需求大、互联互通程度高、安全可靠要求高、对技能和创新人才需求大。由此可见，数字基础设施的核心是各类信息技术和数据。

第 5 节　数字技术引致的产业融合与产业变革

一、数字技术引致的产业融合

学界对产业融合问题的研究持续了近 40 年，然而，因研究视角不同，对产业融合的定义也有所不同。

第一，基于技术融合和数字融合视角，认为产业融合是由技术融合和数字融合引起的产业边界模糊化。

第二，基于产业组织视角，认为产业融合是随着产业边界的模糊化，原本独立的产业和企业之间出现新的竞合关系的过程。

第三，基于产业融合演化过程视角，认为需要经历产品融合、业务融合、市场融合等一系列融合过程，最终实现产业融合。

第四，基于产业进化发展视角，认为产业融合是产业间或产业内不同行业交叉和渗透，形成新产业的过程。

基于以上视角可以看出，对产业融合的认识是一个动态演化过程，数字技术是内部驱动因素，管制放松是外部驱动因素，在两者的共同作用下，先后引起同一产业内不同行业间或不同产业间的产品融合、业务融合、管理融合和市场融合，变革原有企业的竞合关系，并最终导致产业界限模糊，直至重塑产业边界的动态发展过程。

对数字技术引致的产业融合进行分类，可将产业融合分为技术替代型和技术互补型的融合。技术替代型融合是指新技术取代旧技术，使原本独立的产品间具有联系和相关性，并催生新的产业。技术互补型融合是指新旧技术整合的效果比各自独立使用的效果好，整合后的技术催生新的产业。Stiglitz（2002）从技术和产品层面构建产业融合类别分析框架，以技术和产品为出发点将产业融合分为四类：技术替代型、技术互补型、产品替代型、产品互补型，从创新类型、技术机会、累积程度、新进入者威胁、公司策略、联盟情况和案例七个维度对产业融合类型进行了深刻分析，如表 4 - 5 所示。

表 4 - 5　产业融合的类型

维度	技术替代型	技术互补型	产品替代型	产品互补型
创新类型	过程创新	产品创新	产品创新	产品创新
技术机会	高	低	低	高
累积程度 —技术 —需求	 —低 —低	 —高 —低	 —高 —高	 —低 —高
新进入者威胁	高	低	低	高
公司策略	多技术（现有企业） 集中（新进入者）	多样化（现有企业） 集中（新进入者）	集中 多样化	集中
联盟情况 —方向 —动力	 —垂直 —知识创造	 —水平 —知识使用	 —水平 —知识使用	 —水平 —知识使用
案例	机器工具产业	个人数字协助	移动手机	互联网 （PC，线上服务）

数字技术引致的产业融合在催生新产业的同时，改变了微观层面的企业竞合关系，也改变了中观层面的产业绩效、产业结构、产业发展空间、创业创新等的反馈效应，在宏观层面促进了就业和经济增长。从产业层面的视角来看，数字技术引致的产业融合给产业带来了一系列相关效应。

数字技术引致的产业融合有利于降低成本，改善产业绩效。第一，产业融合过程产生的通用资源可以节约动态成本和静态成本。一方面，产业融合促进通用资源的充分使用，降低静态成本；另一方面，通用技术的融合可提高资源的投入产出效率，扩张生产可能性边界，降低动态成本。第二，产业融合造成了企业对市场的替代，从而降低内生交易成本和外生交易成本。一方面，产业融合缩短了生产迂回链条，缩短生产和消费之间的距离，同时可以提高价格、质量的透明度和流程控制力，提升产业间的交易效率，使企业内分工的交易成本显著低于市场分工的交易成本；另一方面，由于产业融合缩短了中间环节的迂回链条，降低了中间交易成本。第三，在产业融合过程中，共同技术的扩散提高了融合产业的技术水平、管理能力，降低了产业间要素生产效率的非均衡度，提高了产业间的配合度与协调度，提升了整体产业绩效。

数字技术引致的产业融合带来了相关产业结构优化升级效应。第一，从产品结构和行业结构来看，产业融合表现在数字技术对传统产业的渗透，提高了传统产业的生产效率，而生产效率的提升表现为产出水平的提升或新产品和新服务的出现及增长。第二，从产业结构来看，产业融合过程既促进了高利润、高效率的新产业成长和发展，又导致无竞争力的旧产业衰落或消亡。在发展过程中，生产要素从低效率产业流向高效率产业，不断强化新产业的地位和作用，必然实现经济社会整体产业结构的优化升级。第三，从资源禀赋结构来看，产业融合的前提是数字技术和数据资源等要素在传统产业中的应用，意味着资源禀赋结构的优化。第四，从资源优化配置来看，一方面，在产业融合过程中必然出现不同产业间存在通用资源的现象，有效降低成本，提高资源配置效率；另一方面，在产业融合过程中对新兴资源和增量资源的使用推动产业结构优化升级。例如，数字技术和数据资源在传统产业中从非资源或非重要资源转变为核心资源，推动产业融合，促进更大范围的资源优化配置，推动产业结构优化升级。

数字技术引致的产业融合带来了产业发展空间效应。第一，产业融合促进新产品和新服务的供给，扩展了产业的供给市场容量，吸引更多的市场参与者进入，促进新兴产业的出现与成长，扩展产业发展空间；新产品和新服务能够更好地满足消费者多样化的需求，引领未来的需求发展趋势，提高产业竞争力。第二，产业融合将原本独立的产业价值链部分或完全融合，创造出新的产业价值链。新产业价值链较原产业价值链具有更大的附加值和利润空间，提高产业竞争力，为产业发展创造空间。第三，提高产业竞争力可以使产业内企业实现更高的市场份额和更多的资源积累，为推动产业进一步发展创造物质基础。

数字技术引致的产业融合带来了产业创新优化效应。第一，技术创新效应。新技术在产业间的持续广泛应用，建立了产业间的共同技术基础，改变产业结构布局，为从一个产业向另一个产业的过渡创造条件，从而实现产业创新。第二，竞合效应。产业融合改变了传统的竞争规则与竞争环境，企业需要进行竞合关系的战略调整以适应新环境和新规则，保持竞争优势。第三，组织结构创新效应。一方面，产业融合促使市场机构随着企业之间竞合关系的变化不断调整并趋于合理，实现组织结构创新效应；另一方面，数字技术引致的产业融合必将引起企业之间和企业内部的调整与创新，实现组织结构创新效应。第四，市场结构创新效应。产业融合将会导致市场结构的深刻变革。一方面，产业融合创造的市场机会将吸引新企业进入，增加产业内的企业数量，降低产业的市场集中度；另一方面，随着需求趋势的转变，标准化的大批量生产逐渐被个性化的定制生产替代，企业需要由规模经济战略调整为范围经济战略，推动企业间并购等行为，减少产业内的企业数量，提高产业的市场集中度。产业融合在看似矛盾的运动过程中实现规模报酬与竞争活力的平衡，创造新的有效竞争的市场结构。在技术创新效应、竞合效应、组织结构创新效应和市场结构创新效应的共同作用下，实现产业创新优化效应。

二、数字技术引致的产业变革

产业变革又称工业革命，被定义为引发社会整体经济形态与产业结构变革的进程。一般来讲，科学革命是技术革命的基础与理论前提，科学革命一般不会直接引发产业变革。技术革命则能够直接对生产力与生产方式产生影响，成为产业变革的直接驱动力。产业变革是战略管理领域的重要内容。

在“工业 4.0”的启发下，国际社会将新科技革命驱动下的产业变革更普遍地表述为“第四次工业革命”，这一概念的首创者——世界经济论坛执行主席克劳斯·施瓦布（Klaus Schwab）认为当前正处在“第四次工业革命”的开端，它建立在数字革命的基础上，结合了各种各样的技术，以指数级的发展速度给经济、商业、社会和个人带来前所未有的改变和颠覆性的变革。“第四次工业革命”以信息技术创新为核心，衍生出由大数据、云计算、物联网、移动互联网、3D 打印、机器人和人工智能等共同组成的数字技术创新集群。它以知识、信息、沟通和数据为中心，数字化信息已成为战略性资源，网络已成为整个经济社会的组织原则。产业变革包含质量变革、效率变革和动力变革三方面的内容。产业质量变革是以提升产品、服务质量为基础，从产业发展理念、目标、制度等领域进行全方位变革，彻底摒弃重数量、铺摊子、低端化等倾向，最终形成产品与企业溢出价值，提升产业乃至国家经济竞争力。产业效率变革是以提升企业效率为基础，通过引进技术、完善企业管理、破除效率制约因素，以既定的投入获取最大的产出，提升产业发展效率。产业动力变革是把各种能够激发、引起和驱动某种产业萌芽、发展和壮大的力量要素进行集成。

数字技术引致的产业变革可以用变革的速率、变革的动荡性和变革的量级来衡量。

（1）变革的速率（产业变量变化的频率和间隔）。变革的速率分为三个方面，即产品时速、工艺时速和组织时速。产品时速，反映新产品引入和退出市场的速率。举例而言，航空业是一个慢时速产业，因为现有企业每十年才能出现一两个新产品。相反，电影产业每年能生产数十部新电影，被视为快时速产业。工艺时速，反映一个产业中工艺技术更新的速率。例如，半导体产业的变革速率非常快，这源于工艺技术的频繁更新。半导体企业投资数十亿美元建立晶圆厂，但只能期望这个工厂年内不落后。相反，汽车产业的变革速率非常慢，因为工艺技术的更新非常缓慢。汽车企业投资数亿美元建立的发动机或汽车组装厂，至少要等多年才可能产生可观的现金流。组织时速，反映一个产业中现有企业战略行动的变化速率。这可能涉及企业的收购、兼并、内部扩张、跨组织联盟和结构重组、高管变动。总体而言，产品时速、工艺时速和组织时速反映了产业层面的变革速率，这是基于产业中现有企业的行动总和。

（2）变革的动荡性（产业变量变化的不可预测性和多样性）。这反映了产业环境的动荡程度或稳定程度。德斯和比尔德（Dess & Beard，1984）归纳了环境的三个维度——宽松度、复杂性和动荡性，并提出了环境动荡性的定义。环境动荡性指的是环境变化无固定的模式可循以及不可预测性等，这会对管理者预测未来趋势及管理企业的能力产生影响。产生环境动荡性的原因可能是环境要素的连接程度不确定，产业中的创新和变化难以预知，以及对竞争者和消费者行为预测的不确定性。随着产业经济的演进，环境动荡性会因为环境要素连接程度不确定性的增加而增加。环境动荡性被认为是产业变革中一个非常重要的方面，会引发企业对环境的适应能力机制问题。在企业对外直接投资的过程中，企业的战略决策需要和感知到的环境相匹配。

（3）变革的量级（变革的程度或变革的大小）。这又称产业震级，指产业内部要素推动（如技术进步）所带来的产业影响和影响程度。产业震级概念指出产业的变革犹如地震，给产业发展带来不同量级的冲击，体现在影响及其程度上。产业震级越高，则影响越大；产业震级越低，则影响越小。具体表现为渐进性创新与激进性创新，或者技术连续性与技术不连续性。产业震级主要体现在两个方面：一个是产业内技术变革的情况；二是产业内规制变革的情况。

这三个方面代表产业变革的不同情境，它们之间有显著的区别。变革的速率是指变革的快慢，而不是变革的动荡性和变革的量级。举例来说，电路板产业和半导体产业都具有很高的变革速率，但半导体产业的变革是可预测的和渐进的，符合业界的摩尔定律，电路板产业却因为一项不连续的技术改进——表面贴装技术，经历了巨大的变革。因此，半导体产业经历了高的变革速率、低的变革动荡性和变革量级，而电路板产业经历了高的变革速率、高的变革动荡性和变革量级。

// 基本概念 //

数字技术（digital technology）
颠覆性技术（subversive technology）
通用目的技术（general purpose technology）
数字基础设施（digital infrastructure）
产业融合（industrial integration）
产业变革（industrial reform）

// 讨论题 //

1. 请解释数字技术的概念与基本特征。
2. 请辨析通用目的技术与颠覆性技术的异同。
3. 请列举几项你较为熟悉的数字技术，并说明其构成和应用场景。
4. 请简述数字基础设施的概念和基本特征。
5. 请列举你较为熟悉的数字基础设施，并概述其基本构成。
6. 请比较数字技术引致的产业融合和产业变革的异同。

// 第5章 //

平台经济

学习目标

1. 理解平台的定义与特性，了解平台的发展现状及分类。

2. 认知工业互联网平台的含义、体系、生态和典型案例，了解各国的工业互联网战略。

3. 认知平台竞争中出现的垄断现象及其成因，了解各国平台反垄断的相关规定与典型案例。

导　言

平台经济是数字经济的主导业态，它带来了全球商业和贸易模式的巨大变革。当今全球市值前十大企业几乎全都采用了平台化运营模式，如亚马逊、脸书、腾讯、阿里巴巴，这些数字平台巨头已成为全球影响力巨大的重要经济实体。平台企业深入渗透到人们生活的方方面面，可以说每个人每天都会用到平台。2021年3月，习近平总书记主持召开中央财经委员会第九次会议，用两个“有利于”和一个“有助于”概述平台经济的巨大作用：“平台经济有利于提高全社会资源配置效率，推动技术和产业变革朝着信息化、数字化、智能化方向加速演进，有助于贯通国民经济循环各环节，也有利于提高国家治理的智能化、全域化、个性化、精细化水平。”我国“十四五”规划的“加快数字化发展　建设数字中国”篇章提出“促进共享经济、平台经济健康发展”和“在重点行业和区域建设若干国际水准的工业互联网平台和数字化转型促进中心”。

平台经济的核心是什么？它与传统商业模式有何本质上的不同？它为何能够征服世界？本章安排了以下内容：(1) 平台经济理论；(2) 平台商业模式；(3) 平台垄断与治理。

第 1 节　平台经济理论

一、平台的含义

“集也者，聚也，聚东西南北之人于一方，以所有易所无，犹市也，故曰集市。”在手工业和农业分离后，由于部落之间、农业生产者与手工业者之间的产品交换次数增多，交换的规模和范围扩大，由原始的、偶然的交易场所逐步形成有固定交易时间和地点的集市。这种定期聚集进行的产品交易形式很早就出现了，是今天我们所称“平台”的前身。平台并不限于今天人们所熟知的互联网平台。信用卡、电脑操作系统、购物广场、房产中介、婚姻介绍所，都是一种平台。

直到 21 世纪，平台借助数字技术才快速发展为一种新兴经济形态，采用平台化运营模式的企业迅速崛起为全球商业巨头。那么，今天的互联网平台与传统的平台有何本质上的不同？

首先，我们需要了解及回顾一些基础定义。

网络效应：也称网络外部性，当一群用户彼此连接形成一个网络，该网络每新增一个用户，都对网络中的其他用户产生影响。

同边（直接）网络效应：受到网络效应影响的用户属于同一组或同一类角色，例如某产品或服务的消费者属于一组，而生产者属于另一组。

双边（间接）网络效应：一组用户（如卖家）的效用取决于另一组用户（如买家）的效用。

平台：当一个存在网络效应的市场可以有效地管理在其中交易（或互动）的不同组用户时，即是一个平台。

案例 5－1　爱彼迎

互联网平台与传统平台关键的相同点有两个：一是它们都聚集了不同的经济主体，并为之提供互动或交易的场所；二是网络效应是它们成功的核心。（让我们以最早的共享住宿 App——爱彼迎为例进行分析，参见二维码内容。）

二、平台的特性

（一）价格结构的不对称性

平台能够对不同组用户实施不同的价格策略，价格策略会影响各组用户的交易意愿，以及他们从交易中获得的剩余，从而影响交易量。卖方不能将平台对其收取的费用完全转嫁给买方。平台对不同组用户收取的不同价格构成了价格结构，这种价格结构是不对称的。

例如，信用卡中心会对商家按笔收取交易费，而对消费者收取年费；美团等平台对商家的收费方式包括收取年费、按营业额比例收费等，远高于对买家就每笔交易收取的少量费用。

让我们以一个简单的数学模型[1]来说明这一点。

假设一个垄断平台上有买卖双方，分别以 B 表示买方、S 表示卖方。买卖双方在平台上进行交易，产生经济价值。买方和卖方都是异质的，他们从每笔交易获得的毛剩余 b^B 或 b^S 各不相同。平台的交易边际成本为 $c>0$。为简单起见，假设没有固定成本，平台也不收取固定费用。买卖双方的需求都只取决于平台收取的价格 p^B 和 p^S。

如何体现网络效应？任意一个买方的剩余 $(b^B-p^B)N^S$ 和卖方数量 N^S 有关。定义买方的"准需求函数"为：

$$N^B=Pr(b^B\geqslant p^B)=D^B(p^B) \tag{5-1}$$

即当买方获得的毛剩余大于等于价格时，买方就会进行交易，卖方也一样。买方的"准需求"是价格 p^B 的函数，与卖家数量无关。同样，令卖家的"准需求函数"为：

$$N^S=Pr(b^S\geqslant p^S)=D^S(p^S) \tag{5-2}$$

卖家的"准需求"是价格 p^S 的函数，与买家数量无关。

定义"准需求函数"是为了体现平台上的实际需求取决于买卖双方的决定。为简单起见，用买卖双方的数量表示需求。总需求（总交易量）就是买卖双方需求的乘积：$D^B(p^B)\times D^S(p^S)$。

垄断平台追求利润最大化：

$$\max_{p^B,p^S}\pi=(p^B+p^S-c)D^B(p^B)D^S(p^S) \tag{5-3}$$

假设 D^B，D^S 是对数凸函数，则 π 也是，因此，由一阶导数可以求解极值。由一阶条件得到：

$$(D^B)'D^S=D^B(D^S)' \tag{5-4}$$

上式说明了使平台利润最大化的价格结构中买卖双方价格的关系。令双方"准需求"弹性分别为 $\eta^B=-\dfrac{p^B(D^B)'}{D^B}$，$\eta^S=-\dfrac{p^S(D^S)'}{D^S}$，则由一阶条件可以得到：

$$p^B+p^S-c=\frac{p^B}{\eta^B}=\frac{p^S}{\eta^S} \tag{5-5}$$

上述简单模型证实了平台对双方的定价是不对称的，且双方价格之比等于双方"准需求"弹性之比。

（二）多归属

用户可能同时使用多个平台，这被称为"多归属"（multi-homing），相对地，如果用户只使用一个平台，则称为"单归属"（single-homing）。当不同组用户的归属不同时，对平台的市场势力和竞争策略有很大的影响。当一边的用户单归属（例如消费者），而另一边的用户多归属（例如生产者），如果多归属用户希望和单归属用户进行交易，就必须选择单归属用户使用的平台。因此，这个平台就拥有了垄断力量，从而导致平台对多归

---

① 本模型来自 Rochet 和 Tirole (2003)。

属用户收取更高的费用，从社会最优的角度而言，多归属一方受损。另外，平台必须为获得单归属用户而竞争，于是，从多归属用户处获得的高利润将用于补贴单归属用户，通常以低价甚至免费的形式。这被称为“竞争瓶颈”现象。

例如，美团和饿了么的商家通常是在两个平台都挂牌，也就是多归属用户；消费者通常倾向于只使用一个平台，也就是单归属用户。平台向商家收取较高的费用，而给消费者提供各种优惠券和红包作为补贴。

（三）市场倾覆

在互联网平台中，我们常见到“赢者通吃”的现象，例如谷歌、百度、脸书、微信等都是在某个市场一家独大。由于网络效应的强大作用，特别是存在强大的双边网络效应时，长期来看，用户将从网络效应较小的平台转移到网络效应较大的平台，从而使得网络效应较大的平台获得完全的市场份额，最终市场上只存在一个垄断平台，这就是“市场倾覆”。此外，大数据驱动的学习效应，以及提高转移成本、引致单归属、签订独家合同等手段，都会提高进入壁垒，强化平台的在位优势，加剧市场倾覆。降低市场倾覆程度的方法包括提高转移成本、平行差异化、提高兼容性、允许多归属等。

就社会福利而言，市场倾覆往往会带来短期的正收益，包括正向网络效应、规模经济和范围经济、用户得到补充服务等。然而，从长远来看，社会福利将会受损，包括质量的降低、缺乏创新，并且平台可以收取更高的垄断价格。

三、平台竞争

在市场经济中，市场参与者倾向于追求效率与公平，而将竞争作为经济活动的润滑剂和调节器。对于某些固定成本很高的市场，垄断的市场结构能更好地调节公平与效率的关系。但是在数字市场中，由于内容很容易复制和传播，存在越来越大的规模报酬，与传统网络行业相比固定成本较低，且边际成本接近零，因此价格和边际成本的关系可能会被扭曲。从该角度而言，平台间的竞争是建立在需求之上的竞争。在竞争中，网络效应会发挥非常重要的作用：同一群体内用户规模越大，则群体内用户在平台上参与经济活动所能获得的效用或收益就越大；与之匹配的用户规模越大，则他们参与经济活动所能获得的效用或收益也就越大。在网络效应的作用下，若用户转移成本不大或为零，则会产生市场倾覆。因此，在平台经济中，垄断不再基于高的固定成本或供给方面的其他原因，而是基于需求。考虑到消费者进出且企业吸引消费者加入网络的价格竞争模型，可以把市场倾覆看作一个动态过程，也即市场竞争期和强网络效应平台主导期的交替。因此，在动态市场的基础上，市场倾覆并不会产生垄断的市场结构。

如果某些平台提供的产品或服务的差异性大或者可以满足部分特殊群体的需求，那么即使这些平台所能产生的网络效应有限，也能在市场中存活，并与现有平台竞争。用户的多归属也能加剧平台之间的竞争，当用户多归属时，用户在不同平台参与经济活动所获得的收益要远远大于只在单个平台上参与经济活动所获得的收益，网络效应也得到极大的增强。此外，平台采取不同的商业模式也可以防止市场倾覆，从而避免出现垄断的市场结构。

当平台之间的竞争使得具有强大网络效应的焦点平台形成时，焦点平台所具有的优势使得用户在面临不确定性时将其作为第一选择。由此产生的问题是，焦点平台具有在位优势时，这种优势是否会一直伴随着焦点平台或者焦点平台是否会被其他平台替代？答案是可能被替代。颠覆性的创新为新平台提供了进入市场的机会，其他平台可以通过技术变革、商业模式创新、分而治之和跨平台竞争等策略削弱焦点平台的优势或推翻现有的焦点平台。

第 2 节　平台商业模式

一、平台经济的发展[①]

随着新一轮科技革命和产业变革的推进，平台经济崛起成为不可阻挡的历史潮流，在这一过程中中国的平台经济发展取得了巨大成就。总体而言，平台经济在全球的基本情况是“三分天下”，即美国、中国和其他，中美是全球平台经济发展的双引擎。

（一）全球的发展趋势

1. 全球平台经济逆势高速增长

中国信息通信研究院的相关数据显示，截至 2020 年 12 月 31 日，全球市值超 100 亿美元的数字平台企业为 76 家，市值总额约 12.5 万亿美元（见图 5－1），同比增速高达 57%。其中，Top 10 平台企业的平均增长率高达 55.4%，对总体增长的贡献率达 71.6%，是带动平台企业市值增长的主要来源。新增平台企业市值规模合计达 3 000 亿美元。

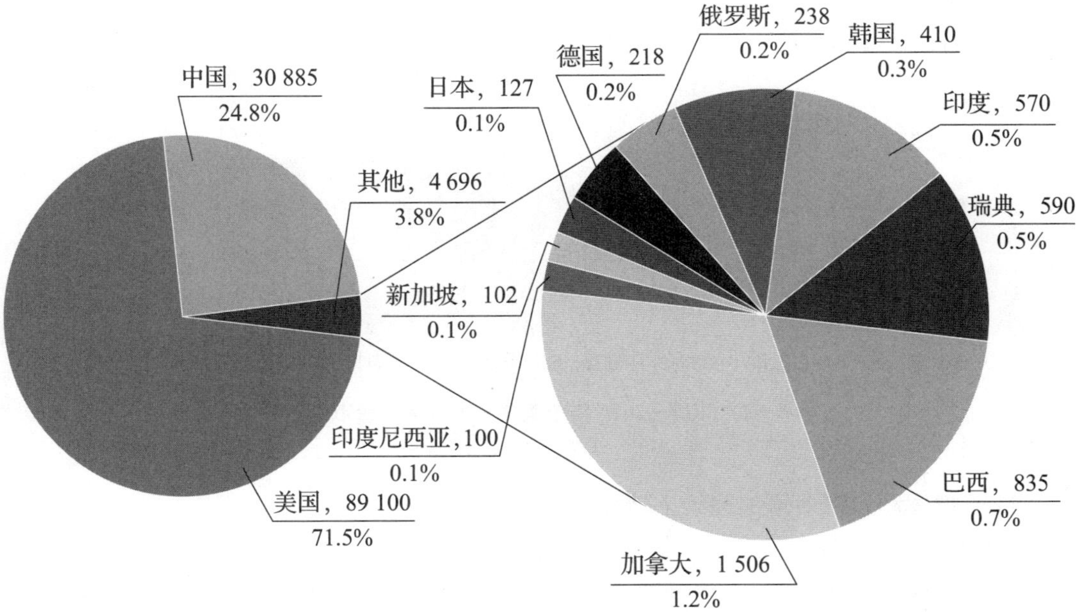

图 5－1　2020 年各国数字平台市值（亿美元）及其占比（市值在 100 亿美元以上）

资料来源：中国信息通信研究院.

① 本部分数据来源于中国信息通信研究院《平台经济与竞争政策观察（2021 年）》。

2. 中美是全球平台经济的双引擎，中国在数量上更多，美国在规模上更大

从平台数量来看，截至 2020 年 12 月 31 日，中国有 36 家大型数字平台，与 2019 年相比增加 9 家，主要涉及电子商务、在线教育、在线医疗、数字媒体和物流等领域。美国有 28 家大型数字平台。从大型数字平台市值规模来看，中美两国企业占据了全球总量的 96.3%。其中，美国大型数字平台总市值达 8.9 万亿美元，占全球总量的 71.5%；中国大型数字平台总市值约 3.1 万亿美元，占全球总量的 24.8%。

3. 头部平台发展势头强劲，中美差距不断扩大

自 2017 年至 2020 年 12 月 31 日，全球市值 Top 10 企业中有 7 家是平台企业，分别是苹果、微软、亚马逊、谷歌和脸书以及腾讯和阿里巴巴。截至 2020 年 12 月 31 日，7 家平台企业的总市值达到 8.87 万亿美元，同比增长 49.3%。从市值变化来看，除阿里巴巴受到反垄断负面调查市值大幅下跌外，其余几家平台企业的市值在 2020 年快速增长。其中，亚马逊的市值增长率高达 77.7%，苹果、腾讯、微软都实现了超过 40%的市值增长，脸书和谷歌的增长率也保持在 30%左右的较高水平。目前，Top 10 平台完全被中国和美国垄断，Top 20 平台有 18 家是中国和美国企业，其中美国有 11 家、中国有 7 家。然而，从价值规模来看，中美头部平台的差距在不断扩大（见图 5－2）。

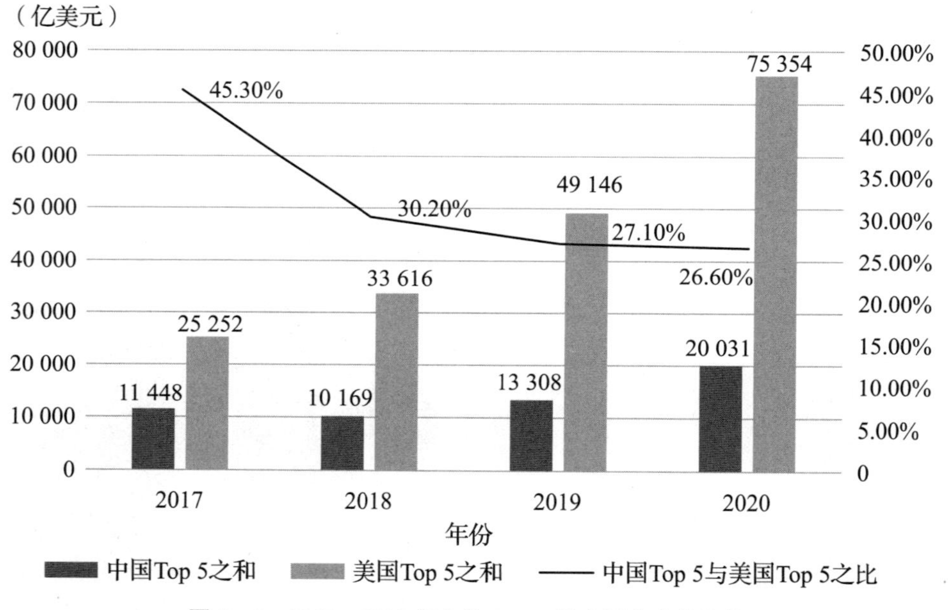

图 5－2　2017—2020 年中美 Top 5 数字平台市值比较

资料来源：中国信息通信研究院.

4. 疫情驱动经济活动加速线上转移

分领域来看，电商平台数量最多，市值在 100 亿美元以上的电商平台多达 18 家，是平台经济最为活跃的领域。数字媒体（10 家）、金融科技（8 家）、社交网络（8 家）、本地生活（8 家）等领域的平台数量也较多，是平台经济发展的重点领域。在疫情冲击和数字技术的带动下，在线教育、医疗健康等领域迎来了发展的黄金时期，呈现出大型平台企业引领的格局。从市值变化来看，医疗健康领域增速最快，高达 716%；其次是在线教育，增速达 146%；再次是本地生活，增速达 98.5%；此外，电子商务在较大体量的基础上仍然实现了72.7%的高速增长。

(二) 中国的发展态势

1. 我国平台经济保持快速发展态势

截至2020年底，我国市值超10亿美元的数字平台达197家，较2015年新增了133家。从市值规模来看，2015—2020年，我国市值超10亿美元的数字平台总市值由7 702亿美元增长到35 043亿美元（见图5-3），年均复合增长率达35.4%，尤其是在2020年全球经济低迷的背景下，实现了56.3%的超高速逆势增长。

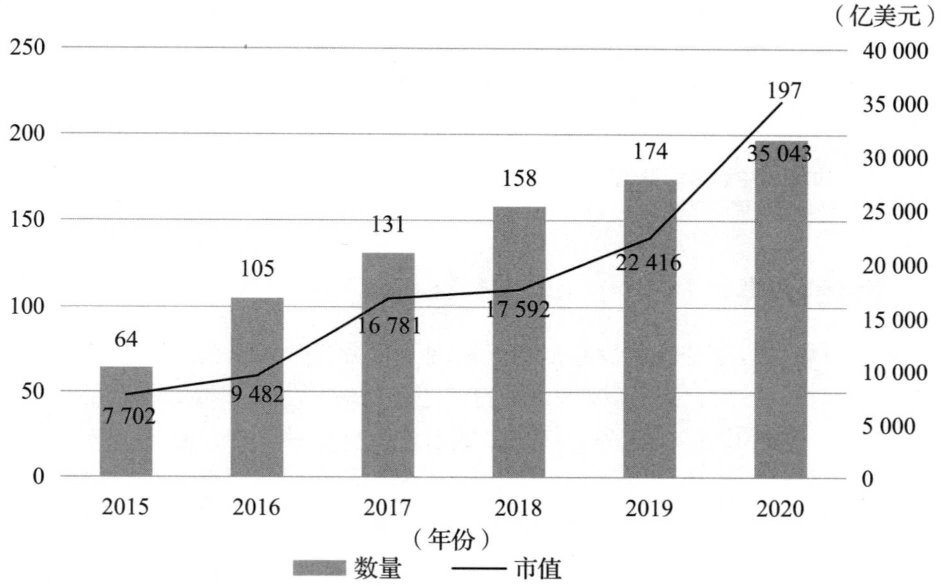

图5-3 2015—2020年中国数字平台的数量和市值变化情况（市值在10亿美元以上）

资料来源：中国信息通信研究院.

2. 各领域平台经济都展现出巨大活力

从平台数量来看，电商平台最多，占全部市值超10亿美元平台数量的1/4，电子商务是平台经济领域占据主导性的行业；在线教育、金融科技、数字媒体、本地生活、物流等领域平台均超过20家，发展较为活跃。从市值占比来看，电子商务和社交网络处在第一梯队，其次是本地生活、金融科技和数字媒体（见图5-4）。从发展趋势来看，医疗健康、本地生活、在线教育发展最为迅速，市值增长率均超过100%；电子商务、物流、社交网络、搜索引擎、金融科技等领域也保持高速发展，增长率均在40%以上。

3. 我国平台经济典型领域呈现集中格局

平台经济具有较强的网络效应和规模效应，使得平台间竞争的“马太效应”凸显，用户和数据资源加速向少数头部平台集中，各细分领域集中化和寡占化现象极为普遍。从细分领域来看，即时通信、移动支付、游戏直播、搜索引擎、网络音乐、网上外卖、电商直播等市场中前四家企业的市场份额均超过90%，综合视频、网约车、网上零售、娱乐直播等市场中前四家企业的市场份额在80%以上，市场高度集中。

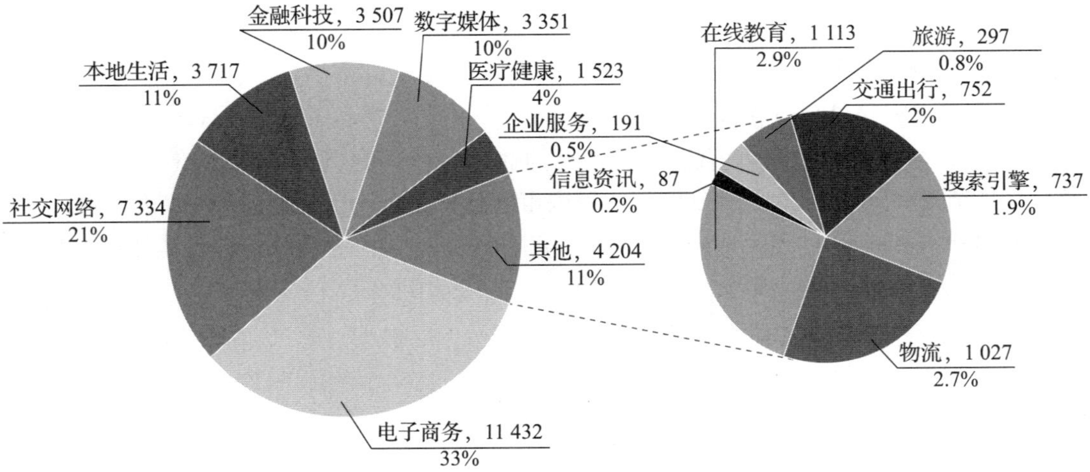

图 5-4 2020 年中国各领域数字平台市值（亿美元）及其占比（市值在 10 亿美元以上）

资料来源：中国信息通信研究院.

二、平台的分类

根据国家市场监督管理总局发布的《互联网平台分类分级指南（征求意见稿）》（下称《指南》），对平台进行分类需要考虑平台的连接属性和主要功能。平台的连接属性是指通过网络技术把人和商品、服务、信息、娱乐、资金以及算力等连接起来，由此使得平台具有交易、社交、娱乐、资讯、融资、计算等各种功能。因此，依据平台的连接对象和主要功能，可以分为网络销售类平台、生活服务类平台、社交娱乐类平台、信息资讯类平台、金融服务类平台、计算应用类平台六类，见表 5-1。

表 5-1 平台分类

平台类别	连接属性	主要功能
网络销售类平台	连接人与商品	交易功能
生活服务类平台	连接人与服务	服务功能
社交娱乐类平台	连接人与人	社交娱乐功能
信息资讯类平台	连接人与信息	信息资讯功能
金融服务类平台	连接人与资金	融资功能
计算应用类平台	连接人与能力	网络计算功能

网络销售类平台连接的是人与商品，主要功能包括提供销售服务、促成双方交易、提高匹配效率等，包括但不限于综合商品交易类平台、垂直商品交易类平台和商超团购类平台三个子类别，见表 5-2。

生活服务类平台连接的是人与服务，主要功能包括提供出行旅游、配送、家政、租房买房、子女教育等服务，包括但不限于出行服务类平台、旅游服务类平台、配送服务类平台、家政服务类平台、房屋经纪类平台五个子类别，见表 5-3。

表5-2　网络销售类平台

平台类别	子类别	定义
网络销售类平台	综合商品交易类平台	专门或者主要从事提供衣帽鞋靴、箱包饰品、数码电器、食品洗护等各类商品的综合平台
	垂直商品交易类平台	专门或者主要从事某一类型产品交易的平台，具有精准的差异化定位和独特的品牌附加值
	商超团购类平台	专门或者主要从事供给蔬菜水果、肉蛋水产、粮油调料、酒水饮料、日用百货等生活用品，并提供团购等配送服务的平台

表5-3　生活服务类平台

平台类别	子类别	定义
生活服务类平台	出行服务类平台	专门或者主要从事提供出行相关服务的平台，如共享单车、打车软件、公交地铁查询软件等
	旅游服务类平台	专门或者主要从事招徕、接待游客并为其提供交通、游览、住宿、餐饮、购物、文娱等服务的平台，如旅游定制、门票购买、酒店预订等
	配送服务类平台	专门或者主要从事外卖、物流等服务的平台，如外卖送餐、同城配送、快递配送等
	家政服务类平台	专门或者主要从事保姆、护理、保洁、家庭管理等家政服务的平台
	房屋经纪类平台	专门或者主要从事房地产销售、租赁的平台，包括房屋买卖、房屋租赁等

社交娱乐类平台连接的是人与人，主要功能包括社交互动、游戏休闲、视听服务、文学阅读等，包括但不限于通信类平台、游戏休闲类平台、视听服务类平台、直播视频类平台、短视频类平台、文字类平台六个子类别（见表5-4）。

表5-4　社交娱乐类平台

平台类别	子类别	定义
社交娱乐类平台	通信类平台	专门或者主要从事即时传递文字讯息、档案和提供语音与视频交流服务的平台
	游戏休闲类平台	专门或者主要从事游戏运营和推广的平台，包括网页游戏、个人计算机（PC）端游戏、手机游戏等
	视听服务类平台	专门或者主要从事供给各类多媒体资料的平台，包括歌曲、电影等
	直播视频类平台	专门或者主要从事利用互联网及流媒体技术进行直播的平台

续表

平台类别	子类别	定义
社交娱乐类平台	短视频类平台	专门或者主要从事几秒到几分钟不等的短视频内容推送的平台，包括技能分享、幽默搞怪、时尚潮流、社会热点、街头采访、公益教育、广告创意、商业定制等主题
	文字类平台	专门或者主要从事网络文学、数字出版物等主要电子阅读产品的平台，包括文学、社科、教育、时尚等内容

信息资讯类平台连接的是人与信息，主要功能包括提供新闻资讯、搜索服务、音视频资讯内容等，包括但不限于新闻门户类平台、搜索引擎类平台、用户内容生成（UGC）类平台、视听资讯类平台和新闻机构类平台五个子类别，见表 5-5。

表 5-5　信息资讯类平台

平台类别	子类别	定义
信息资讯类平台	新闻门户类平台	专门或者主要从事提供新闻信息、娱乐资讯等互联网信息资源并提供有关信息服务的平台
	搜索引擎类平台	专门或者主要从事对在互联网上采集的信息进行组织和处理后，为用户提供检索服务，并将检索到的相关信息展示给用户的平台
	用户内容生成（UGC）类平台	专门或者主要从事便利用户将自己的原创内容上传到互联网或提供给其他用户的平台
	视听资讯类平台	专门或者主要从事广播电台、音频分享等的平台
	新闻机构类平台	专门或者主要从事新闻采集、制作、发布、经营等的平台

金融服务类平台连接的是人与资金，主要功能包括提供支付结算服务、网络贷款服务、金融理财服务、金融资讯和证券投资服务等，包括但不限于综合金融服务类平台、支付结算类平台、消费金融类平台、金融资讯类平台、证券投资类平台五个子类别，见表 5-6。

表 5-6　金融服务类平台

平台类别	子类别	定义
金融服务类平台	综合金融服务类平台	专门或者主要从事为小微企业和个人消费者提供普惠金融服务等的综合平台
	支付结算类平台	专门或者主要从事提供互联网支付、移动电话支付等支付服务的平台
	消费金融类平台	专门或者主要从事向消费者提供消费贷款的现代金融服务平台

续表

平台类别	子类别	定义
金融服务类平台	金融资讯类平台	专门或者主要从事为用户提供行情报价、金融数据、财经信息、分析工具、组合管理等服务的综合性金融资讯平台
	证券投资类平台	专门或者主要从事为金融机构提供整体的互联网技术（IT）解决方案和服务、为个人投资者提供财富管理工具等的金融服务平台

计算应用类平台连接的是人与计算能力，主要功能包括进行信息管理和云计算，提供网络服务等，包括但不限于智能终端类平台、操作系统类平台、手机软件应用商店类平台、信息管理类平台、云计算类平台、网络服务类平台、工业互联网类平台七个子类别，见表 5－7。

表 5－7　计算应用类平台

平台类别	子类别	定义
计算应用类平台	智能终端类平台	专门或者主要从事数据通信设备、信息系统、智能系统、无线数据产品等终端产品的开发、生产、销售、技术服务等的平台
	操作系统类平台	专门或者主要从事移动操作系统、分布式操作系统等操作系统的研发、生产、销售等的平台
	手机软件应用商店类平台	专门或者主要从事分析、设计、编码、生成 App 软件的平台
	信息管理类平台	专门或者主要从事企业资源计划（ERP）管理软件、财务系统、IT 资讯等企业管理软件研发、技术服务等的平台
	云计算类平台	专门或者主要从事为企业提供云计算服务的平台，包括提供基础设施即服务（IaaS）、平台即服务（PaaS）、软件即服务（SaaS）等的平台
	网络服务类平台	专门或者主要从事域名系统（DNS）、动态主机配置协议（DHCP）、Windows 网络名称服务（WINS）、文件传输协议（FTP）、远程登录服务标准协议（Telnet）等的平台
	工业互联网类平台	专门或者主要从事平台设计、智能制造、网络协同、个性定制、服务延伸、数字管理等的平台

三、工业互联网平台

“工业互联网”的概念最早是由通用电气于 2012 年提出的，随后其联合美国电话电报公司、思科、IBM 和英特尔 4 家 IT 巨头组建了工业互联网联盟（IIC），将这一概念推广开来。

2021 年 3 月，《中华人民共和国国民经济和社会发展第十四个五年规划和 2035 年远景目标纲要》发布，提出积极稳妥发展工业互联网，并将工业互联网作为数字经济重点产业，打造自主可控的标识解析体系、标准体系、安全管理体系，加强工业软件研发应用，培育形成具有国际影响力的工业互联网平台，推进“工业互联网＋智能制造”产业生态建设。

（一）工业互联网的内涵

工业互联网是新一代信息技术与工业经济深度融合的新型基础设施、应用模式和工业生态，通过实现人、机、物、系统等的全面连接，构建起覆盖全产业链、全价值链的全新制造和服务体系，为工业乃至产业数字化、网络化、智能化发展提供实现途径，是第四次工业革命的重要基石。

工业互联网不是互联网在工业领域的简单应用，它具有丰富的内涵和外延。工业互联网以网络为基础、以平台为中枢、以数据为要素、以安全为保障，既是工业数字化、网络化、智能化转型的基础设施，又是互联网、大数据、人工智能与实体经济深度融合的应用模式，还是一种新业态、新产业，将重塑企业形态、供应链和产业链。

当前，工业互联网融合应用向国民经济重点行业广泛拓展，形成平台化设计、智能化制造、网络化协同、个性化定制、服务化延伸、数字化管理六大新模式，赋能、赋智、赋值作用不断显现，有力地促进了实体经济提质、增效、降本与绿色、安全发展。

工业互联网正在驱动工业制造和信息化的深度融合，在优化全产业链、全要素、全价值链资源配置，以及提升效率、融合创新和商业模式重构方面发挥重要的作用。一是通过工业互联网平台降低生产成本，提升产品质量，提高劳动生产率，实现卓越运营。二是实现产品和服务的创新，如通过工业互联网平台实现服务化延伸，由传统的产品销售模式向产品＋服务的模式转变，从而提升企业竞争力。三是重新定义工业生产关系与组织方式，平台生态的构建打破了企业之间的边界，实现生产方式的解构和重构。如通过平台连接各个工厂，这些连接起来的工厂形成平台的“虚拟工厂”，平台接到订单后可以根据不同工厂的生产能力进行订单分配和管理，实现“共享工厂”。

国内建立工业互联网平台的主要有四类企业，即传统制造业企业、工业设备提供商、工业软件企业、信息通信企业，这四类企业主要凭借自身优势从工业知识与信息技术两个方向切入工业互联网平台。互联网企业及通信企业构成的信息通信企业主要发挥其 IT 优势，将已有的云平台向工业领域延伸，构建包括边缘层、IaaS 层及通用 PaaS 层的工业互联网平台。工业软件企业、工业设备提供商及传统制造业企业均是基于工业领域知识、经验构建工业互联网平台。规模大的企业具备构建完整的工业互联网平台架构的能力，中小型企业通常选择在信息通信企业建立的通用 PaaS 之上构建具备特定功能的工业互联网平台。

（二）各国的工业互联网战略

美国：政府鼓励＋大企业带动。美国政府没有设立专门的工业互联网推进机构，而是由许多有政府背景或获联邦财政资助的机构在推动工业互联网发展。2014 年 3 月，美国电话电报公司、思科、通用电气、英特尔和 IBM 宣布成立工业互联网联盟（IIC），通过大企业来带动越来越多的企业成员采用工业互联网技术。这标志着工业互联网进入模式应用推广阶段。美国联邦政府资助建立“数字化制造与设计创新研究所”，启动“数字化制造公共平台”作为数字化制造的开源软件平台，鼓励中小创新机构、创业者和创客等针对不同制造业领域开发软件解决方案。

德国：政府主导搭建统一基础平台。2013年4月德国联邦政府推出“工业4.0”计划，德国机械设备制造业联合会（VDMA）、电气电子行业协会（ZVEI）与信息技术、电信和新媒体协会（BITKOM）联合设立的“工业4.0平台”被列入德国“高技术战略2020”计划。德国“工业4.0”计划作为基于工业互联网的智能制造战略，是以建立信息物理系统（CPS）为核心，实现“智能＋网络化”，并推动形成纵向集成、端对端集成、横向集成。通过强力推动这三项集成，德国将全面完成企业内（信息化系统及生产设备）、企业间、生态圈的集成与协同，实现灵活、个性化、高效、社会化、智能化生产，从而巩固其在全球制造业中的领先地位。

中国：政府推动＋企业积极参与共建。2017年，习近平总书记在十九大报告中指出，加快建设制造强国，加快发展先进制造业，推动互联网、大数据、人工智能和实体经济深度融合。工信部印发的《工业互联网专项工作组2022年工作计划》提出，要建设多层次工业互联网平台，加快平台体系化升级，为“综合型＋特色型＋专业型”工业互联网平台体系的构建指明了方向。

日本：促进本土企业＋全球工厂互联互通。2015年日本提出“工业4.1J”计划，将工业智能化从单一企业延伸到产业整体价值链。“工业4.1J”架构包括四部分：一是用工业网关进行工厂数据收集；二是平台进行数据传输与存取；三是对所收集的数据进行分析；四是专家系统进行数据解读并提供建议。一方面，日本国内企业可以通过“云端”监控系统，实时了解分析海外工厂的生产制造情况，并将本土与海外现场的生产情况进行对比，快速掌握海外现场控制系统的异常运行状态，本土企业可以迅速为海外工厂提供解决方案；另一方面，利用传感器对分散在各地工厂使用的部件或临近更换期的部件进行数据收集分析，预测部件的更新订购时间，接受订单的部件厂商可以掌握订单变化趋势信息。

其他：态度积极、竞相参与。虽然部分工业国家和地区尚未提出明确的工业互联网发展总体战略，但都对工业互联网的产业发展持积极推动态度。例如，自动化生产是工业互联网发展的基础，经过长期推动，欧盟使整个欧洲地区处于全球自动化生产的领先地位，65%的欧盟国家工业机器人数量超过市场平均水平。

（三）工业互联网平台架构体系

工业互联网平台是面向制造业数字化、网络化、智能化需求，构建基于海量数据采集、汇聚、分析的服务体系，支撑制造资源泛在连接、弹性供给、高效配置的工业云平台，包括边缘、平台、应用三大核心层级。可以认为工业云平台的延伸发展形成了工业互联网平台，其本质是在传统云平台的基础上叠加物联网、大数据、人工智能等新兴技术，构建更精准、实时、高效的数据采集体系，建设包括存储、集成、访问、分析、管理功能的使能平台，实现工业技术、经验、知识模型化、软件化、复用化，以工业App的形式为制造业企业提供各类创新应用，最终形成资源富集、多方参与、合作共赢、协同演进的制造业生态。

第一层是边缘层，通过大范围、深层次的数据采集，以及异构数据的协议转换与边缘处理，构建工业互联网平台的数据基础。一是通过各类通信手段接入不同设备、系统和产品，采集海量数据；二是依托协议转换技术实现多源异构数据的归一化和边缘集成；三是利用边缘计算设备实现底层数据的汇聚处理，并实现数据向云端平台的集成。

第二层是平台层，基于通用 PaaS 叠加大数据处理、工业数据分析、工业微服务等创新功能，构建可扩展的开放式云操作系统。一是提供工业数据管理能力，将数据科学与工业机理结合，帮助制造业企业构建工业数据分析能力，实现数据价值挖掘；二是把技术、知识、经验等资源固化为可移植、可复用的工业微服务组件库，供开发者调用；三是构建应用开发环境，借助微服务组件和工业应用开发工具，帮助用户快速构建定制化的工业 App。

第三层是应用层，形成满足不同场景、不同行业的工业 SaaS 和工业 App，形成工业互联网平台的最终价值。一是提供设计、生产、管理、服务等一系列创新性业务应用；二是构建良好的工业 App 创新环境，使开发者基于平台数据及微服务功能实现应用创新。

除此之外，工业互联网平台还包括 IaaS 层，以及涵盖整个工业系统的安全管理体系，这些构成了工业互联网平台的基础支撑和重要保障。工业互联网平台架构体系示例见图 5－5。

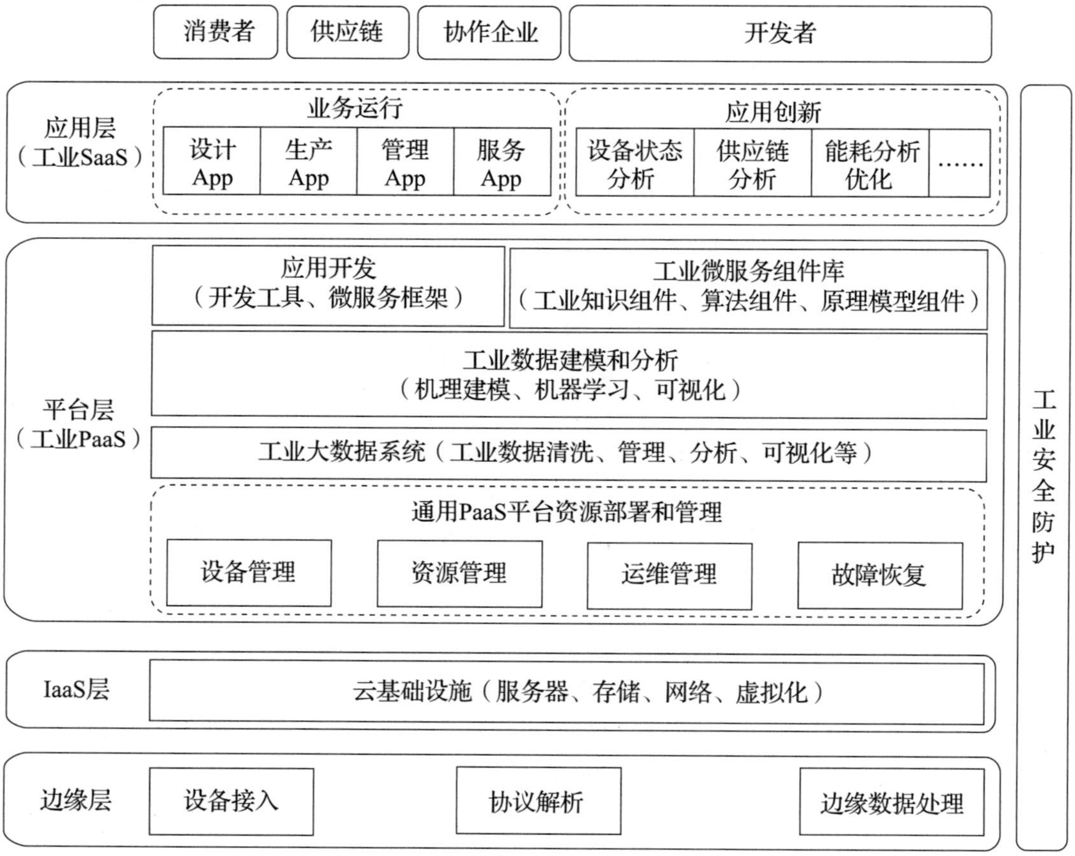

图 5－5　工业互联网平台架构体系示例

资料来源：《工业互联网平台白皮书（2017）》.

（四）工业互联网平台产业生态

工业互联网平台产业发展涉及多个层次、不同领域的多类主体。在产业链上游，云计算、数据管理、数据分析、数据采集与集成、边缘计算五类专业技术型企业为工业互联网平台构建提供技术支撑；在产业链中游，装备与自动化、生产制造、信息与通信技术、工业软件四大领域的领先企业加快工业互联网平台布局；在产业链下游，垂直领域用户和第三方开发者通过应用部署与创新不断为工业互联网平台注入新的价值。

1. 信息技术企业提供通用使能工具，成为工业互联网平台建设的重要支撑

信息技术企业提供关键技术能力，以“被集成”的方式参与工业互联网平台建设。主要包括五类：

（1）云计算企业：提供云计算基础资源能力及关键技术支持，典型企业如亚马逊、微软、Pivotal、VMware、红帽等。

（2）数据管理企业：提供面向工业场景的对象存储、关系数据库、NoSQL 数据库等数据管理和存储工具，典型企业如甲骨文、Apache、Splunk 等。

（3）数据分析企业：提供数据挖掘方法与工具，典型企业如 SAS、IBM、Tableau、Pentaho、PFN 等。

（4）数据采集与集成企业：为设备连接、多源异构数据的集成提供技术支持，典型企业如 Kepware、NI、博世、IBM 等。

（5）边缘计算企业：提供边缘层的数据预处理与轻量级数据分析能力，典型企业如华为、思科、英特尔、博世等。

2. 平台企业通过整合资源实现平台构建，发挥产业主导作用

平台企业以集成创新为主要模式，以应用创新生态构建为主要目的，整合各类产业和技术要素实现平台构建，是产业体系的核心。目前，平台企业主要有以下四类：

（1）装备与自动化企业：在工业现场沉淀有大量生产设备与工业系统，在几十年的创新探索中形成了丰富的工业知识、经验和模型，借助平台化布局，实现底层设备数据的采集与集成、工业知识的封装与复用，并以此为基础形成创新型服务模式，典型企业如通用电气、西门子、ABB、和利时、施耐德、发那科、沈阳机床等。

（2）信息与通信技术企业：发挥 IT 优势将已有平台向制造领域延伸，在现有通用技术平台的基础上，不断丰富面向工业场景的应用服务能力，同时加强与制造业企业合作，实现平台的定制化集成和应用部署，典型企业如 IBM、微软、阿里巴巴、华为、思科等。具备运营及数据服务能力的云计算、大数据企业，不断加强工业连接及工业分析来构建平台，如 IBM Bluemix 平台、阿里云工业 ET 大脑、微软 Azure IoT 平台。依托数据采集与网络互联优势的通信企业构建物联管理平台，并不断提升工业数据处理能力，如华为 OceanConnect 平台、中国移动 OneNet 平台。

（3）工业软件企业：在布局工业互联网平台时，全面获取生产现场数据和远程设备运行数据，并通过这些数据与软件的结合，提供更精准的决策支持并不断丰富软件功能，典型企业如西门子、达索、PTC、思爱普、甲骨文、用友等。其中，管理软件企业依托平台实现从企业管理层到企业生产层的数据集成，提升软件的智能精准分析能力，例如思爱普 HANA 云平台。设计软件企业借助平台获取全生命周期数据，提升软件性能，进而形成基于数字孪生的创新应用，例如 PTC ThingWorx 平台。

（4）生产制造企业：凭借自身在数字化转型过程中的成功经验，在生产优化、用户定制、资源整合等方面提供平台化服务，形成多种创新模式。部分消费品生产企业基于个性化定制生产模式构建工业互联网平台，实现用户需求、设计资源与生产能力的全面打通，比如海尔 COSMOPlat 平台。部分集团型制造企业凭借其资源整合经验，通过平台汇聚产业上下游各环节资源，为企业客户提供供需对接、协同设计、制造协同等智能化应用，比如航天云网 INDICS 云平台。

3. 应用主体以平台为载体开展应用创新，实现平台价值提升

工业互联网平台通过功能开放和资源调用大幅降低工业应用创新门槛，其应用主体分为两类：（1）垂直领域用户，其在平台使用过程中结合本领域工业知识、机理和经验开展应用创新，加快数字化转型步伐，如全球研磨机械制造商格林基于西门子 MindSphere 平台开发服务机床的工业 App，实现对刀具磨损状态的精准预测和适时更换。（2）第三方开发者，其依托平台快速创建应用服务，形成面向不同行业、不同场景的海量工业 App，提升平台向更多工业领域提供服务的能力，典型企业如 Webalo、Bearing Point、ThetaRay、NEC、Pitney Bowes 等。

工业互联网平台产业体系示例见图 5－6。

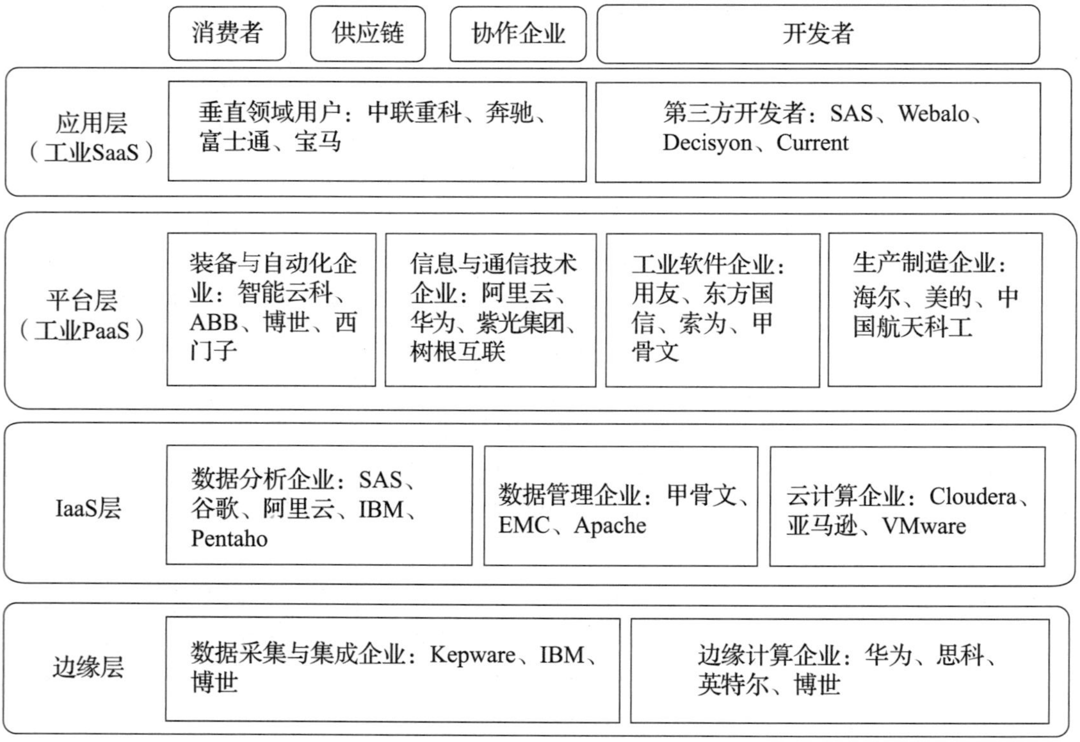

图 5－6　工业互联网平台产业体系示例

资料来源：《工业互联网平台白皮书（2017）》.

（五）典型案例

2020 年，国内工业互联网平台有 600 余个，具备行业、区域影响力的超过 70 个，连接工业设备数量达 4 000 万台（套），工业 App 突破 25 万个，平台服务工业企业数近 40 万家。当前，我国工业互联网平台发展取得了一定的成效，培育较大型工业互联网平台超过 150 家，连接工业设备超过 7 800 万台（套），跨行业领域平台、垂直行业平台、专业领域平台、企业平台各具特点、优势互补，多层级平台体系初步形成。

案例 5-2　树根互联的根云平台

案例 5-3　海尔的 COSMOPlat 平台

第 3 节　平台垄断与治理

一、平台垄断的表现形式

由于平台规模的不断扩大，以及平台“赢者通吃”的特性，平台往往“一家独大”，并且采用多种新型垄断手段攫取剩余，损害社会福利。平台相较于入驻商家、消费者具有天然的优势，不但对入驻商家具有较大的话语权，强制要求商家“二选一”，而且通过收集和分析交易记录有针对性地为消费者提供定制化信息，使得消费者陷入信息不对称的弱势地位，进而获取更大利润，如“大数据杀熟”、捆绑交易。不仅如此，具有竞争关系的平台之间、平台与交易相对人之间、平台内经营者之间借助平台服务也可通过技术、平台规则、数据、算法等较为隐晦的方式达成某种协议，排除、限制市场竞争，损害相关主体的利益，影响经济社会健康有序发展，可能造成的后果主要有：（1）滥用平台的管理权，优待自身业务，打压其他同行业务；（2）形成算法霸权和技术壁垒；（3）不合理并购，吞并或消除竞争对手。

基于此，在数字经济时代必须科学有效地规制平台的垄断行为，平台反垄断成为全世界面临的挑战。近年来，美国、欧盟等世界主要经济体不断加大对平台经济领域的反垄断审查。但平台经济领域的反垄断界定较传统行业更为复杂，传统的界定垄断的方式应该适应平台经济的发展及时更新和完善。

2021 年 2 月，国务院反垄断委员会出台了《关于平台经济领域的反垄断指南》（下称《反垄断指南》），对我国数字经济领域中的反垄断问题做出了有针对性的规范。2022 年 6 月，全国人大常委会表决通过关于修改《中华人民共和国反垄断法》的决议，这也标志着我国平台经济领域反垄断进入新纪元。

根据《反垄断指南》，平台垄断的新型表现形式具体有：

（一）垄断协议

平台经济领域垄断协议是指经营者排除、限制竞争的协议、决定或者其他协同行为。协议、决定可以是书面、口头等形式。其他协同行为是指经营者虽未明确订立协议或者决定，但通过数据、算法、平台规则或者其他方式实质上存在协调一致的行为，有关经营者基于独立意思表示做出的价格跟随等平行行为除外。

根据微观经济学知识，垄断厂商之间的合谋会造成高价格及低产出，用户一侧的福利会受损，尽管这种合谋是不稳定的。在平台经济中，合谋可能发生在对双边（多边）

用户的价格上，也可能只发生在对某一边用户的价格上。通过对竞争性和垄断性定价的分析发现，垄断并不会总是设定一个高于双边市场竞争性价格的价格水平。从这一角度理解，垄断并不总是导致用户福利降低。德温特（Dewenter，2011）研究了企业合谋行为在报纸市场上的影响，通过比较企业在广告市场和读者市场竞争、企业在广告市场合谋而在读者市场竞争（半合谋）和企业在广告市场和读者市场合谋（完全合谋）三种竞争形式，发现半合谋会导致较少的广告和较低的稿费，这对不喜欢广告的消费者是有利的，总福利也可能会上升。因此，一方的合谋可能会降低另一方的价格，在这种情况下，合谋可能会使得一些用户受益。

（二）滥用市场支配地位

在分析平台是否滥用其市场支配地位之前，首先要对平台的市场支配地位进行判断。首先界定相关市场，分析经营者在相关市场是否具有支配地位，具体考虑经营者的市场份额以及相关市场竞争状况、经营者控制市场的能力、经营者的财力与技术条件、其他经营者对该经营者在交易上的依赖程度、其他经营者进入相关市场的难易程度等，再根据个案具体分析是否构成滥用市场支配地位行为。一旦界定了平台具有市场支配地位，其滥用市场支配地位的行为具体表现在以下几方面：

1. 不公平价格行为

具有市场支配地位的平台经济领域经营者可能滥用市场支配地位，以不公平的高价或低价销售商品或服务。如价格明显高于或者明显低于其他同类业务经营者在相同或者相似市场条件下同种产品或可比产品的价格；价格明显高于或者明显低于该平台经济领域其他经营者在相同或者相似市场条件下同种产品或可比产品的价格；在成本基本稳定的情况下，该平台经济领域经营者超过正常幅度提高销售价格或者降低购买价格等。

此外，不公平价格行为还表现在平台迫使提供产品或服务的第三方卖方接受平台价格策略、采取掠夺性定价策略或实施价格歧视。在迫使第三方卖方接受平台定价策略方面，典型例子如直播经济，品牌方往往被要求给予平台签约的明星主播最优惠的价格或最优惠的商品组合，这种策略无疑可以增加消费者福利，却是以价格控制的方式比较含蓄地利用平台市场势力和明星主播效应滥用其市场优势地位。在掠夺性定价方面，常见的形式如平台通过大额补贴吸引用户的注意力，占有一定市场份额后通过并购和算法控制等方式滥用市场势力。

2. 低于成本销售

具有市场支配地位的平台经济领域经营者可能滥用市场支配地位，无正当理由以低于成本的价格销售产品，排除、限制市场竞争。如平台经济领域经营者以低于成本的价格排挤具有竞争关系的其他经营者，并可能在将其他经营者挤出市场后，提高价格获取不当利益、损害市场公平竞争和消费者合法权益等。

3. 限定交易

具有市场支配地位的平台经济领域经营者可能滥用市场支配地位，无正当理由对交易相对人的交易进行限定，排除、限制市场竞争。如平台经营者要求平台内经营者在竞争性平台间进行“二选一”；限定交易相对人只能与其指定的经营者进行交易，或者通过其指定的渠道等限定方式进行交易；限定交易相对人不得与特定经营者进行交易等。

4. 捆绑销售或附加不合理的交易条件

具有市场支配地位的平台经济领域经营者可能滥用市场支配地位，无正当理由实施搭售或者附加不合理的交易条件，排除、限制市场竞争。如利用格式条款、弹窗、操作必经步骤等交易相对人无法选择、更改、拒绝的方式，将不同产品捆绑销售；以搜索降权、流量限制、技术障碍等惩罚性措施，强制交易相对人接受其他产品；对交易条件和方式、服务提供方式、付款方式和手段、售后保障等附加不合理限制等。

5. 差别待遇

具有市场支配地位的平台经济领域经营者可能滥用市场支配地位，无正当理由对交易条件相同的交易相对人实施差别待遇，排除、限制市场竞争。如基于大数据和算法，根据交易相对人的支付能力、消费偏好、使用习惯等，实行差异性交易价格或者其他交易条件；实行差异性标准、规则、算法；实行差异性付款条件和交易方式等。

（三）扼杀型并购

传统的企业之间的并购行为可以有效促进资源整合，提高市场份额、风险抵御能力和盈利能力。但是在数字经济领域，企业并购行为有完全不一样的动机，即平台之间并购存在这样一个目的：获取更多的数据以在竞争中维持数据优势或对初创企业进行并购，减少潜在的竞争威胁。关于扼杀型并购的研究发现平台合并初创企业的原因主要有：（1）平台对初创企业的产品感兴趣，通过合并可以强化自身的生态体系闭环；（2）平台对初创企业的初始投入和客户群体感兴趣；（3）平台要强化自身市场地位。由于网络效应，即使被合并企业和平台的业务范围没有重叠，但通过合并潜在竞争对手，企业可达到在一定程度上限制市场竞争的目的。平台通过扼杀型并购把被并购企业的产品或服务、客户群体和投入等要素纳入已有的生态体系从而产生更大的网络效应，在提高用户转移成本的同时强化自身的生态体系闭环。

（四）经营者集中

经营者集中是指参与集中的所有经营者上一会计年度在全球范围内的营业额合计超过 100 亿元人民币，并且其中至少两个经营者上一会计年度在中国境内的营业额均超过 4 亿元人民币，或参与集中的所有经营者上一会计年度在中国境内的营业额合计超过 20 亿元人民币，并且其中至少两个经营者上一会计年度在中国境内的营业额均超过 4 亿元人民币的两个及以上经营者合并。与扼杀型并购不同，经营者集中更加强调已经形成规模的企业之间的合并或取得对其他经营者的控制权。在实际情形中，企业更多地会通过 VIE 架构，即不通过股权控制的方式，而是通过签订各种协议实现对企业经营权的控制及财务合并。

（五）算法控制

在数字经济时代，数据的角色不再局限于作为提高产品生产或服务水平的关键要素，还可作为预测偏好和提高经济活动匹配程度的关键投入。基于大数据和人工智能算法等新一代信息技术的快速发展，平台对所收集的数据进行算法分析，以此强化自身垄断地位。平台搭建者作为平台经济活动媒介的提供者，完全掌握数据和算法等优势资源，在充当平台经济活动中介角色的同时，也会积极运用所具有的数字优势强化其市场势力。

如电商平台利用算法和数据等数字资源为买方和第三方卖方提供精准高效匹配服务的同时，也会利用第三方卖方数据调整自营产品和服务的供应和商业策略，此行为也被称为“自我优待”。2020 年 10 月美国众议院发布的《数字市场竞争状况调查报告》明确指出谷歌和亚马逊等平台企业存在自我优待问题。

案例 5－4 数字平台的劳动关系

二、各经济体的平台治理措施

（一）欧盟

1.《通用数据保护条例》

《通用数据保护条例》（GDPR）的前身是欧盟在 1995 年制定的《计算机数据保护法》，2018 年 5 月 25 日在欧盟成员国内正式生效实施。该条例的适用范围极为广泛，任何收集、传输、保留或处理涉及欧盟所有成员国内个人信息的组织均受该条例的约束。

（1）内容解读。对违法企业的罚金最高可达 2 000 万欧元（约合 1.5 亿元人民币）或者其全球营业额的 4%，以高者为准。

网站经营者必须事先向用户说明会自动记录用户的搜索和购物记录，并获得用户的同意，否则按“未告知记录用户行为”作违法处理。

企业不能再使用模糊、难以理解的语言，或冗长的隐私政策来从用户处获取数据使用许可。

明文规定了用户的“被遗忘权”，即用户个人可以要求责任方删除关于自己的数据记录。

（2）GDPR 适用的地理范围。欧盟隐私法的地域适用范围通过 GDPR 不断扩大。位于欧盟境外、不受现行欧盟隐私法规制的许多组织也将随着 GDPR 的实施而不得不适用欧盟隐私法。

第一，GDPR 适用于在欧盟境内设有业务机构的组织，只要这些组织的业务机构在欧盟境内的活动中处理个人数据（而不论此类处理行为是否实际发生在欧盟境内）。

第二，如某一组织虽不在欧盟境内设立业务机构，但处理欧盟境内的个人数据，并且此类处理行为与向欧盟境内个人提供产品或服务相关，无论该产品或服务是否收费，都适用 GDPR。

第三，GDPR 适用于非欧盟组织处理欧盟境内的个人数据，只要此类处理行为涉及对个人的行为进行监控，且该处理行为发生在欧盟境内。

2.《数字市场法》与《数字服务法》

欧盟成员国在 2022 年 7 月通过了《数字市场法》和《数字服务法》，两部法案将于 2024 年 1 月前后生效实施。两部法案的监管对象是大型科技平台，即被定义为“看门人”的互联网公司。它们通常具有举足轻重的行业地位，并经营着作为用户重要入口的“核心平台服务”，包括网络中间服务、搜索引擎、社交媒体、视频分享、操作系统、云计算和广告投放等。

《数字市场法》禁止“看门人”滥用垄断地位优待自家产品和服务，包括：允许第三方企业与它们自己的服务相互操作；允许业务用户访问它们在平台中生成的数据；不得在自家平台上对自己的服务或产品进行比对第三方企业更有利的排名；不得妨碍用户轻易卸载任何预装软件或应用程序；不得用个人数据提供定向广告。违反《数字市场法》者可被罚款全球全年总营业额的 4%～20%。

《数字服务法》要求社交媒体经营者对平台上的有害内容承担更大的管理责任，如 24 小时内撤下违法内容，同时要求提高平台运营的透明度，例如算法公开。若违反该法，罚款最高可达自身全球全年总营业额的 6%。该法也为网络平台和其他网络中介机构规定了明确的尽职义务。例如，任何用户都可以对非法内容进行标记，也可以通过明确的方式对平台的内容节制提出异议。该法还包括与专业、受信任的举报人和主管当局进行合作的措施，以及阻止不法商人接触消费者的措施。《数字服务法》对在线平台在内容删除和节制以及广告方面的决定提出了更高的透明度要求。

（二）德国

1. 德国发布的一系列数字经济反垄断监管报告

（1）《竞争政策：数字市场的挑战》。德国垄断委员会于 2015 年发布了《竞争政策：数字市场的挑战》的特别报告，对数字市场竞争的经济学意义进行了分析，还对在线广告市场、搜索引擎市场、社交网络市场和在线购物市场的反垄断法适用现状和问题进行研究，最后提出了修订反垄断法的建议。

（2）《市场优势企业滥用行为监管的现代化》。2015 年，德国联邦经济与能源部委托咨询公司 DICE 专家组开展名为《市场优势企业滥用行为监管的现代化》的研究，专门对德国反垄断法如何在市场优势企业的滥用行为监管方面应对数字经济的挑战做出了全面分析，尤其是对当时的禁止滥用市场支配地位制度和禁止滥用相对优势地位制度无法有效规制数字市场滥用行为的原因进行了分析，认为存在需要填补的法律漏洞，提出了修法建议。

（3）《数字经济的新竞争框架》。2018 年，德国联邦经济与能源部委托“竞争法 4.0 委员会”进行了一项名为《数字经济的新竞争框架》的研究。该研究报告于 2019 年 9 月完成，提出了 22 项具体的修法建议，其中包括需要对数字平台的相关市场界定和市场力量认定发布单独的指南、对跨市场的市场封锁策略进行调查、进一步完善数据利用相关立法、对拥有超过一定数量用户和高于一定营业额的数字平台进行特殊监管、通过平台规则保障用户数据可携带权、对数字市场的经营者集中实行定期集中后评估、在竞争损害理论中加入基于数据和创新考量的混合损害理论等。

（4）《竞争法与数据》和《平台和网络的市场力量》。2016 年 5 月，德国联邦卡特尔局与法国竞争管理局联合发布了《竞争法与数据》的研究报告，该报告分析了与大数据相关的竞争法问题。2016 年 6 月，德国联邦卡特尔局单独发布了《平台和网络的市场力量》的研究报告，对平台和网络基于直接网络效应和间接网络效应所产生的市场力量问题进行了深度分析。这一系列研究报告对德国在数字经济背景下开展的反垄断立法修订和执法工作提供了充足的理论保障，德国也由此成为世界上对数字经济进行反垄断监管最积极的国家之一。

2. 《反限制竞争法》的第十次修订

2021 年 1 月，德国《反限制竞争法》第十修正案正式生效。本次修订是德国为应对数字经济给反垄断法带来的挑战做出的最新回应，也是近几次修订中力度最大的一次。

《反限制竞争法》的第十次修订为了应对平台和大数据带来的挑战，在研究和理解平台经济和数字经济各项竞争特点的基础上，提出了一系列改进条款，修订内容主要集中在对滥用市场力量行为的规制。

首先，第十修正案将“获取竞争相关数据的能力”作为衡量普通经营者是否具有市场支配地位的因素，体现了德国立法者对传统经济数字化的最新认识。立法者认为，随着数字技术对传统经济的渗透，越来越多的传统行业需要使用“与竞争相关的数据”以提升自己的产品和服务。因此，在整个数字化趋势非常明显的经济中，即使是传统行业的经营者，也可能因拥有强大的“获取竞争相关数据的能力”而具有更大的竞争优势，从而获得较高的市场地位。

其次，第十修正案新增了对“具有显著跨市场竞争影响的经营者”的专门规制。这可以理解为在市场支配地位这种市场力量形式之外，增设了一种新的超级市场力量。因此，《反限制竞争法》第 19a 条也被认为是专门针对互联网科技巨头的特别规制条款。“显著跨市场竞争影响”的认定要素包括：该经营者在一个或多个市场上具有支配地位；该经营者的资金实力或者控制特殊资源渠道的能力；该经营者的纵向整合能力及在其他相互连接的市场开展业务的情况；该经营者控制竞争相关数据的能力；该经营者的业务对第三方进入采购市场或者销售市场的意义，以及该经营者对第三方开展业务的影响。德国的立法者认为，不允许滥用这样的“显著跨市场竞争影响”，既要防止此类影响力在已经垄断的市场上被滥用，又要防止该市场力量被当作进入新市场的杠杆。因此，第十修正案明确禁止“具有显著跨市场竞争影响的经营者”没有正当理由地自我优待、阻碍竞争者、通过数据组合提高市场进入门槛、妨碍产品或服务的可操作性、限制数据的可携带性，以及不充分披露产品或服务的范围、质量和效果等行为。

再次，第十修正案增加了一种滥用相对交易优势地位的行为类型，即如果某经营者控制了其他经营者开展自身业务必需的数据，那么其他经营者相对于该经营者具有依赖性。当该经营者拒绝以合理对价开放必需的数据时，则构成不当阻碍。如果无法通过公开市场交易获得数据，那么拒绝开放此类数据也将构成不当阻碍。

最后，第十修正案还新增了一种禁止滥用相对市场优势地位的行为类型，即如果在多边市场或网络市场中具有相对市场优势地位的经营者阻碍竞争者获得正向网络效应，并且导致绩效竞争具有受到严重影响的危险，那么该行为便构成法律禁止的不当阻碍。这一条款的设计初衷是为了预防市场倾覆的危险，将对市场倾覆者的规制前置到该经营者还没有获得垄断地位之前，也就是对具有相对市场优势地位的经营者进行规制。

（三）美国

1.《数字市场竞争状况调查报告》

2020 年 10 月，美国众议院发布了《数字市场竞争状况调查报告》（以下简称《报告》），载明了司法委员会对包括苹果、亚马逊、谷歌和脸书在内的四家科技公司的调查结果，并以此为切入点对美国的数字市场竞争状况进行了阐述，其中重点分析了科技巨头滥用市场支配力量、排除市场竞争的问题。司法委员会主席杰罗尔德·纳德勒（Jerrold Nadler）表示：“苹果、亚马逊、谷歌和脸书拥有巨大的市场影响力。近年来，每家公司都在以反竞争的方式扩大和利用市场力量，我们的调查无疑表明，国会和反垄断执法机构显然迫切需要采取行动去恢复竞争、促进创新。”

《报告》分析了上述四家科技公司在包括社交网络市场、在线搜索市场在内的多个相关市场中分别具有的市场力量，指出它们通过非法利用市场力量，实施自我优待、歧视性行为、排他性交易、搭售、纵向并购等反竞争行为来维持和扩大自身的垄断地位。此外，《报告》还讨论了科技公司滥用市场力量所带来的挑战：削弱了美国经济发展的创新动力、侵犯公民所享有的隐私权与个人信息权益、破坏言论自由等。

司法委员会在《报告》中重点提出了一系列建议以规制平台经济中的垄断行为：第一，恢复数字经济竞争，对部分企业实施结构性分离以禁止平台在依赖平台的市场中运营、禁止平台的自我优待行为、要求平台在服务中兼容竞争者以实现互操作性和数据可移植性、禁止平台进行具有降低竞争效果的战略收购；第二，改进反垄断相关立法，对《克莱顿法》《谢尔曼反托拉斯法》和《联邦贸易委员会法》进行修订，使其能更有效地规制数字经济带来的挑战；第三，强化反垄断机构的执法，恢复国会对反垄断执法的监督、增加联邦贸易委员会和反垄断部门的预算、废除反垄断强制仲裁条款等。

2. 美国国会众议院通过的反垄断法案

针对规范数字市场垄断行为的难题，2021 年美国国会众议院在联邦层面推出五大反垄断法案。其中，除《并购申报费用现代化法案》之外，其余四大法案都旨在通过识别并认定数字市场中的支配性平台，在行为规制上对这类特殊主体施加更严格的约束，以期改变数字市场中的反垄断规制格局。

（1）《美国选择和在线创新法案》。《美国选择和在线创新法案》规定任何受监管平台的经营者从事与平台运营活动相关的下列行为是非法行为：①给予受监管平台经营者自身的产品、服务或业务优于其他经营者的产品、服务或业务的待遇；②排斥或使与受监管平台经营者自身产品、服务或业务相关的其他经营者的产品、服务或业务处于不利地位；③对条件相似的商业用户实施差别待遇。

此外，法案还规定了其他歧视性行为，包括在平台接入或互操作性、运用非公共数据和平台用户界面搜索或功能排名等方面实施自我优待，就平台接入等设置附加条件，限制或妨碍数据可携带性、卸载或改变应用软件的默认设置、通过受监管平台向用户发送信息或超链接以及进行互操作、互联等，干涉或限制商业用户的定价权。该法案主要旨在应对平台在自营与非自营产品、服务之间的自我优待以及在非自营产品或服务之间的差别待遇。其中，聚焦通过技术手段或者滥用数据实施的上述行为。

（2）《许可转换服务平台以增强兼容性和竞争法案》。《许可转换服务平台以增强兼容性和竞争法案》扩展了《联邦贸易委员会法》中“不公平的竞争方法”的内涵。具体而言，一是规定了数据可携带性，即受规制的平台必须维持一组透明的、第三方可接入的界面（包括 API），以确保向用户进行安全可靠的数据传输，或者基于用户的同意和指令以结构性、通用和机器可阅读的格式向用户进行安全可靠的传输；二是规定了互操作性，即受规制的平台必须维持一组透明的、第三方可接入的界面（包括 API），以促进和维持竞争者或潜在竞争者之间的互操作性。

该法案旨在应对受监管平台依托网络效应与锁定效应形成的市场进入壁垒，避免其运用市场力量锁定平台内经营者和消费者，且预防、制止和延迟其向有竞争力的其他平台进行迁移。根据该法案的相关安排，规制的重心将不再是影响数据可携带性和互操作性的相关行为是否构成排除、限制竞争，而是推定其排斥、限制竞争，进而要求受监管平台按照相应标准设定透明的、第三方可接入的界面，以满足数据可携带性和互操作性的要求。

（3）《平台竞争和机会法案》。《平台竞争和机会法案》规定受监管平台运营商不得直接或间接收购其他从事商业活动或者从事影响商业活动的人的全部或部分股份或资产，除非该平台运营商有清晰和令人信服的证据证明：拟收购对象并不与受监管平台竞争，或者不与受监管平台经营者在产品、服务的销售和提供上竞争；拟收购对象并不构成对受监管平台或受监管平台运营商在产品、服务的销售和提供上的新兴或潜在竞争；在受监管平台的产品、服务的销售和提供上，或者与其直接相关的服务提供上，拟收购对象不会提升或增强受监管平台或受监管平台运营商的市场地位或维持市场地位的能力。

该法案旨在应对受监管平台开展横向合并的潜在反竞争问题，特别是扼杀型收购的问题。其解决方案将受监管平台开展的横向合并推定为违法，而合并是否影响效率的证明责任则由并购企业承担，以对数字市场中的支配性平台施加更严格的约束。

（4）《终止平台垄断法案》。《终止平台垄断法案》规定受监管平台运营商不得在受监管平台业务范围之外拥有、控制下列业务或者在其中拥有权益：运用受监管平台销售产品或提供服务；提供受监管平台要求商业用户购买或使用的产品或服务，并将其作为接入受监管平台或者商业用户的产品或服务在受监管平台上获得优先地位的条件；产生利益冲突的业务，即受监管平台拥有或控制平台之外的业务线而产生动机和能力来优待平台运营商自身的产品、服务或业务线，或使竞争者、新兴和潜在竞争者提供的产品、服务或业务线处于不利地位。

此外，该法案还禁止与受监管平台相关联的高管、董事、雇员等在有利益冲突的企业中任职。该法案主要应对受监管平台差别对待与其利益相关的纵向企业和其他相邻企业而排除、限制竞争的问题。其解决方案是，通过约束受监管平台在非横向市场中的市场力量，禁止其对可能产生利益冲突的企业进行控制或持有少数股权。

（四）中国

1.《中华人民共和国电子商务法》的修订

2018 年 8 月 31 日，十三届全国人大常委会第五次会议表决通过《中华人民共和国电子商务法》，自 2019 年 1 月 1 日起施行。其中第三十五条滥用相对优势地位行为规制内容被引入《中华人民共和国反垄断法》，形成市场支配地位和相对优势地位双层规制模式，对我国数字经济发展具有重要意义。

2. 平台经济领域的反垄断指南

2021 年 2 月 7 日，国务院反垄断委员会发布《关于平台经济领域的反垄断指南》，这是对我国平台经济领域具体适用《中华人民共和国反垄断法》的细化规则指引。该指南以反垄断法为依据，强调平台经济领域的垄断行为应当适用《中华人民共和国反垄断法》及有关配套法规、规章、指南等，释放出互联网平台不是反垄断法外之地的明确信号，并集中阐释了依据该法在平台经济领域进行反垄断的基本原则和具体规则。

三、各经济体平台反垄断案例

近几年，全球主要经济体逐步加大对平台经济领域反垄断的调查及处罚，整体趋势呈现出监管处罚常态化及严格化。谷歌、脸书和亚马逊等频繁被提起反垄断诉讼，在我国，腾讯、阿里巴巴等也因违反竞争条例相继被处罚。表5-8是欧盟、美国和中国近年来对互联网平台的部分执法案例的简要情况。

表5-8　欧盟、美国和中国对互联网平台的执法情况（部分）

国家/地区	平台	时间	简要情况	处理结果
欧盟	脸书	2020.6	德国反垄断监管机构联邦卡特尔局裁定，脸书滥用市场支配地位，在用户不知情的情况下收集、整合多个渠道的用户数据，并责令脸书限制在德国的数据收集行为	德国联邦最高法院裁定，关于脸书滥用市场支配地位非法收集用户数据的指控成立，德国反垄断监管机构联邦卡特尔局有权限制其在德国境内的数据收集行为
	谷歌	2018.7	强迫安卓系统捆绑谷歌搜索和谷歌浏览器	罚款43.4亿欧元
	谷歌	2019.3	滥用在搜索引擎领域的市场支配地位排挤竞争对手	罚款14.9亿欧元
	谷歌	2020.12	如果谷歌使用Fitbit的数据来帮助自身向用户展示个性化广告，能否进一步巩固谷歌在在线广告业务中的市场地位	欧盟执行委员会有条件地批准了谷歌对Fitbit的收购
	苹果	2021.4	欧盟委员会指控苹果为App Store设定限制性规则，迫使开发者使用自家的应用内支付系统，并阻止开发者告知用户有其他购买选项	仍在调查中
美国	谷歌	2020.10	谷歌在搜索和搜索广告领域妨碍竞争，损害消费者和广告商的利益	司法部联合11个州提起诉讼
	谷歌	2020.12	谷歌以掠夺性方式收购潜在竞争对手，以维持垄断地位、消除竞争，从而削弱了消费者的选择权，剥夺了广告商从竞争中获益的机会	联邦贸易委员会及48个州和地区的总检察长提起诉讼
	谷歌	2020.12	签署排他性协议来限制消费者接触其他竞争对手；通过实施“搜索歧视”将自有资源的搜索结果置顶	38个州的总检察长提起集体诉讼
	脸书	2020.12	滥用在社交网络市场的支配地位收购潜在竞争对手	联邦贸易委员会及48个州的总检察长提起集体诉讼
中国	美团	2017.6	浙江省金华市市场监督管理局认为美团涉嫌强迫商家“二选一”的行为违反《浙江省反不当竞争条例》	美团被处以罚金52.6万元
	阿里巴巴	2021.4	国家市场监督管理总局认为阿里巴巴的“二选一”行为属于垄断行为	阿里巴巴被责令停止违法行为，并处以罚金182.28亿元

续表

国家/地区	平台	时间	简要情况	处理结果
中国	唯品会	2021.2	唯品会被举报强迫品牌经营者在唯品会和爱库存两个平台之间进行“二选一”	唯品会被处以罚金 300 万元
	美团	2021.10	国家市场监督管理总局认为美团滥用在中国境内网络餐饮外卖平台服务市场的支配地位，实施“二选一”等垄断行为	美团被处以罚金 34.42 亿元
	腾讯	2021.7	国家市场监督管理总局认为腾讯收购中国音乐集团股份构成违法实施经营者集中等行为	腾讯被处以罚金 50 万元，并被要求不得与上游版权方达成或变相达成独家版权协议

（一）欧盟

1. 欧盟委员会针对 Apple Store 与 Apple Pay 展开反垄断调查

2020 年 6 月 16 日，欧盟委员会宣布将对苹果公司旗下的 Apple Store 和 Apple Pay 展开反垄断调查，以查明苹果公司是否存在利用市场力量排除竞争的行为。

欧盟委员会对 Apple Store 的调查聚焦于苹果公司是否通过对应用程序开发者收取不合理佣金的方式限制竞争。该起调查源于音乐流媒体服务提供商 Spotify 与乐天 kobo 电子书对苹果公司发起的投诉，kobo 在投诉中声称，苹果公司对其售出的每本电子书均强制收取 30%的佣金，苹果公司旗下的 Apple Books 则无须支付这部分销售成本，通过对竞争对手施加这种不公平的限制，苹果公司推广了自己的产品、扼杀了行业创新、限制了消费者的选择；Spotify 的情况与之类似，苹果公司通过向其收取高额佣金变相推广自己的Apple Music 服务，同时还限制开发者告知消费者如何以更低价获取服务。

欧盟委员会对 Apple Pay 的调查则聚焦于苹果公司是否通过将 Apple Pay 作为唯一支付手段的方式剥夺了消费者的选择权、限制了竞争者的正常发展。该起调查源于 Apple Pay 在苹果设备上的应用程序与网站产品购买和服务条款可能存在扭曲市场竞争的行为，例如限制用户在使用近场通信技术（NFC）功能时只能通过 Apple Pay。此外，欧盟委员会还会对苹果公司是否限制用户使用 Apple Pay 购买竞争者的特定产品进行调查。

2. 欧盟委员会处罚谷歌安卓操作系统案

2018 年 7 月，欧盟委员会公布了谷歌安卓手机操作系统案的处罚公告，认定谷歌向安卓设备制造商及移动网络运营商实施非法限制行为以巩固其在通用互联网搜索服务市场上的支配地位。谷歌被罚高达 43.4 亿欧元，继 2017 年欧盟重罚谷歌（即谷歌购物比较服务案）后再度刷新欧盟反垄断史上的最高罚款纪录。

在本案中，欧盟委员会认为，谷歌在以下三个市场具有支配地位：（1）通用互联网搜索服务市场；（2）可授权的智能手机操作系统市场；（3）安卓手机操作系统的应用商店市场。在欧盟范围内，谷歌在上述三个市场的份额均超过 90%。其中，就后两个市场而言，谷歌在除中国外的全球市场的份额超过 90%。

根据欧盟委员会的认定，谷歌有以下三种触犯反垄断法的行为：（1）要求制造商预装谷歌搜索和谷歌浏览器 Chrome 的应用程序，作为授权进入谷歌应用商店的条件；（2）给制造商和网络运营商提供财务激励，以换取它们在其设备上独家预装谷歌搜索；(3) 阻止希望预装谷歌应用程序的制造商销售运行未经谷歌认可的其他可替代版本的操作系统的智能移动设备。

（二）德国

1. 脸书反垄断案

2016 年 3 月，德国联邦卡特尔局对脸书展开调查，分析脸书在数据收集、融合过程中是否构成了滥用市场支配地位。2019 年 2 月，德国联邦卡特尔局公布了其对脸书数据收集行为为期三年的调查结果，认定脸书在个人用户数据的收集、整合和使用等方面滥用市场支配地位，构成剥夺性滥用行为，即在未征得有效同意的前提下，将其自有平台（Facebook、WhatsApp、Oculus、Masquerade 与 Instagram）及其他第三方网站和软件收集的个人用户信息整合至脸书账号，构成了滥用市场支配地位。

脸书案是 2017 年德国修订《反限制竞争法》后的第一个案例。德国联邦卡特尔局对脸书的调查和滥用市场支配地位的认定主要是依据《反限制竞争法》。

2. 最惠国待遇条款反垄断案

德国在数字经济领域的反垄断执法和司法走在世界前列。早在 2013 年，德国联邦卡特尔局就对亚马逊的最惠国待遇（MFN）条款开展过反垄断调查，认为亚马逊要求在该平台销售商品的厂商不能在其他平台上提供更低价的商品违反了反垄断规定，后因亚马逊停止相关行为而停止了调查程序。虽然德国联邦卡特尔局最终未对亚马逊做出处罚，但该案也是全球范围内最早关注在线数字经济平台垄断行为的案例之一。

2013 年 12 月 20 日，德国联邦卡特尔局认定德国在线酒店预订平台 HRS 在与合作酒店所签订合同中设定的广义 MFN 条款违反德国和欧盟竞争法，因此要求 HRS 于 2014 年 3 月 1 日前在所有影响德国酒店的合同和一般交易条件中删除此类条款。此外，2015 年 12 月 23 日德国联邦卡特尔局在缤客网（Booking）一案中做出了 Booking 的狭义 MFN 条款违反德国和欧盟竞争法的决定。Booking 与 HRS 一样，都是在线酒店预订平台，总部在美国，其在全球（包括德国）酒店预订平台市场上具有较高的市场份额。德国联邦卡特尔局认为：第一，酒店无法自主定价本身就违法了反垄断法；第二，狭义 MFN 条款并未能带来事实上的平台之间以及其他销售渠道与平台的竞争；第三，不接受 Booking 实施 MFN 条款是为了防止有人“搭便车”的抗辩。

2019 年 6 月，德国杜塞尔多夫上诉法院撤销了德国联邦卡特尔局禁止 Booking 对位于德国的酒店实行狭义 MFN 条款的决定，该法院认为涉案条款对确保“门户网站和酒店经营者签订公平的服务合同”是必要的，即有利于防止酒店对预订平台实施“搭便车”行为，因此并不构成对竞争的限制。德国联邦卡特尔局随后又向德国联邦最高法院提起上诉，最终德国联邦最高法院于 2021 年 5 月做出裁定，认为 Booking 设定的狭义 MFN 条款具有限制竞争的效果，要求继续执行德国联邦卡特尔局的禁止决定。

（三）美国

1. 美国司法部、多个州政府对谷歌提起反垄断诉讼

谷歌在 2020 年面临多起来自政府机构的反垄断诉讼，这些诉讼指控谷歌利用其在在线搜索市场、搜索广告市场等多个相关市场的主导地位实施垄断行为、排除竞争，各起诉讼的角度各有不同。

2020 年 10 月，美国司法部对谷歌提起反垄断诉讼，指控谷歌非法利用其在美国的在线搜索市场、搜索广告市场的主导地位，实施反竞争行为维护垄断地位。在本案中，司法部将相关市场界定为在线搜索市场、搜索广告市场和搜索文字广告市场，指出谷歌在上述相关市场内均具有垄断地位。在起诉状中，司法部认为谷歌非法利用市场力量，通过与分销商、开发商签订排他性协议、收益分成协议的方式维持其垄断地位，消除了竞争，损害了消费者和广告商的利益。司法部请求法院采取结构性救济方式来消除谷歌造成的损害。

2020 年 12 月，包括科罗拉多州在内的 30 多个州的总检察长对谷歌提起反垄断诉讼，控诉谷歌作为世界上最大的公司之一，正通过排除竞争来维持其在通用搜索市场、搜索广告市场和通用搜索文字广告市场上的垄断地位。具体而言，谷歌主要利用三种形式的反竞争行为来维持其垄断地位：第一，谷歌利用充足的财务预算限制使用其竞争对手服务的消费者数量。例如，谷歌每年向苹果公司支付 8 亿～120 亿美元，以确保自家搜索引擎成为苹果用户的默认搜索引擎。第二，谷歌在运营的搜索广告营销工具中不公正地对待竞争对手，限制广告商与自身竞争对手达成交易。第三，谷歌利用专业化搜索平台（如旅游、餐饮平台）对自身的依赖，采用与对待其他商业领域参与者不同的方式来对待它们，从而限制了它们获取客户的能力。起诉状指出，谷歌的反竞争行为抬高了市场准入门槛，进而挫败了潜在的竞争对手，破坏了竞争；限制了消费者在搜索服务市场上进行有效选择的能力，剥夺了广告商在购买搜索广告位时本可以享受到的自由、开放和竞争市场所带来的好处，压制了创新。各州在起诉状中请求法院撤销谷歌因反竞争行为而获得的所有利益，包括要求适当剥离资产。

2020 年 12 月，包括得克萨斯州在内的 10 个州的总检察长对谷歌提起反垄断诉讼，指控谷歌的广告技术存在反竞争行为，同时还提及谷歌与脸书可能存在共谋的情况。起诉状指出，谷歌在广告服务器、广告交易平台、广告网络、广告购买工具等多个相关市场上均具有垄断地位，并非法利用市场力量实施了一系列反竞争行为来维持自身的垄断地位。具体而言，谷歌强迫媒体授权自家的广告服务器并在自家的广告交易平台进行交易、利用对媒体广告位的控制来排除平台间的竞争、扼杀了可以促进市场竞争的行业创新、强迫广告客户使用自身为大广告主提供的显示广告购买工具。谷歌的这些反竞争行为在相关市场中产生了排除竞争的效果，使其免受竞争压力的影响，进而不需要进行实质性的创新来满足客户的需求，损害了广告商和消费者的利益。

2. 美国联邦贸易委员会对脸书提起反垄断诉讼

2020 年 12 月，美国联邦贸易委员会（FTC）对脸书提起反垄断诉讼，该诉讼源于 2019 年开始的针对脸书收购 Instagram 和 WhatsApp 的调查，FTC 指控脸书长期通过实施垄断行为非法利用并维持自己在美国个人社交网络服务市场上的市场力量。

FTC 在起诉书中指出，本案的相关市场是美国个人社交网络服务市场，脸书自 2011 年起始终占有该市场 60%以上的份额，且由于社交网络服务的锁定效应极为显著，用户面临着高昂的转换成本，导致该市场拥有较高的进入壁垒，因此，脸书在该市场中具有垄断地位。与此同时，脸书长期以来持续实施系统性的战略以排除竞争，具体而言，脸书分别于 2012 年与 2014 年收购了潜在的竞争对手 Instagram 和 WhatsApp，并限制后者进入个人社交网络服务市场；此外，脸书还对第三方软件开发人员实施了反竞争措施，要求第三方应用程序不得开发与脸书相互竞争的功能，也不得推广其他社交网络服务产品，否则就不提供脸书的应用程序编程接口，同时还切断了包括 Twitter、Vine 在内的所有脸书竞争对手的应用程序编程接口，以消除可能动摇脸书在个人社交网络服务市场上的垄断地位的威胁。FTC 认为，脸书所实施的一系列反竞争行为限制了消费者对个人社交网络服务的选择，剥夺了广告商从竞争中获得的利益。

FTC 向联邦法院寻求一项针对脸书的永久性禁令，内容有：剥离脸书包括 Instagram 和 WhatsApp 在内的资产、禁止脸书对第三方软件开发人员实施反竞争措施、要求脸书对未来的兼并和收购进行事先通知并在获得批准的情况下才能进行。

（四）中国

平台“二选一”行为降低了社会总福利，所产生的垄断效应直接损害了商家的多栖性，剥夺了消费者的选择权，使消费者被“大数据杀熟”，也使外卖骑手陷入事实层面上的“二选一”，在上游劳动力市场形成了与下游平台内经营者市场截然不同的寡头垄断。阿里巴巴“二选一”案及美团“二选一”案最具代表性。在这两个案件当中，国家市场监督管理总局均从涉案平台所提供的服务内容出发，从平台内经营者和消费者两个角度分别进行了需求替代分析与供给替代分析。

1. 阿里巴巴

2020 年 12 月，国家市场监督管理总局依据《中华人民共和国反垄断法》对阿里巴巴在中国境内网络零售平台服务市场滥用市场支配地位行为立案调查。经查，阿里巴巴在中国境内网络零售平台服务市场具有市场支配地位。自 2015 年以来，阿里巴巴滥用该市场支配地位，对平台内商家提出“二选一”的要求，禁止平台内商家在其他竞争性平台开店或参加促销活动，并借助市场力量、平台规则和数据、算法等技术手段，采取多种奖惩措施保障“二选一”要求执行，维持、增强自身市场力量，获取不正当竞争优势。

调查表明，阿里巴巴实施“二选一”行为排除、限制了中国境内网络零售平台服务市场的竞争，妨碍了商品服务和资源要素自由流通，影响了平台经济创新发展，侵害了平台内商家的合法权益，损害了消费者的利益，构成《中华人民共和国反垄断法》禁止“没有正当理由，限定交易相对人只能与其进行交易”的滥用市场支配地位行为。[①]

根据《中华人民共和国反垄断法》的规定，综合考虑阿里巴巴违法行为的性质、程度和持续时间等因素，2021 年 4 月，国家市场监督管理总局依法做出行政处罚决定，责令阿里巴巴停止违法行为，并处以其 2019 年中国境内销售额 4 557.12 亿元 4%的罚款，共计 182.28 亿元。同时，按照《中华人民共和国行政处罚法》坚持处罚与教育相结合的原则，向阿里巴巴发出《行政指导书》，要求其围绕严格落实平台企业主体责任、加强内控合规管理、维护公平竞争、保护平台内商家和消费者合法权益等方面进行全面整改，并连续三年向国家市场监督管理总局提交自查合规报告。

2. 美团

2021 年 10 月，国家市场监督管理总局针对美团的反垄断调查终于有了结果，依法做出行政处罚决定，责令美团停止违法行为，并处以其 2020 年境内销售收入 3%的罚款，共计 34.42 亿元。

---

① 国家市场监督管理总局行政处罚决定书（国市监处罚〔2021〕28 号）。

国家市场监督管理总局出具的行政处罚决定书认定，自 2018 年以来，当事人滥用其在中国境内网络餐饮外卖平台服务市场的支配地位，阻碍平台内经营者在其他竞争性平台开展经营，排除、限制了相关市场竞争，损害了平台内经营者的合法权益和消费者的利益，妨碍了平台经济创新发展，且不具有正当理由，构成《中华人民共和国反垄断法》禁止“没有正当理由，限定交易相对人只能与其进行交易”的滥用市场支配地位行为。[①]

对此，国家市场监督管理总局出具的行政处罚决定书给予了解释。根据《中华人民共和国反垄断法》和《中华人民共和国行政处罚法》的规定，美团有主动承认、主动提供证据、主动全面自查整改行为，国家市场监督管理总局考虑了美团在调查过程中主动提供执法机关尚未掌握的重要证据、停止“二选一”行为并全面自查整改、积极退还已收取的独家合作保证金等因素，做出如下处理决定：（1）不得限制平台内经营者与其他竞争性平台合作。（2）全额退还违法收取的独家合作保证金 12.896 亿元。（3）自收到行政处罚决定书之日起十五日内，向本机关提交改正违法行为情况的报告。（4）根据《中华人民共和国行政处罚法》坚持处罚与教育相结合的原则，本机关结合本案调查过程中发现的问题，制作《行政指导书》，要求当事人全面整改，依法合规经营。（5）国家市场监督管理总局对美团处以其 2020 年中国境内销售额 1 147.479 9 亿元 3%的罚款，共计 34.42 亿元。

近年来，外卖平台的商业纠纷迭出，饿了么和美团双方互诉持续已久，双方多次被罚。尤其是“二选一”行为阻碍了要素自由流动，妨碍资源优化配置，同时，还削弱了平台企业创新动力，影响平台经济创新发展。显然，“二选一”等垄断行为已经影响到外卖市场未来的健康发展。

美团反垄断处罚的落地以及此前对阿里巴巴的反垄断处罚，均充分说明互联网平台企业规范、合规、健康发展的重要性。

// 基本概念 //

平台（platform）　直接/间接网络效应（direct/indirect network effect）

多归属（multi-homing）　竞争瓶颈（competitive bottleneck）

市场倾覆（tipping）

// 讨论题 //

2010 年 12 月，小米推出了中国第一款即时通信社交应用“米聊”。米聊发展迅速，短短几个月内用户数就破百万。雷军在一次采访中称，“小米有幸遇到过两个价值千亿美元的机会，一个是移动互联网，另一个是米聊”。在米聊上线一个月后，2011 年 1 月，腾讯推出了微信，最初二者在功能上十分相似，仅支持语音和文字聊天，但微信迅速反超，在 2011 年底，微信用户过亿。二者的差距越来越大，直到 2021 年 2 月 19 日，米聊正式停止服务。

1. 根据本章的知识，微信为何能战胜米聊？
2. 你认为微信是否存在垄断行为？请结合《关于平台经济领域的反垄断指南》的规定加以分析。
3. 你认为政府是否应当采取措施对微信进行限制？如果应该，应当采取哪些措施？如果不应该，又是为什么？

---

① 国家市场监督管理总局行政处罚决定书（国市监处罚〔2021〕74 号）。

// 第6章 //

智能制造

学习目标

1. 深刻认识智能制造是建设制造强国的主攻方向，了解智能制造的发展历程。

2. 学习习近平总书记关于智能制造的重要论述，理解智能制造的概念与本质。

3. 了解智能制造的架构与技术支撑体系，包括现有关于智能制造的参考模型、工业大数据等，重点理解信息物理系统的结构及对智能制造的重要意义。

4. 熟悉常见的智能制造商业模式，包括个性化定制、网络化协同、智能化生产以及服务化延伸。

5. 了解德、美、日等国和我国的智能制造主要实践，促进我国产业迈向全球价值链中高端。

导　言

党中央、国务院高度重视智能制造发展。习近平总书记多次强调，“要以智能制造为主攻方向推动产业技术变革和优化升级，推动制造业产业模式和企业形态发生根本性转变”①。近年来，我国智能制造发展取得长足进步，表现在：供给能力不断提升，智能制造装备市场满足率超过50%，主营业务收入超10亿元的系统解决方案供应商达40余家；支撑体系逐步完善，构建了国际先行的标准体系，发布国家标准285项，牵头制定国际标准28项；培育具有行业和区域影响力的工业互联网平台近80个；推广应用成效明显，试点示范项目生产效率平均提高45%，涌现出离散型智能制造、流程型智能制造、网络协同制造、大规模个性化定制、远程运维服务等新模式新业态。

当前，世界处于百年未有之大变局，国际环境日趋复杂，全球科技和产业竞争更趋激烈，大国战略博弈进一步聚焦制造业，美国“先进制造业领导力战略”、德国“国家工业战略2030”、日本“社会5.0”等以重振制造业为核心的发展战略，均以智能制造为主要抓手，力图抢占全球制造业新一轮竞争制高点。我国已转向高质量发展阶段，正处于转变发展方式、优化经济结构、转换增长动力的攻关期，但制造业供给与市场需求适配

① 习近平在中国科学院第十九次院士大会、中国工程院第十四次院士大会上的讲话．(2018-05-28)．新华网．

性不高、产业链供应链稳定面临挑战、资源环境要素约束趋紧等问题凸显。站在新一轮科技革命和产业变革与我国加快高质量发展的历史性交汇点，要坚定不移地以智能制造为主攻方向，推动产业技术变革和优化升级。2021 年，工信部、国家发改委等 8 部门印发《“十四五”智能制造发展规划》，明确提出了我国智能制造“两步走”战略，智能制造发展水平关乎我国未来制造业的全球地位。

本章的主要内容包括：(1) 智能制造的发展历程；(2) 智能制造的概念与本质；(3) 智能制造的架构与技术支撑体系；(4) 智能制造商业模式；(5) 国内外智能制造的主要实践。

第 1 节　智能制造的发展历程

一、从自动化到智能化

在百年未有之大变局下，以新兴数字技术为代表的新一轮科技革命加速了产业变革的进程并掀起了第四次工业革命的浪潮，深刻冲击了世界发展格局。移动互联网、物联网、大数据、人工智能等新一代数字技术的蓬勃发展和广泛应用，有力地促进了与先进制造技术的融合，给制造企业的产品形态、生产流程、商业模式等带来了全方位的革命性影响，并推动制造企业向智能化阶段迈进。智能制造不仅承载着新一代数字技术与实体经济的深度融合，而且昭示着产业变革和新一轮科技革命的发展趋势和方向，亦是实现制造业转型升级、“中国制造 2025”宏伟目标的主攻方向（周济，2015；肖静华等，2016）。智能制造的发展历程体现在从自动化到智能化的转变和升级，集中反映了社会生产力不断发展的人类文明和智慧的结晶。

生产力的发展离不开对生产工具的技术改造和创新。智能制造的发展历程也是人类对生产工具不断追求的过程。表现之一就是人类不遗余力地追求自动化生产工具。在很长的一段时间里，人们追求有形的自动化设备和机器的初衷在于对繁重的体力劳动进行替代，以提高生产效率、降低人力资本，从而促进绩效增长。人类社会出现计算机及计算机软件则昭示着解放脑力劳动的自动化技术成为可能。现如今，各种各样的软件普遍应用于日常生活中的各个领域。尤其是近年来新兴数字技术的广泛应用使得软件能处理更为浩瀚复杂的工作，其处理方式向更接近人脑的智能化迈进。

智能制造从自动化到智能化的发展历程包含三个阶段（周济，2015；安筱鹏，2019；赵剑波，2020），可归纳为：数字化制造、网络化制造和智能化制造。

（一）数字化制造阶段

数字化制造是制造业自动化到智能化的初始阶段。数字化制造是以数字化技术为基础，伴随着数码控制技术与数控机床技术的发展，以产品的设计与生产制造环节为作用对象，强调生产流程的数字化。从设计环节来看，相较于传统制造，数字化制造主要是将传统的手工草图设计变成计算机模拟设计，极大地提升了设计效率。从生产制造环节来看，数字化制造实现了部分制造程序的自动化，表现为用机器来完成一些复杂且精密的加工程序。数字化制造的代表性技术有数控机床等。

从发展历程来看，在20世纪50年代，数控机床的出现实现了从人工控制向自动化的过渡。在60年代，计算机辅助设计/制造（CAD/CAM）软件出现，使得产品的设计和制造更高效；软性制造系统的诞生大大提高了硬件设备的生产能力。在70年代，CAD和CAM技术融合集成到一个软件中，使得信息交互更顺畅与更规范。在80年代，计算机集成制造系统（CIMS）综合运用现代管理技术、制造技术、信息技术、自动化技术、系统工程技术，将企业生产全部过程中所有的相关要素融合，并使其在设计、制造、管理等各阶段相互协同。

（二）网络化制造阶段

网络化制造是制造业自动化到智能化的发展阶段。网络化制造是以网络化时代为背景，伴随着信息技术的发展，以企业间的协同生产运作为作用对象，强调企业合作与信息共享。从技术基础来看，网络化制造是以互联网技术作为支撑，突破了地理空间对企业生产经营的约束，企业间通过互联网进行信息沟通与协调。从制造目的来看，相较于数字化制造，网络化制造从聚焦企业内部生产转向聚焦企业间协同生产，表现为以网络的方式实现资源的共享与集成。网络化制造的代表性技术有基于网络的分布式CAD系统和开放结构控制的加工中心等。网络化制造在制造方面的特征主要表现为三大集成，即纵向集成、横向集成和端到端集成。具体来说，纵向集成是一个组织拥有一条供应链各个部分的方法，主要解决企业内部的集成问题，即解决信息孤岛、信息网络与物理设备之间的联通问题，目标是实现全业务链集成，是智能制造的基础。横向集成是企业之间全产业链的集成，以供应链上下游企业之间的合作为主线，通过价值链以及信息网络的互联，推动企业间研产供销、经营管理与生产控制、业务与财务全流程的无缝衔接，从而实现产品开发、生产制造、经营管理等在不同企业间的信息共享和业务协同，实现生产过程的去中心化。端到端集成是把所有连接的端点都集成互联起来，通过价值链上不同端口的整合，实现从产品设计、生产制造、物流配送到使用维护的产品全生产周期管理和服务。通过端到端集成，客户的需求和反馈可以直接与研发设计端相连，形成以产品为核心的互联互通的业务闭环流程。

（三）智能化制造阶段

智能化制造是在数字化制造和网络化制造基础上发展而来的，数字化制造与网络化制造是智能化制造的必要条件。智能化制造是以产品制造全流程和全生命周期为作用对象，强调运用新一代信息技术和人工智能，表现为人工智能赋能生产运作系统，使生产运作系统能够自感知、自决策和自执行。智能化制造的核心在于“智能化”。相较于数字化制造，智能化制造不仅全面利用计算机来进行控制，利用增材制造等新型制造方式来实现特殊形状与结构的产品设计，极大地替代了人的脑力劳动与体力劳动，赋予了制造过程分析、推理与执行能力。相较于网络化制造，智能化制造通过工业互联网实现智能机器间的互联甚至人机互联，是互联网向工业的延伸与扩展，表现为通过大数据技术充分挖掘制造潜力，而不限于企业间的协同，从而实现人、机、网的高度融合。

总体上看，智能制造的发展历程就是由自动化到智能化的跃升过程，是人类对解放劳动力（包括体力和脑力）的生产工具持续追求的体现，也是刻画人类生产力进阶的重要内容。

二、制造业智能化转型的趋势

高效率、低成本、高质量是制造业不变的追求。安筱鹏（2019）认为，当前互联网、大数据、人工智能等新技术持续创新和高速发展，为制造业发展注入新的活力，驱动制造业加速向智能化转型，而万物互联、数据驱动、软件定义、平台支撑、组织重构是制造业智能化转型的主要趋势。

（一）趋势一：万物互联

所谓万物互联，就是人、物、数据和应用通过互联网连接在一起，实现人和人、人和物、物和物之间的互联，重构整个社会的生产工具、生产方式和生活场景。

在万物互联的背景下，信息化就是物理设备不断成为网络终端并引发整个社会变革的过程，信息技术发展的终极目标是基于物联网平台实现设备无所不在的连接，开发各类应用，提供多种数据支撑和服务，未来所有产品都将成为可监测、可控制、可优化的自主性智能产品。智能产品既包括数控机床、工业机器人等智能装备，又包括智能手机、智能网联汽车、智能穿戴等消费产品。正如迈克尔·波特所说，智能互联产品包含监测、控制、优化和自动四类核心功能。具体来说，监测是指通过传感器对产品的状态、运行和外部环境进行全面监测；控制是指人们可以通过产品内置或产品云中的命令和算法对产品进行远程控制；优化是指可基于实时数据或历史数据对产品进行性能优化；自动是指在监测、控制、优化等功能的基础上产品达到前所未有的自主性和协同性。

（二）趋势二：数据驱动

制造业智能化转型的第二个趋势是数据驱动。数据驱动的本质是通过生产制造全过程、全产业链、产品全生命周期数据的自动流动不断优化制造资源的配置，实现更高的质量、更低的成本、更快的交付、更高的满意度，提高制造业全要素生产率。对制造企业而言，数据驱动主要带来三个方面的转变：数据驱动的创新、数据驱动的生产以及数据驱动的决策。

1. 数据驱动的创新

在数字经济时代，数据逐渐成为制造企业的战略资源，尤其是工业大数据，已成为企业创新的关键资源。通过对产品、设备、客户等数据的收集和分析，能够有效帮助制造企业实现产品创新、流程创新、商业模式创新。特别地，对客户现实需求和潜在需求的深度挖掘、实时感知、快速响应、及时满足水平已成为企业新型能力的分水岭。无论是工业 4.0 所强调的端到端集成，还是工业互联网所关心的效率提升；无论是传统制造企业在发展电子商务中的去分销商化，还是在互联网思维中孕育的“粉丝经济”，核心都是打造面向客户需求、客户体验的感知能力和转化能力，在这个过程中企业依赖于需求—数据—功能—创意—产品链条数据联动的速度、节奏和效率。

2. 数据驱动的生产

在生产过程中，智能装备的自感知、自决策、自执行奠定了从单机智能化到智能生产线、智能工厂的基础。生产线、生产设备的数据可用于对设备本身进行实时监控，实现工业控制和管理最优化。在采购、仓储、销售、配送等供应链环节，极大地减少冗余库存，改进和优化供应链。依据销售数据、供应商数据的实时变化，能够动态调整优化生产、库存的节奏和规模。数据驱动的智能生产模式带来了个性化定制、服务型制造及共享制造，重构了整个生产体系。

3. 数据驱动的决策

企业内部数据的横向集成及企业间数据的纵向集成，带来了数据的完整性、及时性、准确性和可执行性，推动数据—信息—知识—决策持续转化，构建企业运营新机制。数据会成为信息，信息会变成知识，知识会带来服务。这里的服务更多的是指辅助决策的服务。数据分析能够帮助企业决策者提高对事物发展趋势的把握和预判能力，降低决策风险。当然，数据到服务的转变依赖数据的准确性、及时性和完整性，也依赖数据的开放、共享、集成。

（三）趋势三：软件定义

制造业智能化转型的第三个趋势是软件定义，即为保障数据自动流动所设计的相应规则。数据的自动流动是优化制造资源配置的关键，问题是如何实现数据的自动流动，换言之，就是如何把正确的数据以正确的方式在正确的时间传递给正确的人和机器。这需要一套有关数据自动流动的规则体系，这套规则体系就是软件。软件的本质是构建一套有关数据自动流动的规则体系，基于软件打造“状态感知—实时分析—科学决策—精准执行”的数据闭环，解决研发设计、生产制造、运营管理乃至全过程中的复杂性和不确定性问题，提高资源配置效率。

（四）趋势四：平台支撑

制造业智能化转型的第四个趋势是平台支撑。平台是基于信息技术构建的连接多个参与方的虚拟空间，是便利信息汇聚、产品交易和知识交易的互联网信息服务载体。随着互联网不断普及，互联网平台发展大致经历了三个阶段：第一阶段是以信息交流为典型特征的门户平台，如搜狐、新浪；第二阶段是以产品交易为典型特征的电商平台，如阿里巴巴、京东；第三阶段是以知识交易为典型特征的工业互联网平台。

需要强调的是，工业互联网平台上承载的工业知识的数字化模型和工业 App 成为平台交易的重点，工业互联网平台成为工业知识沉淀、传播、复用和价值创造的重要载体，工业互联网平台成为全球领军企业竞争的新赛道、产业布局的新方向和制造大国竞争的新焦点。工业互联网平台的重要意义主要体现在如下三个方面：

1. 工业互联网平台正成为抢占全球制造业主导权的必争之地

以平台为核心的产业竞争正从 ICT 领域向制造领域拓展，通用电气、西门子等领军企业围绕“智能机器＋云平台＋工业 App”功能架构，整合“平台提供商＋应用开发者＋用户”生态资源，抢占工业大数据入口主导权、培育海量开发者、提升用户黏性。通过组建产业联盟、成立开源社区、开展试验测试等举措，打造基于工业互联网平台的制造业生态，不断巩固和强化在制造业中的垄断地位，抢占全球新一轮产业竞争的制高点。

目前，我国工业互联网发展正处于起步探索转向规模发展的关键期，在基础设施建设、公共平台打造、优质企业及供应商培育、新模式新业态发展方面初具成效。2015 年的《政府工作报告》首次提出“工业互联网”。2017 年 11 月，国务院发布《关于深化“互联网＋先进制造业”发展工业互联网的指导意见》，确立了工业互联网的战略发展地位，明确了工业互联网发展的主要任务和路径。《工业互联网体系架构（版本 1.0）》等相继发布，工业互联网领域涌现出一批典型平台和企业。2017 年后，工信部作为工业互联网发展的主要推进机构，一方面针对工业互联网细分领域不断出台相关政策文件；另一方面积极推进完善工业互联网标准、评测体系，并开展试点示范项目申报和经验推广工作。2020 年 12 月，工信部发布《工业互联网创新发展行动计划（2021—2023 年）》，提出了 5 方面 11 项重点行动和 10 大重点工程，推动产业数字化，带动数字产业化。2020 年我国工业互联网产业经济总体规模约为 3.1 万亿元，同比增长 47.9%。未来 3 年将是我国工业互联网的快速成长期。

2. 工业互联网平台正步入规模化扩张的战略窗口期

自 2008 年金融危机以来，通用电气、西门子、博世等跨国巨头围绕制造业数字化、网络化、智能化持续推进自身的战略转型，通过一系列兼并重组、业务转型、模式创新，不断提高装备智能化水平、加快软件云化迁移步伐、打造开源社区生态，通用电气、西门子分别推出工业互联网平台 Predix、MindSphere，均将未来 2～3 年视为规模化扩张的关键时期。我国工业互联网平台发展的机遇稍纵即逝，为避免重蹈 PC、移动互联网平台被跨国公司垄断的覆辙，亟待加快建设步伐。

3. 工业互联网平台正在重新定义制造业生态

工业互联网平台是实现工业全要素连接的枢纽，是实现工业资源配置的核心。工业互联网的本质是推动工业资源和要素的解耦、整合和重构，构建新的发展理念、生产体系、组织架构和商业模式。在宏观上提升国家资源高效配置能力，在中观上培育产业生态构建能力，在微观上打造企业新型能力。工业互联网平台推动资源优化的范围从单机、产线、车间、企业拓展到跨企业、跨区域，正在重塑制造业研发体系、生产范式和商业模式。推动企业研发实现研发主体跨部门协同化、研发流程并行化、研发模式闭环化，不断提升研发效率、缩短研发周期、降低研发成本，推动企业智能制造在更广的范围、更深的领域优化制造资源配置，实现价值创造从封闭的价值链向开放的价值网络拓展，推动企业从产品生产商向客户运营商转变，基于平台开展状态监测、故障诊断、预测预警、健康优化等各种新型智能服务。

（五）趋势五：组织重构

制造业智能化转型的第五个趋势是组织重构。组织重构的本质是进入数字经济时代后，数据作为一种新管理要素与传统技术、业务流程、组织结构相互影响、相互作用，极大地变革不同群体的交流方式、交易方式，有效提升交易速率和质量，从而使得企业内外部交易成本呈明显下降趋势，推动组织向扁平化、平台化和联盟化发展。

“小前端＋大中台”已成为数字经济时代企业组织架构演变的方向。这种组织变革思想与第二次世界大战时期美军作战最小单元的变化有异曲同工之妙，目的都在于提高组织的机动性和灵活性，实现对外部环境的适应能力。在数字化时代，强大的后台可以为在前线作战的小分队提供全方位的支持和服务。

2015 年芬兰移动游戏公司 Supercell 开发的游戏占到了全球游戏 App Top 10 的半壁江山，2016 年腾讯以 86 亿美元收购了这家员工不超过 200 人的公司。Supercell 将游戏开发过程中公共、通用的开发素材、算法、工具等大量资源沉淀在平台上，大幅提高了游戏开发小团队的效率，降低了试错成本。

组织重构主要体现在以下三个方面：

1. 极小化的自组织

不断适应竞争格局和形势的变化是企业由小变大、由弱变强与基业长青的基础。在数字经济时代，面对快速变化的市场需求、新技术新业态的兴起、日益复杂的供应链体系及柔性化的生产模式，企业组织扁平化、网络化步伐不断加快，决策分散化、团队微型化、管理平台化趋势日益凸显。

从通用电气组织扁平化到谷歌、亚马逊等互联网企业团队微型化，从海尔企业无边界、组织无领导、供应链无中心的新理念，到韩都衣舍责、权、利统一的三人小组管理模式，再到华为“让听见炮声的人指挥战斗”，无不显示出在数字经济时代企业无论大小、无论强弱，构建弹性、开放、灵活的组织体系不仅事关竞争力强弱，也事关生死存亡。

2. 极大化的平台

万物智能、泛在互联推动了平台与依托群体的崛起。苹果、谷歌、亚马逊、脸书、阿里巴巴、腾讯、百度、小米等一批互联网企业打造了一个巨型创新创业平台，在上面形成了规模达几百万乃至上千万的创业群体，构成了一个复杂的产业生态系统。在各类平台与依托群体的不断演化中，形成了服务与被服务、管理与被管理、协作与共生等新的组织关系。产业生态系统化正在重新定义企业的边界、不断重塑企业间的关系，这一新型企业间关系随着产业生态化步伐的加快而不断扩散。

3. 生态化的产业联盟

基于各种目的的产业联盟体系不断丰富，出现了以制定或推行产业技术标准为目标的技术标准联盟、以合作研发为目标的研发合作联盟、以完善产业链协作为目标的产业链合作联盟、以共同开发市场为目标的市场合作联盟等。工业 4.0 平台、工业互联网联盟等产业联盟在全球产业竞争中的地位不断凸显，它们正成为主导产业竞争规则的新主体，引领行业技术变革的方向，决定标准规范和产业竞争新格局。

第 2 节　智能制造的概念与本质

一、智能制造的定义

学术界对智能制造的研究最早可追溯到 20 世纪 80 年代，美国纽约大学的怀特（P. K. Wright）教授和卡内基梅隆大学的布恩（D. A. Bourne）教授于 1988 年出版了《制造智能》（*Manufacturing Intelligence*）一书，将智能制造定义为“通过集成知识工程、制造软件系统、机器人视觉和机器人控制来对制造技工们的技能与专家知识进行建模，以使智能机器能够在没有人工干预的情况下进行小批量生产”。随后，社会各界对智能制造的关注不断增加，从各个角度提出了关于智能制造的观点。例如，国内学者路甬祥（2010）将智能制造定义为人与智能机器紧密合作，对人类专家在制造活动中的脑力劳动进行拓展、延伸甚至部分替代，决策核心从人向机器转变。周济（2015）认为，智能制造是新一轮工业革命的核心技术和“中国制造 2025”的制高点、突破口和主攻方向，包括产品、生产、模式、基础四个维度。《国家智能制造标准体系建设指南（2018版）》对智能制造进行了明确的界定：智能制造是基于新一代信息技术与先进制造技术深度融合，贯穿于设计、生产、管理、服务等制造活动的各个环节，具有自感知、自学习、自决策、自执行、自适应等功能的新型生产方式。信息技术与制造技术进一步集成和创新应用范围的拓展，使得智能制造的内涵不断丰富和延伸，从早期的产品设计领域逐渐扩散到生产、制造、管理、服务等全流程。

需要注意的是，智能制造与一些相近的概念容易混淆，例如工业 4.0、先进制造、数字化制造、虚拟制造、工业物联网等。事实上，这些概念与智能制造存在较为紧密的关系，但也存在明确的边界，一些概念只体现了智能制造的局部面貌或特定阶段。例如，数字化制造被认为是智能制造的初级阶段，智能制造以工业互联网为技术基础支撑，而工业 4.0 则是一种产业范式技术转型，被视为第四次工业革命，智能制造在工业 4.0 中发挥主导作用。

二、智能制造的本质

与传统制造模式不同的是，智能制造的特征更多是由技术塑造。已有文献从范式和信息流等角度对智能制造进行了分析，而学术界对范式视角的讨论最为丰富且该视角被广泛认同，该视角按照不同的技术范式将智能制造的关键特征概括为数字化、网络化和智能化三个方面，依次形成数字化制造、网络化制造以及智能化制造这三种迭代升级的基本智能制造范式（Zhou et al.，2019），这为理解智能制造的本质提供了理论基础。

当前，社会各界对智能制造的本质从不同的角度进行了讨论。中国工程院院士李培根认为，智能制造的本质和真谛是利用物联网、大数据、人工智能等先进技术认识制造系统的整体联系并控制和驾驭系统中的不确定性、非结构化和非固定模式以达到更高的目标。中国航空工业集团信息技术中心原首席顾问宁振波在《智能制造的本质》一书中对智能制造进行了全面的剖析，认为智能制造就是赋予传统的制造智能。这里的智能是指人工智能。通俗地讲，人工智能就是将人类的知识、经验、方法等验证无误的内容编译成软件，将原来由人执行的任务转为由计算机来执行的过程。也就是说，把人的知识转化成计算机的知识，计算机支持软件运行，生成模型，完成工业产品的研发设计、工艺设计、生产过程管理、批量生产交付、运行维护、维修以及复杂的管理体系等。“造”仅仅是生产的概念，“制”则含有系统的思想，包含制度、方法、标准和规范。“制造”包含了产品策划、概念设计、方案设计、产品设计、试制试验、批量生产、产品交付及交付后运营、维护维修以及管理和决策等重要环节和复杂管理体系。因此，机器人换人、黑灯工厂都只是在执行“造”的部分，不能称为“制造”，更不是“智能制造”。智能制造的本质是在前三次工业革命打下的坚实基础上，积累了大量有关产品的设计知识、工艺知识、生产知识、设备维修知识、管理和决策知识等，这些知识经过反复验证被证明是成熟的，人们通过高水平数字化技术的大规模应用，把这些知识转变成工业软件和数字化的产品模型，这些软件和模型在计算机上的执行实现了对数字产品和物理产品更好的控制、对制造资源更优化的配置，逐步实现产品本身的智能化、产品系统结构定义的数字化、产品研制生产过程的数字化以及庞大的零部件供应链的网络化，形成了全新的产业形态。简单来说，可以归纳为三方面：

第一，软件化的工业技术；第二，软件定义的生产关系；第三，生产关系的优化和重构。也就是说，用软件控制数据的自动流动，解决复杂产品的不确定性，这就是智能制造。郑力（2020）认为，智能制造的本质是智能技术与制造技术的深度融合。戚聿东和徐凯歌（2022）认为，智能制造的本质是基于数据要素和数字技术进行精准、高效的供需匹配，实现生产过程的个性化定制，最终以“产消合一”的方式在一定程度上化解无限发展的生产能力与有限的消费之间的矛盾，克服生产过剩。

从以上描述来看，智能制造的实质就是一种新兴的制造范式，制造企业通过运用物联网、大数据、云计算、移动互联等新一代信息技术及智能装备对传统制造业进行深入广泛的改造提升，实现人、设备、产品和服务等制造要素和资源的相互识别、实时交互和信息集成，推动产品的智能化、装备的智能化、生产方式的智能化、管理的智能化和服务的智能化。

第 3 节　智能制造的架构与技术支撑体系

一、智能制造参考模型

智能制造参考模型是一个通用模型，适用于智能制造全价值链的所有合作伙伴的产品和服务，它将提供智能制造相关技术系统构建、开发、集成和运行的一个框架。通过建立智能制造参考模型，可以将现有标准（如工业通信、工程、建模、功能安全、信息安全、可靠车型、设备集成、数字工厂等）和拟制定的新标准（如语义化描述和数据字典、互联互通、系统能效、大数据、工业互联网等）一起纳入一个新的全球制造参考体系。当前，全球许多国家和机构根据智能制造发展情况构建了相应的参考模型（见表 6 - 1）。

表 6 - 1　智能制造参考模型

序号	模型名称	制定组织
1	工业 4.0 参考架构模型（RAMI 4.0）	德国工业 4.0 平台
2	智能制造系统（SMS）	美国国家标准与技术研究院（NIST）
3	工业互联网参考架构（IIRA）	工业互联网联盟（IIC）
4	智能制造系统架构（IMSA）	中国国家智能制造标准化总体组
5	物联网概念模型	ISO/IEC JTC1/WG10 物联网工作组
6	TEEE 物联网参考模型	TEEEP2413 物联网工作组
7	ITC 物联网参考模型	国际电信联盟物联网和智慧城市研究组
8	物联网架构参考模型	物联网协同联盟 OneM2M
9	全局三维图	国际标准化组织自动化系统与集成标准化技术委员会
10	智能制造标准路线图框架	法国国家制造创新网络未来工业联盟
11	工业价值链参考架构（IVRA）	日本工业价值链促进会（IVI）

资料来源：安筱鹏. 重构：数字化转型的逻辑. 北京：电子工业出版社，2019.

下面简要介绍德国、美国、中国三个国家的智能制造参考模型。

(一) 德国智能制造参考模型

德国的智能制造参考模型体现为工业 4.0 参考架构模型，即“制造+互联互通”的 RAMI 4.0 模型。它是从产品生命周期与价值链、层级和企业架构三个维度，分别对工业 4.0 进行多角度描述的一个框架模型，代表了德国对工业 4.0 所进行的全局性思考，如图 6-1 所示。

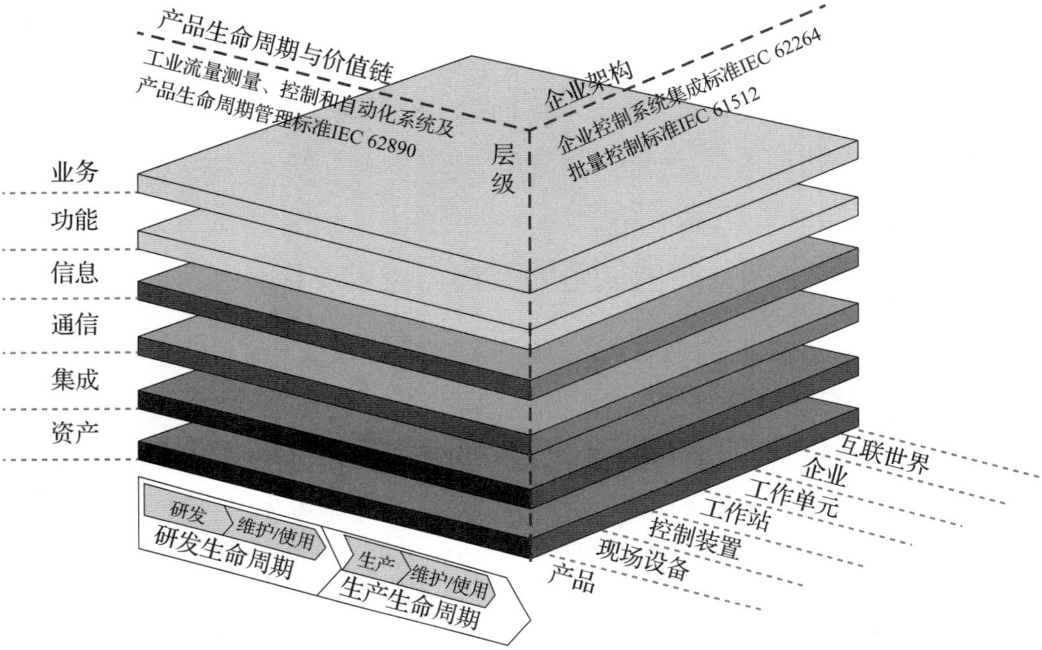

图 6-1　德国工业 4.0 参考架构模型

资料来源：赵敏．基于 RAMI 4.0 解读新一代智能制造．中国工程科学，2018 (4)：90-96.

第一个维度是层级，构建了面向工业制造智能化的 6 个功能层，对企业的虚拟资源进行划分，各层具有相对独立的功能，下层为上层提供接口，上层使用下层服务。具体包括资产、集成、通信、信息、功能、业务。

第二个维度是产品生命周期与价值链，这一维度的参考标准是 IEC 62890《工业流量测量、控制和自动化系统及产品生命周期管理》。RAMI 4.0 模型进一步将产品生命周期划分为原型设计（样机）和产品生产（实例）两个阶段，强调不同阶段考虑的重点。原型设计阶段指从初始设计到定型，还包括各种测试和验证；产品生产阶段指产品的规模化、工业化生产。在工业 4.0 中，每个实物产品就是原型的实例。

第三个维度是企业架构，是在 IEC62264 标准的基础上补充了产品的内容，并由企业拓展至“互联世界”，从而体现工业 4.0 针对产品、服务和企业协同的要求。

(二) 美国智能制造参考模型

美国的智能制造参考模型体现为工业互联网参考架构（IIRA），该架构的目的在于使工业物联网（IIoT）系统架构师能够基于通用框架和概念设计，开发可以互操作的 IIoT 系统，加快工业互联网的发展。IIRA 从商业、使用、功能和实施 4 个视角对工业互联网进行了描述（见图 6-2）。

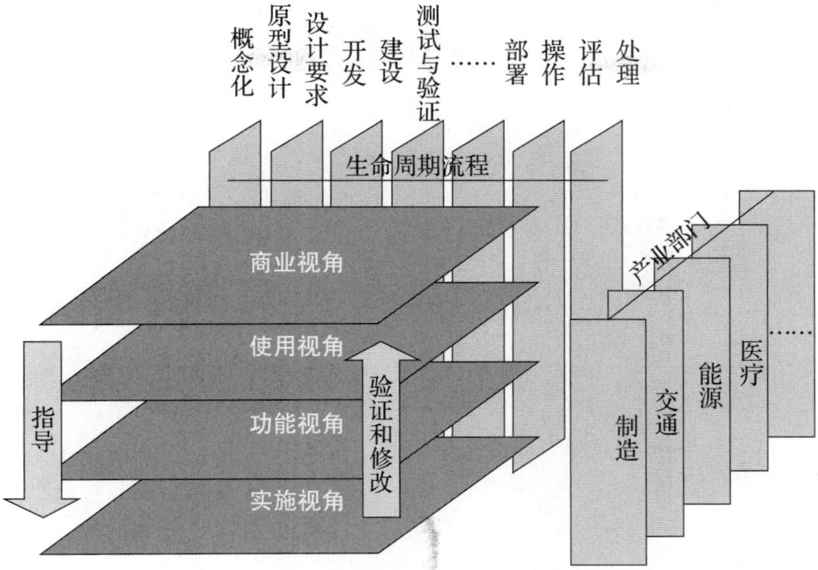

图 6-2　美国工业互联网参考架构

资料来源：刘强．智能制造概论．北京：机械工业出版社，2021.

商业视角：如果将 IIoT 系统作为业务问题解决方案，必须对业务价值、预期投资回报率、维护成本和产品责任等面向业务的关注点进行评估。

使用视角：使用视角解决系统使用过程中的关注点，这些关注点的利益相关者一般包括系统工程师、产品经理等，例如参与制定 IIoT 系统规范的人和在最终使用时代表用户的人。

功能视角：功能视角侧重于 IIoT 系统的功能性部分。涉及的利益相关者一般包括系统和组件构架师、开发者和集成者。

实施视角：实施视角涉及实施功能性组件、通信规划和生命周期过程的技术。涉及的利益相关者一般为系统和组件构架师、开发者及系统操作员等。

上述四个视角的排序反映了各视角之间的一般互动关系。一般来说，高层视角的决策能够指导下层视角并对其提出要求。下层视角对关注点的思考能够验证甚至修改上层视角的分析和决策。架构关注点不局限于系统设计阶段，还需要在整个生命周期加以考虑和关注，参考架构通过不同的视角为 IIoT 系统生命周期流程的概念设计提供指导。

（三）中国智能制造参考模型

2015 年 12 月，中国国家智能制造标准化总体组发布了智能制造系统架构（IMSA）。智能制造系统架构包括生命周期、系统层级和智能功能三个维度，全方位展示了智能制造的概貌（见图 6-3）。

生命周期是指从产品原型研发开始到产品回收再制造的各个阶段，包括设计、生产、物流、销售、服务等一系列相互联系的价值创造活动。

系统层级共五层，分别为设备层、控制层、车间层、企业层和协同层。智能制造的系统层级体现了装备的智能化和 IP（网络协同）化以及网络的扁平化趋势。

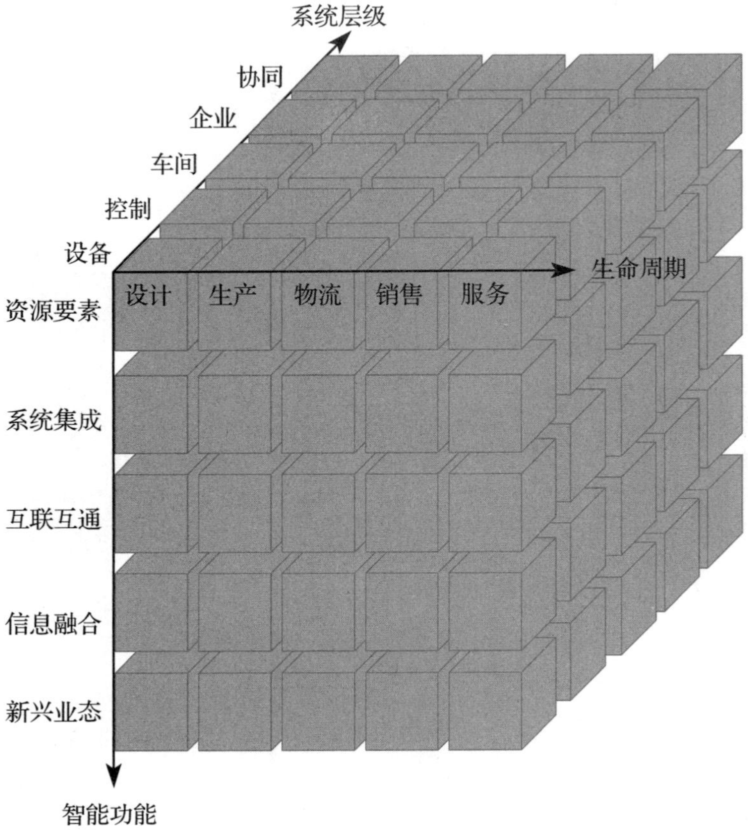

图 6-3 中国智能制造系统架构

资料来源：工信部，国家标准化管理委员会. 国家智能制造标准体系建设指南（2015 年版）.

智能功能包括资源要素、系统集成、互联互通、信息融合、新兴业态。特别地，以互联互通为目标的工业互联网作为一个重要的基础支撑，实现了物理世界和信息世界的融合，与业界广泛讨论的信息物理系统（CPS）不谋而合。

二、智能制造的核心：工业大数据

（一）工业大数据的背景

数据是制造企业的核心生产要素。当前，制造业正变得愈发智能，越来越多的制造企业使用传感器和无线技术获取产品生命周期所有阶段的数据。例如，材料特性温度和设备数据、供应链中的物流数据以及关于客户的一些具体数据等，共同汇聚成企业工业大数据的重要内容，使得企业制造模式呈现为数据驱动和智能化（安筱鹏，2019；柳卸林等，2020）。

（二）工业大数据的定义与特征

李杰（2015）认为，从数据类型来看，工业大数据整合企业内部传感数据、信息化数据，以及企业外部的用户、供应商等利益相关者数据，在形态方面符合大数据的海量、多样性和高速性的典型特征。与传统互联网大数据相比，工业大数据在数据要求、手段、目标和结论等方面均有较大的差别，具体见表 6-2。

表 6－2　互联网大数据与工业大数据的对比

分类	互联网大数据	工业大数据
数据量要求	大量样本	尽可能全面地使用样本
数据质量要求	较低	较高，需要对数据质量进行预判与修复
对数据属性意义的解读	不考虑属性的意义，只分析统计显著性	强调特征之间的物理关联
分析手段	以统计分析为主，通过挖掘样本中各个属性之间的相关性进行预测	采用具有一定逻辑的流水线式数据流分析手段。强调跨学科技术的融合，包括数据、物理、机器学习、控制、人工智能等
对分析结果准确性要求	较低	较高

资料来源：李杰．工业大数据：工业 4.0 时代的工业转型与价值创造．北京：机械工业出版社，2015.

工业大数据具有“6V”特征：

其一，容量（volume）：拥有超大规模和快速增长的非结构化数据。

其二，速度（velocity）：体现在大数据的实时分析而非批量式分析。

其三，多样性（variety）：大数据种类的异构性和多样性。

其四，真实性（veracity）：强调需要避免在数据收集和提炼过程中发生的数据污染所导致的“虚假”信息。

其五，可见性（visibility）：通过大数据分析使以往不可见的重要因素和信息可见化，将抽象的数据具象成图表、视频等便于人们理解和接受的形式。这是未来工业大数据的一大特征。

其六，价值（value）：通过大数据分析，将隐藏在大数据中的信息转化为价值。这是工业大数据的最终目标。

（三）工业大数据的挑战

在实现工业智能目标的过程中，工业大数据作为重要的基础与应用纽带，也面临着一些重要的挑战，具体如下：

1. 工业大数据的利用问题

由于工业大数据注重特征背后的物理意义以及特征之间关联性的机理逻辑，结论的精准性决定了工业过程的数据应用结果必须具有明确的任务目标与执行行为，实时性包括控制的实时性、管理的及时性。同时，面向工业应用的工业大数据必须考虑严格的安全性与可靠性要求（如工业网络与信息的安全问题等）。

2. 工业大数据的获取问题

工业大数据更加强调样本的全面性，这对未来高速发展的自感知技术提出了更高的要求。同时，低质量数据可能直接影响分析过程而导致结果无法利用。因此，必须提高数据质量，满足低容错性与高鲁棒性要求。

3. 工业大数据的价值问题

工业大数据的价值问题表现在必须能够解决工业转型所带来的普适性与定制化、共性与个性、宏观与微观等方面的矛盾，包括以下几个方面：如何在设备种类、运行场景等具有很大差异时利用普适性方法解决定制化问题，如何解决设备和活动的多样性造成技术的普适性与实用性难以兼顾的问题，如何将个体与集体的活动目标与利益相匹配、协同优化问题等。

4. 工业大数据的技术融合问题

将工业大数据与信息技术（IT）、运营（OT）相融合，如与设备控制系统（DCS）、制造执行系统（MES）、计算机辅助设计（CAD）系统、企业资源计划（ERP）系统、产品生命周期管理（PLM）系统和远程监测系统（RMS）等深度耦合。

（四）工业大数据分析的实施路径

工业大数据的价值主要体现在能够使原本不可见的问题，通过数据挖掘变得可见，进而避免以往不可见的风险。同时，需要与先进的分析工具相结合，实现产品的智能化升级，利用数据挖掘产生的信息为客户提供产品全生命周期的增值服务，从而能够利用数据寻找用户价值缺口，开拓新的商业模式。因此，工业大数据的应用关键在于实施科学、合理的分析与利用路径。工业大数据分析，就是通过对装备多个维度的各类数据进行收集、汇总、解析、分析、预测、决策、分发的处理流程，具备对工业数据进行流水线式实时分析的能力，为管理活动的各个环节提供基于数据的支持精确决策的信息，使管理活动和决策与目标、客观情况实现全局最优匹配。

工业大数据分析是围绕从数据中发现业务环节中有价值的知识开展的，知识的发现、固化、完善是一个人与机器共同完成的过程，并且要基于能够反映装备、群体和环境的全面数据基础。因此，工业大数据分析具有知识成长性、全面数据汇总、人机闭环系统分析与机器学习协同、应用功能定制化、持续迭代升级等特点。由此可知，工业大数据分析的实施路径包括三个部分，即感知的全面性、分析的层次性、基于预测的决策，最终目标是面向工业用户实现“无忧”的运行与管理。

三、智能制造的技术体系：信息物理系统

（一）信息物理系统的内涵

信息物理系统（CPS）是通过集成先进的感知、计算、通信、控制等信息技术和自动控制技术，构建物理空间与信息空间中人、机、物、环境、信息等要素相互映射、实时交互、高效协同的复杂系统，实现系统内资源配置和运行的按需响应、快速迭代、动态优化。CPS 的本质就是构建一套信息空间与物理空间之间基于数据自动流动的状态感知、实时分析、科学决策、精准执行的闭环赋能体系，解决生产制造、应用服务过程中的复杂性与不确定性问题，提高资源配置效率，实现资源优化配置。

CPS 的内涵有狭义和广义之分。狭义是指实体系统内的物理规律以信息的方式来表达。广义是指对实体系统内变化性、相关性和参考性规律的建模、预测、优化和管理。CPS 的基础在可见世界中包括物联网、普适计算和执行机构，它们定义了实体系统的功能性，是感知和反馈的基础；不可见世界中的资源、关系和参考构成实体系统运行的基础，是 CPS 在信息空间中的管理目标。CPS 中的通信、计算和控制是管理可见世界的技术手段，而建立面向物理空间内的比较性、关系性和目的关联性的对称性管理是核心的

分析手段。

安筱鹏（2019）认为，CPS作为连接信息世界与物理世界的桥梁，具有数据驱动、软件定义、泛在连接、虚实映射、异构集成、系统自治六大典型特征。

1. 数据驱动

通过构建基于数据自动流动的“状态感知、实时分析、科学决策、精准执行”的闭环赋能体系，CPS将不可见的数据从物理空间显性地转移到信息空间，进而迭代更新汇集成知识库。在转化过程中，实时分析数据；根据数据做出科学决策；精准执行后，将数据作为输出结果展示出来。因此，数据是CPS的重中之重。

2. 软件定义

工业软件是对各类工业生产环境规律的代码化，支撑了绝大多数的生产制造过程。对于面向制造业的CPS，软件是实现其功能的核心载体之一。

3. 泛在连接

网络通信是CPS的基础保障，能够实现CPS内部单元之间以及CPS之间的互联互通。随着信息通信技术的发展，网络通信将会更加全面深入地融合信息空间和物理空间，表现出明显的泛在连接特征，实现在任何时间、任何地点、任何人、任何实物都能顺畅地通信。

4. 虚实映射

CPS构筑信息空间与物理空间数据交互的闭环通道，能够实现信息虚体与物理实体之间的交互联动。其中，“数字孪生”是虚实映射的基础。

5. 异构集成

软件、硬件、网络、工业云等一系列技术的有机组合形成了一个信息空间与物理空间之间数据自动流动的闭环系统。CPS能够集成异构硬件、异构软件、异构数据及异构网络，实现数据在信息空间与物理空间不同环节的自动流动。因此，CPS必定是一个对异构环节进行集成的综合体。

6. 系统自治

CPS能够根据感知到的环节变化信息，在信息空间进行处理分析，自适应地对外部变化做出有效响应。

（二）信息物理系统的总体定位：支撑智能制造的综合技术体系

CPS的总体定位是作为支撑智能制造的综合技术体系。当前，面对“以加快新一代信息技术与制造业深度融合为主线，以推进智能制造为主攻方向”的战略方针，面对从制造大国向制造强国转变的战略任务，迫切需要构建支撑智能制造的技术体系。

CPS通过集成先进的信息技术和自动控制技术，构建了物理空间与信息空间中人、机、物、环境、信息等要素相互映射、实时交互、高效协同的复杂系统，实现系统内资源配置和运行的按需响应、快速迭代、动态优化。CPS是工业和信息技术范畴内跨学科、跨领域、跨平台的综合技术体系所构成的系统，覆盖广泛、集成度高、渗透性强、创新活跃，是两化融合支撑技术体系的集大成者。CPS能够将感知、计算、通信、控制等信息技术与设计、工艺、生产、装备等工业技术融合，能够将物理实体、生产环境和制造过程精准映射到虚拟空间并实时反馈，能够作用于生产制造全过程、全产业链、产品全生命周期，能够从单元级、系统级到系统之系统级不断深化，实现制造业生产范式的重构。从新一轮产业变革的全局出发，结合多年来推动两化融合（即信息化和工业化高层次深度结合）的实践可以看出，CPS 是支撑智能制造的综合技术体系。

（三）信息物理系统的结构与实现

1. CPS 的技术构成："一硬、一软、一网、一平台"

总体来看，CPS 的本质就是构建一套信息空间与物理空间之间基于数据自动流动的状态感知、实时分析、科学决策、精准执行的闭环赋能体系，解决生产制造、应用服务过程中的复杂性和不确定性问题，提高资源配置效率，实现资源优化配置。状态感知就是通过各种各样的传感器感知物理世界的运行状态；实时分析就是通过工业软件实现数据、信息、知识的转化；科学决策就是通过大数据平台实现异构系统数据的流动与知识的分享；精准执行就是通过控制器、执行器等机械硬件实现对决策的反馈响应。这一切都依赖于一个实时、可靠、安全的网络。进一步地，根据安筱鹏（2019）的观点，可以将这一闭环赋能体系概括为"一硬"（感知和自动控制）、"一软"（工业软件）、"一网"（工业网络）、"一平台"（工业互联网平台）。

（1）感知和自动控制是数据闭环流动的起点和终点。感知的本质是物理世界的数字化，通过各种芯片、传感器等智能硬件实现生产制造全流程中人、设备、物料、环境等隐性信息的显性化，是 CPS 实现实时分析、科学决策的基础，是数据闭环流动的起点。自动控制是在数据采集、传输、载体、分析和挖掘的基础上做出的精准执行，体现为一系列动作或行为，作用于人、设备、物料和环境，如分布式控制系统（DCS）、可编程逻辑控制器（PLC）及数据采集与监控（SCADA）系统等，是数据闭环流动的终点。

（2）工业软件是对研发设计、生产制造、经营管理、服务等全生命周期环节规律的模型化、代码化、工具化，是工业知识、技术积累和经验体系的载体，是实现工业数字化、网络化、智能化的核心。简言之，工业软件是算法的代码化，算法是对现实问题解决方案的抽象描述，仿真工具的核心是一套算法，排产计划的核心是一套算法，企业资源规划也是一套算法。工业软件定义了 CPS，其本质是要打造"状态感知—实时分析—科学决策—精准执行"的数据闭环，构筑数据自动流动的规则体系，应对制造系统的不确定性，实现制造资源的高效配置。

（3）工业网络是连接工业生产系统和工业产品各要素的信息网络，通过工业现场总线、工业以太网、工业无线网络和异构网络集成等技术，能够实现工厂内各类装备、控制系统和信息系统的互联互通，以及物料、产品与人的无缝集成，并呈现扁平化、无线化、灵活组网的发展趋势。工业网络主要用于支撑工业数据的采集交换、集成处理、建模分析和反馈执行，是实现从单个机器、产线、车间到工厂的工业全系统互联互通的重要基础工具，是支撑数据流动的通道。物质（机械，如导线）连接、能量（物理场，如传感器）连接、信息（数字，如比特）连接，乃至意识（生物场，如思维）连接，为打造万物互联的世界提供了基础和创造了前提。

（4）工业互联网平台是高度集成、开放和共享的数据服务平台，是跨系统、跨平台、跨领域的数据集散中心、数据存储中心、数据分析中心和数据共享中心。基于工业互联网平台推动专业软件库、应用模型库、产品知识库、测试评估库、案例专家库等基础数据和工具的开发集成和开放共享，实现生产全要素、全流程、全产业链、全生命周期管理的资源配置优化，以提升生产效率、创新模式业态，构建全新的产业生态。这将带来产品、机器、人、业务从封闭走向开放，从独立走向系统，将重建客户、供应商、销售商及企业内部组织的关系，重构生产体系中信息流、产品流、资金流的运行模式，重塑产业价值链和竞争格局。国际巨头正加快构建工业互联网平台，向下整合硬件资源、向上承载软件应用，加快全球战略资源的整合步伐，抢占规则制定权、标准话语权、生态主导权和竞争制高点。

2. CPS 的层级架构：单元级、系统级、系统之系统级

由小到大来看，CPS 可以分为单元级、系统级、系统之系统级三个层级。单元级是具有不可分割性的 CPS 最小单元。它可以是一个部件或一个产品，通过“一硬”（如具备传感、控制功能的机械臂和传动轴承等）和“一软”（如嵌入式软件）就可构成“状态感知—实时分析—科学决策—精准执行”的数据闭环，具备了可感知、可计算、可交互、可延展、自决策的功能。典型的单元级最小单元如智能轴承、智能机器人、智能数控机床等。系统级是“一硬、一软、一网”的有机组合。CPS 的多个最小单元（单元级）通过工业网络（如工业现场总线、工业以太网等），实现更大范围、更宽领域的数据自动流动，构成智能生产线、智能车间、智能工厂，实现多个单元级 CPS 的互联、互通和互操作，进一步提高制造资源优化配置的广度、深度和精度。系统级 CPS 基于多个单元级 CPS 的状态感知、信息交互、实时分析，实现局部制造资源的自组织、自配置、自决策、自优化。由传感器、控制终端、组态软件、工业网络等构成的分布式控制（DCS）系统和数据采集与监控（SCADA）系统是系统级 CPS，由数控机床、机器人、AGV 小车、传送带等构成的智能生产线是系统级 CPS，通过制造执行系统（MES）对人、机、物、环境、信息等要素进行生产调度、设备管理、物料配送、计划排产和质量监控所构成的智能车间也是系统级 CPS。系统之系统级（SoS 级）是多个系统级 CPS 的有机组合，涵盖了“一硬、一软、一网、一平台”四大要素。SoS 级 CPS 通过工业互联网平台，实现跨系统、跨平台的互联、互通和互操作，促成多源异构数据的集成、交换和共享的闭环数据自动流动，在全局范围内实现信息全面感知、深度分析、科学决策和精准执行。基于工业互联网平台，通过丰富开发工具、开放应用接口、共享数据资源、建设开发社区，加快各类工业 App 和平台软件的发展，形成一个“赢者通吃”的多边市场，构建一个新的产业生态。西门子 MindSphere、通用电气 Predix 及海尔 COSMOPlat、PTC Thing-Worx 等软件和大数据平台，通过实现横向、纵向和端到端集成，形成了开放、协同、共赢的产业新生态，体现了 SoS 级 CPS 的发展方向。

（四）信息物理系统的建设和应用

1. CPS 建设思路

CPS 通过数据、软件、网络、平台等信息技术与人、机、物、环境、信息等要素的深度融合，构建一套信息空间与物理空间之间基于数据自动流动的闭环赋能体系，实现生产制造的自主协调、智能优化和持续创新，推动制造业与互联网融合发展。在这个过程中，数据自动流动是关键。总的来看，要想建设好 CPS，可以围绕以下五个方面进行思考。

（1）资源优化是目标。企业是进行社会资源配置的一种组织，是通过对社会资本、人才、设备、土地、技术、市场等各种资源进行组合来塑造能力，满足客户需求。企业的竞争就是资源配置效率的竞争。如何缩短产品研发周期、提高机床使用精度、提高班组产量、提高设备使用效率、提升仓储周转次数、减少一类部件库存数量、缩短客户服务响应时间、降低资金使用成本等，所有这些在本质上都是如何优化资源配置。CPS 通过创造一个与实物制造相对应的虚拟制造空间，实现了研发设计、试验、制造、服务在虚拟制造空间的仿真测试和生产，形成人类认识和改造世界的新方法、实现资源优化配置的新模式。

（2）数据自动流动是关键。如果说机器人、数控机床、立体仓库等生产设备的自动化替代的是体力劳动者，那么数据流动的自动化将替代脑力劳动者；如果说生产设备的自动化是工业 3.0，那么数据流动的自动化是工业 4.0。青岛红领是一家个性化定制服装企业，是国家智能制造的试点示范企业，一些企业高管在参观青岛红领后却大失所望，因为没有想象中的一排排机器人、一条条先进生产线，以及繁忙而有序的 AGV 小车，而是一排排工人在以手工的方式加工衣服，看上去就是一个典型的劳动密集型企业生产场景。这样一个典型的劳动密集型企业为什么是智能制造的试点示范企业？事实上，从工业经济迈向数字经济，人类的生产方式正在经历两种自动化：一种是看得见的自动化，如数控机床、机器人等各种各样先进的生产装备，不需要人为干预就可以完成人们预想的动作和目标；另一种是看不见的自动化，就是信息空间中数据流动的自动化。青岛红领多年探索的就是如何在信息空间实现数据的自动流动，采集完个人身上的 22 个指标后，这组数据开始在设计、采购、仓储、生产、管理、配送、服务等环节在没有人为干预的情况下自动流动，把需要的数据及时传递给需要的人和机器。

（3）工业软件是核心。工业软件是一种以数据与指令集合对知识、经验、控制逻辑等进行固化封装的数字化技术，它构建了工业领域中数据自动流动的规则体系，是业务、流程、组织的赋能工具和载体，解决了复杂制造系统的不确定性、多样性等问题。工业软件为制造业建立了一套信息空间与物理空间之间的闭环赋能体系，实现了物质生产运行规律的模型化、代码化、软件化，使制造过程在虚拟世界实现快速迭代和持续优化，并不断优化物理世界的运行。产品设计和全生命周期管理软件（如 CAX、PLM 等）建立了高度集成的数字化模型及研发工艺仿真体系，制造执行系统（MES）是企业实现纵向整合的核心，联通了设备、原料、订单、排产、配送等各主要生产环节，企业管理系统（如 ERP、WMS、CRM）助力企业对业务活动进行科学管理，改变了企业的管理模式和管理理念。在网络化协同生产、个性化定制、服务型制造等生产新模式的驱动下，工业软件定制化、平台化、网络化和智能化成为工业软件巨头推动产品变革的重要方向。

（4）新型能力培育是主线。技术进步引发的数次工业革命，不仅伴随着管理思想和实践的变革，也伴随着企业核心能力体系的变迁，伴随着机械化、电气化的发展，企业构建起大规模生产体系。在数字经济时代，企业为应对内外部环境和条件的快速变化，生产方式的变革体现为软件、机器人、数控机床、自动化生产线的引入，还体现为企业内部的流程再造、组织优化，但最终变革都要落实到企业核心能力提升上来，并不断推动从传统能力拓展到新型能力，以保持竞争优势的可持续性。

CPS 的出现和应用，体现为 CPS 部件、单元、数控机床、机器人、自动化生产线的引入，最终都必须转化为企业新型能力。因此，企业推进CPS建设，不能单纯强调信息技术的先进性，更要围绕企业新型能力不断推进数据、技术、业务流程、组织结构的互动创新和持续优化，将技术的进步、组织结构的变革、业务流程的优化转化为企业的新型能力，诸如个性化定制、精益管理、风险管控、供应链协同、市场快速响应等新型能力，进而重构生产方式、服务模式和组织形态，不断获取差异化的可持续竞争优势。

（5）系统解决方案是重点。推动CPS的应用与发展既需要实现核心关键技术的突破，也需要一批具有广泛应用前景的行业系统解决方案。美国、德国、日本等发达国家从各自发展特点出发，围绕CPS的建设、使用和推广，组建产业联盟、研制参考架构、研发共性技术、建设试验环境，逐步摸索出一套方法、路径和模式，形成了多种解决方案。率先打造基于CPS的成熟、完整、可复制的解决方案，正成为国际巨头竞争的制高点和引领行业转型发展的风向标。在实践中，迫切需要抓住制造资源碎片化、在线化、再重组、再优化的机遇，在打造CPS共性平台的基础上，围绕产品、装备、工具、客户、供应链、第三方应用等要素的数字化、网络化、智能化，逐步构建跨设备、跨产线、跨车间、跨工厂、跨企业的CPS解决方案。

2. CPS应用场景

目前，CPS受到工业领域的广泛关注，并已在多个环节得到应用，主要体现在智能设计、智能生产、智能服务、智能应用四个方面。

（1）智能设计。随着CPS不断发展，在产品及工艺设计、生产线或工厂设计过程中，企业流程正在发生深刻的变化，研发设计过程中的试验、制造、装配都可以在虚拟空间中进行仿真，并实现迭代、优化和改进。

（2）智能生产。CPS是实现制造企业中物理空间与信息空间联通的重要手段和有效途径。从资源管理、生产计划与调度等方面对整个生产制造流程进行管理、控制以及科学决策，使整个生产制造流程的资源处于有序可控的状态。

（3）智能服务。CPS在健康管理、智能维护、远程诊断、协同优化、共享服务等方面提供智能服务。建立个体与群体（个体）、群体与系统的相互协同一体化工业云服务体系，能够更好地服务生产，实现智能装备的协同优化。

（4）智能应用。制造业全产业链的信息物理融合和价值共同创造，将设计者、生产者和使用者的单一角色转变为新价值创造的参与者，新型价值链的创建仅作用于产业链的转型，从根本上调动生产制造流程中各参与者的积极性和创造性，最终实现业态融合的制造业转型。

第4节　智能制造商业模式

随着作为共性使能技术的数字化、网络化、智能化等技术广泛应用以及与制造技术结合，企业内部的产品、设备、生产线、车间、工厂等能够实现数字化和网络化互联，通过传感设备、大数据分析等软硬件的部署和使用，制造企业拥有数据采集、分析等能力，甚至实现各生产要素和环节的横向集成、纵向集成以及端到端集成，从而驱动制造企业的生产方式和产业形态转变，主要体现在从传统的大规模生产向个性化定制的转变，本质上是以往以产品为核心的生产型制造逐渐向以服务和客户为核心的服务型制造转变。典型的例子包括 IBM 由传统的电脑制造商向咨询服务提供商转变，英国著名的发动机公司罗尔斯-罗伊斯公司首创发动机租赁服务，成为服务型制造的典范，国内智能制造标杆企业酷特智能由传统的服装制造商向个性化定制服务商转型，等等。另外，在价值创造来源方面，工业大数据正成为企业的关键资源和战略资产。总的来说，智能制造变革制造企业传统的商业模式，并催生新的商业模式，主要包括个性化定制、网络化协同、智能化生产、服务化延伸等。

一、个性化定制

个性化定制是指基于新一代信息技术和柔性制造技术，以模块化设计为基础，以接近大批量生产的效率和成本，能够满足客户个性化需求的一种智能服务模式或商业模式。区别于以往发展的制造模式，个性化定制最重要的特征是以客户为中心，并且由订单驱动小批量生产，将销售过程前置。个性化定制是从传统工业过渡到智能制造阶段的重要标志，其本质是利用互联网平台和智能工厂建设，将客户需求直接转化为生产排单，开展以客户为中心的个性化定制与按需生产，以有效满足市场的多样化需求，解决制造业长期存在的库存和产能问题，从而实现产销动态平衡，满足成本、质量和效率等多方面要求。

安筱鹏（2019）认为，智能制造就是要用数据的自动流动解决制造系统的复杂性和不确定性，其中，不确定性既包括产品生产本身的不确定性，也包括生产方式引发的不确定性，即从规模生产、大规模定制向个性化定制变革。

智能制造的一个重要特征就是个性化定制。美国国家标准与技术研究院（NIST）认为智能制造要解决的问题是：差异性更大的定制化服务，更小的生产批量，不可预知的供应链变更和中断。德国工业 4.0 的典型代表——埃尔斯特集团认为最能体现工业 4.0 本质的就是高度定制化的极小批量生产。西门子成都工厂曾这样总结工业 4.0 的本质：高效率的个性化定制。工业 4.0 给生产过程带来了极大的自由度与灵活性，通过在设计、制造、物流、服务等各个环节植入客户参与界面，使新的生产体系能够实现就每个客户、每个产品进行设计、零部件采购、生产计划安排、制造加工、物流配送，在极端情况下可以实现个性化的单件制造，关键是设计、制造、配送单件产品是盈利的。在这一过程中，客户由部分参与向全程参与转变，客户不仅出现在生产流程的两端，而且广泛、实时地参与生产和价值创造全过程。

二、网络化协同

从概念来看，网络化协同制造是基于敏捷制造、虚拟制造、网络制造、全球制造的生产模式，打破时间、空间的约束，通过互联网，供应链上的企业共享客户、设计、生产经营信息。从传统的串行工作方式转变为并行工作方式，最大限度地缩短新品的上市时间，快速响应客户需求，实现设计、生产的柔性化。通过面向工艺的设计、面向生产的设计、面向成本的设计和供应商参与设计，大大提高产品设计水平和可制造性以及成本的可控性。

网络化协同制造的核心是企业间研发设计和供应链管理的协同，对应两化融合的横向集成，是企业进入综合集成阶段的重要标志。目前，我国处于两化融合集成提升以上阶段的企业占 22.4%，其中大中型企业是关键推动主体。

从演变路径来看，网络化协同制造可分为三个不同发展阶段。一是网络化协同制造 1.0。这一阶段将线下业务复制到线上，实现从一地协同到异地协同，但由于缺乏组织流程、管理模式等变革，业务协同的效益难以充分显现。二是网络化协同制造 2.0。在这一阶段企业逐步构建一体化的组织单元，研发、生产组织模式由串行向并行演进，网络化协同在研发设计、生产制造等环节的效益逐步体现。如长安汽车围绕产品线进行组织建设，研发、生产、营销等多部门人员共同组成业务团队，打造全球汽车研发平台，使企业的研发效率和质量大幅提升。三是网络化协同制造 3.0。这一阶段是基于信息物理系统（CPS）的一种协同制造模式，协同主体从确定性走向不确定性，协同形式从业务协同向能力交易协同转变（见图 6－4）。

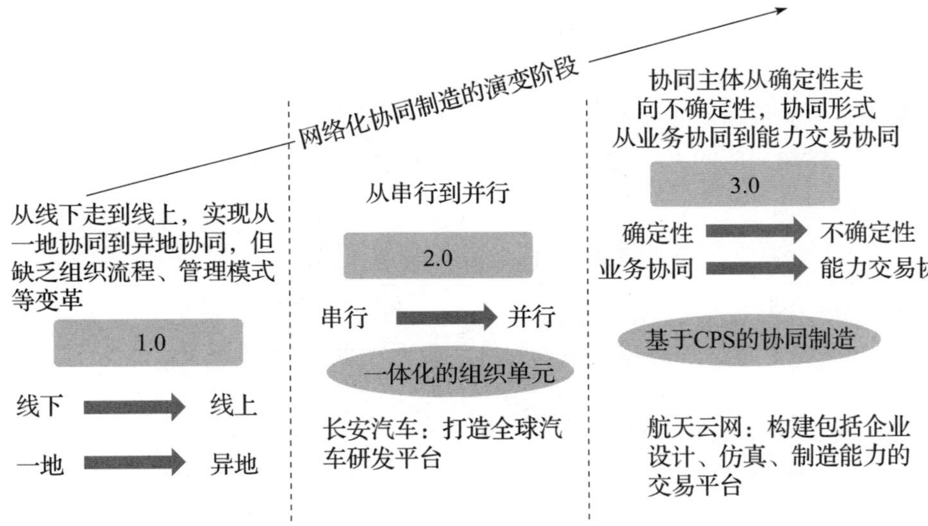

图 6－4　网络化协同制造的三个阶段

资料来源：安筱鹏．重构：数字化转型的逻辑．北京：电子工业出版社，2019.

三、智能化生产

相较于传统制造，智能制造催生了智能化生产的新模式，极大地提高了制造企业的生产效率。实现智能化生产依赖智能生产系统和功能集成实现技术（刘强，2021）。

案例 6－1　西门子的 MindSphere 平台

（一）智能生产系统

智能生产系统是以车间级的制造自动化系统（MAS）为基础，根据产品工程技术信息（材料、结构、工艺和配装等设计要求）、车间加工执行指令，结合车间物流管理、工艺管理、设备管理、刀具管理等系统，优化制造活动和生产过程，完成对制造过程的作业调度和加工。

（二）智能生产中的功能集成实现技术

1. 动态感知技术

在智能化生产中，状态感知的目的是感知和获取制造过程、制造装备和制造对象的有关变量、参数和状态，用于对智能生产系统运行状态、产品制造质量进行评估、监测和控制。以离散制造领域中应用广泛的数控加工为例，最常见的有数控机床、工业机器人、自动导引车等制造装备及加工过程的传感感知技术，主要涉及如下两个方面：

（1）装备自带的感知装置，包括位置、速度、电流、温度等物理量的测量传感器。

（2）加装的感知装置，包括振动、噪声、图像、视频、RFID、条形码等。

2. 实时分析技术

智能化生产需要实时分析技术的支撑，也就是要对动态感知获取的智能生产系统的数据（特别是制造大数据或工业大数据），采用工业软件或工业平台，进行数据挖掘和在线实时分析，以获得对智能生产系统的洞察，为智能生产系统的优化提供数据支持。

（1）基于工艺过程模型的仿真分析，如离散制造工艺切削、焊接、成形、装配等，连续制造工程化工、石油、冶炼、制药等。

（2）基于工业大数据的建模和分析，通过对企业内外部数据进行批处理计算、实时流处理计算以及构建相应的工业分析算法库，企业能够充分发挥工业大数据的商业价值（见图 6－5）。

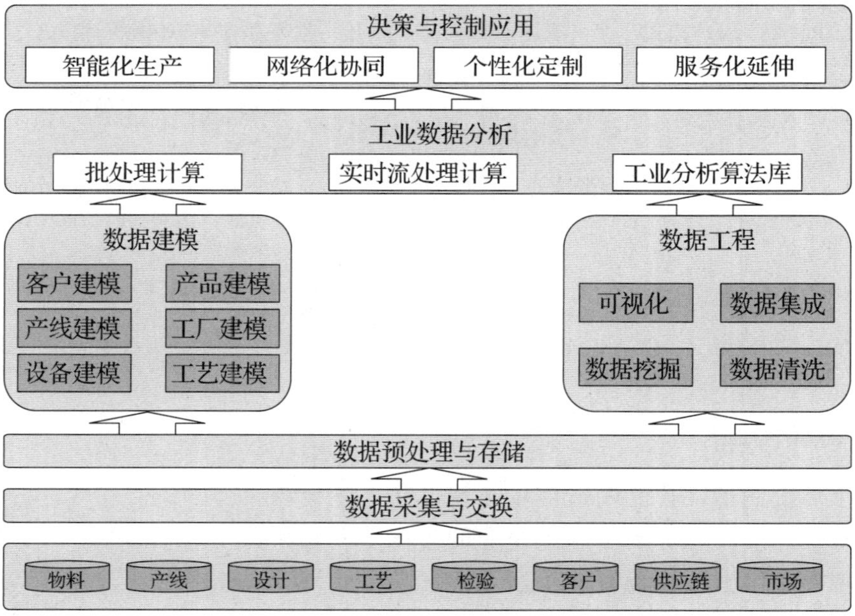

图 6－5　工业大数据分析技术框架

资料来源：刘强．智能制造概论．北京：机械工业出版社，2021.

（3）面向企业运营管理的建模分析。从企业内部来看，需要对企业各个运营环节进行建模分析，以优化企业业务流程、提高企业运营效率。企业运营包括财务管理、人力资本管理、客户关系管理等集成业务，供应链建模分析、市场数据分析、生产过程仿真等有助于企业真正实现智能化生产（见图 6－6）。

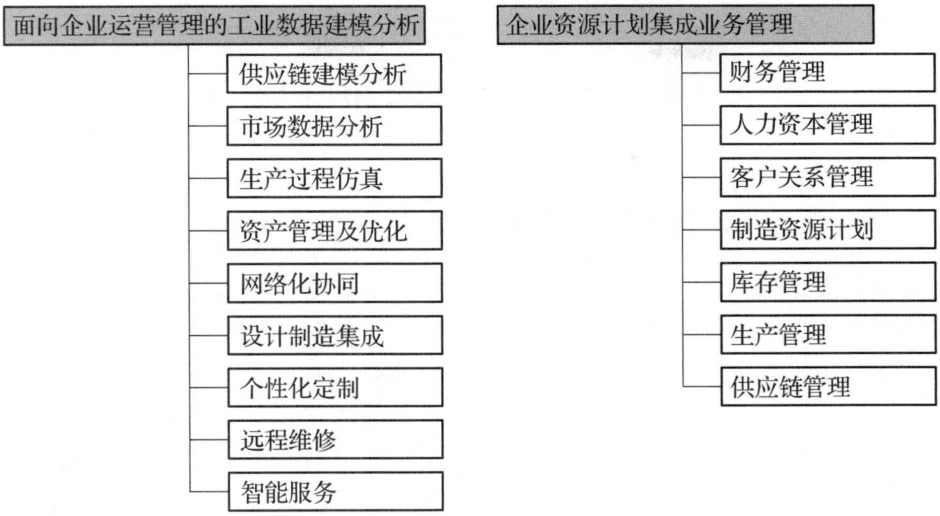

图 6－6 企业运营管理的建模分析

资料来源：刘强．智能制造概论．北京：机械工业出版社，2021.

3. 自主决策功能

自主决策要求针对智能生产系统及其不同层级子系统，按照设定的目标和规则，根据状态感知数据及其分析结果，自主做出判断和选择，并具有自学习和提升进化的能力。

4. 精准执行功能

精准执行要求智能生产系统在状态感知、实时分析和自主决策的基础上，根据指挥、控制指令，调度、操作和控制不同层级子系统和整体系统，使之准确响应和敏捷执行，以最优状态运行，并对系统内部或外部的各种扰动变化具有自适应性。

四、服务化延伸

(一) 服务化转型

智能制造驱动制造企业的生产方式和产业形态发生转变，主要体现在从传统的大规模生产向个性化定制的转变，本质上是以往以产品为核心的生产型制造逐渐向以服务和客户为核心的服务型制造转变（周济，2015；Frank et al.，2019）。我国制造业长期以加工制造为主，处于价值链的中低端，加快从传统单一的制造环节向两端延伸、提高产品附加值是我国制造业向高端发展的关键。推进制造业从生产型制造向服务型制造转变是制造业与互联网融合发展的重点工作之一。

(二) 智能服务

智能服务包括以客户为中心的产品全生命周期的各种服务。服务智能化将大大促进个性化定制等生产方式的发展，延伸发展服务型制造业和生产型服务业，促进生产模式和产业形态的深度变革。通过持续改进，建立高效、安全的智能服务系统，实现服务和产品的实时、有效、智能化互动，为企业创造新价值。智能服务的关键技术包括云服务平台技术、预测性维护技术、个性化生产服务技术以及增值服务技术。

第5节 国内外智能制造的主要实践

一、德、美、日的智能制造实践

智能制造代表了新一轮科技革命和产业变革的发展趋势和方向，以德、美、日为代表的发达国家从国家层面纷纷制定相关政策，以发展智能制造为重要契机并将智能制造作为驱动制造业转型的主导力量，同时希望在高端制造业领域抢占制高点。中国在较早时期抓住了新一轮科技革命和产业变革的机遇，对制造业的未来发展做出了前瞻性的全局统筹和部署，将智能制造作为推动新一代数字技术与制造技术融合发展和实现制造业转型升级、“中国制造2025”宏伟目标的主攻方向。本节介绍德、美、日在智能制造领域做出的努力和具体的实践，为我国智能制造的推进提供借鉴。

（一）德国“工业4.0”和《国家工业战略2030》

1. “工业4.0”的提出

2013年4月，德国在汉诺威工业博览会上正式提出“工业4.0”。工业4.0原本是一个由德国联邦教研部与联邦经济和技术部联合资助的研究项目，由德国国家工程院、弗劳恩霍夫协会、西门子等联合建议和推动，由德国电气电子行业协会（ZVEI）、机械设备制造业联合会（VDMA）与信息技术、电信和新媒体协会（BITKOM）共同发布。“工业4.0”已上升为德国的国家工业发展战略，其目的是提高德国工业的竞争力，在新一轮工业革命中占领先机，以确保德国工业的未来。

2. 具体实践

（1）设立“工业4.0平台”。为确保德国在智能制造等先进制造业方面保持全球领先地位，德国设立了“工业4.0平台”“工业4.0实验室网络”“工业4.0标准化委员会”，共同推进工业4.0从德国走向全球。2013年4月，德国信息技术、电信和新媒体协会、机械设备制造业联合会与电气电子行业协会成立了“工业4.0平台”。2015年4月，德国启动升级版工业4.0平台，新工业4.0平台的管理层由德国联邦教研部、联邦经济和能源部以及经济界、科技界和工会代表提供决策支撑，下设参考架构与标准化小组、研究与创新小组、网络系统安全小组、法律框架小组以及工作教育培训小组5大工作小组。

（2）建立“工业4.0参考架构”标准。2015年3月，德国工业4.0平台发布了“工业4.0参考架构模型”（RAMI 4.0）。RAMI 4.0是一个凸显工业4.0最重要部分的三维图，包含：①第一个维度是产品生命周期与价值链，包括产品研发和生产的生命周期，即产品开发计划、模型维护、生产以及使用等流程，涉及工厂的设计、生产以及用户的使用、服务、维护、回收等，在这一过程中生产和使用领域可以交换信息，根据用户等信息要求的实时变化进行调整；②第二个维度是业务经营理念层次，包括业务、功能、信息、通信、集成和资产等若干层面，涉及企业生产、经营的各个方面；③第三个维度是企业内部的纵向集成，即企业的分层结构，包括产品、现场设备、控制装置、工作站、工作单元、企业、互联世界若干层次。对于旧的生产体系，企业有相对僵化的等级制度，硬件定义了层级结构，企业各个功能运转也由硬件连接，信息的交流只能从一个层面传递到另一个层面，产品之间是孤立的。相比较而言，在工业 4.0 体系下，企业系统和机器是自由灵活的，网络化跨越了企业层级边界，参与者能够跨越层级相互交流信息，任何层级的参与者都可以相互交流，产品是整个网络的一部分（Thoben et al.，2017）。

（二）美国先进制造伙伴关系

1. 美国先进制造伙伴关系的背景

2010 年，奥巴马签署《美国制造业促进法案》，指出“美国制造”是战胜经济衰退的关键词。美国政府在 2011 年和 2012 年先后出台两份促进先进制造业发展的规划，并通过“先进制造伙伴关系”（AMP）计划。AMP 计划是美国国家创新体系中技术合作范式的典型，即由政府、产业界和学术界共同参与的合作机制。从 AMP 的成员单位来看，包括总统科技顾问委员会、国家经济委员会、白宫科技政策办公室以及国防部、能源部、农业部等在内的政府机构和部门，也有来自产业界的各主要大企业，如陶氏化学、卡特彼勒、福特、霍尼韦尔等，还有如美国钢铁工人联合会在内的协会组织，以及美国主要的研究型和应用型高校，如麻省理工学院、斯坦福大学等顶尖高校。AMP 使得最具创新能力的制造商、顶尖高校、联邦政府建立合作关系，制定先进制造技术发展路径。通过建立官产学研之间的紧密合作机制，汇聚人才，引导投资，使新技术、新理念尽快从实验室转移到工厂。2013 年 9 月，AMP 升级为“先进制造伙伴关系 2.0”（AMP 2.0），2014 年 10 月发布了最终报告《加速实现美国先进制造》，在 2012 年报告的基础上提出三大核心建议——支持创新、确保人才输送以及改善商业环境。就支持创新部分而言，AMP 2.0 认为在创新和制造技术上的领先地位可以保持美国制造业竞争力，最重要的是建立“国家制造创新网络”（NNMI）。要把资源集中在优先技术领域，通过吸取产业界和学术界的意见，在 2012 年列出的 11 个优先领域中，选出对企业具有吸引力、对国家安全具有重要性以及对建立美国先进制造业长期竞争力有重要影响力的三个领域——制造业中的先进传感、控制和平台系统，可视化技术、信息化和数字化制造业，先进材料制造业。可以发现，美国所列出的先进制造重点发展领域与智能制造重点发展领域高度重合，美国瞄准的先进制造领域正是智能制造。

2. 美国先进制造伙伴关系的具体措施

（1）推进实施“国家制造创新网络”（后更名为“制造美国”）计划。奥巴马于 2012 年 3 月提议设立“国家制造创新网络”（NNMI），通过公共和私营部门以及学术界的共同努力和合作，促进新技术、教育能力、生产过程和产品的开发，以加速美国先进制造业的发展。2012 年 8 月首个制造创新机构——“国家增材制造创新机构”成立，在 85 家公司、13 所研究型大学、9 所社区学院和 18 个非营利专业协会的参与下运作。2014 年 12 月，美国国会通过《重振美国制造业和创新法案》，宣布将正式推进 NNMI 计划的实施。该法案赋予商务部建立和协调 NNMI 机构的权力，并与其他受先进制造业影响的联邦机构，如国防部和能源部合作，以指导 NNMI 计划的推进工作。2012—2017 年，美国 NNMI 计划项目在培育先进制造业创新基础、发展尖端技术、打造制造业创新生态环境、人才培养等方面都取得了很大成效，深入推进了美国先进制造业的发展，提升了美国制造业的全球竞争力。

（2）设立“智能制造领导力联盟”。智能制造作为先进制造业的重要组成部分，一直受到美国政府、企业界和学术界的高度重视。美国是较早进行智能制造理论研究和实践的国家，在20世纪80年代末即对智能制造技术和智能制造系统进行了研究，并创办了《智能制造杂志》。90年代美国国防部、能源部、国家科学基金会和国家标准与技术研究院等政府部门和机构，以及卡内基梅隆大学等高校都重点资助了智能制造的多项研究。进入21世纪，美国的智能制造项目得到大力支持和资助，其中2006年成立的“智能制造领导力联盟”就是其中之一。在美国NNMI计划下设立的“清洁能源智能制造创新中心”是推动美国智能制造发展的重要机构，该中心的组织者和领导者正是智能制造领导力联盟。

（3）企业界成立工业互联网联盟（IIC），推出工业互联网参考架构（IIRA）。2012年11月，通用电气发表了《工业互联网：突破智慧和机器的界限》报告，引起各方广泛关注，工业互联网也成为新一轮工业革命的代名词。2014年3月，由通用电气发起，英特尔、美国电话电报公司、思科等大企业组织成立工业互联网联盟，旨在通过确认、搜集和推动最佳实践，汇集加速工业互联网发展所需的组织和技术。至2017年底，工业互联网联盟已经拥有来自31个国家的250多个成员单位，包括大型和小型技术创新者、垂直市场领导者、大学和政府组织等。其中，指导委员会成员包括ABB、博世、戴尔、富士通、通用电气、华为、IBM、MITRE、RTI、思爱普。2015年6月，工业互联网联盟发布了IIRA 1.0版，经过几年的改进和修订，目前最新版本为1.9版。

总之，美国推动智能制造发展的路径是建立在政府一产业一高校三位一体的国家创新体系基础上，同时依托美国推动先进制造业发展的战略机遇，在国家制造创新网络计划下设立相关智能制造创新中心，通过智能制造领导力联盟等来具体推进。此外，还建立起以大企业为主导的工业互联网联盟，负责智能制造的具体落地实践，并且出台智能制造标准架构，意将美国版的标准推向全球。美国的智能制造发展模式成为当前全球最具代表性的模式之一，值得深入学习和借鉴。

（三）日本工业价值链和超智能社会

日本主要从以下三个方面着手，推进智能制造。

1. 发布“新机器人战略”，推动机器人革命

2014年日本修订了“日本振兴战略”，提出了由机器人驱动的第三次工业革命的目标，为此成立了“机器人革命实现委员会”。2015年2月，机器人革命实现委员会发布《新机器人战略：目标、战略和行动计划》报告。该报告将所有利用数字和网络技术以及先进传感器和人工智能的系统都综合定位为“机器人”的新概念。该报告基于日本人口出生率不断下降、已进入老龄化社会的背景，认为机器人技术具有潜在的解决社会问题的优势，如解决劳动力短缺问题，把人从过度劳动中释放出来，并提高制造业、医疗服务和护理、农业、建筑业和基础设施维护等不同领域的生产力。

2. 以人为本，建立“超智能社会”

实现“超智能社会”（社会5.0）是日本第五期科学技术基本计划以及2016年、2017年科学技术创新综合战略的重要目标任务。日本将社会5.0定义为：以人为中心，通过高度整合网络空间和物理空间系统，平衡经济发展和解决社会问题，它是继狩猎社会

（社会 1.0）、农业社会（社会 2.0）、工业社会（社会 3.0）和信息社会（社会 4.0）之后的新形态的社会。在当前的信息社会（社会 4.0）时代，知识和信息的横向共享不足，合作困难。因为人的能力是有限的，从泛滥的信息中寻找必要的信息并加以分析是一种负担，而劳动和行动的范围由于年龄和能力的不同而受到限制。社会 5.0 中的社会变革和创新将实现一个具有前瞻性的社会，打破现有的停滞，形成一个成员相互尊重、超越世代的社会，每个人都能过上积极愉快的生活的社会。社会 5.0 实现了网络空间（虚拟空间）与物理空间（真实空间）的高度融合。大数据通过人工智能进行分析，分析结果以各种形式反馈给物理空间中的人类。这一进程以在以往不可能的方式为工业和社会带来新的价值。可以看出，日本的社会 5.0 战略是从自身发展的痛点出发、从社会发展角度出发而出台的，具有解决日本当前社会面临的一系列问题的迫切愿望。

3. 建立“工业价值链促进会”，出台“工业价值链参考架构”

2016 年 12 月，日本发布了“工业价值链参考架构”（IVRA）。相较于美国和德国的标准体系，日本的参考架构体系呈现出不同的特点。一是建立以人为本的生产系统。日本产品制造的特征是以设计和生产现场为起点，采取以人为本的自下而上的管理模式。同时，包含人的生产系统有根据未知情况自由做出应对的可能性。二是建立标准宽松的、可自我调整的参考模型，从而更有利于全球合作共赢体系的形成。三是“互联工厂”的概念并非指以整个工厂为单位的工厂之间的联系，而是工厂内部更小的单位，如生产和销售之间，以及与其他工厂的生产与销售之间的灵活联系。通过协同组织结构和信息通信技术来提高生产的灵活性和稳定性。日本推动智能制造发展的重要机构是“工业价值链促进会”，其负责制定“工业价值链参考架构”并负责具体的推进。日本“工业价值链参考架构”是以智能制造单元（SMU）为基础和出发点，认为智能制造是一个系统的系统，面对工业需求的多样性和个性化，通过制造业组织的自治单位之间的沟通和联系，大大提高生产力和效率。

二、我国的智能制造实践

1988 年国家自然科学基金委员会首次提出“智能制造”的研究问题，并于 1993 年设立重大项目“智能制造系统关键技术”，之后有关智能制造的研究一直在进行，但深入的研究还未展开。2010 年，《关于加快培育和发展战略性新兴产业的决定》第一次将“智能制造及装备”列入重点发展领域。之后，智能制造技术的发展被列为“十二五”规划以及国家中长期发展规划中优先发展和重点支持的领域，相关部门制定了《智能制造装备产业“十二五”发展规划》和《智能制造科技发展“十二五”专项规划》。中国机械工程学会于 2011 年出版《中国机械工程技术路线图》，指出智能制造是研究制造活动中的信息感知与分析、知识表达与学习、智能决策与执行的一门综合交叉技术，是实现知识属性和功能的必然手段。2015 年，国务院正式发布《中国制造 2025》，明确指出把智能制造作为两化深度融合的主攻方向，重点发展智能装备和智能产品，并培育新型生产方式，整体提升企业研发、生产、管理以及服务的智能化。总体上看，我国智能制造在顶层设计、标准体系、关键基础性产业、企业积极参与以及地方政府的努力等方面都取得了积极的成效。

（一）智能制造发展的顶层设计逐步深化

国务院于2015年发布《中国制造2025》，由此开启了中国由制造业大国向制造业强国转变的新征程。作为《中国制造2025》的主攻方向，智能制造发展加速。当前，我国智能制造发展取得了一系列的成就：《智能制造发展规划（2016—2020年）》《国家智能制造标准体系建设指南》《“十四五”智能制造发展规划》等顶层政策设计逐渐完善，智能制造标准体系得以建立，智能制造代表性产业快速发展，一大批企业积极参与智能化改造，地方政府积极对接和推动地区智能制造发展等。

（二）智能制造标准体系建设逐渐完善

我国在2014年底推动智能制造标准化工作，成立了由工信部装备工业司牵头，国内智能制造相关委员会、科研机构、企业以及行业专家共同参与的智能制造综合标准化工作组。2015年《国家智能制造标准体系建设指南》发布，提出了中国版的“智能制造系统架构”。按照标准体系动态更新机制，构建满足产业发展需求、先进适用的智能制造标准体系，推动装备质量水平的整体提升。2018年又发布了新版“智能制造系统架构”，该架构具有生命周期、系统层级以及智能功能三个维度。其中，生命周期维度包含设计、生产、物流、销售、服务等相关价值创造活动；系统层级维度分为设备、控制、车间、企业和协同；智能功能维度包括资源要素、系统集成、互联互通、信息融合和新兴业态五个层次。具体到智能制造标准体系结构层次，包括基础共性、关键技术和行业应用三块，其中关键技术包括智能装备、智能工厂、智能服务和工业互联网，行业应用则包括新一代信息技术产业、先进轨道交通装备、节能与新能源汽车、高档数控机床和工业机器人等十大重点领域。

（三）智能制造关键基础性产业持续发展

集成电路（芯片）、智能传感器、高档数控机床、工业机器人产业以及软件和信息技术服务业是能够在一定程度上反映国家智能制造发展水平的几个关键的基础性产业。近年来，我国这些产业实现了快速发展，为制造业的智能化发展积累了深厚的基础。

（四）企业积极参与推动智能制造发展

企业积极参与智能制造试点示范项目。企业是推动智能制造最重要的主体，一国的智能制造发展只有落实到企业才能真正取得进步。美国、德国和日本在智能制造发展中都极力推动以企业为主的智能化发展措施。自2015年以来，中国持续开展“智能制造试点示范专项行动”，其意义在于遴选智能制造标杆企业，在此基础上不断总结成功经验和典型模式，以期在相关行业进行移植和推广。从具体数据来看，2015—2018年智能制造试点示范项目数量分别为46、63、97和99个，合计305个，覆盖92个行业类别，示范项目主要分布在长三角和珠三角，总体上广泛分布在全国各省、自治区和直辖市。

（五）地方政府主动对接智能制造发展

在国家发布《中国制造2025》和《智能制造“十三五”发展规划》后，各地方政府积极响应，陆续出台智能制造相关政策措施，支持本地区智能制造的发展。一是各省、自治区和直辖市智能制造政策措施基本实现全覆盖。全国绝大多数省、自治区和直辖市均出台了促进智能制造的相关政策措施。二是智能制造政策措施种类丰富，针对性强。各省、自治区和直辖市出台的相关政策涉及智能制造、“中国制造 2025”、互联网＋、两化融合、工业/制造业转型升级、高端装备等。三是从地区看，浙江、上海、重庆、江苏、福建等发布的智能制造政策相对完善，西部地区表现突出的是重庆市和云南省，中部地区的湖北省和安徽省也发布了较完善的政策。四是部分地区的智能制造政策措施延伸到地级市。如广东多个地级市制定了智能制造发展政策，形成了省市联动、全员推动智能制造的形势。另外，湖南、安徽也有地级市发布了智能制造政策。

// 基本概念 //

智能制造（intelligent manufacturing）
数字化（digitalization）
工业大数据（industrial big data）
信息物理系统（cyber-physical system）
个性化定制（personalized customization）
网络化协同（networked collaboration）
服务化（servitization）

// 讨论题 //

1. 我国大力推进智能制造的原因有哪些？
2. 智能制造对传统制造企业来说有哪些启发？
3. 工业大数据有何特点？
4. 信息物理系统（CPS）的结构是怎样的？应该如何构建？
5. 智能制造商业模式有哪些？不同的商业模式的应用领域有何不同？
6. 我国的智能制造实践与德、美、日有何异同？
7. 在我国的智能制造实践中可能面临哪些挑战？该如何应对？

// 第 7 章 //

电子商务与数字贸易

学习目标

1. 学习领会习近平主席关于打造数字贸易示范区的论述。

2. 理解电子商务和数字贸易的基本含义、基本特征；掌握电子商务和数字贸易的主要类型；了解全球范围内各经济体关于数字贸易规则的方案和主张。

3. 把握电子商务和数字贸易发展过程中的机遇和挑战，分析其对国际贸易和世界经济的影响。

导　言

自 2020 年以来，新冠疫情影响全球，也加快了传统商业模式向电子商务的发展，商业模式的改变需要整个商业生态的协同发展。数字化是推动全球经济疫情后复苏的重要引擎，也是电商企业转型发展的必经之路。

新一轮科技革命和产业变革加快推进，数字经济广泛渗透，数字化转型蓬勃开展，数字贸易应运而生，对贸易模式、对象、结构、格局产生深远影响，推动全球产业链、供应链、价值链和创新链深刻变革，成为国际贸易与经济增长的新引擎以及“数字全球化”的重要驱动力量。《关于推进贸易高质量发展的指导意见》明确加快数字贸易发展。《中华人民共和国国民经济和社会发展第十四个五年规划和 2035 年远景目标纲要》提出，要提升贸易数字化水平。

本章的安排如下：首先对电子商务和数字贸易进行概述；其次讲述电子商务和数字贸易规则；最后阐述国内外电子商务和数字贸易的发展现状。

第 1 节　电子商务和数字贸易概述

一、电子商务和数字贸易的概念与特征

（一）电子商务的概念

电子商务这一概念最早由 IBM 于 1996 年提出，是 Web、IT 和 Business 的结合，它

强调的是网络计算环境下的商业化应用，是把买方、卖方、厂商及其合作伙伴通过互联网（internet）、企业内部网（intranet）和企业外部网（extranet）结合起来的应用。

电子商务有狭义和广义之分。广义的电子商务是指商务活动的电子化、网络化，借助信息技术开展商务活动，如线上推广、网络零售、移动支付等。狭义的电子商务是指通过包括互联网在内的计算机网络，实现产品、服务或信息的购买、销售与交换的过程，包括实物产品的销售、文字产品和数字产品的交易和服务。

不同的国际组织或国家政府对电子商务进行了定义。世界贸易组织将电子商务定义为通过电信网络进行的生产、营销、销售和流通活动，不仅指互联网上的交易，而且指所有利用电子信息技术来解决问题、降低成本、增加价值和创造商机的商务活动，包括通过网络实现从原材料查询及采购、产品展示及订购到出品、储运以及电子支付等一系列的贸易活动。国际商会认为电子商务是指对整个贸易活动实现电子化，从涵盖范围方面可以定义为交易各方以电子交易方式而不是通过当面交换或直接面谈的方式进行的任何形式的商业交易；从技术方面可以定义为一种多技术的集合体，包括交换数据、获得数据以及自动捕获数据等。经济合作与发展组织在《电子商务的经济与社会影响》中将电子商务定义为“发生在开放网络上的包含企业之间、企业和消费者之间的商业交易”。欧洲经济委员会对电子商务的定义是：参与方之间以电子方式而不是以物理交换或直接物理接触方式完成的任何形式的业务交易。美国政府在《全球电子商务纲要》中将电子商务描述为通过互联网进行的各项商务活动，包括广告、交易、支付、服务等活动。中国政府在《“十四五”电子商务发展规划》中将电子商务界定为通过互联网等信息网络销售商品或者提供服务的经营活动。

（二）电子商务的特征

电子商务的本质特征是利用互联网等信息网络销售商品或者提供服务。电子商务区别于传统贸易形式，具有以下特点：

1. 全球市场

电子商务通过互联网开辟了网上市场，地理边界越来越不明显，交易主体面对的不是单个地区的市场，而是全球大市场，超越了空间限制。

2. 交易成本低

电子商务运用互联网联系从生产到消费的各个环节，缩短了从生产到消费的信息流距离、物流距离、商流距离和资金流距离，节约了交易成本。

3. 高效率与多选择

电子商务模式使商务活动效率得以提高，与此同时给人们带来了多样化的商品与服务，拓宽了选择范围。

4. 技术特征

电子商务还具有技术特征，表现为数字化、网络化和虚拟化。电子商务是以信息技术为基础，通过计算机网络进行的商务活动。信息技术的广泛应用带来了经济活动的数字化和网络化，使交易活动建立在虚拟基础之上。

（三）数字贸易的概念

1. 概念的缘起

中国信息通信研究院发布的《数字贸易发展与影响白皮书（2019 年）》指出，数字贸易是商务活动发展的一个新阶段，即传统商务—电子商务—跨境电子商务—数字贸易，数字贸易是电子商务概念的发展与延伸（见图 7－1）。从电子商务到数字贸易，是信息技术在商务领域的应用不断深化。

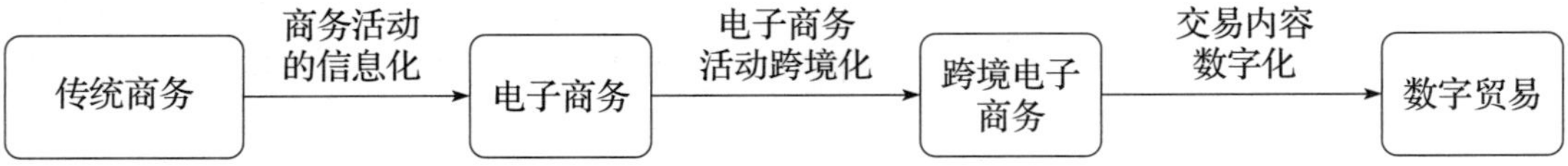

图 7－1 从传统商务到数字贸易

资料来源：中国信息通信研究院.

2. 概念的演进

马述忠等（2018）根据交易标的的不同对数字贸易概念的演进历程进行了划分，并将 2013 年及之前数字贸易的发展阶段总结为数字产品与服务贸易的阶段，将 2013 年之后数字贸易的发展阶段总结为实体货物、数字产品与服务贸易的阶段。

（1）第一阶段为 2010—2013 年。数字贸易的标的仅包括数字产品与服务。

韦伯（Weber，2010）认为，数字贸易是指通过互联网等电子化手段传输有价值产品或服务的商业活动，数字产品或服务的内容是数字贸易的核心。

熊励等（2011）将数字贸易概括为以互联网为依托、以数字交换技术为手段，据此为供求双方提供交易所需的数字化电子信息，旨在实现以数字化信息为交易标的的商业模式。

2013 年，美国国际贸易委员会（USITC）在《美国与全球经济中的数字贸易Ⅰ》中首次正式提出了“数字贸易”的定义，即通过互联网传输产品和服务的国内商务活动和国际贸易活动，主要交易标的涵盖了数据传输、社交媒体等数字产品和服务，但没有实体货物，具体包括：音乐、游戏、视频、书籍等数字内容，社交媒体、用户评论网站等数字媒介，搜索引擎，其他产品与服务。

（2）第二阶段为 2014—2017 年。将数字贸易视为实体货物、数字产品与服务贸易。在这一阶段，实体货物被纳入数字贸易的交易标的范围，强调数字贸易是由数字技术实现的贸易。

2014 年，美国国际贸易委员会（USITC）在《美国与全球经济中的数字贸易Ⅱ》中对数字贸易这一概念进行了扩充与延伸，将其解释为互联网和互联网技术在订购、生产以及递送产品和服务中发挥关键作用的国内商务和国际贸易活动，数字贸易的标的既包括服务也包括货物，具体有：使用数字技术生产的产品与服务，如存储软件、音乐、电影的 CD 和 DVD 等；基于数字技术递送的产品与服务，即该机构发布的《美国与全球经济中的数字贸易Ⅰ》所包含的内容。

2017 年，美国贸易代表办公室（USTR）发布了《数字贸易的主要障碍》，认为“数字贸易”应当是一个宽泛的概念，不仅包括个人消费品在互联网上的销售以及在线服务的提供，还包括实现全球价值链的数据流、实现智能制造的服务以及无数其他平台和应用，当今社会几乎所有商业活动都或多或少由数据驱动或依赖数据来保持国际竞争力。

（3）第三阶段为 2018 年至今。王爱华和王艳真（2021）在马述忠等（2018）的基础上又增加了第三阶段。在第三阶段，数字贸易的交易标的不仅涉及货物和服务，还包括为以上贸易提供支持的数据流或信息流。

2017 年，经济合作与发展组织的研究团队基于贸易属性、贸易标的和贸易主体三个维度构建了数字贸易概念框架，其中贸易标的包括商品、服务和信息。

2020 年，经济合作与发展组织、世界贸易组织和国际货币基金组织联合发布了《数字贸易测度手册》，进一步扩大了数字贸易的内涵，认为数字贸易是数字化技术为其提供可行性的跨境货物和服务贸易，这些货物和服务可以通过数字方式或实体方式进行交付，具体包括基于互联网的产品和服务贸易、基于互联网技术实现远程交付的跨境贸易、通过第三方平台实现的跨境贸易。

3. 数字贸易的基本要点

不同国家的政策、国际组织的规则和学者的研究文献都涉及数字贸易的概念，有多种表述，内涵与外延也有一定的区别，还没有形成一致认同和普遍接受的定义和标准。总的来看，数字贸易具有以下几个基本要点：

（1）数字贸易是跨境贸易。数字贸易是跨越国境（或关境）的商品、服务和数据交换。如中美数字贸易，跨越中美两国的国境和关境。再如广东与香港的数字贸易，分属不同的关税区，两地之间的数字贸易要跨越关境。这一点与传统贸易没有区别，决定了数字贸易也要接受海关监管。但何种商务活动为跨境商务活动？通过外国网络平台购买的外国商品或服务，如在亚马逊网站上购买的外国出版的书；通过国内网络平台购买的外国商品或服务，如从京东商城购买的资生堂洗发水、苹果手机；通过外国网络平台购买的国内商品或服务，如在亚马逊网站上购买的中国制造的医用口罩；通过外资在国内的网络平台购买的国内商品。与此同时引发了一系列关于数字贸易政策和测算的问题。

（2）数字贸易是基于数字技术的跨境贸易。数字技术改变了如何进行贸易，但没有改变贸易的动因。贸易的动因仍然是比较优势，信息不对称、边境的和边境背后的贸易壁垒仍然存在。数字技术降低了跨境和沿价值链不同主体之间的创意分享成本，从而克服了进入国际市场的限制，改变了比较优势的来源和商业模式。数字平台不断替代传统联系供求双方的中间商，如亚马逊、eBay 等帮助中小企业和消费者直接参与国际贸易。数字平台使大量跨境小包裹出现，这些低价值商品对交易成本非常敏感，包括装卸成本、物流成本和手续费。数字技术还改变了服务的生产与传输方式。数字化促进了服务业的跨境合作，并通过数字平台或物理装置提供新的传输方式，如流行音乐和电子书。数字技术促进了“新信息产业”的快速发展，如跨境大数据分析、网络安全解决方案和远距离量子计算服务。数字技术创造了更多的产品和服务跨境捆绑销售。越来越多的服务内置于产品中，产品和服务、制造业和服务业的界线变得越来越模糊。如苹果智能手环是货物贸易还是服务贸易？

（3）数字贸易是广义的跨境电子商务。数字贸易包括通过电商平台达成的传统产品和服务跨境贸易，如通过京东商城购买的资生堂洗发水、苹果手机，通过携程网预订的国外酒店。数字贸易包括利用数字技术生产的在线传输的数字产品与服务的跨境贸易，如软件、音乐、游戏、视频、电子书、社交媒体、搜索服务等。数字贸易不仅包括个人消费品的跨境贸易，而且包括基于全球价值链的数据跨境流动、实现智能制造的服务和其他产业平台与应用。

（四）数字贸易的特征

1. 数字贸易与传统贸易的相同之处

（1）行为本质相同。无论是传统贸易还是数字贸易，本质上都是商品和服务、生产要素在不同国家或地区之间的转移。

（2）内在动因相同。比较优势既是传统贸易的动因，也是数字贸易的动因。

（3）经济意义相同。数字贸易与传统贸易都具有如下经济意义：第一，优势互补，出口具有比较优势的产品，进口具有比较劣势的产品；第二，促进技术进步，提高全要素生产率；第三，密切政治经济联系。

2. 数字贸易与传统贸易的不同之处

（1）时代背景不同。人类社会经历的每一次工业革命都促进了传统贸易的发展，但其主要产生及发展于前三次工业革命。数字贸易产生及发展于第四次工业革命，人工智能、量子技术、大数据、区块链等新技术改变了传统贸易模式，驱动数据成为核心生产要素。

（2）时空属性不同。传统贸易由于地理位置的影响，时间周期长；数字贸易时间周期短，地理距离的限制作用弱化，具有全球性。

（3）行为主体不同。传统贸易供求双方不直接贸易，中间商较多，如代理商、批发商和零售商；数字贸易供求双方可直接交易，出现 B2C、C2C、C2B、C2M 等贸易方式。

（4）交易标的不同。传统贸易的标的主要是传统货物、服务和生产要素；数字贸易的标的更为复杂，除传统贸易标的交易的电子化外，还包括一些新的标的，更多地体现为数字化的产品和服务、数字化的知识与信息，数字产品形式在数字贸易标的中的比重越来越大。

（5）运作方式不同。传统贸易环节主要在物理世界完成，在很长时间内以纸媒、电报、电话等作为交易媒介，依托固定场所实现线下交易活动；数字贸易产品和服务可以采取数字化的方式交付，交易的各个环节都可以通过互联网、移动互联网和数字平台实现线上化，具有虚拟性。

（6）监管体系不同。传统贸易的监管机构是海关、商务部门、外汇管理局以及世界贸易组织等国际组织，国内贸易制度和国际贸易协定是约束贸易行为的规范；数字贸易除上述监管体系外，还涉及数据监管机构，如数字内容审核部门、产业安全审核部门、数据流动监督部门等。

3. 数字贸易的内在属性

（1）虚拟化。一是要素虚拟化，在生产过程中使用数字化的知识与信息；二是交易虚拟化，交易在互联网平台上进行，使用虚拟化的电子支付方式；三是传输虚拟化，数字产品与服务的传输通过虚拟化的方式实现。

（2）平台化。在数字贸易中，互联网平台成为协调和配置资源的基本经济组织，不仅是汇聚各方数据的中枢，更是实现价值创造的核心。

（3）集约化。数字贸易能够依托数字技术实现劳动、资本、技术等生产要素的集约化投入，促进研发设计、材料采购、产品生产、市场营销等各环节的集约化管理。

（4）普惠化。数字技术的广泛应用大大降低了贸易门槛，中小企业、个体工商户和自然人都可以成为数字贸易的交易主体。

（5）个性化。在数字经济时代，很难再靠标准化的产品与服务获利，根据个性化的需求提供定制化的产品与服务成为提升国际竞争力的关键。

（6）生态化。在数字贸易背景下，平台、商家、支付、物流、政府部门等有关各方遵循共同的契约精神，平等协商，沟通合作，共享数据资源，共同实现价值创造，形成互利共赢的生态体系。

4. 数字贸易的外部属性

（1）数字贸易以信息技术作为技术支撑。互联网、移动互联网、物联网、云计算、大数据、区块链等技术是数字贸易的技术支撑，不仅拓宽了数字贸易的标的范围，而且提升了数字贸易的交易效率。

（2）数字贸易以制造业智能化作为历史使命。在传统产业数字化转型的背景下，数字贸易的目标不再仅仅是实现货物、服务与生产要素的高效交换，数字贸易更应当承担起推动实现制造业智能化的历史责任。通过数字贸易，来自世界各地的多样化、个性化需求被反映到产品研发、设计与生产过程中。

二、电子商务和数字贸易的主要模式与类型

（一）电子商务的主要模式与类型

按照不同的分类标准，电子商务有不同的模式与类型。

1. 交易主体的性质

按照交易主体的性质，电子商务主要分为企业对企业（B2B）、企业对消费者（B2C）和消费者对消费者（C2C）。随着电子商务的发展，又兴起了一些不同的模式与类型，如供应方对需求方（P2D）、消费者对企业（C2B）、企业对团队（B2T）、生产厂家对消费者（M2C）等。

2. 交易的数字化程度

按照交易的数字化程度，电子商务可以分为完全电子商务和不完全电子商务。完全电子商务是指商品或服务的整个商务过程，以及过程中的信息流、资金流、人流、物流都能够完全在网上实现的电子商务模式。不完全电子商务是传统商务和完全电子商务之间的过渡形态。

3. 交易使用的网络类型

按照交易使用的网络类型，电子商务可以分为传统电子商务和移动电子商务。移动电子商务以移动通信和移动网络为媒介，通过移动智能终端（手机或平板电脑等）实现商品展示、浏览、下单、支付、客户服务及退换货等活动，通过线下物流或实体店实现消费等一系列综合电子商务行为。

4. 交易主体所属关境

按照交易主体所属关境，电子商务可以分为境内电子商务和跨境电子商务。跨境电子商务是一种新型电子商务，分属不同关境的交易主体通过电商平台交易，实现商品或服务从卖方向买方的流动。

（二）数字贸易的主要模式与类型

美国国际贸易委员会为了统计测算数字贸易规模，将数字贸易进行了细分，主要分

为四类：数字内容、社会媒介、搜索引擎、其他数字产品和服务。数字内容包括数字音乐、数字游戏、数字视频和数字书籍等；社会媒介主要指社交网站、评论网站；搜索引擎主要指通用搜索和专业搜索；其他数字产品和服务包含软件服务、云计算、互联网通信、互联网平台服务等。

经济合作与发展组织、世界贸易组织和世界货币基金组织（2020）联合发布《数字贸易测度手册》，在数字贸易总定义下，分别定义数字订购贸易、数字交付贸易和数字中介平台赋能贸易。

李俊等（2021）认为数字贸易可以从不同角度和依据不同话语体系进行分类，综合经济合作与发展组织、世界贸易组织和世界货币基金组织的统计分类和美国相关机构的业态分类，结合我国有关部门对数字贸易的理解，归纳整理了不同分类的相互对应关系（见表 7-1）。

表 7-1　数字贸易业态分类

<table>
<tr><th colspan="2">贸易数字化</th><th colspan="5">数字化贸易</th></tr>
<tr><td colspan="2">数字订购</td><td colspan="5">数字交付</td></tr>
<tr><td>货物类跨境电子商务</td><td>服务类跨境电子商务</td><td>数字赋能的传统服务</td><td>电信、计算机和信息服务</td><td>数字内容</td><td>可数字交付的其他服务</td><td>跨境数据要素贸易</td></tr>
<tr><td>—货物类跨境电子商务</td><td>—服务类跨境电子商务（在线预订酒店和机票等）</td><td>—远程制造服务平台
—数字医疗
—远程教育
……</td><td>—通信服务
—计算机服务
—互联网服务
—信息服务
—云计算服务
—区块链服务
……</td><td>—数字音乐
—数字视频
—数字游戏
—数字书籍
……</td><td>—知识产权使用费
—金融服务
—保险和养老金服务
—其他商务服务
……</td><td>—网络社交平台
—搜索引擎
—新闻服务
—其他数据要素贸易
……</td></tr>
<tr><td>数字货物贸易</td><td colspan="5">数字服务贸易</td><td>其他非货币化的数据流</td></tr>
<tr><td colspan="7">跨境数据流的商业价值总和</td></tr>
</table>

资料来源：李俊，李西林，王拓．数字贸易概念内涵、发展态势与应对建议．国际贸易，2021（5）：12-21．

三、电子商务和数字贸易的统计与测算

对数字贸易规模进行研究的文献较少，相关研究对数字贸易规模的测度主要是根据数字贸易的概念展开。由于不同研究对数字贸易的定义存在差异，因此在测度数字贸易规模时采用了不同的衡量指标或测度方法。

2013 年美国国际贸易委员会根据服务贸易数据测度了美国的数字贸易规模。研究假定信息和通信行业的所有贸易都是数字化支持的，根据美国商务部经济分析局（BEA）的分类方法，采用信息和通信行业国际服务贸易数据作为行业层面美国跨境数字贸易的衡量指标。

2014 年美国国际贸易委员会将数字贸易内涵扩大为货物贸易和服务贸易。在测度国内数字贸易规模时，将数字技术密集型企业通过网络购买和销售产品的总和作为衡量指标。跨境数字贸易规模则根据数字技术密集型企业的出口和进口进行加总测度。

2017 年经济合作与发展组织、世界贸易组织和世界货币基金组织共同组建的组织机构间国际贸易统计工作队成立专家组，对数字贸易测度工作进行探讨和研究。经济合作与发展组织、世界贸易组织和世界货币基金组织（2020）发布了《数字贸易测度手册》，提出了包含贸易范围、贸易方式、贸易产品和贸易主体四个维度的数字贸易概念框架（见图 7－2）。

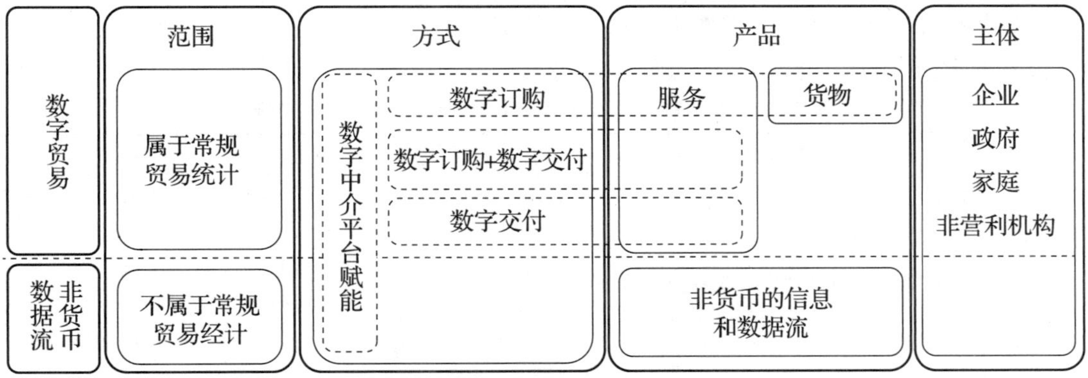

图 7－2　数字贸易的概念框架

资料来源：经济合作与发展组织、世界贸易组织和世界货币基金组织（2020）发布的《数字贸易测度手册》.

数字贸易范围分为可以通过货币反映的贸易和不能通过货币反映的数据流（跨境信息流和数据流）。按照交易方式划分，数字贸易包括两个部分：（1）数字订购贸易，引用 OECD 关于电子商务的定义，即强调通过专门用于接收或下达订单的方法在计算机网络上进行的交易；（2）数字交付贸易，引用联合国贸发会议（UNCTAD）工作组提出的可数字化交付服务概念，即强调通过 ICT 网络以电子可下载格式远程交付的所有跨境交易。数字中介平台为交易双方提供交易平台和中介服务，在数字订购贸易和数字交付贸易中发挥重要作用。①

根据数字贸易的概念框架，《数字贸易测度手册》提出了数据报告模板和计算公式：数字贸易总额＝数字订购贸易＋数字交付贸易－同为数字订购贸易和数字交付贸易。

四、跨境电子商务和数字贸易对国际贸易发展的影响

（一）跨境电子商务与数字贸易的关系

跨境电子商务源于传统电子商务，是全球经济一体化、互联网无国境化、国际贸易发展、国内经济增长疲软等因素综合作用的结果。跨境电子商务是在传统国际贸易基础上衍生出的概念，强调交易主体的空间地理位置，有狭义与广义之分。狭义的跨境电子商务特指分属不同关境的交易主体通过电商平台达成交易，进行跨境支付结算，并通过跨境物流送达商品，从而完成交易的一种国际商业活动。广义的跨境电商是指分属不同关境的交易主体通过电商手段达成交易的跨境进出口贸易活动。跨境电子商务具有开放性、全球化、低成本、高效率等特点，在国际贸易中具有优势：可显著降低贸易成本；可显著提高贸易效率；减少贸易壁垒，扩大贸易机会；降低对实物基础设施的依赖性。

跨境电子商务是数字贸易的一个组成部分，数字贸易是广义的跨境电子商务。跨境

① 参见《中国数字贸易发展报告（2021)》。

电子商务的发展，必然会推动数字贸易的发展，如促进数据分析和服务的跨境流动。从贸易活动的演进来看，数字贸易是跨境电子商务的高级阶段。

（二）数字贸易对国际贸易发展的影响

1. 微观层面

刘洪愧（2020）从微观市场主体和市场效率的角度探讨了数字贸易对消费者、生产者和市场所产生的积极经济效应（见表 7－2）。

表 7－2　数字贸易对消费者、生产者和市场的积极影响

	数字贸易带来的好处	实例
消费者	· 更好地接近并了解产品 · 更多的产品选择 · 通过额外渠道实现服务交付	· 消费者偏爱多元化渠道，采用将线上线下相结合的方法获取产品和服务信息 · 在线搜索和评论使消费者更容易发现和了解产品、比较价格和进行交易
生产者	· 改善物流管理 · 更加高效的供应链管理 · 降低运营成本 · 更有效的商业管理 · 更多的市场准入机会	· 基于互联网的物流服务可提高全球供应链的效率，使电子商务增长 · 云计算可以使企业外包计算机硬件和软件服务，使企业聚焦于核心业务运营 · 云计算可以使数据密集型行业和交易密集型行业降低成本，网络化的企业可实现更加高效的服务交付 · 机器间交流和数据分析能使资源管理更加高效
市场	· 增加市场信息并提高效率 · 市场将有更多更好的互动	· 生产者利用社交媒体收集消费者的反馈并进行市场调研 · 数据分析可帮助生产者根据消费者偏好定制产品，更有效地进行产品定价

资料来源：刘洪愧．数字贸易发展的经济效应与推进方略．改革，2020（3）：40－52．

（1）消费者视角。数字贸易直接增加贸易品的种类和数量，可以使消费者更便捷地了解更多的产品和服务信息，从而提高消费者福利。数字贸易也可降低交易成本，间接地丰富贸易品类，有利于企业研发新品，促使贸易品价格不断下降，从而提升消费者福利。

（2）生产者视角。大数据、云计算、区块链等数字技术在国际分工各环节的使用改善了物流、供应链管理，降低运营成本和全球价值链分工的交易成本，为全球价值链提供了新的动力。

（3）市场效率视角。数字贸易的发展增加市场信息，降低了贸易主体间的信息不对称程度，也有利于减少贸易壁垒，使更多中小微企业参与全球数字贸易。

2. 宏观层面

从宏观层面来说，张宇（2021）认为数字贸易对国际分工与贸易格局、贸易形式和价值链形态产生影响。

（1）国际分工与贸易格局。数字贸易增加了比较优势的新元素，如数字基础设施、数字技术相关的人力资本、数字监管制度和法律法规等，同时对传统意义上的比较优势有弱化作用，这些变化使原有的国际分工格局被打破，一些具有数字技术潜力的发展中国家迎来了机遇。

（2）贸易形式。对于传统的货物贸易，引入数字化平台筛选对接信息能极大地提升贸易效率。数字技术的引入有利于实现精准的市场定位和精细化管理，产品种类增加和

细分程度提升，个性化、定制化产品和服务环节在贸易活动中占据越来越重要的地位。

（3）价值链形态。数字贸易条件下的价值链主导权更为集中，但参与趋于分散。对数字贸易平台的广泛参与可省去传统国际贸易中的许多中间环节，价值链更多地呈现扁平化特征。

第2节　电子商务和数字贸易规则

一、世界贸易组织的相关规则

电子商务在全球范围迅速发展，使世界认识到建立电子商务全球性技术标准和贸易法规的重要性。在1996年世界贸易组织（WTO）第一次部长级会议上电子商务被纳入多边贸易体制。1998年，美国总统克林顿出席WTO部长级会议，敦促各成员方支持美国关于电子商务完全永久免税的建议；132个成员方签署了《关于电子商务的宣言》，同意对电子传输免征关税。

2011年，美国和欧盟向WTO服务贸易理事会提交了《信息与通信技术准则》，旨在支持扩大信息和通信技术网络在服务领域的使用，加强电子商务的发展，并提出了10个方面的规则，即透明度、开放网络、网络访问和使用、跨境信息流动、地方基础设施、外资拥有权、频谱使用、监管当局、授权和许可、互联和国际合作。其中，美国认为存在两个最基本的准则：一是跨境信息流动，政府不应阻止其他国家的服务供应商或这些供应商的客户，在内部或跨国界以电子方式传输信息、获取公开信息或访问存储在其他国家的自己的信息；二是地方基础设施，政府不应要求通信技术服务供应商使用当地基础设施或在当地建立实体作为提供服务的条件。此外，政府不应在使用当地基础设施、国家频谱或轨道资源方面给予国家级通信技术服务供应商优先权或优待。

2014年，美国向WTO电子商务项目工作组提交了电子商务通报文件，主要列举了三个问题。一是跨境信息流动、本地化要求及隐私保护。政府不应阻止他国服务供应商或这些供应商的客户在境内或跨境进行电子信息传输、获取公开信息或获取其存储在他国的自己的信息。二是信息流动和本地化要求。政府需要兼顾经济利益和公共利益，减少跨境数字流动的限制。三是云计算开放中的相关问题。

2016年，美国再次向WTO电子商务项目工作组提交了电子商务非正式文件。在这个文件中美国第一次在多边层面使用了数字贸易和数字经济的概念，但这个文件是非正式文件，所提出的议题不是谈判议题，而是用来讨论的议题。该文件提出了促进数字经济发展的16条建议。

2016年，中国向WTO提交了《中国关于电子商务议题》，该通报文件基于电子商务在世界各地的迅猛发展，强调帮助中小企业和发展中成员更好地获取资金和技术，实现包容性贸易增长。该文件的基本内容是：第一，电子商务的交易主体是货物，所以该文件使用了“跨境电子商务”的概念，主要包括企业对消费者和企业对企业的跨境电子商务交易；第二，涉及内容包括跨境电子商务中的货物贸易便利化、提高跨境电子商务政策框架的透明度以及改善跨境电子商务发展的基础设施和技术条件等；第三，无论是跨境电子商务还是一般意义上的电子商务，涉及消费者保护、知识产权保护和隐私保护等问题，需要通过成员间交流法律法规政策情况，探讨有关政策与贸易政策该如何相互衔接。

2017 年，加拿大、智利、哥伦比亚、科特迪瓦、欧盟、韩国、墨西哥、摩尔多瓦、黑山、巴拉圭、新加坡和土耳其向 WTO 总理事会、货物贸易理事会、服务贸易理事会、与贸易有关的知识产权理事会和贸易与发展委员会提交了《贸易政策、世界贸易组织和数字经济》工作文件，这是 WTO 成员第一次提出数字经济通报文件，其基本构架包括规制框架、开放市场、促进电子商务发展的举措和提高透明度。从上述各成员方提交的通报文件来看，有达成共识的，也有存在分歧的。从共识角度看，几乎所有成员方都认识到电子商务带来的经济增长，并给各经济体的转型带来机会，因此在电子商务领域基本达成共识，具体包括：保持 WTO 的做法，不对电子传输征收关税；国内电子交易框架需要符合联合国 1996 年的《电子商业示范法及其颁布指南》或 2005 年的《国际合同使用电子通信公约》；在电子认证和电子签名方面，互认法律和鼓励使用可交互操作的电子认证；关于线上消费者保护，每一缔约方应采取或维持消费者保护法，禁止采取对线上消费者造成损害或潜在损害的诈骗和商业欺诈行为；关于个人信息保护，采取或维持保护电子商务用户个人信息的法律框架。

2019 年，WTO 76 个成员方签署了《关于电子商务的联合声明》，开启了 WTO 多边框架下与贸易有关的电子商务议题谈判。在谈判过程中各方关注点不同，利益分歧明显。

美国重点关注非歧视性待遇、跨境数据自由流动、禁止计算设施本地化和保护源代码等议题；欧盟高度关注线上消费者保护和个人信息保护；日本以 TPP/CPTPP 为模板，强调网络开放和使用，提出政府不得限制特定网站和互联网服务，不得违反正当程序要求企业披露数据和商业秘密；中国则希望推动数字贸易便利化和互联互通，建立规范便利、安全可靠的电子商务交易环境。

经历近两年的博弈，谈判各方最终于 2020 年取得了阶段性成果，WTO 86 个成员方发布了《世界贸易组织电子商务诸边谈判合并案文》。该案文覆盖范围远远超越了现有的数字贸易规则，在促进电子商务、开放和电子商务、信托和电子商务、交叉问题、电信、市场准入等方面都有相当程度的扩充和丰富，是高水平数字贸易规则多边化的重大尝试。

二、跨境数据流动的国际规制方案

（一）数字贸易规则“美式模板”

1. 代表性协定

（1）《跨太平洋伙伴关系协定》。2015 年是数字贸易规则发展的里程碑，这一年数字贸易规则的基本框架和主要内容通过《跨太平洋伙伴关系协定》（CTPP）的正式签署得以确立。2015 年 10 月，美国、日本及加拿大等 12 个国家达成 TPP，这一协定被认为是奥巴马执政期间的重要成果之一，代表了数字贸易规则核心内容的形成与“美式模板”的出现。

TPP 中关于电子商务的章节提出电子传输免关税、数字产品非歧视性待遇、商业信息跨境自由传输、计算设施的位置、源代码等条款，旨在降低对国外数字服务和产品及其提供商的市场准入限制和国民待遇限制，减少数字贸易壁垒，并为美国数字贸易的全球扩张提供制度支持；强调线上消费者利益保护、个人信息保护等条款，提高消费者对电子商务的信心，防止个人信息滥用；提出国内电子交易监管框架、电子认证与电子签名、无纸贸易等条款，推动数字贸易便利化，并适度监管；还强调了在电子商务领域的网络安全与国际合作等，提高中小企业电子商务水平、电子政务水平以及网络安全应对能力。

TPP 数字贸易规则涵盖了 2013 年《美国数字贸易法案》及随后《数字贸易 12 条》的国内法核心条款，在某种程度上意味着数字贸易规则"美式模板"的形成。由于其先进性和全面性，TPP 逐渐成为未来贸易协定的重要参照模板，并成为 WTO 改革中数字贸易议题的重要依据。虽然 TPP 最终因美国于 2017 年退出而意外流产，但 2018 年签订的《全面与进步跨太平洋伙伴关系协定》（CPTPP）原封不动地保留了 TPP 的数字贸易条款。

（2）《美国-墨西哥-加拿大协定》。2018 年 11 月，美国、墨西哥、加拿大三国领导人在阿根廷首都布宜诺斯艾利斯签署《美国-墨西哥-加拿大协定》（USMCA）。USMCA 是迄今为止所有自贸协定中对数字贸易规定最强大的协定。USMCA 不仅取代了 TPP 成为美国数字贸易协定的谈判模板，而且在之后的《美日数字贸易协定》（UJDTA）以及 WTO 改革中得以体现。

USMCA 的某些条款比较极端，使信息监管和网络治理难度加大。具体表现在：（1）将"电子商务"专章改为"数字贸易"专章。（2）进一步推进边境后措施。即要求成员国建立与数字贸易相关的国内法律框架，主要体现在电子交易、消费者保护、个人信息保护、垃圾商业信息规制等方面。（3）进一步推动数字贸易自由化。在跨境数据流动条款方面，TPP 规定各国有权对跨境数据流动进行规制，但 USMCA 取消了政府的该项权力。在政府数据开放条款方面，USMCA 要求政府以结构化数据的形式进行数据开放。（4）降低电子商务的非关税壁垒，TPP 中的计算设施位置条款中的例外条款在 USMCA 中被删除，计算设施本地化不得作为非关税壁垒的形式阻碍数字贸易；在源代码条款方面，USMCA 将源代码扩展到算法。

（3）《美日数字贸易协定》。2019 年 10 月，美国和日本正式签署了《美日数字贸易协定》（UJDTA）。UJDTA 在保留 USMCA 核心条款的基础上进行了一些修正和拓展。一是在一般例外基础上，增加安全例外、审慎例外和货币及汇率政策例外，对缔约方的安全诉求和金融稳定诉求予以回应；二是对激进的数字贸易自由化条款适度回调，提升了本国政策的监管力度和调控能力；三是增加了"使用加密技术的信息和通信技术产品"条款，进一步提高了数字贸易领域知识产权的保护力度；四是更好地实现了与国际公约的协调，比如协定内容均不得影响任何一方根据任何税务公约具有的权利和义务。

2. "美式模板"特征

（1）贸易谈判策略从多边转向双边及诸边。自 20 世纪 90 年代数字贸易开始发展以来，美国就利用其在国际经济体系中的地位，通过 WTO、亚太经合组织等国际机构来推行自己的数字贸易政策。随着国家之间的利益竞争日趋激烈，在国际谈判中很难有效达成协定，如在 WTO，经过多轮谈判，全球跨境电子商务规则的制定依然停滞不前。于是，在 21 世纪初，美国对外贸易政策开始倾向于双边关系及诸边关系，通过与相关国家签订自贸协定，不断扩大本国数字贸易条款的影响范围。

（2）独创的"否定列表"制度。否定列表和肯定列表均是一种国际协议。肯定列表是指表中所列的可以使用，该协议约束性较强，只能对现有的产品进行规制。否定列表中所列的不被许可使用，非表内产品可以使用，具有普遍的适用性。否定列表更有利于贸易自由化的发展，为未来新产品的贸易自由化提供了充足的发展空间，在一定程度上具有预见性和透明性，但是对于数字产业发展较为落后的国家而言，否定列表的应用会带来巨大的挑战。

（3）倡导技术中立原则。技术中立是指在不触及一些公共政策法律底线的条件下，国内提供数字服务的主体可以自主选择数字贸易所需的技术种类。在美国数字贸易规则体系的构建中，技术中立原则是其推崇的基本原则。技术中立原则能减少交易过程中某项特定技术造成的贸易壁垒，确保数字产品稳定发展。不仅如此，世界知名的数字服务提供商大部分是美国企业，这些企业拥有多项行业基本专利技术，为其他国家尤其是发展中国家提供相应的服务，从而赚取高额的利润和专利特许使用权费用。

（二）数字贸易规则“欧式模板”

1. 代表性协定

（1）欧盟-加拿大《综合经济与贸易协定》。2009 年 5 月，《综合经济与贸易协定》（CETA）在捷克布拉格召开的欧盟-加拿大峰会上正式启动谈判。历时 7 年之久，2016 年 10 月，欧盟委员会与加拿大签署了自贸协定——CETA。CETA 是欧盟与加拿大签署的最全面和最领先的贸易协定，将提高就业率、促进可持续和包容性增长，为双方经济合作开启新时代。

CETA 主要是在贸易、服务、投资以及政府采购等方面相互给予更多的市场准入，消除双边关税以及非关税贸易壁垒。在双边贸易方面，该协定取消了欧盟与加拿大之间 98%的贸易关税；在跨境服务方面，除了一些基础社会服务，其他服务基本上都对彼此的服务提供商开放，实现加拿大与欧盟之间的服务贸易自由化；在通信和金融服务方面，确保管制的公平、透明、客观，提供市场准入机会；在知识产权方面，CETA 加强了对专利发明等知识产权的保护，特别强调地理标志和药品专利的保护，执法程序涉及知识产权保护的民事程序和边境执法措施，而且在保护水平和执法程度上超越了 TRIPS 等现行知识产权国际规则。

（2）欧盟-日本《经济伙伴关系协定》。2018 年 7 月，欧洲理事会主席图斯克和欧盟委员会主席容克与日本首相安倍晋三在日本东京签署《经济伙伴关系协定》（EPA），2019 年 2 月 1 日起 EPA 生效。

EPA 旨在应对美国贸易保护主义政策。这项协定让欧盟和日本双方取消大部分产品的关税：日本将逐步取消 94%的欧盟产品关税，欧盟则逐步取消 99%的日本产品关税。双方延续了《全球电子商务宣言》中不对电子传输征收关税的做法；在欧盟签订的自贸协定中首次出现的电子合同与电子认证和电子签名领域，双方争议不大。电子合同条款约定，除另有规定外，以电子方式订立合约时一方不得采取或维持管制电子交易的措施；在电子认证和电子签名方面双方承诺，除另有规定外，不得仅以电子形式为理由，否认签名的法律效力及采取或维持管制电子认证和电子签名的措施。该协定还强调在线交易对消费者保护的规定。在欧盟最为关注也是最易引起争议的跨境数据流动方面，EPA 推迟了“数据自由流动”的规定。2019 年 1 月欧盟与日本对有关“数据自由流动”的条款进行补充，通过了数据共享协议（也被称为“充分性决定”），该协议使得欧盟和日本私人之间为商业目的交换的个人数据以及当局之间为执法目的交换的个人数据将适用最高水平的数据保护，这势必会促进数字贸易的快速发展。

(3)《韩欧自由贸易协定》。2009 年 10 月，欧盟与韩国签署了《韩欧自由贸易协定》。2011 年 7 月 1 日，《韩欧自由贸易协定》临时生效，关税与非关税措施等共同贸易政策立即生效，但协定中部分条款的生效日期推迟，直至 2015 年 12 月 13 日《韩欧自由贸易协定》才全面生效。

《韩欧自由贸易协定》采用肯定列表方式，对服务贸易的开放部门做出承诺，涉及的部门适用国民待遇，包括运输、电信、金融、法律、环境、建筑等。通过该协定，韩国获得了在欧盟从事建筑、工程、印刷和出版、电信、金融、运输等行业的市场准入。《韩欧自由贸易协定》不涉及视听服务领域。在知识产权领域，欧盟与韩国除了重申遵守 WTO 知识产权协定的规则外，对知识产权的保护程度超过 WTO，如在版权方面，该协定承诺保护音乐和艺术作品版权所有者的权益，版权作者的权益可维持 70 年，而 WTO 规定只维持 50 年。

2. “欧式模板”特征

(1) 相关规则文本分布零散且不完善。欧盟成员国的利益诉求不一致，关于数字贸易的规定相对零散。在欧盟所签订的自贸协定中，涉及数字贸易的条款大都零散地分布在不同的章节中，涉及的内容较少，也没有形成完整的体系。

(2) 贸易政策具有灵活性。与“美式模板”中统一对外贸易立场不同的是，欧盟会针对不同国家的发展情况在贸易政策上灵活处理。在早期的贸易协定中，欧盟所制定的数字贸易政策往往具有劝导性，采用温和协商的方式。例如，在跨境数据流动这一焦点问题上，在《韩欧自由贸易协定》和 CETA 中，有条款指出双方应该重申保护个人基本权利和自由的承诺，尤其在个人数据传输上采取合适的隐私保护措施，但主要采用鼓励性的语言。然而，在同一问题上，欧盟对美国的态度比对韩国的更为坚决，在欧美两大贸易体系的数字贸易谈判中，在个人数据跨境传输以及信息保护方面双方各执己见，到目前为止都没有达成一致意见。但是，欧盟利用其在经济中较为强势的地位，迫使相对弱势的国家做出更多的经济让步，因此，欧盟灵活的贸易政策在某种程度上对发展中国家很不利。

(3) 坚持文化例外原则。文化例外是指文化产品（如电影、音乐等视听产品）不能像其他产品一样完全遵从市场规律，不能完全适用自由贸易原则。文化例外原则是法国政府首先在 1993 年的乌拉圭回合谈判中提出的，因为文化产品不仅仅是产品，它还具有特定的文化属性，能够影响一代代人的思想观念，文化部门在欧洲有着举足轻重的地位。在以上诸多因素的影响下，欧盟内部经过多年的争论，最终达成文化例外原则一致意见，将文化产品排除在自由贸易谈判的范围之外。例如，在欧盟和智利的自贸协定中，相关章节条款就提出该服务贸易内容不适用于视听产品等文化产品。从此以后，文化例外原则成为欧洲对外贸易中最具特色的部分。虽然目前有些人倡导加强欧洲文化合作，但欧盟的对外贸易谈判还是以文化例外原则为主线，尤其在数字贸易飞速发展的今天，欧盟依旧坚持文化例外原则。

（三）数字贸易规则“美式模板”与“欧式模板”的主要分歧

1. 数据本地化问题

在数字贸易中，数据成为国家的基础性战略资源，掌握了数据就占据了经济增长的制高点。一些国家为了保障本国的经济利益，维护国家安全，纷纷提出数据本地化要求。根据统计，目前全球大约有 60 个经济体做出数据本地化存储的要求，其中有欧盟、加拿大、印度等。

与欧盟恰恰相反的是，美国反对数据本地化措施。主要原因有：（1）美国是以技术中立为基本原则。在“美式模板”中，技术只是一个载体因素，它本身没有好坏之分，出现信息泄露等问题只是因为技术被错误使用，且数据本地化措施不利于技术的交流，阻碍了相关技术的发展，这就违背了技术中立的原则。（2）美国认为欧盟所主张的数据本地化是为了保护隐私安全的说法是不成立的。如果仅把数据存储在国内单一的设备上，一旦设备受到黑客的攻击，所有的数据将会消失殆尽，也无法恢复，而将数据分散在不同的存储器上反而能分散风险。美国还强调，本地化措施并不能完全阻止数据外流，并且会进一步加强本国政府对数据的控制，更容易监视公民的一举一动。

2. 跨境数据自由流动问题

美国的数字贸易体系最为完善，美国是世界上最具有权威的数据大国。研究表明，如果全面实施数据限制措施，将会造成每家中小企业每年将近 7 200 欧元的损失，减少 0.6%的就业机会。因此，在数据自由流动方面美国持肯定的态度，这一目标也是美国在对外贸易谈判中最为重视的。相较于美国，欧盟对隐私保护的重视程度远大于对数据流动所带来经济利益的重视程度，因此，欧盟对数据自由流动持否定的态度。

3. 数据传输中个人隐私权

“欧式模板”倡导欧盟国家立法统一，国家用明确的法律法规对个人数据的收集、处理以及应用进行规范。从 20 世纪 70 年代开始欧盟各国开始着手对个人数据隐私的保护。“美式模板”中对个人隐私的保护主要是通过行业自律和国家立法相结合的综合保护模式，它更强调企业的自律精神。

4. 网络中介服务商责任认定

在美国，网络中介服务商责任的界定经历了一个转变的过程。在 20 世纪末，美国对网络中介服务商在贸易中的责任的规定较为严格。随着数字贸易的发展，原有的法律法规制约了网络中介服务商的积极性，美国政府及时修改法律法规，逐渐按照控制能力和认知能力分配责任，取代了之前笼统规定网络中介服务商责任的做法。美国贸易代表办公室甚至认为让网络中介服务商承担责任是一种隐性的非关税贸易壁垒。

欧盟的立法观点和美国截然不同，认为除了一些例外情况，就一般的网络侵权行为，网络中介服务商也必须承担连带责任。

（四）数字贸易规则“东亚模板”

《区域全面经济伙伴关系协定》（RCEP）是数字贸易规则“东亚模板”的标志。该协定是以发展中经济体为中心的区域自贸协定，由东盟十国于 2012 年发起，在历经八年的谈判后，RCEP 于 2020 年 11 月正式签署。该协定包含包括东盟十国、中国、日本、韩国、澳大利亚、新西兰在内的 15 个国家，覆盖 22.7 亿人口和 26 万亿美元规模的 GDP（两者在全球总量中的占比均约为 30%），是迄今为止全世界最大规模的自贸协定。从涉及数字贸易的条款数量来看，RCEP 包含 17 项细则条款，仅次于 UJDTA 包含的 22 项细则条款以及 CPTPP 和 USMCA 包含的 18 项细则条款，奠定了数字贸易规则“东亚模板”的雏形。

RCEP设定了“电子商务”章节，该章节主要包括促进无纸化贸易、推广电子认证和电子签名、保护电子商务用户个人信息、保护在线消费者权益、加强针对非应邀商业电子信息的监管合作等规则。成员就跨境信息传输、信息存储等问题达成重要共识，正式明确了东亚地区数字贸易基本规则和新兴规则，这将为各成员加强电子商务领域的合作提供制度保障，有利于营造良好的电子商务发展环境，增强各成员电子商务领域的政策互信、规制互认和企业互通，促进区域内电子商务的发展。

三、我国关于电子商务和数字贸易的政策主张

从海关监管角度来讲，中国特色的跨境电商始于2012年，这一年我国启动了电子商务示范城市试点工作，标志着我国正式进入跨境电商时代。[①] 近年来，我国的数字贸易发展迅速，这与我国政府重视数字贸易、积极颁布相关战略规划与政策措施的举动密不可分。下面将我国关于电子商务和数字贸易的政策主张从国家层面、地方政府层面及相关合作倡议等方面进行梳理汇总。

（一）国家层面电子商务和数字贸易政策

1. 电子商务和数字贸易的相关顶层设计

自2016年以来，我国陆续出台了一些重大的战略规划来对信息化发展进行战略指导，如2016年7月发布的《国家信息化发展战略纲要》、2016年12月发布的《“十三五”国家信息化规划》、2021年12月发布的《“十四五”国家信息化规划》等重大战略规划，明确了数字中国建设的路线图和时间表，开启中国信息化发展的新征程。《国家信息化发展战略纲要》和《“十三五”国家信息化规划》《“十四五”国家信息化规划》从多个角度对中国数字贸易的发展进行了合理规划。《国家信息化发展战略纲要》提出信息资源日益成为重要的生产要素和社会财富，信息掌握的多寡、信息能力的强弱成为衡量国家竞争力的重要标志。当前，中国信息资源开发利用不足与无序滥用的现象并存，需要加强顶层设计和系统规划，完善制度体系，全面提升信息采集、处理、传输、利用能力，构筑国家信息优势。《“十三五”国家信息化规划》指出应当逐步完善数字版权公共服务体系，促进数字内容产业健康发展；全方位规范电商市场竞争，加快电子商务模式、市场服务方式创新和科技水平提升，支持移动电商、社区电商、农村电商和跨境电商等新型电商模式发展，促进电子商务提质升级；大力推进“互联网+流通”，加强智慧流通基础设施建设，探索网络化定制、全渠道营销、服务到户等多种线上线下融合发展方式。《“十四五”国家信息化规划》提出要大力发展数字商务，促进产业数字化转型发展，应高度重视数字商务在数字中国建设中的关键作用；注重以高质量的数字商务打造实体经济数字化转型的关键动力；在数字中国建设过程中发挥数字商务作为典型数字化产业的示范作用，以服务化带动和促进三次产业数字经济的发展。

法制建设领域同样取得了一些成就，如2017年6月1日起实施的《中华人民共和国网络安全法》指出，“对常态化跨境信息流动实施禁止或限制”“‘关键部门’的公司强制

---

① 全球（郑州）跨境电商研究院．世界主要国家跨境电商政策与解读．北京：中国商务出版社，2021.

要求数据本地化”。2018 年通过的《中华人民共和国电子商务法》就“消费者保护”“电商平台审核”等问题做了进一步的明确规定，电子商务法制建设取得重要成果。

近几年的政府工作报告也频繁提及电子商务和数字贸易。2019 年的《政府工作报告》就跨境电商（数字贸易）发展，释放了数字贸易相关政策红利，同时将跨境电商确定为中国外贸发展新的增长点。2021 年的《政府工作报告》提出，要实行高水平对外开放，促进外贸外资稳中提质，实施更大范围、更宽领域、更深层次的对外开放，更好地参与国际经济合作。其中在“推动进出口稳定发展”一项中，就提到发展跨境电商等新业态新模式，支持企业开拓多元化市场。2022 年的《政府工作报告》首提“数字贸易”，报告中提出：要扩大高水平对外开放，推动外贸外资平稳发展；创新发展服务贸易、数字贸易，推进实施跨境服务贸易负面清单；深化通关便利化改革，加快国际物流体系建设，助力外贸降成本、提效率。

2. 电子商务和数字贸易的相关政策

2016 年之前出台的相关政策较少，具有代表性的有：2012 年 3 月商务部发布的《关于利用电子商务平台开展对外贸易的若干意见》，2013 年 8 月国务院办公厅转发的《关于实施支持跨境电子商务零售出口有关政策的意见》，海关总署 2014 年 7 月发布的《关于跨境贸易电子商务进出境货物、物品有关监管事宜的公告》等。这些政策文件通过规范跨境电商主体行为、提供通关便利化措施、降低进出口税率等措施保障中国跨境电商的健康持续发展。

2016 年之后我国高度重视电子商务的发展，在已出台的相关顶层设计的指导下，通过推动创新、深化改革，全面优化电子商务发展环境。2016 年商务部、中央网信办、国家发改委会同有关部门加快推进《关于深入实施“互联网＋流通”行动计划的意见》《电子商务“十三五”发展规划》《促进电子商务发展三年行动实施方案（2016—2018 年）》，建立部际综合协调和年度工作台账制度，共同推进电子商务健康发展。国务院及相关部委积极推进电子商务信用体系建设，进一步完善电子商务统计监测体系；加强电子商务人才培训与培养，大力发展电子商务“双创”，为中国电子商务健康、快速发展积极营造良好环境。2017 年 8 月国务院发布的《关于进一步扩大和升级信息消费持续释放内需潜力的指导意见》认为，随着互联网技术与经济社会深度融合，信息消费已成为当前创新最活跃、增长最迅猛、辐射最广泛的经济领域之一，对拉动内需、促进就业和引领产业升级发挥着重要作用。当前应着力提高信息消费供给水平，包括推广数字家庭产品、拓展电子产品应用、提升信息技术服务能力、丰富数字创意内容和服务、壮大在线教育和健康医疗规模等多个方面的内容。2019 年，《关于推进贸易高质量发展的指导意见》提出，提升贸易数字化水平，加快数字贸易发展；推动企业提升贸易数字化和智能化管理能力；大力提升外贸综合服务数字化水平。

2020 年《关于推进对外贸易创新发展的实施意见》发布，提出要加快贸易数字化发展，鼓励企业向数字服务和综合服务提供商转型，支持企业不断提升贸易数字化和智能化管理能力，建设贸易数字化公共服务平台，服务企业数字化转型。2021 年 1 月商务部发布的《关于加快数字商务建设 服务构建新发展格局的通知》提出，开展消费数字化升级行动、“数商兴农”行动、“丝路电商”行动、数字化转型赋能行动、数字商务服务创新行动五项行动，以此加快数字商务建设。2021 年 10 月，商务部等 24 部门联合印发的《“十四五”服务贸易发展规划》明确，要加强国家数字服务出口基地建设，依托国家数字服务出口基地，布局数字贸易示范区。2021 年 11 月，商务部等 10 部门又联合印发了《关于支持国家数字服务出口基地创新发展若干措施的通知》。随后，商务部服贸司在对该通知的官方解读中表示，这些国家数字服务出口基地将成为我国打造数字贸易示范区的重点。

3. 跨境电商服务示范区和数字服务出口基地建设

伴随着政策的密集出台，国务院及相关部委也在深入推进电子商务和数字贸易示范城市、示范基地、示范企业，电子商务进农村示范县等示范体系建设，在相关领域探索政策创新和示范带动。2012 年开始，跨境电商试点工作在全国范围内陆续展开。2015 年 3 月，国务院同意设立中国（杭州）跨境电子商务综合试验区，跨境电商综合试验区启动，截至 2022 年 2 月，我国已经分六个批次建立了 132 个跨境电商综合试验区（见表 7-3）。2020 年，商务部会同中央网信办、工信部联合启动了国家数字服务出口基地创建工作，并认定了 12 个园区为国家数字服务出口基地，分别为中关村软件园、天津经济技术开发区、上海浦东软件园、广州市天河中央商务区、中国（南京）软件谷、杭州新技术产业开发区（滨江）物联网产业园、齐鲁软件园、厦门软件园、大连高新技术产业园区、合肥高新技术产业开发区、成都天府软件园、海南生态软件园。

表 7-3　我国跨境电商综合试验区名单

批次	批准时间	试点
第一批	2015 年 3 月	杭州市
第二批	2016 年 1 月	天津市、上海市、重庆市、合肥市、郑州市、广州市、成都市、大连市、宁波市、青岛市、深圳市、苏州市
第三批	2018 年 7 月	北京市、呼和浩特市、沈阳市、长春市、哈尔滨市、南京市、南昌市、武汉市、长沙市、南宁市、海口市、贵阳市、昆明市、西安市、兰州市、厦门市、唐山市、无锡市、威海市、珠海市、东莞市、义乌市
第四批	2019 年 12 月	石家庄市、太原市、赤峰市、抚顺市、珲春市、绥芬河市、徐州市、南通市、温州市、绍兴市、芜湖市、福州市、泉州市、赣州市、济南市、烟台市、洛阳市、黄石市、岳阳市、汕头市、佛山市、泸州市、海东市、银川市
第五批	2020 年 4 月	雄安新区、大同市、满洲里市、营口市、盘锦市、吉林市、黑河市、常州市、连云港市、淮安市、盐城市、宿迁市、湖州市、嘉兴市、衢州市、台州市、丽水市、安庆市、漳州市、莆田市、龙岩市、九江市、东营市、潍坊市、临沂市、南阳市、宜昌市、湘潭市、郴州市、梅州市、惠州市、中山市、江门市、湛江市、茂名市、肇庆市、崇左市、三亚市、德阳市、绵阳市、遵义市、德宏傣族景颇族自治州、延安市、天水市、西宁市、乌鲁木齐市
第六批	2022 年 2 月	鄂尔多斯市、扬州市、镇江市、泰州市、金华市、舟山市、马鞍山市、宣城市、景德镇市、上饶市、淄博市、日照市、襄阳市、韶关市、汕尾市、河源市、阳江市、清远市、潮州市、揭阳市、云浮市、南充市、眉山市、红河哈尼族彝族自治州、宝鸡市、喀什地区、阿拉山口市

资料来源：中国政府网.

（二）地方政府层面电子商务和数字贸易政策

近年来，各级地方政府紧跟党中央、国务院的步伐，陆续出台数字经济相关政策，推进数字贸易发展，代表性省份包括广东、福建、浙江、贵州等。

广东省是国内最早布局数字经济政策的省份之一。早在2003年5月，广东省人民政府就印发《广东省电子商务认证机构资格认定和年审管理办法(暂行)》，旨在促进电子商务的发展。2018年广东省出台《广东省数字经济发展规划（2018—2025年)(征求意见稿)》，提出到2020年，电商、物流、金融等行业以及交通、医疗、教育等民生服务加快向数字化、智能化发展的目标。鼓励省内龙头骨干企业建设特定领域的垂直电商平台，发展专业化、精准化的电商服务；依托中国（广东）自由贸易试验区，扩大跨境电商贸易，推动广东自主品牌“走出去”。培育具有影响力的电商平台和企业，形成较为完善的电商服务体系。2019年《广东省培育数字经济产业集群行动计划（2019—2025年)》提出实施数字农业发展示范工程，加快农村电商发展。2022年4月，广东省印发《2022年广东省数字经济工作要点》，提出建立健全数据权益、交易流通、跨境传输和安全保护等基础性制度规范；推进“数据海关”试点，开展跨境数据流动的审查、评估、监管等工作，探索建立跨境数据监管制度；发展数字商贸，深入推进国家数字服务出口基地建设，支持广州市创建国家数字贸易示范区，培育省级数字服务出口基地和数字贸易重点企业；持续推进跨境电商综试区建设，继续完善“六体系两平台”。

浙江省构建了较完备的数字经济政策体系。2003年浙江省发布了《数字浙江建设规划纲要（2003—2007年)》，全面推进全省国民经济和社会信息化建设。随后，浙江省数字经济政策紧密围绕推动产业数字化，在服务业数字化转型方面，2012年出台了《浙江省人民政府关于进一步加快电子商务发展的若干意见》，2014年相继出台《浙江省电子商务服务体系建设实施意见》《浙江省跨境电子商务实施方案》等政策。浙江省《2018年政府工作报告》提及今后五年浙江将大力发展以数字经济为核心的新经济，加快构建现代化经济体系。同年7月，省政府专题会议研究了《浙江省国家数字经济示范省建设方案》《浙江省数字经济五年倍增计划》和高质量发展指标体系编制工作，强调充分发挥浙江省数字经济先发优势，加快实施数字经济“一号工程”，积极争创国家数字经济示范省。2020年11月，浙江省商务厅正式发布了《浙江省数字贸易先行示范区建设方案》，该方案为全国首个正式发布的数字贸易先行示范区建设方案。该方案将浙江省数字贸易先行示范区建设分为两步，到2022年，初步建成数字贸易先行示范区；到2025年，初步建成全球数字贸易中心。2021年6月，浙江省印发《浙江省新型贸易发展“十四五”规划》，鼓励企业运用数字技术创新货物贸易方式；引导支持生产制造企业、传统外贸企业加快向数字贸易转型，大力发展跨境B2C、B2B出口；推进跨境电商与市场采购贸易方式、外贸综合服务企业等外贸新业态融合发展，做大做强跨境电商。同时着力打造“数字贸易示范区”核心区，包括数字服务产业最优生态圈、“数字贸易示范区”数字云区和“数字贸易示范区”特色集聚区。

福建省已储备了20年的“数字福建”建设经验，早在2000年，福建省委省政府就提出了“数字福建”这一重要的战略决策，之后，福建省又相继出台促进大数据、5G等产业发展以及信息消费的一系列政策，积极发挥数字经济的引擎作用。2019年，福建省深入实施“数字经济领跑行动”，推动数字经济快速全面发展。《2022 年数字福建工作要点》提出纵深推进服务业数字化转型；健全电子商务公共服务体系，引导传统优势产业与电子商务深度融合；加快推动数字服务出口基地建设。

贵州省充分利用生态优势、能源优势、产业优势和基础设施优势，以大数据产业为抓手实现产业转型升级，使得数字经济产业异军突起、发展迅速，已经成为数字经济发展的典型样板。2014 年贵州省委省政府把发展大数据产业上升为全省战略，陆续印发《关于加快大数据产业发展应用若干政策的意见》《贵州省大数据产业发展应用规划纲要（2014—2020 年）》《贵州省数字经济发展规划（2017—2020 年）》等相关战略规划，为贵州省数字经济的发展指明了方向。2020 年贵州省发布全国首个大数据与实体经济融合方案《贵州省大数据与实体经济深度融合实施指南》，形成推进大数据与实体经济深度融合的“贵州模式”。

（三）电子商务和数字贸易的合作倡议

我国在推动全球电子商务和数字贸易发展中发挥着越来越重要的作用，我国倡导发起《二十国集团数字经济发展与合作倡议》《“一带一路”数字经济国际合作倡议》，推动共建共享数字丝绸之路，为全球数字经济发展提供了中国经验与中国方案。

在 2016 年 G20 杭州峰会上，多国领导人共同签署了《二十国集团数字经济发展与合作倡议》，之后的每次峰会都将数字经济列为主要议题之一。该合作倡议提出成员之间要促进电子商务合作，包括：（1）使用可信的数字化手段促进电子商务跨境贸易便利化，如无纸化通关、电子交易单据、数字认证的互认、电子支付和网上支付等。同时加强合作，防止市场准入壁垒和其他壁垒；关注税收的相关问题，确保有效地支付国际电子商务税收，尤其是考虑税基侵蚀和利润转移。（2）加强消费者权益保护合作，发展争端解决方式，确保为消费者提供与电子商务特点相适应的多种选择，这些选择应在本国法律法规框架下，并与该成员的国际法律义务保持一致。（3）通过确保尊重隐私，树立用户信心。

在 2017 年 12 月第四届世界互联网大会上，包括中国在内的多国共同发起《“一带一路”数字经济国际合作倡议》，强调促进电子商务合作，探索在跨境电商信用、通关和检验检疫、消费者保护等领域建立信息共享和互信互认机制的可行性，加强金融支付、仓储物流、技术服务、线下展示等方面的合作，加强消费者权益保护合作。

2021 年 11 月 1 日，中国商务部部长王文涛致信新西兰贸易和出口增长部部长奥康纳，代表中方向《数字经济伙伴关系协定》（DEPA）保存方新西兰正式提出申请加入 DEPA。DEPA 是数字贸易领域最早的单独协定，旨在加强各国在数字贸易领域的合作，并探索数字贸易新领域，如数字身份、电子支付和人工智能等。DEPA 由新加坡、智利、新西兰三国于 2020 年 6 月签署，致力于发展便利化无缝的端到端数字贸易，允许可信任的数据流动；构建数字系统的信任，以电子商务便利化、数据转移自由化、个人信息安全化为主要内容；加强人工智能、金融科技等领域的合作。

中国申请加入该协定既是对全球数字贸易发展趋势的一个合理反应，也是谋求全球数字贸易规则制定权的具体行动。

第 3 节　国内外电子商务和数字贸易的发展现状

一、全球电子商务和数字贸易的发展现状

（一）全球电子商务发展概况

近年来，从整体上看，全球电子商务发展迅猛，市场规模不断扩大并呈现高度集中的态势。从基础条件来看，全球网民基数持续增大，移动互联网快速发展，数字支付逐渐完善。

1. 全球电子商务市场规模不断扩大且市场集中度提高

电子商务已成为全球居民消费的重要渠道。据 eMarketer 统计，2020 年全球零售总额仅为 23.737 万亿美元，同比减少 2.9%，而网络零售方面却实现 4.248 万亿美元的交易额，增速高达 26.4%。新冠疫情为全球经济带来不确定性，但电子商务市场却迎来高速增长期。预计到 2025 年，电子商务市场将保持增长态势。据 eMarketer 估算，2022 年全球零售总额约 27.338 万亿美元，同比增长 5.0%；2021 年全球网络零售额为 4.938 万亿美元，同比增长 16.2%，比全球零售总额增速高出 6.5 个百分点；同时，全球网络零售额占全球零售总额的比重不断上升，从 2020 年的 17.9%上升到 2021 年的 19.0%，预计到 2025 年这一比重将达到 23.6%（见表 7－4）。随着全球电子商务的持续发展，网络购物已经成为全球消费者的一种重要消费方式。

表 7－4　2020—2025 年全球零售及网络零售相关数据及预测　　单位：万亿美元

年份	全球零售总额	总额增速	全球网络零售额	网络零售额增速	网络零售额占总额比重
2020	23.737	−2.9%	4.248	26.4%	17.9%
2021	26.031	9.7%	4.938	16.2%	19.0%
2022e	27.338	5.0%	5.542	12.2%	20.3%
2023e	28.641	4.8%	6.151	11.0%	21.5%
2024e	30.031	4.9%	6.767	10.0%	22.5%
2025e	31.271	4.1%	7.391	9.2%	23.6%

资料来源：eMarketer，其中标 e 年份表示预测值。

全球电子商务市场伴随着互联网持续渗透呈现高度集中态势。从区域来看，亚太地区将继续领跑全球其他地区，仍然是全球电子商务市场的先行区和集聚区。自 2013 年亚太地区成为全球最大网络零售市场以来，年均增速始终保持在 10%以上。据 eMarketer 估计，2022 年亚太地区网络零售额将达 3.323 万亿美元，稳居电商零售额排名第一的地位，而北美地区将以 1.144 万亿美元的网络零售额排名第二，西欧地区将以 0.694 万亿美元的网络零售额紧随其后。从国别来看，电子商务活动大多集中在排名前五的国家，且呈现加速集聚态势。据 eMarketer 估算，2022 年网络零售市场规模排名前五的国家（中国、美国、英国、日本和韩国）的网络零售额占全球网络零售额的 79.5%（见表 7－5）。其中，

排名第一的中国网络零售额预计达到 2.785 万亿美元，占全球网络零售额的比重高达 50.3%，远高于其他国家，而且其主要地位仍将持续很长一段时间。在网络零售额排名前十的国家中，有五个国家来自亚太地区，即中国、日本、韩国、印度和印度尼西亚，五国总额占前十国家总额的 66.9%。从规模水平来看，亚太地区电子商务发展居世界前列。

表 7－5　2022 年全球网络零售额 Top 10 国家预测

排名	国家	网络零售额（万亿美元）	占全球网络零售额比重
1	中国	2.785	50.3%
2	美国	1.065	19.2%
3	英国	0.246	4.4%
4	日本	0.169	3.0%
5	韩国	0.143	2.6%
6	德国	0.118	2.1%
7	法国	0.094	1.7%
8	印度	0.084	1.5%
9	加拿大	0.080	1.4%
10	印度尼西亚	0.058	1.0%

资料来源：eMarketer.

2. 全球电子商务发展基础条件得到完善

全球网民数量持续增长。据国际电信联盟（ITU）估计，2021 年全球网民总数达到 49 亿人，同比增长 6.5%。全球互联网渗透率从 2005 年的 15.8%上升到 2021 年的 62.5%（见图 7－3）。其中，在发达国家有 86.6%的人使用互联网，在最不发达国家只有 27.0%的人使用互联网。随着互联网信息技术的广泛应用，全球网民基数将进一步扩增。

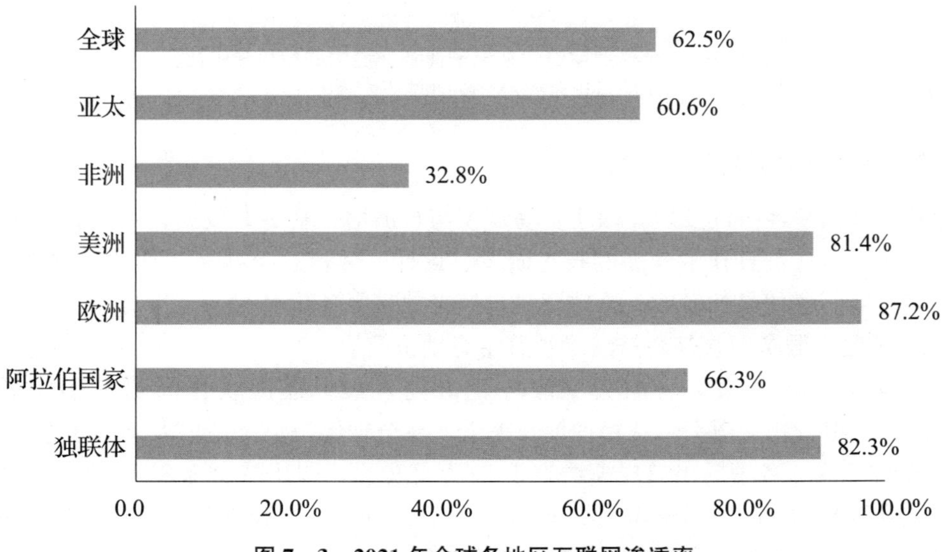

图 7－3　2021 年全球各地区互联网渗透率

资料来源：ITU.

全球范围内移动互联网增长强劲。全球移动宽带使用比例持续增长，远高于固定宽带使用比例。据 ITU 统计，2021 年全球移动宽带渗透率为 87.6%，比全球固定宽带渗透率高出 70.9 个百分点。从每 100 名居民中活跃的移动宽带订户数量来看，2021 年同比增长 8.7%，具有较强的增长动力。

全球数字支付方式逐渐普及。目前，全球电子商务交易的支付方式以数字钱包为主，其在电子商务生态系统中起到了锚定作用。FIS Worldpay 发布的《2022 年全球支付报告》显示，2021 年数字钱包在全球电子商务交易中的使用量占比约为 49%，预计到 2025 年将增长至 53%。从区域来看，亚太地区是数字钱包渗透率最高的地区，2021 年数字钱包使用量占比约为 69%，预计到 2025 年将超过 72%（见图 7-4）。未来，随着移动互联网的快速发展，数字钱包的使用量将进一步增长，而信用卡、现金及借记卡等支付方式的使用量将逐渐下降。

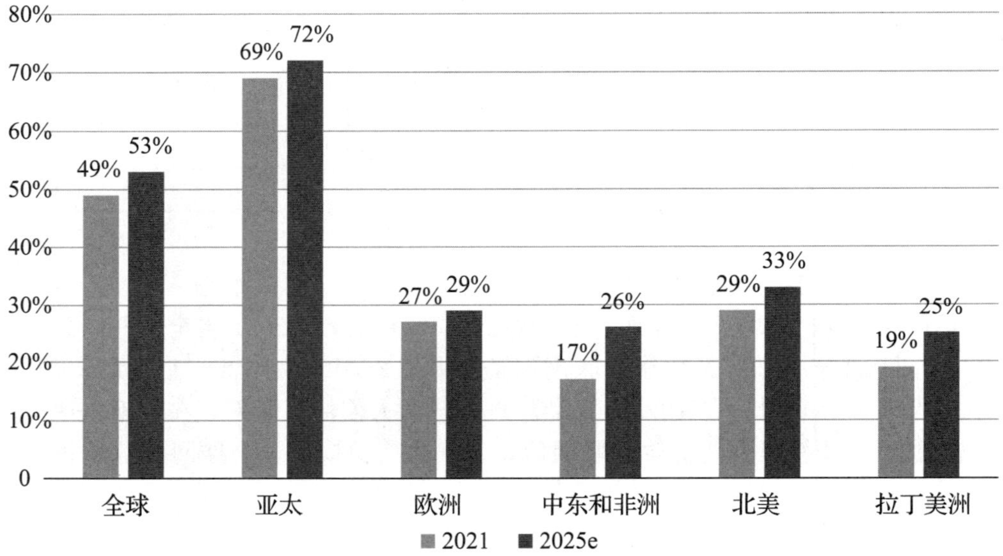

图 7-4　全球数字钱包在电子商务交易中的使用量占比

资料来源：《2022 年全球支付报告》，其中标 e 年份表示预测值。

（二）全球数字贸易发展概况

伴随全球数字经济的发展，数字贸易规模与日俱增。基于大数据、区块链、物联网、人工智能等新一代信息技术开展的技术研发、设计、生产、交易等活动日益频繁，极大地推动着数字服务贸易的发展，全球贸易也迎来数字服务化浪潮。

1. 全球数字服务贸易规模持续增长且主导地位凸显

数字贸易推动全球贸易向数字服务化方向发展。根据联合国贸易和发展会议（UNCTAD）报告相关数据，从短期增长来看，在全球经济形势严峻及新冠疫情影响下，2020 年全球数字服务贸易出口规模约为 3.17 万亿美元，同比减少 1.8%，而占服务贸易的比重上升至 63.6%，占全部贸易的比重上升至 13.6%。从长期趋势来看，数字服务贸易在服务贸易中的主导地位越发凸显，全球数字服务贸易出口占服务贸易的比重由 2011 年的 48%增长至 2020 年的 63.6%（见图 7-5）。预计到 2030 年，全部贸易年均增长率将提高 2 个百分点，服务贸易出口占全部贸易的比重将超过 1/4，其中数字服务贸易出口占服务贸易的比重将达到 75%。

图 7－5　2011—2020 年全球数字服务贸易出口规模及其占比变化情况

资料来源：UNCTAD.

2. 发达经济体在数字服务贸易领域具有更突出的优势

在全球数字贸易格局中不同经济体发展差距明显。发达经济体与发展中经济体之间存在严重的数字鸿沟，发达经济体在具备资本、技术密集型特征的数字服务产业培育上更具优势，且发展中经济体很难逾越。据 UNCTAD 统计，2020 年发达经济体数字服务出口规模约为 2.44 万亿美元，占全球数字服务出口的比重达 76.9%（见图 7－6），而发展中经济体数字服务出口规模仅约为 0.73 万亿美元，占全球数字服务出口的比重仅为 23.1%。此外，发达经济体相比于发展中经济体更偏向于数字服务出口。从比较优势来看，发达经济体的优势集中于服务业，且聚焦于具备高收益特征的数字服务出口。据 UNCTAD 统计，2020 年发达经济体、发展中经济体数字服务出口占全球服务出口的比重分别为 68.1%、52.0%。

数字贸易伴随数字平台持续发展呈现加速集中态势。由于数字平台同时具备网络效应和规模效应，全球数字服务出口呈现出集中度上升的态势。据 UNCTAD 统计，2020 年数字服务出口规模排名前四国家（美国、英国、爱尔兰、德国）的数字服务出口占全球数字服务出口的 40.0%（见表 7－6）。其中，全球排名第一的美国数字服务出口额达 5 330.93 亿美元，占全球数字服务出口的比重为 16.8%，得益于数字技术和产业绝对优势，其主导地位越发突显；英国数字服务出口排名第二，规模达 2 867.01 亿美元，得益于伦敦的世界金融体系核心地位及英国发达的金融、保险服务业。从长期趋势来看，2014—2020 年，数字服务出口排名前十国家的市场占有率由 64.4%增至 65.8%，数字服务进口排名前十国家的市场占有率由 49.5%增至 51.8%（见表 7－7）。

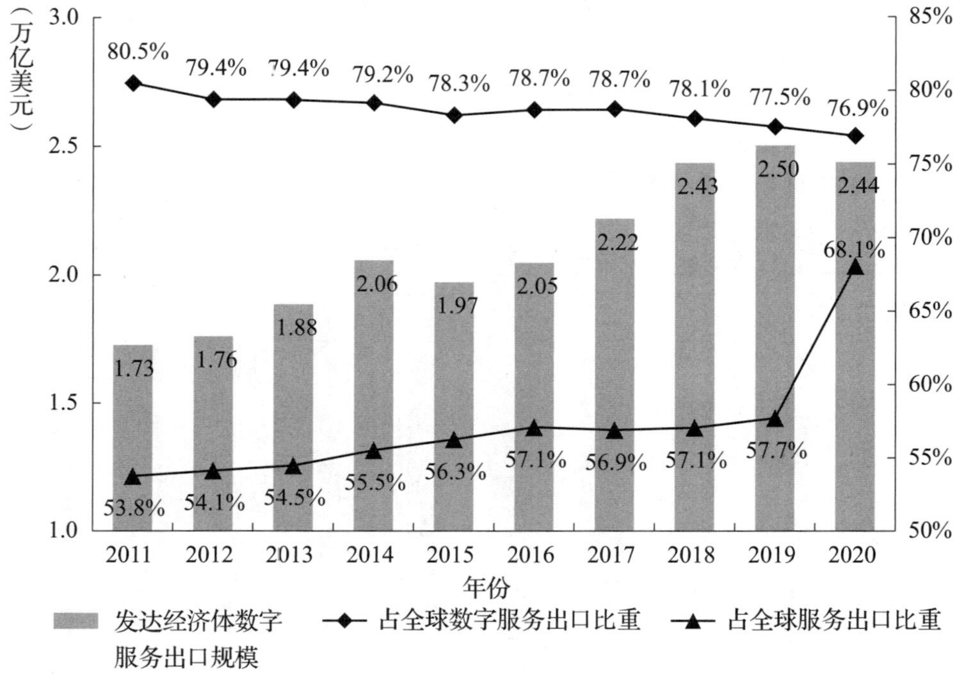

图 7-6　2011—2020 年发达经济体数字服务出口规模及其占比变化情况

资料来源：UNCTAD.

表 7-6　2020 年全球数字服务出口额 Top 10 国家

排名	国家	数字服务出口额（亿美元）	占全球数字服务出口额比重
1	美国	5 330.93	16.8%
2	英国	2 867.01	9.1%
3	爱尔兰	2 441.52	7.7%
4	德国	2 036.57	6.4%
5	印度	1 547.75	4.9%
6	中国	1 543.75	4.9%
7	法国	1 429.42	4.5%
8	荷兰	1 268.09	4.0%
9	新加坡	1 222.74	3.9%
10	日本	1 147.41	3.6%

资料来源：UNCTAD.

表 7-7　2020 年全球数字服务进口额 Top 10 国家

排名	国家	数字服务进口额（亿美元）	占全球数字服务进口额比重
1	美国	3 176.25	9.9%
2	爱尔兰	2 807.44	8.8%
3	德国	1 834.43	5.7%
4	英国	1 463.12	4.6%

续表

排名	国家	数字服务进口额（亿美元）	占全球数字服务进口额比重
5	中国	1 396.10	4.4%
6	法国	1 352.69	4.2%
7	日本	1 332.78	4.2%
8	荷兰	1 240.37	3.9%
9	新加坡	1 069.19	3.3%
10	瑞士	880.98	2.8%

资料来源：UNCTAD.

二、国外主要国家电子商务和数字贸易的发展现状

（一）国外主要国家电子商务发展概况

1. 美国

美国电子商务发展保持快速增长态势。据美国商务部统计，2021 年美国网络零售额为 8 700 亿美元，同比增长 14.2%。尽管增速加快，但美国零售业仍处于数字化颠覆的早期阶段，2021 年网络零售额仅占零售总额的 13.2%，低于 2020 年的 13.6%。[①]

美国电子商务起步早，拥有全球主要的电商平台，其中亚马逊在全球网络零售市场中占有超过 40%的份额。据 eMarketer 估计，2021 年美国市场排名前十的电商零售商分别是亚马逊、沃尔玛、eBay、苹果、百思买、Target、家得宝、Kroger、好市多以及 Wayfair。

2. 英国

英国是欧洲第一大电商市场，其规模在世界范围内仅次于中国和美国。根据《2022 年全球支付报告》，2021 年英国电商销售额占商贸总额的比重为 17%。据 FIS Worldpay 预测，2024 年英国超过 20%的购物将在网上完成，在线消费金额将达 2 640 亿英镑。

英国主要的电商平台包括亚马逊、eBay、Argos、ASOS、Next、乐购、玛莎百货、Currys PC World 等。

3. 日本

作为东亚第二大电商市场，近年来日本 B2C、B2B 总体上均呈增长趋势。日本经济产业省 2021 年调查报告显示，2020 年日本国内 B2C 电商市场规模达 19.28 万亿日元[②]，其中制造品模块交易额为 12.23 万亿日元，同比增长 21.7%；服务业模块交易额为 4.58 万亿日元，同比减少 36.1%；电子及音像业模块交易额为 2.46 万亿日元，同比增长 14.9%。在 2011—2020 年的十年内，B2C 交易额从 8.46 万亿日元增长到 19.28 万亿日元（见图 7－7），年复合增长率约为 8.6%。2020 年日本国内 B2B 电商市场规模达 334.91 万亿日元，电商化率[③]为 33.5%。

---

① 美国商务部零售指数司．2021 年第 4 季度零售电子商务销售报告，2022.

② 日本产业经济省商务情报政策局．令和二年电子商务市场调查报告，2021.

③ 电商化率是指电子商务市场规模占所有商务交易金额（商务交易市场规模）的比例。

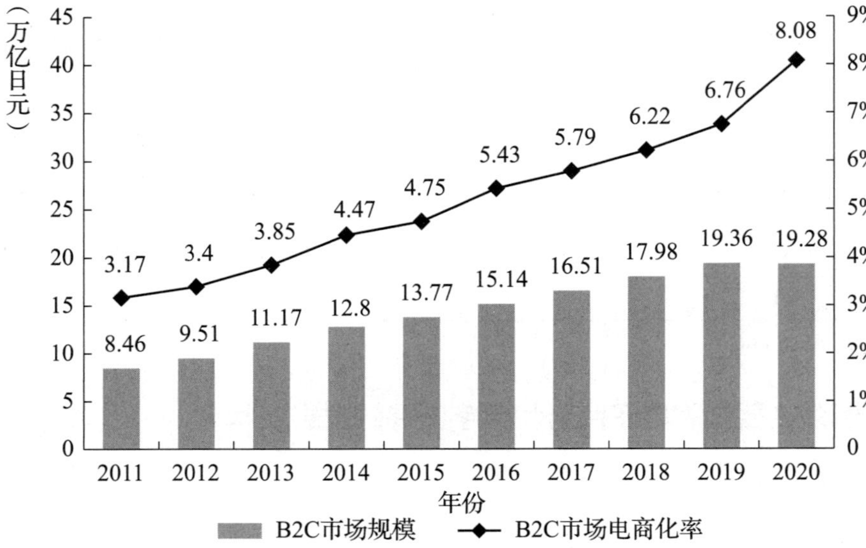

图 7-7 2011—2020 年日本 B2C 交易额及电商化率

资料来源：日本产业经济省商务情报政策局.

日本主要的电商平台包括乐天（Rakuten）、雅虎、亚马逊、PayPay Mall 等。

4. 韩国

韩国是东亚第三大电商市场，仅次于中国和日本。据韩国国家统计局统计，2021 年韩国网络零售额为 187.08 万亿韩元，同比增长 17.3%。2021 年 12 月，韩国网上购物交易额达到 18.41 万亿韩元，同比增长 15.8%；其中移动购物交易额为 13.61 万亿韩元，同比增长 22.9%，高出网上购物交易额增速 7.1 个百分点，移动购物交易额占比增长至 73.9%。①

韩国主要的电商平台包括 Gmarket、乐天（Lotte）、GS SHOP、Interpark、Auction、Coupang、CJmall 等。

（二）国外主要国家数字贸易发展概况

1. 美国

美国是全球数字服务市场中心，具有数字技术和产业的绝对优势，在全球数字贸易市场中占据主导地位。从规模水平来看，2020 年美国数字服务进出口全球排名均为第一，进出口总额达 8 507.18 亿美元，出口总额达 5 330.93 亿美元。从市场份额来看，2020 年美国数字服务出口的国际市场占有率超过 10%，达到 16.8%，主要得益于其数字技术、产业绝对优势及拥有苹果、谷歌、亚马逊、微软等超大型跨国 ICT 企业。从细分数字服务市场来看，美国数字服务业体系发展成熟、增速稳定，主导全球细分数字服务贸易。2019 年，知识产权服务、文娱服务、金融服务出口的国际市场占有率均排名第一，占比分别达到 28.7%、28.4%、26.1%。②

① 韩国国家统计局 . 2021 年 12 月线上购物调查报告，2022.

② 中国信息通信研究院数字贸易发展白皮书（2020 年），2021.

美国云计算服务企业全球领先，Gartner 数据显示，2021 年亚马逊、微软、谷歌三家美国企业 IaaS 市场份额位列全球前五，分别为 38.9%、21.1%、7.1%。①

2. 英国

英国以具有优势的金融、保险服务业在全球数字贸易市场中占据有利地位。从规模水平来看，2020 年英国数字服务出口总额达 2 867.01 亿美元，全球排名第二，进出口总额达 4 330.13 亿美元。从市场份额来看，2020 年英国数字服务出口的国际市场占有率达到 9.1%。从细分数字服务市场来看，2019 年，英国保险服务出口的国际市场占有率排名第一，占比达 18.7%；金融服务出口的国际市场占有率排名第二，占比达 15.4%。

3. 爱尔兰

爱尔兰凭借税收政策优势，吸引众多大型互联网企业的全球或欧洲总部落户。从规模水平来看，2020 年数字服务出口总额达 2 441.52 亿美元，全球排名第三，进出口总额达 5 248.96 亿美元。从市场份额来看，2020 年爱尔兰数字服务出口的国际市场占有率达到 7.7%。从细分数字服务市场来看，2019 年，爱尔兰 ICT 服务出口的国际市场占有率排名第一，占比达 18.3%；保险服务出口的国际市场占有率排名第四，占比达 8.3%。

4. 德国

从规模水平来看，2020 年德国数字服务出口总额达 2 036.8 亿美元，全球排名第四，进出口总额达 3 871.0 亿美元。从市场份额来看，2020 年德国数字服务出口的国际市场占有率达到 6.4%。从细分数字服务市场来看，2019 年，德国保险服务出口的国际市场占有率排名第三，占比达 9.8%。

三、我国电子商务和数字贸易的发展现状

（一）我国电子商务发展概况

1. 电子商务规模和质量加速提升

据中国互联网络信息中心（CNNIC）发布的第 49 次《中国互联网络发展状况统计报告》，截至 2021 年 12 月，我国网民规模达 10.32 亿，较 2020 年 12 月增长 4 296 万；互联网普及率达 73.0%，较 2020 年 12 月提升 2.6 个百分点。在逐年增长的网民数量带动下，我国网购用户规模也在持续增长。2021 年 12 月，我国网络购物用户规模达 8.42 亿，较 2020 年 12 月增长 5 968 万，占网民总数的 81.6%。网购规模的不断增长推动了电子商务规模和网络零售规模的持续增长。2021 年，我国电子商务交易额达到 42.3 万亿元，较 2020 年增长 13.7%。在 2012—2021 年的十年时间内，我国电子商务交易额从 8.11 万亿元增长到 42.3 万亿元（见图 7-8），年复合增长率约为 18.0%。作为数字经济新业态的典型代表，网络零售成为推动消费扩容的重要力量。2021 年我国网络零售额达 13.1 万亿元，同比增长 14.1%（见图 7-9），其中实物商品网上零售额占社会消费品零售总额的比重达 24.5%。② 自 2013 年以来，我国已连续九年占据全球网络零售市场的头名位置。

---

① 2021 年全球云计算市场份额公布：阿里云全球第三亚太第一.（2022-04-16）. https://baijiahao.baidu.com/s?id=1730205594099444723&wfr=spider&for=pc.

② 中国互联网络信息中心．中国互联网络发展状况统计报告，2022-02-25.

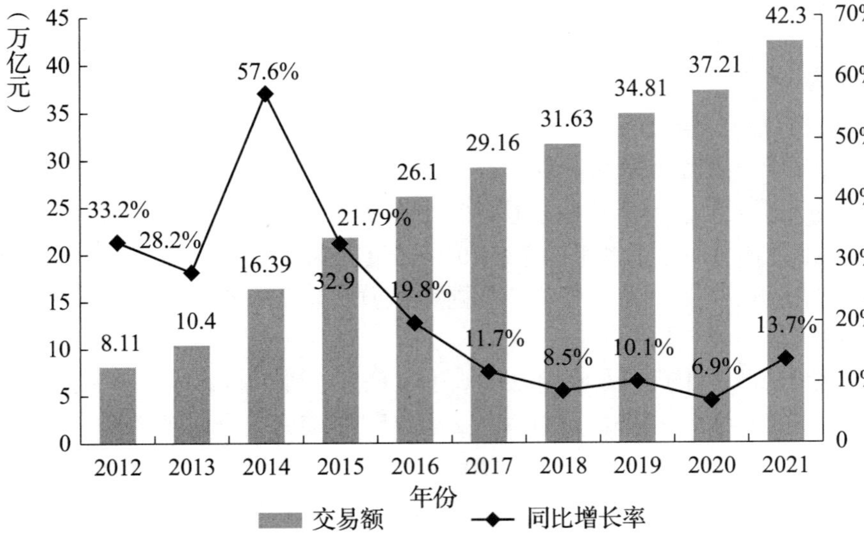

图 7-8　2012—2021 年中国电子商务交易额及其同比增长率

资料来源：国家统计局.

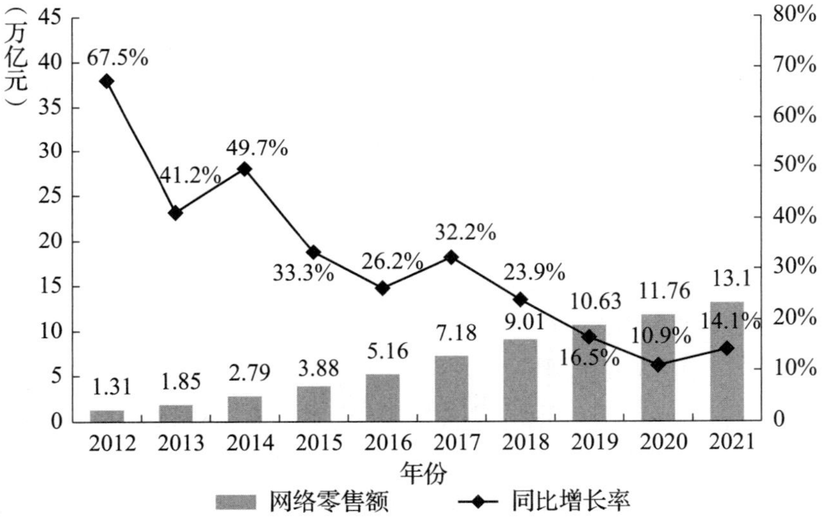

图 7-9　2012—2021 年中国网络零售额及其同比增长率

资料来源：国家统计局.

在电子商务规模快速增长的同时，我国电子商务的发展质量也有进一步提升。近年来，电商行业适应数字经济发展的新要求，在高质量发展方面取得了新的进展，包括贯彻落实《中华人民共和国电子商务法》、电商公共服务做优做强、稳步推进电商示范体系建设和诚信体系建设等。总体来看，在国际经贸严峻形势和国内“双循环”发展格局下，电子商务持续激发消费市场潜能，通过加速规模增长和提升质量助力消费“质”与“量”双升级，有效提升内外贸一体化程度，促进国内国际双循环畅通。

2. 电子商务发展在区域间存在显著差异

我国电子商务在整体规模上取得很大的进展，但区域间的发展依然很不平衡，存在显著差异，主要体现在各省份之间及东、中、西部和东北地区之间的差异。从各省份发展情况来看，根据《中国电子商务报告（2020）》的数据，2020 年网络零售额排名前十的省份分别为广东、浙江、上海、北京、江苏、福建、山东、安徽、河北、河南，这十个省份网络零售额合计占全国网络零售额的比重为 87.46%，而其余省份网络零售额合计仅占 12.54%，反映出电商零售发展存在巨大的区域差异（见图 7-10）。

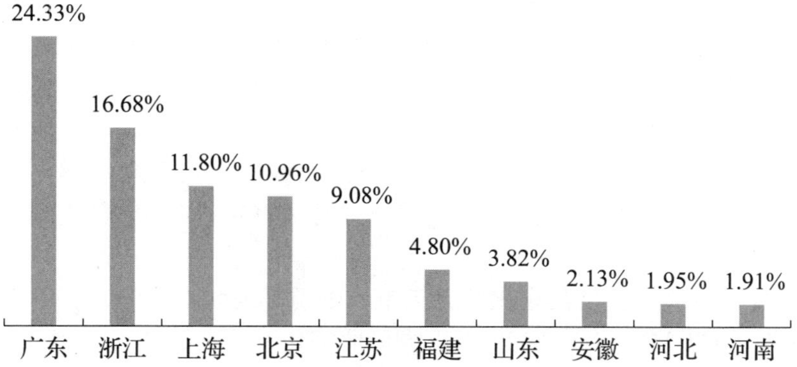

图 7-10　2020 年中国网络零售额 Top 10 省份占比

资料来源：商务大数据.

从地区发展情况来看，全国各地区之间的网络零售规模差异也很显著。根据《中国电子商务报告（2020）》的数据，2020 年东部地区网络零售额占比最高，达 84.54%；中部和西部地区占比次之，分别为 8.37% 和 5.68%；东北地区占比最低，为 1.41%。从增速来看，东、中、西部和东北地区的同比增速分别为 10.7%、6.2%、4.1% 和 7.4%（见图 7-11）。东部地区在规模和增速上均远超其他地区。

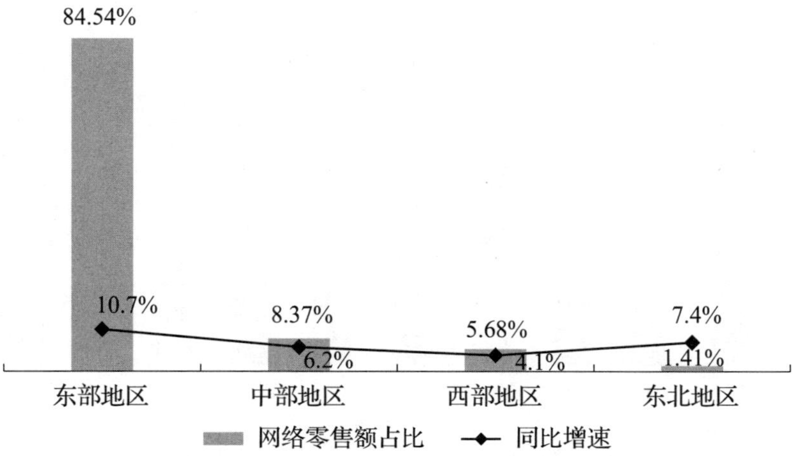

图 7-11　2020 年中国网络零售市场各区域零售额及其同比增速

资料来源：商务大数据.

（二）我国数字贸易发展概况

1. 数字贸易整体规模稳步增长及竞争力明显提升

在数字经济持续渗透、数字化转型蓬勃发展的背景下，我国数字贸易实现快速发展、规模逐渐扩大。据中国信息通信研究院数据，2020 年我国数字经济规模达到 39.2 万亿元，占 GDP 的比重达 38.6%，同比增长 2.4 个百分点，对经济的贡献进一步增大。2020 年服务业数字经济渗透率为 40.7%，同比增长 2.9 个百分点，产业数字经济仍在持续发展。据国家工业信息安全发展研究中心测算，2020 年，我国数字贸易规模达到 1.46 万亿元，同比增长 20.5%，增速高于服务贸易整体增速 15.6 个百分点，数字贸易占整体服务贸易的比重从 2019 年的 22.3%增长至 2020 年的 25.6%，数字贸易对服务贸易的贡献率持续攀升。根据国务院发展研究中心披露的数据，我国数字服务贸易进出口规模整体呈现上升趋势，由 2011 年的 1 648.4 亿美元增长至 2020 年的 2 939.9 亿美元，年均复合增长率达到 6.6%，高于同期服务贸易（4.4%）和货物贸易（2.7%），增速在世界主要国家中位居前列，数字服务贸易占服务贸易的比重由 36.7%提升至 44.4%。据商务部预测，到 2025 年，中国可数字化的服务贸易进出口总额将超过 4 000 亿美元，占服务贸易总额的比重达到 50%左右。

在全球数字贸易发展高度集中化的背景下，中国是为数不多的、居于领先地位的发展中国家。据 UNCTAD 统计，2020 年我国可数字化的服务贸易进口额全球排名第五，可数字化的服务贸易出口额全球排名第六。从长期趋势来看，我国数字服务贸易逆差不断收紧，2011—2020 年，我国数字服务贸易净出口额从 2011 年的逆差 148.2 亿美元扭转至 2020 年的顺差 147.7 亿美元，反映出我国数字服务贸易的国际竞争力持续增强（见图 7－12）。

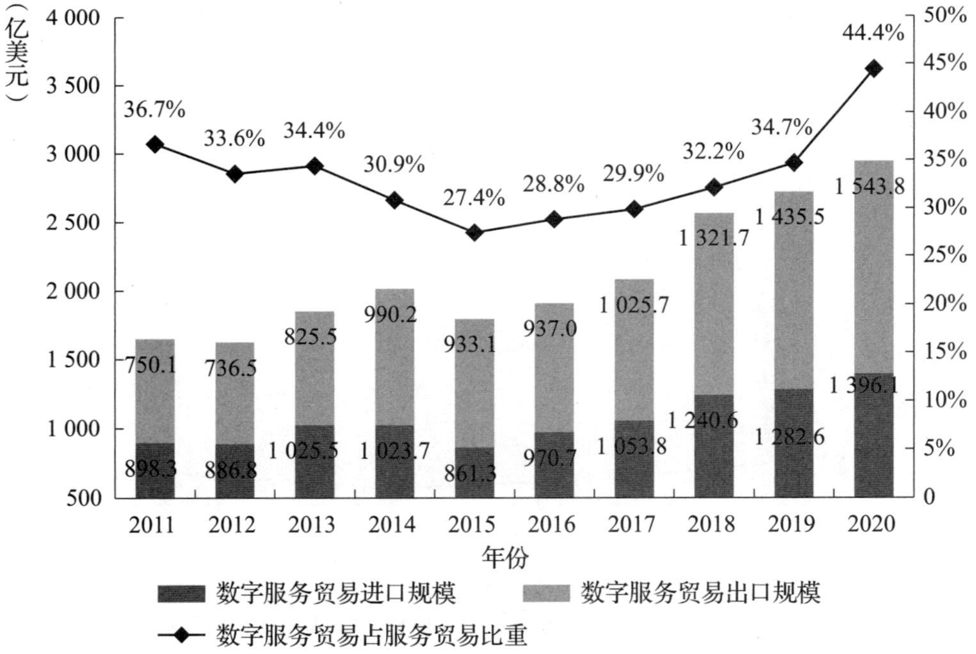

图 7－12　2011—2020 年中国数字服务贸易进出口规模及其占比变化情况

资料来源：UNCTAD.

2. 在数字贸易细分领域中以信息通信服务为主

我国数字贸易各细分领域规模逐年扩大、新模式新业态不断涌现。信息通信类进出口规模约为 6 201.8 亿元，在数字贸易整体规模中占比最高，为 42.6%；商业金融类进出口总额达到 5 344.4 亿元，占数字贸易整体规模的 36.7%；内容娱乐类进出口总额为 239.9 亿元，占数字贸易总规模的 1.6%，但增速在各服务贸易类别中排名前列。[①] 在数字服务出口方面，国务院发展研究中心报告显示，2020 年我国信息通信服务在数字服务出口中的占比最大，为 38%（见图 7-13）。在数据贸易方面，跨国提供云计算服务是典型代表。中国云计算处于高速增长时期，阿里云是中国最具竞争力的云计算企业。近几年来，阿里云在全球建立了数百个云数据中心，覆盖超过 200 个国家，阿里云在全球云计算市场中的份额快速攀升。Gartner 数据显示，2021 年阿里云排名全球第三，市场份额为 9.55%，连续六年实现份额增长。同时，阿里云在亚太市场排名第一，市场份额为 25.53%。[②]

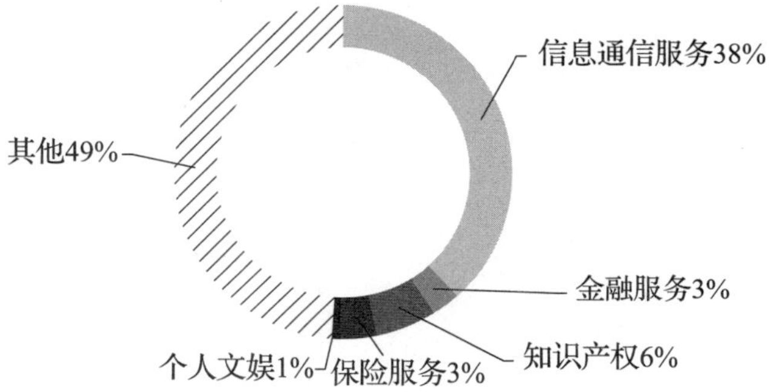

图 7-13　2020 年中国各细分数字服务出口占比

资料来源：国务院发展研究中心.

数字中国

RCEP 助推数字贸易发展

中国、日本、韩国、澳大利亚、新西兰与东盟十国共同签署《区域全面经济伙伴关系协定》(RCEP)，于 2022 年 1 月 1 日对中国正式生效。RCEP 是目前全球最大的自由贸易协定，区域内 90%以上的货物贸易最终将实现零关税。协定包括货物贸易、服务贸易、投资、知识产权、竞争和争端解决等共 20 个章节，其中数字贸易规则集中体现在该协定的“电子商务”章节中，凸显各方共同推进数字贸易发展的共识和决心。

RCEP 包括“电子商务”“海关程序和贸易便利化”“投资”“服务贸易”“中小企业”“经济技术合作”等章节，将有助于促进亚太地区数字贸易的发展，并能够为该区域数字贸易发展提供良好的制度保障。对中国而言，RCEP 有助于推动形成“以货物贸易数字化为核心、以服务贸易数字化为延伸、以数字基础设施互通和安全为保障”的数字贸易发展产业链和生态圈，助推中国特色数字贸易示范区建设。

---

① 2020 年我国数字贸易规模同比增长 20.5%数字贸易成为服务贸易增长新引擎.（2021-08-10）. http://www.xinhuanet.com/tech/20210810/dee37e2a31374ea4b59fb27fb3dd37ed/c.html

② 2021 年全球云计算市场份额公布：阿里云全球第三亚太第一.（2022-04-16）. https://baijiahao.baidu.com/s?id=1730205594099444723&wfr=spider&for=pc.

// 基本概念 //

电子商务（e-commerce）　　数字贸易（digital trade）

数字贸易规则（digital trade rules）

// 讨论题 //

1. 数字贸易有哪些特点?
2. 你认为数字技术会给传统国际贸易带来怎样的冲击?

// 第8章 //

数字金融

学习目标

1. 理解数字货币的定义及理论基础。
2. 了解数字货币的应用与发展，区分央行数字货币与私人数字货币。
3. 了解大数据在金融领域的应用，理解存在的风险以及相应的监管手段。
4. 了解第三方支付的发展及运作模式，理解存在的风险以及相应的监管手段。
5. 了解传统金融服务的数字化转型，理解存在的风险以及相应的监管手段。
6. 了解金融科技发展下的创新融资业务模式，理解存在的风险以及相应的监管手段。

导　言

2021年12月，中国人民银行公布了《金融科技发展规划（2022—2025年）》。该规划提出："金融科技作为技术驱动的金融创新，是深化金融供给侧改革、增强金融服务实体经济能力的重要引擎。数字经济的蓬勃兴起为金融创新发展构筑广阔舞台，数字技术的快速演进为金融数字化演进注入充沛活力，金融科技逐步迈入高质量发展的新阶段。"该规划还提出了"健全金融科技治理体系、充分释放数据要素潜能、打造新型数字基础设施、深化关键核心技术应用、激活数字化经营新动能、加快金融服务智慧再造、加强金融科技审慎监管、夯实可持续化发展基础"八大重点目标。

数字金融的飞速发展为社会带来变革性影响，同时带来了全新的风险与挑战。技术进步必须和与时俱进的金融监管政策相结合，才能应对挑战，更好地向前发展。本章将深入介绍新型数字金融模式及相应的风险分析与监管措施。具体包括五个方面的内容：(1) 数字货币；(2) 第三方支付；(3) 传统金融服务的线上延伸；(4) 大数据金融；(5) 互联网金融平台。

第1节　数字货币

随着信息技术的发展，走在科技发展前沿的各国开始进入所谓的第四次工业革命，信息技术以全新的姿态进入人类的生活，也席卷了金融业乃至整个社会经济，数字经济、金融科技应运而生。经历了以单机应用为主要特征的数字化阶段以及以互联网应用为主要特征的网络化阶段，当前全球数字经济发展正在进入以大数据驱动为主要特征的智能化阶段，人工智能、大数据、云计算、区块链等产业发展日益蓬勃。伴随着主导产业以及经济形态的变迁，货币作为经济运行的基本要素也经历着电子化、虚拟化以及数字化的转型。

一、理论基础

最早出现的类似数字货币的概念是电子货币（electronic money），之后出现了虚拟货币（virtual currency）和数字货币（digital currency）。随着数字技术的发展，以比特币为代表的加密数字货币成为目前数字货币的主流。加密数字货币可以定义为以加密数字形式存在于网络空间的、可以发挥货币职能的交换媒介。各国央行及学术界对数字货币的定义不完全一致，数字货币与虚拟货币、电子货币的内涵经常相混同。例如，欧洲中央银行（2012）区分了不受监管的数字货币（虚拟货币）及受监管的数字货币（电子货币和商业银行存款），后者等同于法定货币。法国金融行动特别工作组（2014）定义的数字货币则代表了虚拟货币（非法定货币）和电子货币（法定货币）的总和，其中虚拟货币为以数据形式表现的交换媒介、记账单位、价值储存单位等，但没有任何货币当局为其提供担保。

主流数字货币可以根据发行的信用背书分为两大类：央行数字货币和私人数字货币。

（一）央行数字货币

央行数字货币（CBDC）也称为法定数字货币，是以国家作为发行主体、以国家主权作为信用背书的国家中心化法定数字货币。根据各国的不同需求设计，央行数字货币大体分为零售型央行数字货币和批发型央行数字货币。

零售型央行数字货币可优化零售端传统法定货币的支付功能，为银行间支付清算创造了一种新的模式。相对于 M0 定位的零售型央行数字货币，批发型央行数字货币更能支持大额交易，在跨境支付中充分发挥其优势。但不同国家的批发型央行数字货币采取不同的标准、技术和系统，因此如何互联互通实现跨境同步交收（PvP）是批发型央行数字货币用于跨境支付的核心问题。

根据国际清算银行发布的报告，为实现 CBDC 的基本原则，潜在的 CBDC 需要具有如下特性，包括功能特性、系统特性及机构特性（见表 8-1）。

表 8-1 CBDC 核心特性

功能特性	
可交换性	为了保持货币的单一性，CBDC 应与现金和私人货币等值交换
便捷性	CBDC 支付应该像使用现金、刷卡或扫码支付一样简单和便利，以鼓励采用
接受和可使用	CBDC 应该在许多与现金相同的交易类型中可用，包括销售点和个人对个人。这包括一些进行离线交易的能力（可能在有限的时间内达到预定的阈值）
低成本	对终端用户来说，CBDC 支付应该成本非常低或没有成本，他们也应该面对最低的技术投资要求

续表

系统特性	
安全性	CBDC 系统的基础设施和参与者都应该对网络攻击和其他威胁具有极强的抵抗力。这还应包括确保有效防止假冒
即时性	系统的终端用户应该可以实现即时或接近即时的最终结算
弹性	CBDC 系统应该对操作故障和中断、自然灾害、电力中断和其他问题具有极强的弹性。如果网络连接不可用，终端用户应该能够进行离线支付
可用性	系统的终端用户应该能够进行支付
生产力	系统应该能够处理极多的事务
可扩展	为了适应未来大容量的潜力，CBDC 系统应该能够扩展
可互换信息	互操作系统需要提供与私营部门数字支付系统之间充分的交互机制，以及允许资金在系统之间轻松流动的安排
灵活和适应性强	CBDC 系统应该是灵活的，并能适应不断变化的条件和政策要求
机构特性	
强大的法律框架	央行应获得明确的授权以支持其发行 CBDC
标准化	CBDC 系统（基础设施和参与实体）需要符合适当的监管标准（例如，提供 CBDC 转移、储存或托管服务的实体应遵循与提供现金或现有数字货币类似服务的实体相同的监管和审慎标准）

资料来源：Bank for International Settlements. Central Bank Digital Currencies：Foundational Principles and Core Features，2020.

（二）私人数字货币

私人数字货币是一种去中心化的、不以国家信用背书的加密货币，是主要依赖密码学原理来控制交易单位创造和确保交易安全的交易媒介。目前，私人数字货币的底层运行机制基本为区块链。比特币是第一款完全去中心化的私人数字货币。

加密数字货币的底层技术是中本聪在 2008 年发表的奠基性论文《比特币：一种点对点的电子现金系统》中首次提出的区块链（blockchain）技术。区块链是一种集成了多种现有技术的新型分布式计算和存储范例，是结合了密码学原理和时间戳技术的分布式分类账，以确保所存储的数据不会被篡改，以及使用自动化脚本代码或智能合约实施上层应用程序逻辑（见图 8－1）。

区块链具有如下特性：

（1）分布式分类账。分布式分类账是指交易信息不需要再记录在第三方处来确保有记录存在，而是平均分布在区块链的所有节点上，即区块链的每个节点上都记录着交易信息。

（2）不可篡改性。当前对区块链上的交易信息进行加密主要使用的是哈希算法。哈希算法最主要的特征就是非常容易加密，而要对其进行逆转几乎是不可能的。更重要的是，如果有人想对区块链上的信息进行更改，任何交易信息的更改都需要同时修改区块

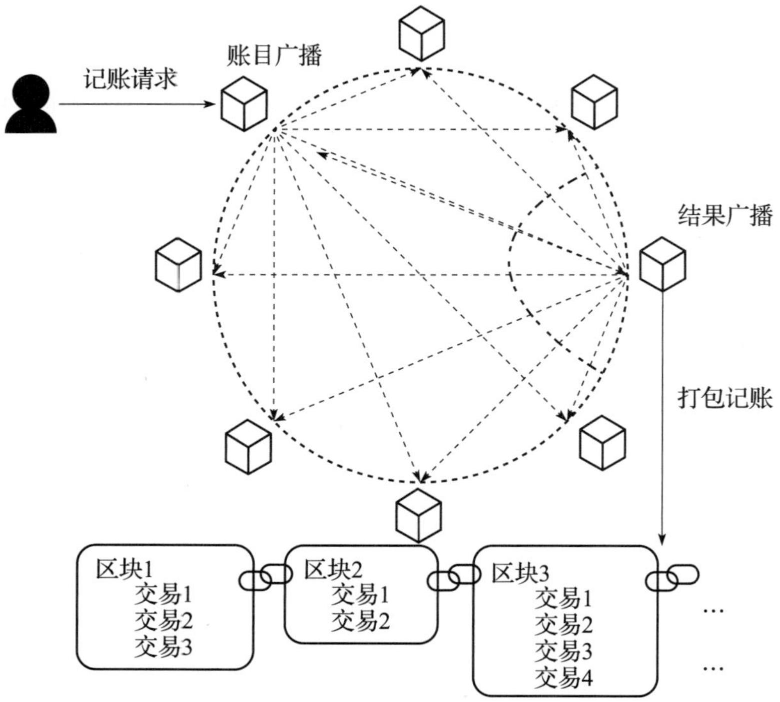

图 8-1　区块链技术原理

资料来源：区块链数字资产研究院．中国银行业区块链应用与探索研究．大数据时代，2020（10）：24-35.

链所有节点上的信息，而且在更改之前，需要超过51%的节点进行身份验证和授权。这就保证了在现有技术下要改变区块链上的信息几乎是不可能的，这也保证了区块链交易信息的真实不变，不需要第三方的管理，为去中心化这一目标实现了技术支持。

（3）可追溯性。区块链是由信息区块通过加密算法记录交易信息。如果区块的交易信息被认证、接受，则加入链条，它可以理解为一本交易信息严格按照时间顺序排列的记录簿。因此，区块链实际上是一个随着时间向前无限延伸的链条，每一个区块都会生成一个不变的时间戳。由于区块链所具有的不可篡改性，每一个区块上的时间戳也将永远不变。这就使得任何可写入区块链的交易信息都可以不变地记录、清晰地追溯。

基于区块链技术的加密私人数字货币具有如下特征：

（1）去中心化。没有中央银行或第三方保证，采用分布式记账方法和密码学算法实现信用建构。

（2）可编程性。区别于现实世界中具有物理属性的资产，数字货币实质上是以计算机编码为表现形式，这使得它在本质上具有可编程性。

（3）以密码学算法实现安全验证。虽然私人数字货币没有第三方的保证，也没有国家信用做担保，但用户对数字货币的控制是基于密码学原理的公钥和私钥的安全架构完成的。公钥表示数字货币存储的地址，私钥则意味着用户对存储在该地址的数字货币享有支配权。拥有公钥和私钥即意味着拥有对该数字货币的实际控制权。

（4）可全世界流通。私人数字货币主要借助网络的联通，只要有一台可联网的电脑，即可实现私人数字货币的挖掘、交易。

（5）币值不稳定。私人数字货币没有第三方的背书，币值会受到炒币者的影响而大幅波动。

二、发展动态

（一）数字人民币

数字人民币是中国人民银行发行的数字形式的法定货币，由指定运营机构参与运营，以广义账户体系为基础，支持银行账户松耦合功能，与实物人民币等价，具有价值特征和法偿性。

数字人民币概念由时任央行行长周小川在十三届全国人大一次会议“金融改革与发展”主题记者会上首次提出。中国人民银行于 2014 年开始数字人民币的研发筹备，数字人民币的研发和试点项目被命名为 DCEP。2019 年，数字人民币在深圳、苏州等地展开试点。截至 2021 年 10 月 22 日，已开立数字人民币（e-CNY）个人钱包 1.4 亿个，企业钱包 1 000 万个，累计交易笔数达到 1.5 亿笔，交易额接近 620 亿元，155 万商户支持数字人民币钱包，涵盖公共事业、餐饮服务、交通出行、购物和政务等各个方面。截至 2022 年上半年，数字人民币试点城市范围已扩大至 23 个城市。

2021 年 11 月，时任央行行长易纲表示，将有针对性地完善数字人民币的设计和使用。一是参考现金和银行账户管理思路，建立适合数字人民币的管理模式；二是继续提升结算效率，完善隐私保护、防伪等功能；三是推动数字人民币与现有电子支付工具间的交互，实现安全与便捷的统一；四是完善数字人民币生态体系建设，提升数字人民币普惠性和可得性。

央行发布的《中国数字人民币的研发进展白皮书》给出了数字人民币的设计主要考虑的特性：

（1）兼具账户和价值特征。数字人民币兼容基于账户（account-based）、基于准账户（quasi-account-based）和基于价值（value-based）三种方式，采用可变面额设计，以加密币串形式实现价值转移。

（2）不计付利息。数字人民币定位于 M0，与同属 M0 范畴的实物人民币一致，不计付利息。

（3）低成本。与实物人民币的管理方式一致，央行不向指定运营机构收取兑换流通服务费，指定运营机构也不向个人客户收取数字人民币的兑出、兑回服务费。

（4）支付即结算。从结算最终性的角度看，数字人民币与银行账户松耦合，基于数字人民币钱包进行资金转移，可实现支付即结算。

（5）匿名性（可控匿名）。数字人民币遵循“小额匿名、大额依法可溯”的原则，高度重视个人信息与隐私保护，充分考虑现有电子支付体系下的业务风险特征及信息处理逻辑，满足公众对小额匿名支付服务的需求。同时，防范数字人民币被用于电信诈骗、网络赌博、洗钱、逃税等违法犯罪行为，确保相关交易遵守反洗钱、反恐怖融资等要求。

（6）安全性。数字人民币综合使用数字证书体系、数字签名、安全加密存储等技术，实现不可重复花费、不可非法复制伪造、交易不可篡改及抗抵赖等特性，并已初步建成多层次安全防护体系，保障数字人民币全生命周期安全和风险可控。

（7）可编程性。数字人民币通过加载不影响货币功能的智能合约实现可编程性，使数字人民币在确保安全与合规的前提下，可根据交易双方商定的条件、规则自动进行支付交易，促进业务模式创新。

数字人民币采用的是双层运营模式。央行负责数字人民币发行、注销、跨机构互联互通和钱包生态管理，同时审慎选择在资本和技术等方面具备一定条件的商业银行作为指定运营机构，牵头提供数字人民币兑换服务。在央行中心化管理的前提下，充分发挥商业银行及其他机构的创新能力，共同提供数字人民币的流通服务。具体来说，指定运营机构在央行的额度管理下，根据客户身份识别强度为其开立不同类别的数字人民币钱包，提供数字人民币兑出、兑回服务。同时，指定运营机构与相关商业机构一起提供数字人民币的流通服务，并负责零售环节管理，实现数字人民币的安全高效运行。

数字人民币与其他货币的比较见表 8-2。

表 8-2 数字人民币与其他货币的比较

	数字人民币	现金	银行存款	第三方支付机构账户余额
载体形式	数字钱包 App	纸币、硬币	银行卡、电子账户	电子账户
债权关系	央行负债	央行负债	银行负债	支付机构负债
准备金制度	100%缴纳准备金	—	法定+超额存款准备金	100%缴纳备付金
无限法偿性	是	是	否	否
货币供应量层次	M0	M0	M1 或 M2	M2
交易方式	在线/离线支付	当面结算	在线转账/读写设备	在线支付
计付利息	无	无	有	有

资料来源：前瞻产业研究院整理。

（二）其他央行数字货币

当前各国纷纷开展对央行数字货币（CBDC）的研究发行与试点使用。国际清算银行披露，已有 86%的被调查国表示正在开展对 CBDC 的研究工作，越来越多的国家从概念化研究进入了试验阶段，其中瑞典、英国、加拿大和中国等国对 CBDC 的研究均位于世界前列，小部分国家已经开展了 CBDC 的试点工作（见表 8-3）。

表 8-3 世界部分国家 CBDC 发展情况

国家	CBDC 发展情况
俄罗斯	俄罗斯央行在 2020 年 10 月中旬提出数字卢布的设想，强调数字卢布将以唯一数字代码形式存储在特殊电子钱包中，完全等同于现金卢布。在 2021 年初步创建数字卢布原型，计划在 2021 年底之前实现数字卢布基础设施，并在 2022 年开始在不同的团体和不同类型的业务上测试数字卢布原型
美国	美联储副主席表示当前美元已经高度数字化，且美联储和银行间的支付服务已经能够提供一系列有效的支付方式，认为 CBDC 对美国来说并非必需品。美联储仍在对 CBDC 进行评估，除了评估收益，还有一些相当困难的政策和运营问题需要彻底评估。虽然美联储尚未就发行数字货币做出决定，但它将积极参与并与其他央行和国际清算银行合作研究前景

续表

国家	CBDC 发展情况
英国	英国央行于 2021 年 4 月宣布，将联合英国财政部成立中央银行数字货币特别工作小组，以共同协调对数字英镑的探索，加速数字英镑计划，并表示数字英镑将与现金和银行存款并存
法国	法国央行发布公告称，已与法国巴黎银行、欧洲清算银行等多家银行进行了央行数字货币的第五次试验。2021 年 10 月，随着法国央行使用央行数字货币购买债券，法国央行宣布为期 10 个月的 CBDC 试点实验计划完成。该计划成功测试了大多数中央证券存管机构和中央银行流程
日本	日本央行于 2021 年 4 月启动了 CBDC 实验的第一阶段，并希望在 2022 年进入第二阶段，日本央行的数字货币实验除了验证数字货币的发行和流通等基本功能外，还将验证数字货币应具有的更高级功能，如设置货币持有量上限等
韩国	韩国于 2021 年 7 月启动 CBDC 试点项目，该项目围绕着探索央行数字货币的优势展开，如通过高端技术享受便捷的转账服务。同时，韩国两家科技巨头三星和 Kakao 合作开发和监控支付系统，检查各国之间的转账和汇款，并研究 CBDC 的分配，以助力其在虚拟生态系统中运作
新加坡	2021 年 9 月，国际清算银行与新加坡、澳大利亚、马来西亚和南非一起测试央行数字货币，利用各国央行数字货币进行跨境支付试点，以评估其可应用性。该项目的代号为“邓巴”，旨在开发一个共同平台的原型，使各国央行发行的数字货币能够进行国际结算
瑞典	瑞典于 2020 年底开始对电子克朗进行评估，电子克朗是在 R3 的 Corda 区块链上发行的，Corda 区块链是一种流行的分布式账本，供私人使用。瑞典政府正在考虑将货币体系转型为数字货币

（三）比特币与 Libra

私人数字货币的种类众多，根据发行机制的不同可分为以比特币为代表的去中心化私人数字货币和以 Libra 为代表的中心化私人数字货币。姚前、陈华在《数字货币经济分析》中如此描述比特币：“比特币是一个分布式的 P2P 网络系统，没有中心服务器，不存在中央控制点和服务，网络中所有节点彼此对等，节点之间相互连通，节点遵守共同的协议规则，协同处理交易，每个节点在对外提供服务的同时也使用网络中的其他节点所提供的服务。”

用户除了可以买到比特币，还可以使用计算机依照算法进行大量的运算来“开采”比特币。在“开采”比特币时，需要用电脑搜寻 64 位的数字，通过反复解密与其他淘金者竞争，为比特币网络提供所需的数字；如果用户能成功创造出一组数字，就会获得 25 枚比特币。该货币系统的总数量将被永远限制在 2 100 万枚。

随着社会进步与技术发展，各国对数字货币的接受度逐渐提高，德国、日本、澳大利亚等国先后立法承认比特币的货币地位，欧盟也认定比特币应受到与传统货币相同的对待。

Libra 是脸书推出的虚拟加密货币（2020 年 12 月 1 日，脸书官网将 Libra 更名为 Diem）。Libra 是一篮子经济体银行信用货币的映射，其本质仍是以法定货币为支撑的数字代币。

除了 Libra 协会向创始人初始支付的 Libra 作为奖励，在新创造的 Libra 背后，需要用一揽子法定货币按 1∶1 兑换。这其实是一种 100%准备金率的数字货币模式，也是 Libra 目前正在采用的发行模式。

Libra 的核心优势体现在跨境支付领域，它希望能解决全世界尤其是发展中国家的人们汇款的便利性问题。由于初版的 Libra 挑战了各国法币的地位，在抗议与抵制声中，Libra 项目白皮书 2.0 发布了。白皮书 2.0 不再提“无国界的货币”，而是用“全球支付系统”的提法，定位为结算币，避免挑战货币主权等。

央行数字货币、比特币和 Libra 的比较见表 8－4。

表 8－4　央行数字货币、比特币与 Libra 的比较

	央行数字货币	比特币	Libra
发行机制	中心化	去中心化	中心化
信用背书	政府信用	无	100%挂钩储备资产（货币和国债）
发行数量	无限	上限为 2 100 万枚	无限
流通范围	各国境内	全球	全球（前期以脸书用户为主）

（四）其他私人数字货币

据不完全统计，在交易所中可交易的私人数字货币约 12 070 种。中国不承认私人数字货币的合法性。事实上，数字货币的交易方式很多，如在数字货币交易所内进行的场内交易；交易平台上的场外交易；不同种类私人数字货币之间进行的币币交易；法定货币（如美元、欧元等）与数字货币按约定比例进行兑换的法币交易等。以下介绍部分较有代表性的私人数字货币。

1. 以太币

在介绍以太币之前需要先对发行以太币的区块链平台以太坊进行介绍。以太坊是一种开源的加载智能合约的民众区块链平台，是一个更为一般化的区块链平台。这一概念在 2013—2014 年间由维塔利克·布特林提出，大意为“下一代加密货币去中心化应用平台”。以太坊的出现是为了解决比特币扩展性不足的问题。

以太币是以太坊的一种数字代币，以太坊主要是通过以太币提供去中心化的以太虚拟机来处理点对点合约。目前以太币是市值第二高的加密货币，仅次于比特币。

2. 狗狗币

狗狗币与其他数字货币不同，它的出现完全属于偶然。它的创始人杰克逊·帕尔默和比利·马库斯通过推文达成合作意向。帕尔默购买了狗狗币的域名，马库斯作为程序员重新排列了比特币的源代码，并加入了 Doge Meme 的元素。此后，帕尔默负责设计和运营，马库斯负责编写代码。

马库斯认为比特币炒作行为太强，他希望他们所创造的狗狗币是一种更能满足人们日常需求的电子货币，而不像比特币那样为投机者服务。目前，狗狗币是国际上用户数仅次于比特币的第二大虚拟货币。

3. 柴犬币

柴犬币的发行目的是成为“狗狗币杀手”，凸显其巨大的供应量，表示用户可以持有数十亿甚至数万亿的代币。柴犬币诞生于 2020 年 8 月，发行量为 1 000 万亿枚。但柴犬币似乎除了大肆炒作和疯涨的购买量外毫无用处，也没有基本的产品。

柴犬币是基于以太坊 ER-20 智能合约，并利用权益证明（PoS）机制，而不是基于工作量证明（PoW）机制，也就意味着，柴犬币与狗狗币是不同的，柴犬币不可被开发，1 000 万亿枚为其供应量上限。

4. 鱿鱼币

鱿鱼币是 2021 年 10 月开始预售的与火爆全球的网剧《鱿鱼游戏》同名的游戏平台的独家代币。2021 年 10 月，鱿鱼币开始预售，并在“1 秒内售罄”。鱿鱼币在一周内币价达到 2 861.8 美元，最高涨跌幅达 2 300 倍。在美东时间 2021 年 11 月 1 日，鱿鱼币在 5 分钟内从 2 861.8 美元跌到了 0.000 7 美元。粗略计算，其创造者卷走了至少 340 万美元。

三、风险与监管

（一）存在的风险

1. 安全性风险

数字货币起源于密码学，目前在安全性上有一定的保障，但随着密码学的发展、技术的进步，其也存在被破解的可能性，且数字货币是在互联网上匿名交易，参与者几乎不受监管。数字货币交易平台由于不受监管，处于自由发展的状态，不免存在虚假宣传、不合规经营、内部交易、蓄意操纵价格等违法行为，投资者的资金安全面临着巨大的挑战。

2. 系统性风险

在数字货币发展过程中未被重视的内部或外部不利因素经过长时间积累，在某段时间共振，可能对金融系统造成重大的影响。随着数字货币的蓬勃发展，交易种类不断衍生、交易平台越来越多、交易数额越来越大，甚至很多金融机构、上市公司和国家财政部门开始持有数字货币。大规模的资本跨境流动是引发系统性风险的因素之一。数字货币为资本的跨境流动提供了新的通道，资本可以通过数字货币在全球内自由流动，提升了引发系统性风险的概率。

3. 流动性风险

流动性风险是指数字货币的供给量限制和交易量变动引发价格剧烈波动，使得市场未能有效运行。一方面，数字货币虽然在高速发展，但其换手率仍远低于同一时期的股票，说明数字货币的流动性严重不足；另一方面，数字货币体系是不具备法定货币机制特征的，而比特币等数字货币总量几乎不变，近乎刚性供给，极易造成流动性紧缩。数字货币价格的暴涨暴跌背后是流动性紧缩的巨大风险。流动性风险会引发挤兑。

4. 法律风险

数字货币存在法律风险，即数字货币容易成为不法分子进行洗钱、逃税、赌博、非法融资等犯罪活动的手段和工具。数字货币的去中心化、匿名性且无固定交易场所等特征，使监管机构无法在交易时对数字货币进行监管，而数字货币的交易也不受地域限制，交易的保密程度极高，这些都是数字货币的优势，但也变相为不法分子提供了便利。

（二）监管建议

1. 统一监管标准

由于各国的监管标准和监管侧重点不同，容易形成各自为政的监管模式，造成监管真空，数字货币的跨国流动使得数字货币“趋利避害”的现象层出不穷，加剧了风险。对数字货币重复征税的国际监管问题也是需要各国相互协调解决的问题之一。为了避免监管真空、监管冲突或监管重复使得监管成本过高，通过国家间的合作对话，统一数字货币的监管标准，提升数字货币监管的透明度和效率，是现在监管标准制定的主要内容。

2. 完善监管法规

数字货币的高速发展给全球带来的影响是难以预估的。根据目前的发展趋势，未来或许会形成数字货币区或数字货币跨境支付网络，这会弱化政府对支付网络和私人财产跨境流动的监管能力。国家的法律法规和监管政策往往滞后于技术发展。因此，各国需要完善数字货币的相关监管法规，形成全球性的数字货币监管规则来应对风险。

3. 优化监管方式

传统货币的监管主要以央行为核心，建立在中心化、中介化的基础上，以国家信用背书。数字货币则以去中心化为核心要义，借助区块链技术，改变了中心化的信用创造方式，以技术背书。因此，传统货币的审慎监管、功能监管、行为监管和流动性监管等监管方式不再适应数字货币的长远发展。面对数字货币的强劲发展，优化监管方式，把握金融监管、金融创新和金融风险之间的关系，提升监管技术，选择有针对性的监管措施，避免监管抑制数字货币的发展，是当前对数字货币监管的必然要求。

（三）当前各国监管态度

世界部分国家对数字货币的监管态度见表 8 - 5。

表 8 - 5　世界部分国家对数字货币的监管态度

美国	牌照化管理，从事数字货币交易需要执照经营
日本	2017 年 9 月，日本金融厅（FSA）正式颁发数字货币交易所运营许可，建立了数字货币交易商监管条例。允许大数字货币交易商、区块链技术商、ICO 机构申请牌照，允许合法地经营数字货币、ICO 发行业务等
韩国	《关于特定金融交易信息的报告与利用等法律》实施后，在韩国经营的交易所必须取得经营许可牌照，合规化运营
新加坡	新加坡金融管理局对交易所发出禁止未授权的证券交易和代币发行。必须申请 MAS 牌照才能经营
加拿大	加拿大是全球对数字货币交易的立法最透明的国家之一。加拿大金融监管机构 2018 年上线 MSB 牌照，持有此牌照可以在加拿大境内合规开展数字货币、衍生品的交易，且牌照费用低
俄罗斯	俄罗斯央行与联邦安全局达成协议，禁止在俄罗斯境内使用加密数字货币作为支付手段
澳大利亚	对数字货币态度友好，数字货币交易所须注册，申请 AUSTRAC 牌照，并执行政府的反洗钱、反恐怖融资政策

第 2 节 第三方支付

一、发展动态

第三方支付自出现至今仅有 20 多年的历史，但已经给我们的日常生活带来了革命性的影响。第三方支付源于美国的独立销售组织（ISO）制度，是指收单机构和交易处理商委托 ISO 做中小商户的发展、服务和管理工作的一种机制。20 世纪 70 年代至 80 年代，随着美国电子信息技术的兴起以及金融业务创新的发展，提供循环信用功能的信用卡在美国诞生，维萨卡、万事达卡等信用卡组织迅速占领了美国市场，其中维萨卡和万事达卡成为最大的两个信用卡品牌。企业开展电子商务势必需要接受信用卡支付，因而需要建立自己的商业账户。收单机构的商户拓展、评估、风险管理、终端租赁、终端维护、客户服务等往往需要借助 ISO 完成，ISO 扮演着商户与收单机构之间的中介角色。

到 20 世纪 90 年代末，美国的互联网技术、电子商务发展异常迅猛，完善的信用卡保障机制、金融支付系统和发达的物流体系极大地促进了 B2B、B2C 网上交易模式的发展。然而，并非所有的网上商户都能顺利申请到自己的商业账户，一种新型支付方式——第三方网上支付系统应运而生。

随着网上支付市场的扩大，第三方网上支付服务机构逐渐增多，各国政府对第三方支付有了各种界定以及规范。美国 1999 年的《金融服务现代化法案》将第三方支付机构界定为非银行金融机构，将第三方支付视为货币转移业务，本质上是传统货币服务的延伸。

欧盟 1998 年的《电子货币指令》规定第三方支付的媒介只能是商业银行货币或电子货币，将类似 PayPal 的第三方支付机构视为电子货币发行机构。日本从 2010 年 4 月 1 日起开始实施的《资金决算法》严格规定，第三方支付不得挪用沉淀资金。国内学者早年将第三方支付定义为具有担保功能的支付网关，或一种提供结算信用担保的中介服务。中国人民银行在 2010 年发布的《非金融机构支付服务管理办法》中第二条提到："本办法所称非金融机构支付服务，是指非金融机构在收付款人之间作为中介机构提供下列部分或全部货币资金转移服务：（一）网络支付；（二）预付卡的发行与受理；（三）银行卡收单；（四）中国人民银行确定的其他支付服务。"中国人民银行这个定义的意义在于：第三方支付实际业务不仅限于 B2B、B2C，所有通过第三方提供电子交易支付服务的都可以作为第三方支付的产业发展方向。

我国第三方支付的发展可以分为三个阶段：

（一）早期发展阶段

早期发展阶段是从 1998 年到 2002 年。互联网作为新生事物实现了快速发展，各种创新层出不穷，网商银行也随之发展起来。为了更好地解决金融系统与互联网的接口问题，第三方支付机构应运而生。1998 年首信易支付的成立标志着中国第三方支付正式出现，这是国内首家实现跨银行、跨地域提供银行卡交易的网络服务平台，严格来说并不是支付平台。这个阶段的模式主要还是支付网关模式，缺乏核心竞争力，盈利微薄，资金也存在一定程度上的安全问题。

（二）逐步成长阶段

逐步成长阶段是从 2003 年到 2012 年。在这一阶段，电子商务逐渐兴起，带动了第三方支付的快速崛起。阿里巴巴在 2003 年 5 月创立淘宝，随后在 10 月推出第三方支付工具“支付宝”，支付宝作为担保交易的第三方平台提高了消费者对网购的信心，迅速获得巨大的用户数量。此时的支付宝更像一个中介角色，第三方支付机构在这一阶段逐渐转变运作模式，增加运营功能，以此实现更长远的发展。2005 年，支付宝向互联网电商开放担保交易与支付接口，开始独立运营，其他传统第三方支付机构也开始提供信用中介与支付中介服务，逐渐成为替商户和客户提供担保的平台。支付宝于 2011 年获得国内第一张《支付业务许可证》，此后国内一些符合要求的机构渐渐增多，颁发的牌照也逐渐增多。到 2012 年底，中国第三方支付机构的互联网支付交易规模达到 68 900 亿元，其中移动支付交易规模达到 1 812 亿元，第三方支付基本完成成长期的蜕变。

（三）爆发式增长阶段

2013 年至今，第三方支付真正迎来了爆发，步入高速发展阶段。由于移动互联网的普及，第三方移动支付凭借简单、便捷、可用性高、安全等特点，迅速在线上和线下支付普及、渗透，并逐步占领线上和线下支付市场。由于应用场景不断增加，第三方支付已经渗透到我们生活的方方面面，也在逐步改变我们的支付方式，受到广大消费者和商家的认可。2013—2020 年第三方支付规模呈现爆发式增长，2020 年的交易金额达 271 万亿元（见图 8－2）。在第三方支付高速发展的同时，也暴露出许多风险，在这一阶段监管部门出台了各种规定以规范第三方支付的发展。

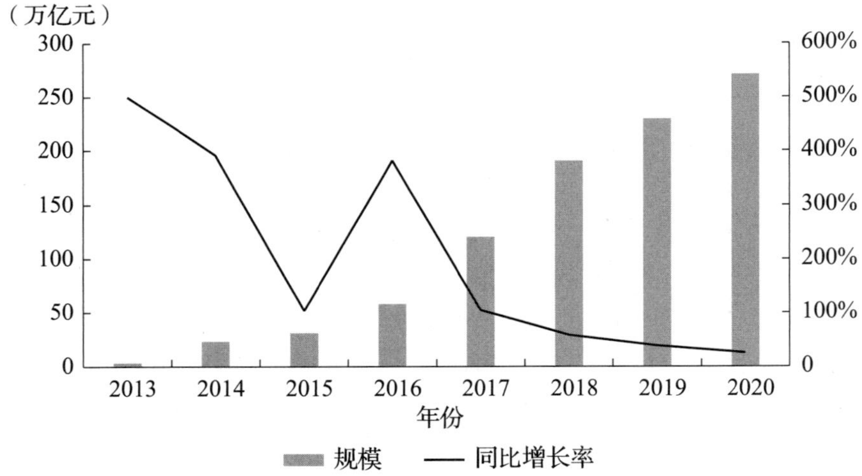

图 8－2　2013—2020 年中国第三方支付交易规模及其增长率

二、典型业务模式

1. 支付网关模式

在此模式下，第三方支付机构为商户提供支付服务和解决方案，支付平台的前端与商户、消费者相连，后端与银行相连，平台负责与各银行之间的账务清算。通过平台的整合，商户可以直接与多个银行进行业务往来和支付结算。对于银行而言，这可以节省网关的开发成本，进一步提高资金使用效率。但是，随着互联网进一步普及和技术进一步发展，支付网关模式越来越无法满足大众的需求。一方面，这种模式提供的服务比较基础，行业竞争激烈，导致盈利空间不大；另一方面，随着电子商务的蓬勃发展，交易过程中的信用问题和安全问题愈发凸显，对第三方支付机构的发展提出了新的更高的要求。因此，随着网上银行功能的发展以及超级银行的出现，支付网关模式逐渐被代替。

2. 信用增强型支付模式

信用增强型支付模式是指第三方支付机构捆绑电子商务网站，并同各大银行建立合作关系，凭借自身实力和信誉充当交易双方的支付和信用中介，在商家与消费者间搭建起安全、便捷、低成本的资金划拨通道。当某消费者在一商户的网站上看中一款产品，他可以通过注册账号登录第三方支付机构发送自己的付款请求，第三方支付机构则会将消费者的请求通过加密发送给有关银行，银行根据该消费者的存款情况向商家进行支付，但是这笔款项并不会立刻进入商家账户，整个交易过程完成后才会拨款，这样就保证了消费者的资金安全。但是，这样的模式意味着会有大量的资金滞留在第三方支付机构，这种大量滞留的资金会增加企业的资金风险，同时面临一定的政策风险。

3. 移动支付模式

移动支付是第三方支付的衍生品，它不仅可以实现线下移动支付，还可以实现线上移动支付。智能手机的出现和普及使得移动支付应运而生，也进一步推动第三方支付产业的发展。现在我国的第三方支付迎来了重大变革，将在技术底层基建的基础上与信贷、基金、保险等金融业务更深地融合，逐步完善现存机制，提高整个产业链的运行效率。

现阶段在我国发展最迅猛的是移动支付模式。虽然移动支付模式出现得最晚，但是它集合了众多功能与优点，也有相应的技术支撑，使得我们在日常生活中进行支付变得更加方便。

三、第三方支付机构的拓展

以支付宝、微信支付为代表的第三方支付机构利用自身拥有的市场份额和大数据等方面优势，对产业链进行垂直整合，将业务延伸拓展至传统银行提供的金融服务领域。

案例 8-1　微众银行

四、风险与监管

（一）风险

1. 政策法规风险

第三方支付产业属于我国的新兴领域，其发展的背后存在着巨大的风险，特别是政策、法规存在严重的滞后性。对第三方支付没有专门的法律进行监督和管理，虽然第三方支付机构被视为中介机构，但实际上第三方支付机构涉及的范围十分广泛。具体而言，政策法规风险包括法律责任风险和主体资格风险。

就目前第三方支付的运营实际来看，第三方支付机构为用户提供类似于商业银行支付结算的中介服务，但是第三方支付机构不像商业银行那样受到专门的监管和法律约束。第三方支付机构虽然属于非金融机构，但从本质上仍具备金融特点，若监管不力，会使整个金融系统陷入危机，造成资金风险，而法律责任的模糊导致互联网支付交易的违法问题只能根据合同或侵权法来参照处理，消费者的合法权益不能得到保障，第三方支付的发展会受到阻滞。当通过第三方支付机构进行交易的双方产生纠纷时，需要相应的法律或司法解释甚至政策指导解决纠纷，例如使用第三方支付机构提供的服务时，消费者的信息遭到泄露、资金被盗取等，在出现违约风险、套现风险、洗钱风险时，消费者的合法权益需要法律的保护，这些情况中的各方法律责任需要进一步澄清。

2. 金融风险

伴随着网络消费的浪潮，第三方支付机构迅猛发展，线下使用第三方支付的场景也逐渐增多，在第三方支付系统内会产生大量的沉淀资金。第三方支付机构以营利为目的，在账户中数额庞大的沉淀资金产生的利息收益十分可观，资本的逐利性使得不可能完全杜绝第三方支付机构利用沉淀资金进行高风险投资，当第三方支付机构将数量庞大的沉淀资金用于高风险投资，且在造成损失的情况下受损资金将难以得到及时有效的补偿，消费者的利益会受到巨大的损害。

3. 信用风险

第三方支付的交易过程涉及多个主体，例如买方、卖方、银行等，其中存在的信用风险主要有买方违约、卖方违约和第三方支付机构违约风险。从第三方支付机构来看，作为双方交易的信用担保中间机构，第三方支付机构降低了交易双方的风险，但增加了自身的风险，因为第三方支付机构有可能无法履行约定，从而产生第三方支付机构违约的信用风险。此外，与美国和欧盟等发达经济体相比，我国的社会征信体系建设还不完善，发展方向和应用场景也还不完善，商家和个人都可能出现违约行为，欺诈的成本较低。同时，第三方支付机构虽然掌握交易双方的信息，但是否披露、何时披露、在什么条件下披露都存在一定的疑问，一旦出现问题，第三方支付机构就有可能要承担对双方或一方的违约责任。信息披露的不正确所导致的个人信息泄露风险会对双方的利益造成损害。

（二）当前各国监管态度

在美国，目前网络第三方支付业务被视为一种货币转移业务，第三方支付机构被视为支付中介人与客户的代理人，按照客户指示对其资金进行转移，尽管它采用了先进的交易方式，但本质上仍是传统货币服务的延伸。因此，美国没有把第三方支付机构当作一种新型机构进行专项的立法监管，而只是从货币服务业务的角度，在联邦和州两个层面对第三方支付机构进行监管。被当作“货币服务机构”的第三方支付机构的运营牌照，需要由监管机构统一发放，同时明确其投资范围限制、初始资本金、自有流动资金、反洗钱义务、记录和报告制度等内容。

欧盟通过对支付媒介的规定实现对第三方支付机构的监管。任何公司获得银行牌照或电子货币公司牌照后，通过商业银行货币或电子货币开展支付业务。欧盟具体制定颁布了《电子货币指令》《电子签名统一框架指令》《电子货币机构指令》，规定只有传统信用机构和受监管的新型电子货币机构同时满足在央行存有大量资金和取得相关金融部门颁发的营业执照才能发行电子货币。

近年来，第三方支付产业发展迅速，但不成熟的网上支付系统以及买卖双方的信用问题依旧是制约其发展的重要原因。亚洲国家对第三方支付机构的监管起步普遍较晚。1988 年新加坡率先颁布了《电子签名法》，对第三方支付做出监管规定。亚洲其他国家对第三方支付的监管立法尚处于探索阶段。

我国央行密切关注第三方支付的合规问题，近年来对多家第三方支付机构开出多笔罚单。2016 年，中国人民银行发布《关于加强支付结算管理 防范电信网络新型违法犯罪有关事项的通知》。2019 年，再次下发《关于进一步加强支付结算管理 防范电信网络新型违法犯罪有关事项的通知》，针对当前电信网络新型违法犯罪中支付环节存在制度缺失、有章不循、监管不力、消费者宣传教育不到位等问题，进一步加强对第三方支付机构的监管。早在 2010 年，中国人民银行出台《非金融机构支付服务管理办法》，明确规定支付机构依法接受央行的监督管理；未经央行批准，任何非金融机构和个人不得从事或变相从事支付业务。

第 3 节　传统金融服务的线上延伸

进入 21 世纪以来，随着互联网技术的日新月异，以互联网为主导的现代信息技术与经济的关系日益密切，作为现代经济的核心——金融亦是受到了前所未有的影响和冲击。随着金融科技的快速发展以及互联网机构不断加强场景布局与生态拓展，传统金融机构出于自我变革、提质增效的内在需要和迎接挑战、增强市场竞争力的现实诉求，也在持续加快数字化转型步伐，将自身服务向线上延伸。以银行、证券、保险、财富管理为主的传统金融服务借助互联网进行数字化转型，主要从创新数字化产品、推动数字化渠道升级、建设数字化场景生态、优化业务流程、提升大数据分析能力等方面展开，实现了线下服务向线上服务的转变，从空间和时间上扩大了传统金融服务的功能。传统金融机构的支付方式移动化、高效化，业务模式平台化，业务格局从单一化转为综合化。

一、发展动态

（一）银行业务

1995 年 10 月，世界上第一家网上银行——安全第一网络银行，开启了它的“虚拟之门”。随着浏览器、加密算法、安全电子交易协议和安全套接层等技术的突破，花旗、汇丰、富国等国际领先银行开始推出电子银行服务。在很短的时间里，网络银行发展迅速，不断代替银行的其他传统渠道，传统银行面临巨大的挑战。

国内银行的互联网化起步于 20 世纪 90 年代中后期。银行互联网化早期阶段的应用是将电子计算机应用于银行内部结算。1996 年，招商银行率先在国内推出网上银行“一网通”的概念，先后开通了个人网上银行、企业网上银行业务，之后各大银行纷纷加入。

从营业方式来看，创新线上银行业务流程。近年来，社会经济稳步发展，人们手中的闲置资金量持续上升，投资理财需求不断增多，而传统银行过往采用的人工服务模式很难满足大众的投资服务需求。基于此，商业银行通过完善自身的网上银行服务体系，依靠先进的信息科技，开发信息化、智能化的银行服务系统，取代部分人工服务。

从业务范围来看，商业银行加强与其他金融机构、移动平台、电商平台的合作，在传统业务的基础上，积极拓展业务种类，扩大业务范围，丰富业务经营模式。同时，顺应互联网发展形势，积极利用先进的网络信息技术、大数据技术等，对自身的传统业务进行全方位优化，促进自身全面系统发展。

与早期的终端延伸相比，近年来银行的互联网化主要体现在网络融资实践日益丰富上。通过网络渠道，银行可以更便捷地向个人用户和中小企业放贷，2010 年招商银行推出了“空中贷款”，此业务是国内首创的个人贷款在线全流程服务，集“主动外呼”和“在线受理”于一体的远程接单平台，可实现“足不出户，就能贷款”的全新客户体验。2012 年中国建设银行率先推出以专业化金融服务为依托的电子商务金融服务平台——善融商务，此业务集资金流、信息流和物流于一体，为客户提供信息发布、在线交易、支付结算、分期付款、融资贷款、资金托管、房地产交易等全方位的专业服务。2014 年中国首家互联网民营银行——深圳前海微众银行的成立标志着我国在网络银行的探索中迈出了重要的一步。该银行主要通过人脸识别技术和大数据信用评级发放贷款。

据统计，我国网上银行交易量已从 2016 年的 849.9 亿笔上升至 2020 年的 1 550.3 亿笔；2020 年网上银行交易总额达到 1 818.19 万亿元，同比增长 9.68%；网上银行用户数从 2007 年的不足 5 000 万人，持续稳步增长，至 2018 年规模已达 4.2 亿人。①

（二）证券业务

在信息技术的冲击下，证券业也加快了业务转型步伐。国内互联网证券交易起源于 1997 年，最早是由国内的信息技术服务提供商和中小券商推动的，主要模式有信息技术提供商提供互联网交易软件，客户可直接从网上下载，也可在证券公司营业部的服务器上进行证券交易。

经过第一阶段的探索，中国证券业于 21 世纪初正式进入全面网络化时代。2000 年，中国证监会颁布了《网上证券委托暂行管理办法》，这是中国首次规范互联网证券交易活动，标志着中国互联网证券交易被正式纳入规范化发展轨道。

在互联网证券交易的普及过程中，手机证券交易也开始成为互联网证券交易业务一个新的发力方向，手机证券交易的出现体现了证券业在智能终端方面的适应和改变。

随着证券交易的同质化竞争越来越明显，争夺客户资源的重心开始转向服务提升，在互联网金融时代客户体验越来越受到投资者的关注，互联网证券交易进入了一个全方位服务的阶段。

根据利用互联网的深度，目前互联网证券交易可分为三种模式。

一是网络经纪公司（即 e-trade 模式）。其最大优势是能降低交易成本，提供便捷的网上交易通道，同时没有实体营业网点。

二是综合性证券经纪公司（即嘉信模式）。嘉信理财是美国个人金融服务市场的领导

---

① 根据中国金融认证中心（CFCA）发布的《2020 中国电子银行调查报告》。

者，它不是纯粹的网络证券公司，通过线上和线下相结合，向投资者提供服务。

三是传统证券经纪公司（即美林模式）。美林模式主要定位于高端客户，为客户提供面对面、全方位、个性化的资产投资咨询服务，具有较高的附加值。

（三）保险业务

保险的互联网化萌芽于 20 世纪 90 年代中后期。1997 年，互联网初步渗透到保险领域，我国成立了第一家保险网站——中国保险网。同年 12 月，第一份互联网保单诞生于新华人寿保险公司，标志着我国保险业迈进互联网融合的大门。

从 2000 年开始，保险公司利用互联网技术建立保险网站并丰富和升级线上业务。国内第一个全球保险互联网系统由中国太平洋保险公司建立于 2000 年 8 月；同年 9 月，泰康人寿保险公司建成国内首家通过保险类 CA（电子商务认证授权机构）认证的大型保险电子商务网站——“泰康在线”，客户可以真正实现在线投保。2005 年《中华人民共和国电子签名法》的修订标志着互联网保险实现了实质性的发展，此后，首张全流程电子保单诞生于中国人保财险。2006 年，“互联网保险超市”概念上线运营，开创了“网络直销＋电话服务”的新型保险营销模式。

2013 年 10 月国内首家纯互联网保险公司——众安在线财产保险股份有限公司正式成立，并于 12 月推出基于淘宝数据分析的“众乐宝”保证金计划，意味着专业互联网保险公司模式取得突破性发展；2014 年 2 月苏宁云商正式获批保险代理牌照，成为中国商业零售领域第一家具有全国专业保险代理资质的公司。

2015 年 11 月，众安保险与中国平安共同推出首个 O2O 合作共保模式的互联网车险——保骉车险。该产品前端通过大数据对客户进行级别评定，级别越高，享受权益越充分；后端出险理赔时，则通过中国平安的服务网络与专业流程进行跟进，提升客户体验。

2015 年 11 月，泰康在线财产保险股份有限公司成立，这既是行业内第二家正式开业的专业互联网保险公司，也是第一家由传统保险公司创立的互联网保险公司。

据统计，我国互联网保险收入在 2011 年仅为 32 亿元，在 2015 年形成一轮爆发式上涨，主要原因包括 2015 年之前的保险费率市场化改革、互联网保险政策刺激（“独立代理人制度”的推行），叠加 2015 年移动支付的普及。我国互联网保险收入于 2019 年达到了 2 696 亿元（见图 8－3）。[①]

借助互联网庞大的网络辐射能力，诸多传统保险机构也通过网上直销模式和互联网代理模式，开拓新的营销渠道和客户服务方式。

在网上直销方面，与银行、证券机构的做法相似，各大保险机构开发了自家的移动端应用，网络移动端的金融业务通常具有用户黏性强、专属性高等特征。此外，很多互联网公司通过自家平台开始涉猎保险业务，如阿里巴巴、京东、美团等，主要涉足方式为第三方支付、网络中介等，这些公司利用互联网思维，构建了更具开发性、平等性的商业平台。

在互联网代理方面，保险机构与网络兼业代理机构开展合作，比如携程、途牛等旅

---

① 资料来源：Wind 资讯。

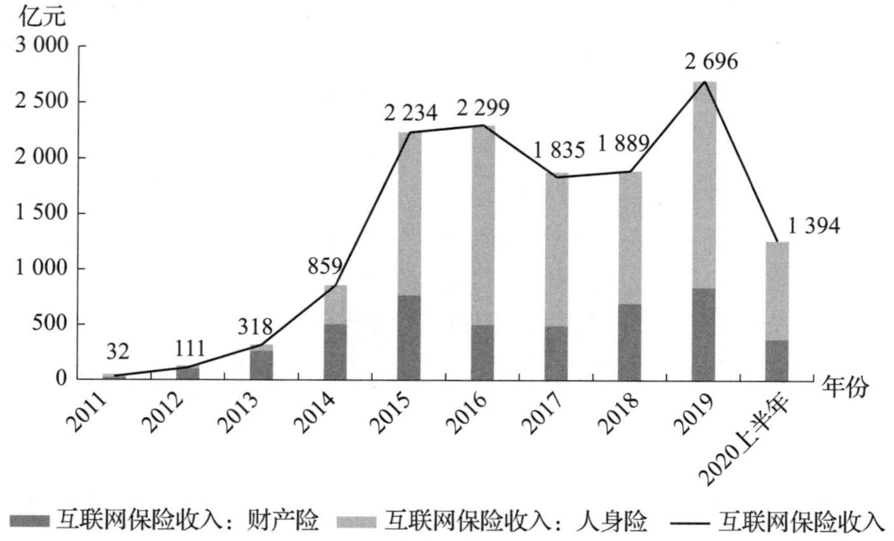

图 8－3　2011 年至 2020 年上半年互联网保险收入

资料来源：Wind 资讯.

游类网站，以及春秋航空等出行类网站，此类网站的客户群体均有相应的出行计划，而出行客户通常有意外险方面的需求，可以增加保险机构的意外险销售额。

（四）财富管理

财富管理成为数字化发展应用最普遍、最广泛的领域，也是外部互联网公司、科技企业参与度很高、颠覆性挑战很大的业务领域。美国专注于科技领域服务的投资银行 FT Partners 的报告指出，数字化财富管理已成为传统财富管理和投资咨询行业的一个潜在威胁。关于数字化财富管理的典型应用——智能投顾，将在下文中介绍。

案例 8－2　陆金所的业务转型

二、风险与监管

1. 不完善的法律法规监管体系

我国金融科技应用在许多方面已走在世界前列，没有现成的法律法规和风险监管经验可供借鉴。我国始终把防范系统性金融风险放在首位，要把握好监管与创新的关系，就必须掌握好度，过松的监管会使风险增多，而过度的监管又会遏制创新。

2. 数字技术漏洞可能导致信息泄露和资金损失

数据作为重要资源，已成为各行各业发展的要素。金融业作为数据密集型产业，对数据的依赖程度更高，金融大数据的广泛应用更是促进了数据资源的爆发式增长，同时也引发了一些问题：一是网络数据非法获取、盗卖、滥用事件频发；二是数据安全防护手段不足，导致数据泄露风险较高；三是数据资源加速向互联网巨头汇聚，正在形成新的数据孤岛和信息安全问题。

3. 个人投资者的羊群效应风险

个人投资者往往人云亦云、跟风投资。不少基金销售机构、平台利用散户的投机心理，推出“一键跟投”证券投资组合，并联合网络平台上的“大V”进行引流甚至暗中“喊单”，此举无疑增加了市场风险。

4. 智能投顾现有技术和数据积累难以支持向单一客户提供真正的个性化策略

从当前市场情况来看，智能投顾平台所谓的“千人千面”主要基于两层逻辑：一是在资产配置环节，基于在KYC环节对投资者的定位匹配差异化的投资组合；二是在后续的管理过程当中，根据宏观行情及持续丰富的投资者画像动态调仓，由此在全生命周期形成个性化的财富管理策略。这就涉及落地的问题：一方面，对投资者划分的颗粒度是否有必要达到“千人千面”的程度，十几种乃至几十种画像能否对平台投资者做出较为完整和准确的概括；另一方面，平台积累的用户数据，不论是前期问卷调查采集的数据、外部数据还是用户在平台上的行为数据，数据的数量与质量能否有效支撑起“千人千面”，这些都是智能投顾平台需要考虑和不断解决的问题。

5. 投顾算法同质化带来潜在风险

智能投顾基于算法对管理持仓组合进行调整，在市场大幅调整的情况下，算法同质化易加剧投资行为的顺周期性。未来随着行业洗牌，资产配置能力强的平台将吸引更多的用户与资金，算法同质化带来的潜在风险加剧。要降低这种潜在风险的发生概率，还要从信息披露、算法可解释性、留痕审计、公司治理等多方着手，采取切实有效的措施。

第4节 大数据金融

2008年9月，《自然》杂志发表专栏文章《下一个谷歌》(*The Next Google*)，正式提出“大数据”概念。2011年5月，麦肯锡全球研究院在《大数据：创新、竞争和生产力的下一个前沿》的报告中，首次全面、清晰地阐述了大数据的定义和内涵，即“大数据是指其大小超出了常规数据库工具获取、存储、管理和分析能力的数据集”。牛津大学教授维克托·迈尔-舍恩伯格2012年在《大数据时代》中指出，数据分析将从随机采样、精确求解、强调因果的传统模式演变为大数据时代的全体数据、近似求解、只看关联不问因果的新模式，由此，关于大数据在商业领域的应用的思考和尝试正式展开。

2009年9月，ZestFinance成立，该公司通过算法将大数据应用于个人征信行业，标志着大数据正式应用于金融业务，国外金融科技公司如Kreditech、Stripe等崭露头角。

中国同样有众多的将大数据用于金融领域的创新企业，例如征信行业的腾讯信用、百行征信；供应链金融领域的盛业资本、欧冶金服等。毕马威在2016年首次发布了“中国领先金融科技企业50强”榜单，榜单上几乎所有的企业都运用大数据强大的数据分析技术，其中，过半数的企业都将大数据及分析技术作为战略级技术，2020年发布“中国领先金融科技企业50强”榜单时科技与数据仍然是评选标准核心维度，而大数据主要技术的占比也超过了70%。

一、大数据金融的特征

1. 业务处理及决策效率高

应用大数据系统处理金融业务，不仅能够完全将操作流程标准化，业务处理速度也会大幅提高。例如，金融大数据支持下的用户画像和信用信息库，在经过深入挖掘与分析之后，可以引入风险分析与资信调查模型，一笔业务从申请到完成只需几秒钟，从整体上提升了业务处理效率。

2. 实现精准服务

金融数据是收集起来的能够体现用户个人情况的核心与高频数据，是用户的购物餐饮、住宿交通等活动的综合体现。大数据的作用就在于通过对用户偏好特征、消费倾向或行动位置等的分析，形成用户个人习惯的大致轮廓，了解用户，为用户提供更加直接、精准的金融服务。

3. 缺乏安全监管与共享机制

迄今为止，对互联网金融业务未能建立完整统一的监管体系，导致各类互联网金融业务缺乏监管、肆意发展，风险事件多发，给社会带来巨大危害。数字金融、金融科技的高速发展，也是互联网金融系统不稳定与市场混乱的直接诱因。同时，缺乏监管模式，就更不存在互联网金融共享机制，数据壁垒无法打破，导致部分信息与数据不能被充分有效利用。

4. 强化数据资产管理及风控能力

互联网的发展产生了大量的非结构化数据，例如由电子邮件、音视频、聊天信息、社交媒体帖子产生的数据。传统金融机构在描绘用户画像方面所用到的非结构化数据很少，然而非结构化数据在分析用户行为特征和金融反欺诈方面的作用是传统类型的数据无法比拟的。相比之下，通过大数据底层平台的构建来实现对传统数据库的替换，以及对文字、视频或图片等非结构化数据进行多样化的存储分析，能够提升金融机构在资产管理和风控方面的能力。

二、业务模式

（一）大数据征信

1. 概念

大数据征信是当前大数据金融应用中最为成熟的一个方向。征信是金融市场发展的重要基础设施，其根本作用是解决交易双方信息不对称的问题，进行信用风险管理。既可以统计和评估过去的信用状况，也能分析和预测未来的违约发生率。大数据征信能够满足没有信贷记录、无法进行信用评分和信用分数低的人群的金融需求，弥补了传统信用评估的不足，有强烈的市场需求。

案例 8－3　ZestFinance

2. 各经济体对征信业的监管

（1）中国。2021 年 9 月，《征信业务管理办法》正式发布。该办法将以“信用评分”等名义对外提供征信服务的活动都纳入管理，重申开展征信业务要持牌经营，并对信用信息采集、整理、保存、加工、提供和使用等征信业务全流程各环节的合规边界，做出了系统性规制。该办法自 2022 年 1 月 1 日起开始实施，并给予整个大数据行业自生效日起为期 18 个月的过渡期，最迟于 2023 年 6 月 30 日整改完成。对监管部门约谈的 14 家头部互联网平台（包括蚂蚁集团）的整改时限仍然是 2022 年底。

案例 8－4　芝麻信用

此次新规开创性地将“替代数据”纳入征信监管。除此之外，征信新规还通过与持牌征信机构合作的方式，将互联网平台、大数据公司等非持牌个人征信业务依法纳入监管，创新性地采用了间接监管模式。这一模式是解决此前几家头部平台垄断数据、造成数据孤岛的有效手段。

新规对信用信息和征信业务均做出了明确规定，从事助贷业务的机构应当按要求纳入征信监管，将其实质从事的个人征信业务与金融机构全面“断直连”，通过持牌个人征信机构向金融机构提供信用信息服务，保护信息主体合法权益，实现征信业的规范发展。

（2）欧盟。由于各国多方面的差异，欧盟征信业没有统一的组织和运营模式，大多数欧盟国家都建立了以公共征信机构为主、以私营征信机构为辅的征信体系模式，如德国、西班牙、意大利等国家。在监管层面，欧盟各国法律框架致力于从监管机构权力、数据报送机构义务、征信机构义务、信息当事人权利以及跨境数据流动等方面进行设计。

2016 年欧洲议会通过了《通用数据保护条例》，在规定信息主体享有知情权、查询权、异议权等权利之外，特别指出信息主体还应享有“被遗忘权”，即当个人数据被处理或数据持有者已经没有合法缘由保存该数据时，信息主体有权要求相关机构删除其数据，以阻止该信息主体数据的进一步传播。

（3）美国。美国是世界上私营征信机构最为发达的国家，大量的征信机构由民间资本投资建立和经营，按照市场化原则开展服务，如邓白氏（Dun & Bradstreet）、Experian、Equifax 等征信机构在世界范围内都享有盛名。《公平信用报告法》《隐私权法》《公平信贷机会法》《金融隐私权法》等法律法规的颁布实施为信息主体权益保护提供了比较完善的制度支撑。

美国没有专门的征信业监管部门，但联邦储备委员会、联邦贸易委员会等部门有权分别对征信业实施监管。美国征信机构的准入与退出完全由市场决定，不需要政府部门特别批准。

（4）日本。日本主要采用由行业协会牵头的会员制模式建立征信体系。会员制个人征信机构主要包括全国银行个人信用信息中心、日本信用信息中心以及信用信息中心，作为补充，日本也有商业性征信机构，以帝国数据银行和东京商工所为主要代表。会员有义务向征信机构提供信用信息，禁止向非会员提供任何个人信用信息。

在日本，征信方面的立法主要包括《关于行政机关持有的电子计算机处理的个人信息保护法》《信息公开法》《个人信息保护法》等，从不同层面、不同角度对信息主体信息归档、信息使用与传播限制、信用数据准确性、数据异议处理等方面做出规定。在监管方面，政府部门直接干预较少，征信业管理主要依靠行业协会的条例、规章等内部制度进行约束。

（二）大数据与供应链金融

1. 定义

我国央行对供应链金融的官方定义为：从供应链产业链整体出发，运用金融科技手段，整合物流、资金流、信息流等信息，在真实交易背景下，构建供应链中占主导地位的核心企业与上下游企业一体化的金融供给体系和风险评估体系，提供系统性的金融解决方案，以快速响应产业链上企业的结算、融资、财务管理等综合需求，降低企业成本，提升产业链各方价值。

按照担保措施的不同，从风险控制和解决方案导向出发，将供应链金融的基础性产品分为应收类融资、预付类融资和存货类融资三大类。一是应收类融资，指在供应链核心企业承诺支付的前提下，供应链上下游的中小型企业可用未到期的应收账款向金融机构进行贷款的一种融资模式。二是预付类融资（又称为保兑仓融资），是下游购货商向金融机构申请贷款，用于支付上游核心供应商在未来一段时期内交付货物的款项，同时供应商承诺对未被提取的货物进行回购，并将提货权交由金融机构控制的一种融资模式。三是存货类融资（又称为融通仓融资），是指企业以存货作为质押，经过专业的第三方物流企业的评估和证明后，金融机构向其进行授信的一种融资模式。

2. 业务模式

随着互联网和大数据技术的兴起和发展，供应链金融线上化的步伐进一步加快。现代供应链金融的大数据应用形式分为产业链数据应用模式、电商平台数据应用模式和第三方平台数据应用模式。

（1）产业链数据应用模式。产业链数据应用模式是指商业银行通过系统连接产业链核心企业 ERP 系统或财务系统，基于核心企业订单、应收应付账款、物流信息为供应商提供供应链金融服务的模式。在该种模式下，借用核心企业信用为 N 个中小微企业提供增信和担保，需要商业银行、核心企业和中小微企业签署三方协议，中小微企业能否顺利获得授信，在很大程度上取决于核心企业对中小微企业的支持力度。

在数据交换形式上可分为两类：第一类是商业银行—企业直连模式，如中建三局、良品铺子等；第二类是商业银行—供应链平台—企业直连模式，如中国交建等，其中供应链平台可由央行、商业银行或核心企业设立，发挥数据交互作用。

主要流程为：1）B2B 或供应链平台与核心企业、商业银行、融资企业、物流企业进行 ERP 系统或财务系统对接，实现数据同步交互。2）融资企业（上游供应商或下游采购商）在平台上发起融资申请，填写融资金额、融资用途、融资期限等信息。3）平台核实融资企业的融资资格，通过融资企业在平台上与核心企业发生的所有交易记录、交易频次及交易量利用数据模型进行信用评估。4）平台对融资企业信用资质审核通过后，数据同步到银行端，商业银行或第三方金融机构对企业融资申请进行复审，复审通过即可对企业放款。以央行建立的应收账款融资服务平台为例，产业链数据应用模式业务流程如图 8－4 所示。

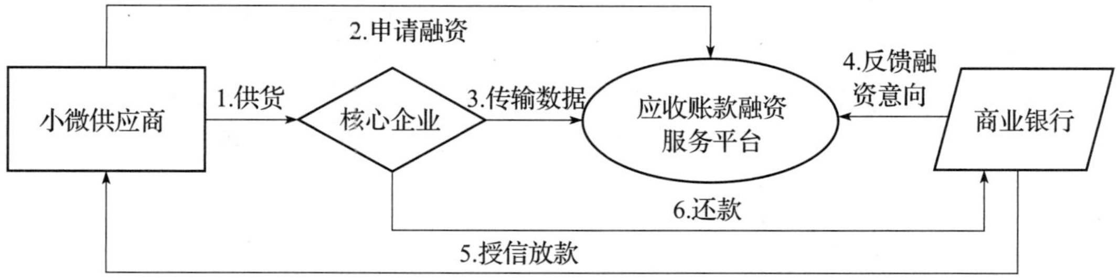

图 8－4　产业链数据应用模式业务流程

资料来源：胡学林，等．基于数据应用的供应链金融模式研究．征信，2021（11）：80－86.

（2）电商平台数据应用模式。电商平台数据应用模式是指商业银行与电商平台系统直连，通过利用电商平台共享的商家采购、销货、物流等数据，为电商平台商家提供线上供应链金融服务的模式。电商一般分为平台型电商和自营型电商。平台型电商供应链金融服务的供应链金融运作企业主要有阿里巴巴、敦煌网、金银岛等大型网站。自营型电商与商业银行合作类似于核心企业直连模式，如京保贝等。

按照资金来源可以进一步划分为基于自有资金和基于外来资金的在线供应链金融。1）基于自有资金的平台型电商供应链金融。阿里小贷便属于典型的平台型电商基于自有资金的供应链金融运作模式。阿里小贷主要有面向 B2C、C2C 平台的“淘宝（天猫）小额贷款”，还有一些专项贷款产品，如天猫供应链贷款。该模式的主要流程为：卖家收到客户订单并向客户发货；卖家凭借“卖家已发货”的订单申请贷款；后台基于订单和历史数据进行分析并给出授信额度，审核通过后即发放贷款；卖家按期还本付息。2）基于外来资金的平台型电商供应链金融。该类服务主要由第三方平台和商业银行合作开展。电商企业提供平台信息，但是不参与到具体业务当中，商业银行则负责提供融资服务，融资对象为第三方平台上的中小企业。电商平台数据应用模式业务流程如图 8－5 所示。

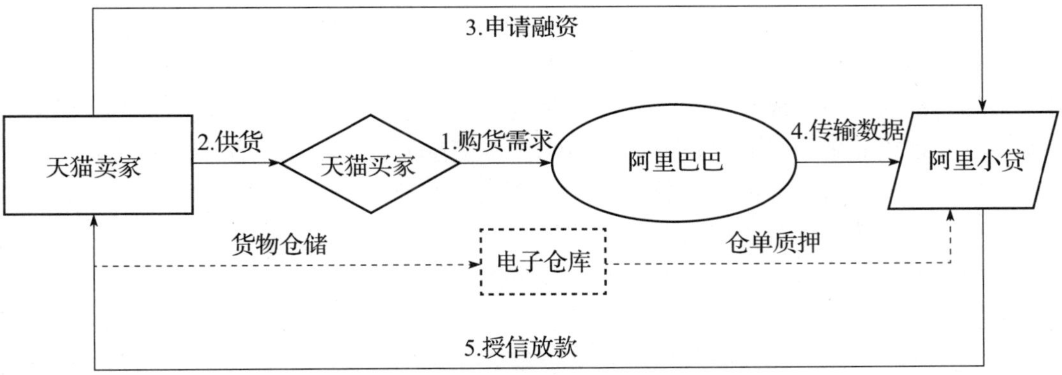

图 8－5　电商平台数据应用模式业务流程

资料来源：胡学林，等．基于数据应用的供应链金融模式研究．征信，2021（11）：80－86.

（3）第三方平台数据应用模式。第三方平台数据应用模式是指核心企业运用区块链技术在供应链金融平台上对其确权的应收账款进行拆分流转，支持供应商供应链融资的模式。区块链电子债权凭证具有安全、连续、不变的链式数据结构，且具有分布式、多节点共识、公开透明、不可篡改等显著特征。如简单汇平台打造了应收账款债权凭证——金单，通过核心企业汇聚 1～N 级供应商，引入商业银行等外部金融机构，构成完整生态圈的线上平台。

主要流程为：1）平台依托区块链、电子签章等技术，经核心企业对应收账款进行初始确认形成电子债权凭证，记载应收账款债权人、债务人、债权金额、债权到期日等，并将交易信息形成债权数据包，以区块链分布式记账方式进行交易数据存储。2）核心企业为一级供应商开出应收账款电子凭证，一级供应商可以通过平台将凭证转让给金融机构进行融资，也可以将凭证转让（可拆分）给二级供应商或用于债务抵消。第三方平台数据应用模式业务流程如图 8－6 所示。

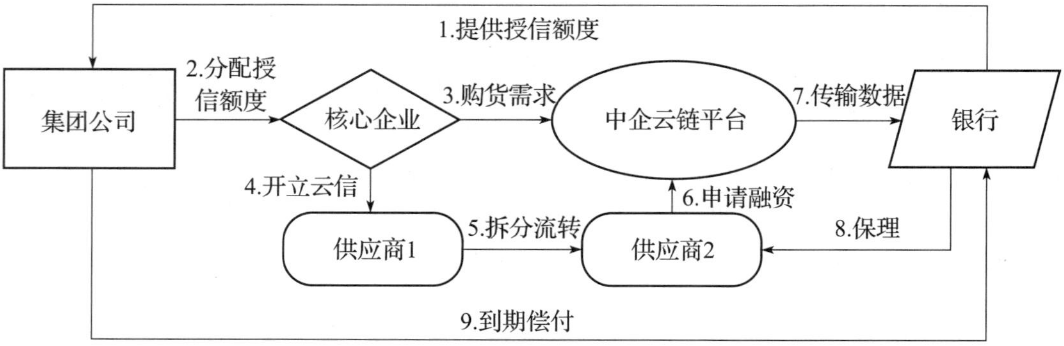

图 8-6　第三方平台数据应用模式业务流程

资料来源：胡学林，等. 基于数据应用的供应链金融模式研究. 征信，2021（11）：80-86.

案例 8-5　盛业资本

（三）大数据与智能投顾

借助互联网、人工智能和机器学习等技术的不断创新，智能投顾业务蓬勃发展。通常认为智能投顾发源于美国，它运用云计算、机器学习和人工智能等现代计算机技术将经典的资产组合理论模型应用于实践，结合对投资者风险偏好、财务状况及理财规划等因素的充分了解，自动为用户生成智能化、个性化的资产配置建议，并对资产组合进行跟踪和自动调整，实现用简单明晰的用户界面来展示原本复杂的投资决策，使不具备金融专业知识的普通投资者能自行完成个性化的投资。未来，随着智能投顾技术的不断发展，智能投顾有可能逐步替代部分传统人工投资顾问的工作。

美国金融业监管局（FINRA）对智能投顾的定义为“利用大数据分析、量化金融模型以及智能化算法，根据投资者的风险承受水平、财务状况、预期收益目标以及投资风格偏好等要求，运用一系列智能算法、投资组合优化等理论模型，为用户提供智能化和自动化的资产配置建议”。移动互联网的发展在客观上助力投资顾问服务向移动端转移，投资顾问服务的获取不再受到时间和地点的限制。一些传统的投资顾问服务，包括定期报告、投资组合管理、风险分析和基金推荐，都是易于自动化的服务。机器自动化计算、人工智能、机器学习等技术能为投资者提供更低费率、更高数据准确性的部分投资服务。智能投顾业务适应这种发展趋势，且在一定程度上使得非专业投资者具备了一定的专业化投资能力，极具市场竞争力，发展迅猛。

国际智能投顾业务于 20 世纪 80 年代出现，规模迅速扩大。2008 年，美国第四大投行雷曼兄弟轰然倒下。同一年，第一家智能投顾公司 Betterment 在美国成立，两年后推出智能投顾产品，其巨大的成功吸引了数十亿美元的投资。从那时起，各种组织开始进入这个市场，包括创业公司、银行甚至高科技公司。美国智能投顾行业的资产规模在 2020 年达到了 2.2 万亿美元。以美国最著名的智能投顾平台 Wealthfront 为例，5 年时间内其管理的资产规模便超过了 70 亿美元。德意志银行利用大数据来提供投资组合管理的解决方案。该行 2018 年在其提供数据驱动投资解决方案的 dbDIG 平台上启动交互式网页工具“α-DIG”。“α-DIG”利用自然语言处理来量化 ESG（环境、社会和公司治理）问题和其他无形的公司价值

(人力资源、创新、品牌价值、管理质量以及环境可持续性）的重要性。这有助于过滤公司财务报告中的积极宣传和乐观语言，从而挖掘出对投资策略有价值的信息。

在我国，智能投顾行业自2016年开始发展壮大，部分传统金融机构和在线投资理财平台都推出了自动化、基于算法的投资管理服务，即智能投顾产品。智能投顾也成为商业银行在互联网时代重要的战略转型手段，招商银行于2016年率先发布“摩羯智投”，成为国内第一家开展智能投顾业务的商业银行，产品主打“人＋机器”模式，用户自行选择风险偏好和投资期限后系统会自动生成投资组合，一年内便突破50亿元的业务规模，成长为国内最大规模的智能投顾业务。2021年11月，我国相关监管部门下发《关于规范基金投资建议活动的通知》，辖区内各金融机构于2022年6月30日前均完成了对智能投顾业务的整改，多家银行与互联网金融平台均停止了智能投顾业务。

从业务流程来看，智能投顾主要包括以下环节：一是评估客户信息以形成对其风险偏好、风险承受能力、持有期限预期等的完整画像；二是根据宏观经济情况、市场行情，筛选出优质的产品标的与资产组合；三是根据客户画像匹配合适的资产配置方案，在后续持仓期间根据市场变化及对收益风险的预估对投资组合不断调整。机构在展业过程中持续沉淀数据，不断形成更精准的客户画像；对卫星图像等另类数据的收集和处理能力提升，更广泛的信息面及更高的信息质量也有助于智能投顾平台更好地预判市场行情，提升资产配置决策的效能。

智能投顾可以根据所提供服务的内容细分为智能分析顾问、智能配置顾问以及智能交易顾问三大典型运营模式。智能分析专注于用户投资行为，能够对用户多个账户中的数据通过设定好的计算机算法进行分析，仅限于给出符合用户需求的个性化意见，致力于降低风险，提高收益。智能配置是根据投资者的风险偏好、风险承受力以及收益要求，再结合可投资资产集合中金融产品的特性，进行个性化的资产配置。智能交易是在智能分析、智能配置的基础上，由智能交易系统自动完成交易。

（1）智能分析顾问。智慧分析顾问旨在通过移动互联网技术、大数据挖掘技术以及云计算技术，为投资者提供实时、专业的金融产品信息，让投资者借助专业的分析工具成为自己的投资顾问。例如，市场上众多投资理财软件提供的智能选股服务，以大数据为基础，投资者只需提供风险偏好、投资偏好以及倾向的选股策略等信息，系统就会以股市基本面、技术面和市场情绪面为主要指标，结合投资者的现状为其提供种类丰富的选股策略。

（2）智能配置顾问。智能配置顾问主要应用于公募基金销售的平台场景，智能配置主要体现在以下两点：第一，投资者与产品分层对应，系统通过一系列调查问卷和产品特征将投资者和基金分为保本、稳健和进取三种类型，然后产品和投资者分层对应；第二，在投资者投资偏好测试的基础上生成组合，还可以根据所承受的产品收益波动率进一步调整，通过多次调整，智能配置顾问能够有效降低不同风险偏好投资者购买基金组合的同质性。

（3）智能交易顾问。提供智能交易顾问服务的平台一般都持有证券做市商牌照，在可投资资产范围内为客户建立基于机器学习的全球资产配置与量化投资方案，并代理客户完成投资交易。平台会根据客户的风险偏好、风险承担极限额、可投资金额、投资期限等信息自动匹配智能策略，通过大数据计算出不同的量化策略，系统开发的智慧算法对优选的量化策略组合进行策略配置；根据实时行情，相关的量化策略自动交易、自动分配权重；每日量化策略自动估值、自动清算。

三、风险与监管

金融业在大数据价值潜力指数中排名第一，但是数据应用侵犯个人隐私、数据监听威胁国家金融安全、虚假数据导致金融市场异常敏感和法律监管的缺失等，说明大数据金融在带来机遇或无限商业潜力的同时，还潜藏着巨大的风险。大数据金融的监管需要多层面夯实“大数据安全”。

（一）大数据视野下的金融监管着力点

应用场景和行为脱敏应当成为未来监管的主要方向。根据行为监管的理念，对大数据等技术在金融领域的各种应用场景要有清晰的画像，明确应用边界，以便规范发展、杜绝乱象。另外，要严格禁止非持牌机构以任何形式直接从事金融业务。大数据分析公司或互联网机构与持牌金融机构合作时，若合作各方均触及金融业务，则必须持牌。

（二）强化金融信息保护，明确金融数据使用规则

首先，需要明确个人信息保护范围和边界。在理清和界定个人信息边界的前提下，明确并细化必要性原则、比例原则和正当程序原则，监管部门必须在“授权、脱敏、最小介入和机器使用”等核心问题上出台可操作的指引。其次，在个人信息保护的基础上，对金融信息进行分层处理，必须明确金融信息的定义和范围。

（三）用法律、制度和市场机制的刚性确保“技术向善”和“技术中立”

一是加快针对金融数据、征信数据、商业信用数据、政府数据和社会信用数据这五大类数据的法律规则研究，避免在乱象中存在立法真空。二是明确一个统一的监管部门和职能安排，对大数据金融等新技术进行全面监管。若新技术的应用涉及相关专业领域，可通过部际联席会议或联合公告的形式增强监管部门的融合性及协调性。三是构建金融数据共享机制，编制金融数据共享规划纲要。借鉴欧盟经验，通过数据共享的制度安排来解决市场发展和权益保护的矛盾。

第 5 节　互联网金融平台

中小企业融资难一直是我国及世界绝大多数国家面临的最直接、最现实的问题，中小企业的融资特点是金额小、期限短、周转快、借款频率高和资金需求急。统计数据显示，2014 年末，中小企业银行业金融机构贷款余额为 20.70 万亿元，占其总贷款余额的 23.85%，中小企业银行贷款户数为 1 144.6 万户，仅有 20.44%左右的中小企业获得银行贷款。由于中小企业存在着固定资产手续不完善、财务制度不健全、招工困难、销售市场狭窄、盈利水平低或处于亏损状态、流动资金不足等问题，达不到向银行贷款、发

行债券、发行股票和吸引风险投资的条件，主要靠自筹资金、向亲戚朋友借款、增加入股、借高利贷等方式融资。

随着国外互联网金融的快速传播，在我国互联网新型融资平台应运而生。1999 年，中国第一家第三方支付公司首信易支付诞生，标志着我国互联网金融的开始。2007 年，我国首家 P2P 网贷平台拍拍贷产生。随后，电商网络信用贷款、众筹融资、虚拟货币等互联网金融模式相继问世。近年来，我国互联网金融作为新型金融业态，发展极为迅速。2013—2015 年，中小企业互联网融资呈几何级数增长。互联网金融平台具有降低信贷市场融资搜寻成本和提高网络效应的优势，因而能提高融资市场效率、降低融资成本，为中小企业融资提供新的途径，在一定程度上缓解了中小企业融资难的问题。互联网金融平台的主要分类见表 8-6。

表 8-6 互联网金融平台的主要分类

名称	定义	特点	主要代表
P2P 借贷	个人或法人通过独立的第三方网贷平台相互借贷	平台只作为信息中介，不参与借贷和提供任何担保，不承担偿还责任	拍拍贷、人人贷、Zopa、Prosper
众筹融资	发起者利用互联网的传播特性，发动众人的力量，集中大家的资金、能力和渠道，为创意者提供必要的资金融通	以“团购＋预购”的形式；基于创意项目吸引投资者	轻松筹、点名时间、天使汇、Kickstarter、Indiegogo
网络小额信用贷款	网络企业依托大数据，通过互联网、云计算、搜索引擎等信息化方式对电商平台上的企业进行信用评级，并按照评级结果提供小额信用贷款	纯信用小额贷款，批量房贷，随借随还，支付宝监控现金流	阿里小贷、以京东和苏宁为代表的供应链模式网络小额信用贷

一、 P2P 借贷

（一）发展动态

P2P 借贷（peer-to-peer lending）是指个人或法人通过独立的第三方网贷平台相互借贷。其特征是第三方网络借贷平台只作为信息中介，不参与借贷和提供任何担保，不承担偿还责任。

成立于 2005 年的 Zopa 平台是 P2P 网贷行业的鼻祖，英国则是网贷行业的发源地。在 Zopa 平台成功上线后，各种网贷平台迅速上线，如美国的 Prosper 是后来者居上，成为世界最出名的 P2P 网贷平台。Prosper 平台的特点主要是贷款的线上拍卖，在线上对债权进行转移交易。Prosper 的业务影响范围十分广泛，亚洲和欧洲都有用户。

（二）典型案例

1. 事件回顾

2007 年国内第一家 P2P 网贷平台拍拍贷成立，P2P 网贷在短短的 13 年时间里，从金融创新到飞速发展壮大，巅峰期我国约有 5 000 家 P2P 网贷平台，再到数次“暴雷潮”，最终陆续清退、归零、落幕（见表 8-7）。由于当时监管处于真空状态，P2P 网贷行业的非法集资、诈骗等乱象层出不穷，经历了三波大大小小的暴雷潮，分别为 2013—2014 年、2015—2016 年、2018—2021 年。

表 8-7 我国 P2P 网贷平台的发展过程

时间	阶段	发展
2007—2010 年	初始发展期	2007 年，我国首家 P2P 网贷平台拍拍贷在上海上线，与美国的 Prosper 类似，不承担任何贷款担保责任和风险，不参与任何线下经营，只作为资金供需双方的信息中介。同年 10 月，我国第二家 P2P 网贷平台宜信上线。到 2010 年 P2P 网贷平台人人贷、365 易贷、e 速贷、盛融在线等迅速发展起来
2011—2013 年	快速扩张期	2011 年陆金所成立，为 P2P 网贷平台的快速发展起到了示范作用，2011—2012 年宜信、拍拍贷分别获得了外源投资，至此 P2P 网贷平台进入了加速发展的快车道，特别是 2013 年 P2P 网贷平台井喷式增长，日均增长 2 家，网贷规模突破1 000 亿元大关，因此，2013 年被称为“互联网金融元年”
2014—2018 年	风险爆发期	2014—2015 年 P2P 网贷平台继续保持良好的发展势头，大批投资人在 P2P 网贷中看到了商机，投身到 P2P 网贷平台的开发和建设中，行业内鱼龙混杂，问题平台大量爆出
2018—2021 年	逐步清退期	P2P 网贷平台整顿序幕拉开，在政策监管下有序清退，直到 2020 年底，所有的 P2P 网贷平台全面清退

从 2018 年起，P2P 网贷行业开始进入大面积暴雷期。2018 年 6 月第三波暴雷潮初至，当年 7 月暴雷平台数量激增，直到 8 月才开始慢慢回落，据网贷之家数据分析，2018 年全国共有 199 家 P2P 网贷平台被立案侦查，停业及问题平台共计 1 279 家（如图 8-7 所示），其中问题平台数量高达 658 家，曾经被誉为业界“四大高返天王”的钱

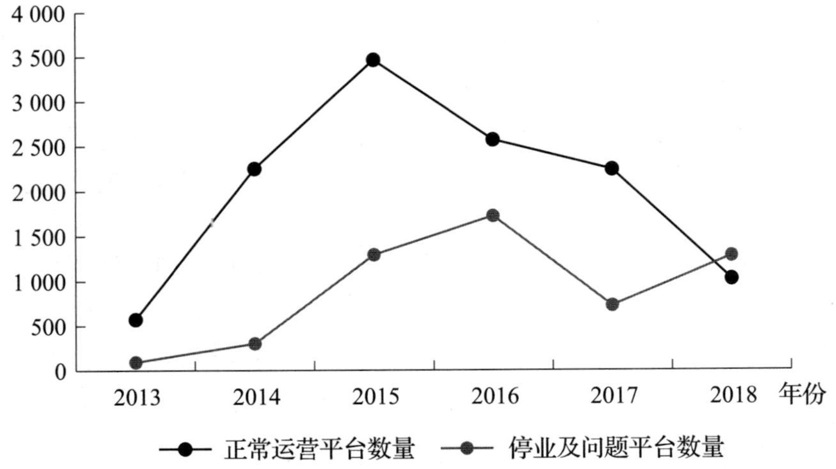

图 8-7 2013—2018 年中国 P2P 网贷行业正常运营平台和停业及问题平台数量

资料来源：网贷之家.

宝网、雅堂金融、唐小僧、联璧金融相继倒闭。2018 年 P2P 网贷行业经历了备案延期到平台加速出清的过程，从退出的数量来看，虽然仍少于 2015 年的 1 291 家和 2016 年的 1 721 家，不过 2018 年问题平台的影响是最广泛的。据不完全统计，2018 年暴雷的问题平台中不乏贷款余额超亿元的中型平台，涉及的总金额超过千亿元（见图 8－8）。一方面原因在于暴雷潮导致停业及问题平台增多；另一方面是新上线平台数量大幅降低，据统计，2018 年 7 月后再无新上线平台。投资人信心受挫、成交量下降、监管要求平台控规模等因素，使得截至 2018 年底，P2P 网贷行业总体贷款余额下降至 7 889.65 亿元，同比下降了 24.27%。

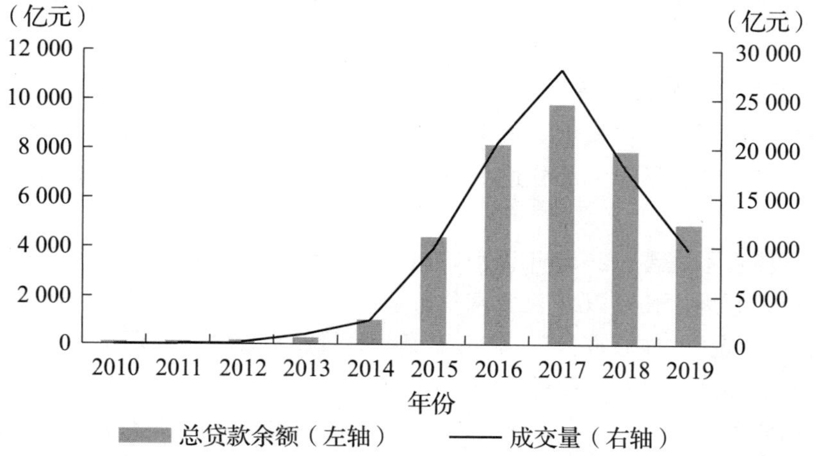

图 8－8　2010—2019 年中国 P2P 网贷行业总贷款余额和成交量

资料来源：网贷之家、零壹财经网贷行业年度报告.

伴随着暴雷潮的是监管部门频频出手救市。2018 年 7 月，北京互金协会下发了 P2P 网贷平台退出指引；北京、深圳和上海互金整治办传出将重启 P2P 网贷现场检查工作的消息。8 月，互金整治办要求各地根据前期掌握信息，上报借本次风险事件恶意逃废债的借款人名单，相关逃废债信息纳入征信系统和“信用中国”数据库。为了化解行业风险，中国银保监会召集四大资产管理公司开会，要求四大资产管理公司主动作为以协助化解 P2P 网贷行业的暴雷风险。

8 月，网贷整治办向各省市网贷整治办下发开展网贷机构合规检查的通知，并下发 108 个 P2P 网贷机构合规检查清单，备案工作重启。备案工作分为三步走，首先是网贷机构自查、中国互金协会和地方互金协会或相关机构开展的自律检查、地方网贷整治办的行政核查等三轮检查，原定于 2018 年 12 月底全部完成；三轮检查后，符合条件的平台获准接入信息披露和产品登记系统，试运行一段时间；最后才是条件成熟的机构按要求申请备案。据统计，截至 2018 年已提交合规自查报告且仍在运营的平台有 432 家（包含部分逾期或暂停运营的 18 家平台），仅占行业运营平台总数的 29.9%。

P2P 网贷平台纷纷开始清退转型工作。其中，部分 P2P 网贷机构获批转型小贷或网络小贷公司。还有一些头部 P2P 网贷机构选择转型助贷，如拍拍贷、你我贷、乐信等美股上市公司转型均为助贷模式，成为为持牌金融机构提供互联网信贷解决方案的金融科技公司。2019 年 11 月，监管部门出台《关于网络借贷信息中介机构转型为小额贷款公司试点的指导意见》，为网贷转型小贷公司、持牌消费金融机构提供政策扶持。截至2019年末，正常运营的P2P网贷平台数量下降至343家，2019年全年P2P网贷行业成交量锐减至9 649.11亿元。

2020年11月，中国人民银行和中国银保监会发布《网络小额贷款业务管理暂行办法（征求意见稿）》，以规范小贷公司网络小额贷款业务，防范网络小额贷款业务风险，保障小贷公司及客户的合法权益，促进网络小额贷款业务规范健康发展。

2020年11月27日，中国银保监会首席律师刘福寿称“互联网金融风险大幅压降，全国实际运营的P2P网贷机构由高峰时期的约5 000家，到今年11月中旬完全归零”。然而，这并不意味着待偿还借款的清零，解决P2P网贷存量风险处置问题仍是一个长期的过程。

2. 暴雷潮发生的外部原因

（1）国家宏观层面。去杠杆、流动性紧张等是P2P网贷平台频频暴雷的诱发原因。在货币增速放缓的情况下，一部分追求流动性或者有其他资金使用需求的出借人更加偏向撤回资金。

（2）监管体系不完善。2016年以前，由于监管政策和体制缺失、业务边界模糊、经营规则不健全等原因，长期以来P2P网贷行业一直处于野蛮生长的发展态势。平台“跑路”“挪用客户资金”“虚假宣传”“非法集资”等行业乱象频发，严重影响了P2P网贷市场参与者的利益和信心以及行业的信誉。

（3）信用体系不完善。目前，我国没有一个完善的个人征信体系，线上信息也不足以满足信用评估的需求，导致平台经营者没有办法掌握借款人的征信情况，难以识别借款是否存在虚假申请、虚高申请的现象。2019年，监管部门开始实施征信范围扩大措施，包括将恶意逃废债平台借款人的信息协调调入征信系统，组建市场化个人征信机构等，市场化征信体系不断健全。

（4）媒体与非理性投资者。部分自媒体在网络上对某些P2P网贷平台进行评测，从而间接通过广告、P2P网贷平台的佣金返利进行牟利。唐小僧暴雷后，个别自媒体为了吸引公众的目光，开始大肆抨击一些高返利及规模较小的P2P网贷平台，造成市场恐慌，形成“羊群效应”发生挤兑，使P2P网贷平台雪上加霜，造成资金链断裂而倒闭。

3. 暴雷潮发生的内部原因

（1）P2P网贷平台不合法、不合规经营。一部分P2P网贷平台成立之初就是为了非法吸收公众存款，骗取投资者资金，这部分平台在严监管的情况下，骗局暴露，开始跑路。为了做大业务规模，越来越多的P2P网贷平台将产品回报率设定在13%～15%，还强调“保本保息”，但与此形成鲜明对比的是，很多小微企业借款人每年能赚取的利润率不到8%。为了持续扩大募资规模，甚至还有P2P网贷平台实控人勾结他人设立大量壳公司进行财务包装，很多注册资本动辄千万元（没有任何实缴资本）、运营时间不到1年的壳公司能轻松通过内部信贷风控，发起数百万元的借款标的；与此同时，不少P2P网贷平台借助所谓的金融创新，通过设立高息自动投标工具或债转产品，玩起借新还旧、期限错配、资金池、自融等资金业务。

（2）平台资金运用缺乏监管，资金流动性风险高。P2P网贷平台大多数资金的来源是向借款人收取的手续费和担保费以及自身的负债。当出现借款人违约时，P2P网贷平台就会专门成立资金池来应对逾期贷款。当借款人违约率超过平台控制和预估范围时，就会发生资金流动性危机，导致资金链断裂，最后导致P2P网贷平台携款潜逃或者倒闭。

（3）保障措施不足。我国P2P网贷平台保障措施不足主要体现在引入第三方担保机构的数量不够，大多数平台都属于自担保的行为，风险较大，与P2P网贷平台作为信息中介的角色有所冲突。

二、众筹融资

（一）发展动态

众筹融资（crowdfunding）是指小微企业依托网上的融资平台，以股权、分红等作为回报或者向出资人交付产品、提供服务等作为吸引手段，向社会公众募集资金。众筹模式多样，具有较强的创新性，小微企业通过互联网平台可以展示创意或项目，吸引有兴趣的投资人进行投资从而获取资金。

众筹融资起源于美国，成熟于欧美，广泛传播于世界各地。人们熟知的如Kickstarter。此外，Crowdcube是全球首个股权众筹平台；Indiegogo是美国第二大众筹平台。美国众筹融资引起轰动之后，英国众筹融资的活跃度仅次于美国，在英国Crowdcube和Seedrs是典型的众筹平台，Crowdcube是英国股权众筹平台中最大的，Seedrs是科技型众筹平台。众筹融资模式还可细分为捐赠型众筹、股权型众筹、包括P2P消费贷款和P2P商业贷款在内的债务型众筹、票据交易、社区股份奖励型众筹和债务型证券等。

案例8-6 Kickstarter众筹融资的发展

案例8-7 Indiegogo众筹融资的发展

案例8-8 Crowdcube众筹融资的发展

2011年，我国第一家众筹平台点名时间成立，标志着众筹融资正式进入中国。此后，淘梦网、积木盒子、JUE.SO、天使汇、追梦网、众筹网、大家投、浙里投等众筹平台相继问世，形成了各具特色的众筹平台。众筹项目种类繁多，形式各异，在我国主要有新产品研发、科学研究、民生工程、赈灾项目、艺术设计等创意性项目。2013年我国有21家众筹平台，到2015年上半年累计达到211家。众筹平台主要分布在北京、上海和广东，其中北京的众筹平台数量占27.5%，是我国众筹平台最多的。到2019年6月底，在全国处于运营中的众筹平台中，股权型众筹平台最多，有39家，权益型众筹平台次之，有32家，公益型众筹平台最少，只有7家（见图8-9）。

由于我国证券法对投资人数的限制，众筹融资更接近“预售+团购”模式，不能服务中小企业的股权融资，尚未产生重大金融风险事件。将来我国如果允许众筹融资以股权形式给予投资者回报，就需要将众筹融资纳入证券监管。

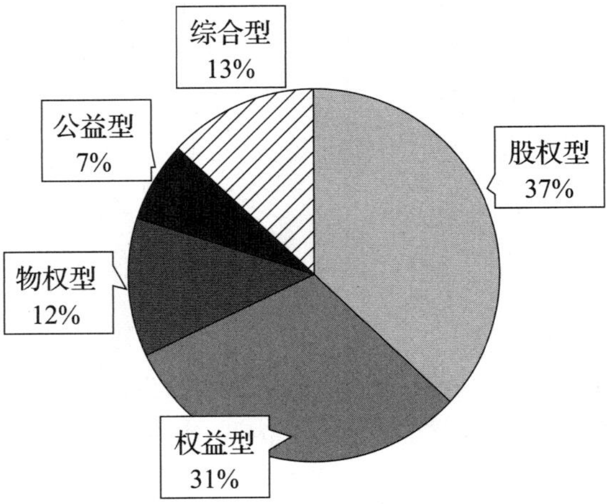

图 8-9　截至 2019 年 6 月底运营中的众筹平台类型分布

资料来源：网贷之家、零壹财经网贷行业年度报告.

在这方面，美国《创业企业扶助法案》（即《JOBS 法案》）值得借鉴，主要包括三方面限制。(1) 对发行人的限制。要向美国证券交易委员会（SEC）备案，向投资者和众筹平台披露规定信息，且每年通过众筹平台募集的资金总额不超过 100 万美元。(2) 对众筹平台的限制。如必须在 SEC 登记为经纪商或“融资门户”，必须在自律监管组织注册；在融资预定目标未能达成时，不得将所筹资金给予发行人（即融资阈值机制）。(3) 对投资者的限制（即投资者适当性监管）。如果个人投资者年收入或净资产少于 10 万美元，则投资限额为 2 000 美元或者年收入或净资产 5%中的高者；如果个人投资者年收入或净资产达到或超过 10 万美元，则投资限额为年收入或净资产的 10%。

(二) 从外国众筹平台经营中得到的启示

(1) 操作流程简单、快捷。创业者只需发出创意项目资金申请，并通过项目审查，投资者可线上选择，创业者通过简单操作就能获得项目融资。(2) 奖励式众筹投资门槛低。只要投资者愿意对创意项目进行投资，就能获得投资机会。如在 Kickstarter 上只要投资者愿意为创意者提供资金，共同期待新产品即可。(3) 业务范围广，规模效应大。Kickstarter、Indiegogo 向全球投资者开放，在 Indiegogo 上可对各类创意项目进行融资。Seedrs 向欧洲其他国家开放，18 岁以上的欧洲居民都可以成为投资者。(4) 回报形式多样化，满足投资者的多元化需求。在 Crowdcube 上投资者既可获得投资收益、与创业者沟通，又能成为企业股东。(5) 平台收费低，资金支付快。Kickstarter 通过第三方一次性向创意者支付资金，Indiegogo 不审查项目，资金直接划到融资人账户，Kickstarter 只收取募集资金 5%的佣金。(6) 法律手续完备，充分保护投资者利益。Crowdcube 与律师事务所合作，与创业者签订合同并给投资者确认。(7) 选择特色项目，提高融资成功率。Kickstarter 为具有创意项目的企业进行融资，项目融资成功率在 40%以上，高出一般众筹平台平均融资成功率 13 个百分点，Massolution 统计资料显示，一般众筹平台平均融资成功率为 27%。

// 基本概念 //

数字货币（digital currency）　　　　第三方支付（third-party payment）

互联网金融平台（Internet finance platform）

// 讨论题 //

1. 什么是区块链？区块链有何特性？区块链技术还可以在哪些方面与经济、金融相结合？
2. 央行数字货币与私人数字货币的联系与区别有哪些？数字货币存在哪些风险？如何分别对二者进行监管？
3. 大数据在金融领域的应用前景十分广阔，数据的获取是应用的前提，结合我国目前相关的监管法规，讨论如何在合理合法的前提下获得并使用数据。
4. 在供应链金融的大数据应用形式中，哪一种最符合我国的情况？如果都不符合，请提出自己的想法。
5. 大数据与供应链金融相结合是否存在问题？如果有，应该如何解决？
6. 金融要更好地服务实体经济，那么大数据金融在服务实体经济的效果上是否会更上一层楼？大数据如何与金融相结合以迸发出更大的火花？
7. 随着数字货币的推行，第三方支付未来的发展前景将会如何？
8. 金融科技的发展是利大于弊还是弊大于利？
9. 在数字化转型浪潮中，除了银行、保险、证券三大金融传统业务，还有哪些传统业务面临着数字化的冲击？请举例说明。
10. 如何看待金融机构和金融科技公司之间的竞争？双方的优势在哪里？

// 第9章 //

数据资产、数据产业与数据交易

学习目标

1. 掌握数据资产的概念，描述数据资产的特征。
2. 了解数据资产价值评估方法，掌握数据资产定价理论。
3. 熟悉数据产业的定义、分类、特征，了解数据产业链、商业模式及产业集群。
4. 认识数据资产交易模式和数据资产交易平台。

导　言

在数字经济时代，数据成为新的关键生产要素，是推动经济发展质量变革、效率变革、动力变革的重要力量，并将以市场化方式参与流通和分配。《“十四五”大数据产业发展规划》明确指出要推动建立市场定价、政府监管的数据要素市场机制，发展数据资产评估、登记结算、交易撮合、争议仲裁等市场运营体系。在数字经济快速发展的背景下，数据规模不断扩大，数据种类不断增加，数据资产评估作为保障数据要素有序流通与价值挖掘的重要抓手，对推动数据要素市场化配置和数字经济高质量发展具有重要意义。需要统一数据资产评估标准，提出合理的数据资产定价标准，为数据交易提供价值支撑，进而实现数据资产化、不断完善数据要素市场。

本章重点分析数据资产化衍生出来的数据资产价值评估、数据产业及数据资产交易的发展脉络及演化过程。具体包括三个方面的内容：(1) 介绍现有的数据资产价值评估及数据资产定价方法；(2) 分析当前数据产业链及数据产业的商业模式；(3) 描述数据资产的交易模式、交易平台及发展趋势。

第1节　数据资产

一、数据资产概念

目前，全球数字经济进入蓬勃发展时期，随着移动互联网、物联网、云计算产业的深入发展，大数据产业成为我国数字经济发展的重要驱动力。2015 年以来，全球数据总量爆发式增长，中国数据增量年均增速超过 30%，数据中心数量从 2015 年的 124 万家增长到 2020 年的 500 万家。IDC 发布的《数据时代 2025》预测，2025 年全球产生的数据将高达 175ZB。数据已然成为全新的资产，数据资产化产生的新交易生态、新价值体系、新商品形态，将是未来实现普惠和促进数字经济发展的新动力。

数据要成为数据资产，一个必要条件是能够给企业带来预期的经济利益，也就是商业价值。区别于传统意义的资产，数据资产具有独特性，不同学者给出了不同的界定。中国信息通信研究院认为，数据资产指由企业拥有或者控制的，能够为企业带来未来经济利益的，以物理或电子方式记录的数据资源，如文件资料、电子数据等。光大银行和瞭望智库从企业应用的角度给出了数据资产的定义：数据资产是企业过去的交易或事项形成的，由企业合法拥有或控制，且预期在未来一定时期内为企业带来经济利益的以电子方式记录的数据资源。朱扬勇和叶雅珍（2018）认为，数据资产是拥有数据权属（勘探权、使用权、所有权）、有价值、可计量、可读取的网络空间中的数据集。

在企业中，并非所有的数据都构成数据资产，数据资产是能够为企业带来价值的数据资源。这包含三个要素：其一，除企业内部的数据外，通过各种渠道合法获取的外部数据也属于企业数据资产；其二，体现了资产的经济属性，未来能给企业带来经济利益；其三，数据资产包括各种以物理或电子方式记录的数据、软件、服务等。相较于传统的有形资产和无形资产，数据资产具有非实体性和无消耗性、依托性、多样性、可加工性、价值易变性、衍生性、可共享性和零成本复制性特征。

- 数据资产的非实体性和无消耗性。数据资产本身不具备实物形态，需要依托实物载体而存在，这意味着数据资产不因使用而发生磨损、消耗等，具备无消耗性，且能在存续期间无限使用。

- 数据资产的依托性。数据必须存储在一定的介质中。例如纸、磁盘、磁带、光盘、硬盘等，同一数据可以以不同形式同时存储于多种介质。

- 数据资产的多样性。数据资产具有多种表现形式和融合形态。数据的表现形式包括数字、表格、图像、文字、光电信号甚至是生物信息等。数据应用的不确定性导致数据资产的价值变化波动较大。

- 数据资产的可加工性。数据可以维护、更新、补充、增加，也可以删除、合并、归集、消除冗余，还可以分析、提炼、挖掘、加工以得到更深层次的数据资源。

- 数据资产的价值易变性。数据资产的价值受多种不同因素影响，包括技术因素、数据容量、数据价值密度、数据应用的商业模式和其他因素等，这些因素随时间的推移不断变化，导致数据资产价值具有易变性。

- 数据资产的衍生性。数据资产的衍生性是指数据在使用及交易过程中，立足于需求提供相应的数据“新产品”。对数据衍生品的开发是企业数据资产运营的重要一环，是企业实现数据资产创新利用的有效手段。

- 数据资产的可共享性。同一数据可以被多个个体使用，不同个体对同一数据的利用将产生不同的价值。

- 数据资产的零成本复制性。这是数据资产可以提供给他人而不使数据资产使用价值减少的特性。

中国信息通信研究院发布的《数据价值化与数据要素市场发展报告（2021年）》提出数据价值化的“三化”框架，即数据资源化、数据资产化、数据资本化。在这“三化”中数据资产化是数据要素市场发展的关键与核心，它的实现包括两个阶段：数据资产价值评估和数据资产定价。由于数据资产具有如上特性，数据资产在实现价值的过程中，即便是相同的数据资产，若其应用领域、使用方法、获利方式不同，其价值也存在差异。然而，目前市场上尚无对数据资产进行估值的通用方式和统一标准，这或许与数据是一种新的要素以及数据本身的特性有关。

案例9-1　探码科技的数据资产化

二、数据资产价值评价指标

数据资产价值不仅和数据本身的质量有关，而且和数据的应用场景紧密相关。一方面，并非所有的数据都是完整、正确的，缺失、噪声都会影响数据资产价值；另一方面，同一数据放在不同的应用场景中，其价值也不同。例如，将同一医疗健康数据资产分别应用于医疗健康广告精准投放、健康险产品开发、医疗健康服务提供这3个不同的场景，产生的价值是不同的。上海德勤资产评估有限公司在质量维度和应用维度的基础上增加了风险维度，其构造的数据资产价值评价指标体系如图9-1所示。

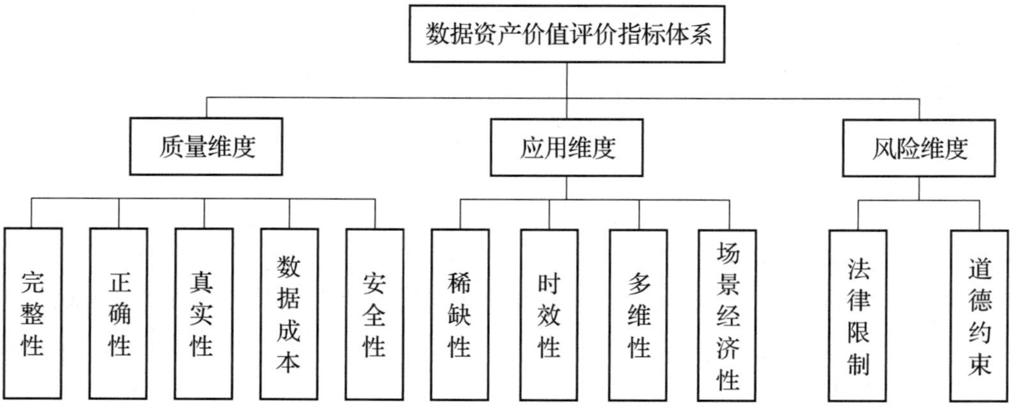

图9-1　一种数据资产价值评价指标体系

除了图9-1所示的数据资产价值评价指标体系之外，还有一些学者和机构从不同的角度构建了新的指标体系。例如高昂等（2020）从数据资产成本价值和数据资产标的价值两个维度构建数据资产价值评价指标体系，其中数据资产成本价值分解为建设成本、运维成本和管理成本，数据资产标的价值分解为数据形式、数据内容和数据绩效。中关村数海数据资产评估中心从数量、范围、质量、粒度、关联性、时效、来源、稀缺性、行业性质、权益性质、交易性质、预期效益几个方面构建数据资产价值评价指标体系。张驰（2018）以颗粒度、多维度、活性度、规模度、关联度为一级指标构造数据资产价值评价指标体系。梁艳（2020）提出的数据资产价值评价指标体系包括3个一级指标：数据质量、数据容量、数据应用管理。其中，数据质量包括4个二级指标，即完整性、活跃性、唯一性、准确性；数据容量包括3个二级指标，即数据规模、数据类型、数据密度；数据应用管理包括 3 个二级指标，即数据挖掘、数据管理、应用维度。

数据资产价值评估是对数据资产的使用价值进行度量，在一定的时间内，数据资产的价值是固定的，因此数据资产价值评估是一个静态行为。大多数学者和机构采用传统的成本法和收益法来评估数据资产价值，也有的把人工智能技术运用于数据资产价值评估，构造基于深度学习的数据资产价值评估模型。需要注意的是，数据资产价值只反映数据资产的相对价值，并不是数据资产的绝对价值。

三、数据资产定价方法

假设存在一个合法合规的数据交易市场，市场上有多个卖家售卖不同的数据，当然，价格各不相同。如果不同卖家的数据定价不同，那么这个定价的判断依据是什么？本质上，任何资产的生产成本跟它所对应的商业价格并没有必然的关系，价格是由创造的价值驱动的。在数据行业里，耗费巨资采集的大量数据可能最后被发现没有价值，如同垃圾。难道因为采集垃圾数据消耗了很多服务器资源、带宽资源，客户就应该为此支付高昂的价格吗？显然不是。数据资产的价格跟普通实物商品的价格一样，只能由其创造的价值驱动。

但是，数据的商业价值又如何测度呢？这又是一个非常棘手的事情。在真实的数据交易中，一个典型场景是：卖方出价，买方还价。卖方总是希望价格越高越好，而买方总是希望价格越低越好。最后，讨价还价达成一个价格，双方觉得可以接受就成交了。成交后，买方可能会想：这么一个边际成本几乎为零的东西，价格如此高昂。卖方觉得买方拿到数据后，赚得盆满钵满，心有不甘。产生这种结果的一个重要原因是缺乏一套完备的数据资产定价方法。在没有定价理论的情况下，数据的交易成本增加、交易量降低，数据资产流动性降低，最后买卖双方很难达成交易。

然而，目前数据资产定价理论尚不成熟，学术研究仍处于探索阶段。一个可能的原因是，数据资产定价面临诸多困境。其一，数据确权问题，即数据的权利属性。例如某公司拥有一个电商网站，大量用户在此网站上购物消费，并留下了大量浏览行为数据。这些数据对电商网站的个性化推荐算法非常重要。那么这些数据到底属于谁？是公司的吗？但这些数据记录的是注册用户的行为，而注册用户才是这些数据内容的创造者。所以，这些数据不是公司的。那这些数据是注册用户的吗？似乎也欠妥当。虽然这些数据是用户创造的，但用户利用了公司所提供的网站场景、软硬件设施，否则，这些数据无法被记录下来。因此，公司对这些数据的生产创造也有不可否认的贡献。其二，交易标的问题。数据资产的交易是否可以延续传统资产的交易模式？假设 A 从 B 处以价格 P 购买了数据，由于数据的复制成本为 0，因此，A 完全可以把数据复制无限份，然后以更低的价格售卖，这样最终导致数据资产的价格趋于 0。其三，数据价值测算问题。任何资产的价格都是价值驱动的，因此，对数据资产进行定价的前提是对它的价值进行公平合理的测算。前面提到，数据在不同应用场景的价值存在差异，但由于很多数据的应用场景并不清晰，商业价值无法测算，比如性别数据对分析消费者行为具有重要的作用，而对互联网征信却没有太大价值。

数据资产不同于实物资产，其价格不仅受到使用价值与供求关系的影响，而且受到数据资产自身特性的影响。一是数据资产的交易并不一定要以让渡数据所有权或使用权为前提，二是数据资产可以多次交易且交易行为不会造成价值减损。因此，通常情况下，数据资产的交易价格以价值为基础，但远低于价值。在一定程度上，可以把数据资产的价格看成数据资产在单次交易中的价值体现。下面介绍几类常见的数据资产定价方法。

1. 传统会计学定价

主要包括收益法、成本法和市场法。收益法关注商品的效用价值或现值。对以原始数据直接交易的数据资产定价，可以依据收益现值法，根据买方的实际收益所得、使用次数或时间等，按比例支付给卖方，但这种方法的缺陷是选择合适的折现率比较困难（Henderson et al.，2015）。李永红等（2017）给出的收益法模型为：

$$V=\sum_{t=1}^{n}\frac{R_t}{(1+i)^t} \tag{9-1}$$

式中，V 为数据资产评估价值；n 为数据资产预期产生收益的期限；R_t 为第 t 期数据资产的预期收益；i 为折现率。该模型的缺陷是没有考虑在风险因素的影响下，数据资产在收益期限内可能发生贬值的问题。

梁艳提出使用多期超额收益法评估数据资产价值，模型为：

$$V=\sum_{t=1}^{n}(E-E_w-E_f-E_i)\times(1+i)^{-t}\times K \tag{9-2}$$

式中，V 为数据资产评估价值；E 为企业的自由现金流；E_w，E_f，E_i 分别为流动资产贡献值、固定资产贡献值、除数据资产外的其他无形资产贡献值；K 为数据资产价值调整系数；i 为折现率；n 为收益期限。

成本法易于操作且定价相对直观，比较适用于买方差异不大、制作成本几乎是公开信息、供给竞争激烈的数据产品，也适用于对个人数据的隐私补偿定价，但成本法容易忽略买方异质性和数据特点所产生的价值，很可能会低估数据资产价值。

上海德勤资产评估有限公司与阿里研究院提出使用成本法来评估数据资产价值，认为被评估的数据资产价值等于重置成本与贬值之差，其中，重置成本包括合理的成本、利润和相关税费，而成本除了直接、间接成本外，还需考虑机会成本；贬值包括功能性贬值、实体性贬值和经济性贬值。李永红等（2018）使用成本法评估企业内部积累的数据资产价值，将被评估的数据资产价值定义为初期准备成本与全运营周期的运营成本之和。林飞腾（2020）提出使用成本法评估数据资产价值，将被评估的数据资产价值定义为重置成本与功能性贬值、经济性贬值之差。

市场法则强调数据资产的交易价格，主要考虑重置成本、当前成本或可变现净值。大多类似于知识产权的数据都适用市场法，但其运用的局限性也较为明显，比成本法更费时、成本更高（Henderson et al.，2015），且要求市场上已有类似的数据交易作为参照。例如，上海德勤资产评估有限公司与阿里研究院提出的市场法数据资产定价模型为：被评估的数据资产价格＝可比数据资产市场交易价格×调整系数，其中，可比数据资产是指交易背景相同或相似的数据资产。刘琦等（2016）提出了市场法数据资产定价模型，将被评估的数据资产价格定义为：可比数据资产价格×技术修正系数×价值密度修正系数×期日修正系数×容量修正系数×其他修正系数。其中可比数据资产的可比性主要体现在两点：类型相同、用途相同。在修正系数计算方面，技术修正系数考虑了 6 个价值影响因素：数据获取、数据存储、数据加工、数据挖掘、数据保护、数据共享。使用层次分析法对不同的影响因素进行确权，得到所有影响因素的权重，采用专家打分法，专家分别对可比数据资产和被评估数据资产的 6 个指标进行打分，得到可比数据资产和被评估数据资产的 6 个指标值。李永红等（2017）提出的市场法数据资产定价模型为：

$$V=\frac{V_1\times K_1+V_2\times K_2+\cdots+V_n\times K_n}{n} \tag{9-3}$$

式中，V 为被评估的数据资产价格；n 为可比数据资产数目；V_n 为第 n 个可比数据资产的市场价格；K_n 为第 n 个可比数据资产根据各项指标确定的综合调整系数。李永红等（2018）进一步提出的市场法数据资产定价模型为：

$$V=\frac{V_1\times K_1+V_2\times K_2+V_3\times K_3+V_4\times K_4+V_5\times K_5}{5} \tag{9-4}$$

式中，V 为被评估的数据资产价格；$V_1\sim V_5$ 为选取的 5 个可比数据资产的价格；$K_1\sim K_5$ 为利用关联度确定的 5 个可比数据资产的权重。

2. 基于“信息熵”定价

根据香农（Shannon，1948）的信息论，“信息熵”表示信息中排除冗余后的平均信息量，是与买家关注的某事件发生的概率相关的相对数量。信息熵越大，某事件发生的不确定性越小，正确估计它的概率越大。因而，信息熵越大，信息内容的有效性越强，交易价格越高。通过将数据元组（组成数据集的小单位）的隐私含量、被引用次数、供给价格、权重等因素相结合，可以对数据资产的信息熵进行动态定价（Shen et al.，2019)。信息熵定价法充分考虑了数据资产的稀缺性，而且相对于数据的内容和质量，更关注数据的有效数量和分布（Li et al.，2017)。

3. 数据资产的多维度定价

根据数据资产价值的多个维度进行定价可以兼顾卖方、买方的核心关注点和数据资产本身。数据资产价值的评估主要应考虑数据成本、数据质量、数据产品的层次和协同性、买方异质性等。数据资产的采集、存证、传输、加工、营销等均会产生成本。数据质量的指标主要包括完整性、独特性、时效性、有效性、准确性和一致性。数据产品的层次主要指技术含量、稀缺性等，协同性则指的是不同数据产品之间的合作产生的增量价值。一般而言，以上指标与数据资产价值成正比，而买方异质性则使得数据资产价值的方差很大。不同的买方拥有不同的风险厌恶程度、数据偏好、信息使用成本和变现能力，即便是相同的数据，价值差异也很大。因此，如果买方异质性较强，企业一般会先筛选买方类型，再进行价值评估和差异化定价。

数据资产定价的主要原则有：价格可以真实地反映买方效用，卖方收入最大化，收入公平分配给合作提供数据集的不同卖方，无套利，隐私保护，计算效率。上述几种数据资产定价方法基本体现了这些原则的取舍和融合。目前，学者对数据资产价值评估和数据资产定价都有一定的探索，相关的理论、技术和模型尚不成熟，有待进一步研究和开发。

数字中国

发挥数据资产的作用，建设全国统一大市场

2022 年 3 月 25 日，《中共中央、国务院关于加快建设全国统一大市场的意见》出台。该意见指出，以习近平新时代中国特色社会主义思想为指导，全面贯彻党的十九大和十九届历次全会精神，弘扬伟大建党精神，坚持稳中求进工作总基调，完整、准确、全面贯彻新发展理念，加快构建新发展格局，全面深化改革开放，坚持创新驱动发展，推动高质量发展，坚持以供给侧结构性改革为主线，以满足人民日益增长的美好生活需要为根本目的，统筹发展和安全，充分发挥法治的引领、规范、保障作用，加快建立全国统一的市场制度规则，打破地方保护和市场分割，打通制约经济循环的关键堵点，促进商品要素资源在更大范围内畅通流动，加快建设高效规范、公平竞争、充分开放的全国统一大市场，全面推动我国市场由大到强转变，为建设高标准市场体系、构建高水平社会主义市场经济体制提供坚强支撑。

针对打造统一的要素和资源市场的建议，措施之一就是要加快培育统一的技术和数据市场。具体而言，建立健全全国性技术交易市场，完善知识产权评估与交易机制，推动各地技术交易市场互联互通。完善科技资源共享服务体系，鼓励不同区域之间科技信息交流互动，推动重大科研基础设施和仪器设备开放共享，加大科技领域国际合作力度。加快培育数据要素市场，建立健全数据安全、权利保护、跨境传输管理、交易流通、开放共享、安全认证等基础制度和标准规范，深入开展数据资源调查，推动数据资源开发利用。强化标准验证、实施、监督，健全现代流通、大数据、人工智能、区块链、第五代移动通信、物联网、储能等领域标准体系。深入开展人工智能社会实验，推动制定智能社会治理相关标准。

第 2 节　数据的产业化过程

大数据是数据的集合，以容量大、类型多、速度快、精度准、价值高为主要特征，是推动经济转型发展的新动力，是提升政府治理能力的新途径，是重塑国家竞争优势的新机遇。大数据产业是以数据生成、采集、存储、加工、分析、服务为主的战略性新兴产业，是激活数据要素潜能的关键支撑，是加快经济社会发展质量变革、效率变革、动力变革的重要引擎。根据《“十四五”大数据产业发展规划》，“十三五”时期，我国大数据产业快速起步。据测算，产业规模年均复合增长率超过 30%，2020 年超过 1 万亿元，发展取得显著成效，逐渐成为支撑我国经济社会发展的优势产业。预计到 2025 年，大数据产业测算规模突破 3 万亿元，年均复合增长率保持在 25%左右，创新力强、附加值高、自主可控的现代化大数据产业体系将基本形成。

一、数据产业概述

（一）数据产业的定义

数据是新时代的重要生产要素，在信息化社会中，数据已经成为与自然资源、人力资源同样重要的国家基础性战略资源，挖掘这些数据资源、提取有用信息，将涌现“取之不尽，用之不竭”的数据创新，赋予这些数据创新商业模式，就是产业化。具体而言，数据产业主要包括数据资源建设，大数据软硬件产品的开发、销售和租赁活动，以及相关信息技术服务，有狭义和广义之分。

从狭义上看，数据产业是指数据采集、加工及相关服务业，主要是对数据资源进行合理开发、对数据资产进行有效管理、将数据产品商品化，涵盖数字出版与文化业、电子图书馆和情报业、多媒体业、数字内容业、领域数据资源开发业、行业数据资源服务业等。当前已有的数据创新有网络创作、数据营销、推送服务、商品比价和疾病监控等，在疫情防控期间，数据产业在医疗卫生方面发挥着重要的监控作用，具体应用有“健康码”“行程卡”等。

从广义上看，数据产业包括狭义上的数据产业以及与之相关的上下游关联行业，主要是数据相关服务的硬件制造、软件开发，软硬件相结合的网络工程建设，数据采集加工和相关数据服务，包括数据采集、数据存储、数据管理、数据处理、数据挖掘、数据分析、数据展示以及数据产品评价和交易。

采用中国信息通信研究院的定义，数据产业是以数据及数据所蕴含的信息价值为核心生产要素，通过数据技术、数据产品、数据服务等形式，使数据与信息价值在各行业经济活动中得到充分释放的赋能型产业。

（二）数据产业的分类

数据产业的分类标准有很多，按不同的标准可以划分不同的类型。按照对数据产业的内涵和外延的不同理解，可将数据产业分为两类：狭义的数据产业和广义的数据产业。狭义的数据产业主要指数据准备、数据挖掘和可视化，包括自身生产数据或者从外部获取数据的存储、分析、应用类产业，涵盖数字出版与文化业、情报业、行业数据资源服务业、领域数据资源开发业等。广义的数据产业主要指数据衍生产业，涉及狭义的上下游关联行业，包括从事大数据产业所需的基础设施和技术支持类产业。

根据数据营销模式可将数据产业分为三类：数据内容业、数据服务业以及数据软硬件制造业。数据内容业是指从事数据的采集、存储、加工、传播等基本数据服务的产业群体，如档案室、数据中心等，其以信息为主要产品，可以关联到社会的各个领域；数据服务业是指用专业的知识和技能给客户提供策略以解决问题的服务，如数据以及数据库的咨询、数据库的建立以及升级、系统的创建和升级、增值网络服务等；数据软硬件制造业是指从事数据相关基础设备和软件的研发和制造的行业。

根据智研咨询发布的《2022—2028 年中国大数据行业市场竞争态势及发展趋向分析报告》，可将数据产业的价值模式分为五类：内生型价值模式、外生型价值模式、产品型价值模式、服务型价值模式以及寄生型价值模式。前两种模式自身生产数据，内生型价值模式将生产的数据用于企业自身的营销和服务，如亚马逊、谷歌等；外生型价值模式以授权、租赁方式将数据提供给其他企业使用，如推特。后三种模式自身不生产数据，其中，产品型价值模式提供与大数据相关的存储、检查及软硬件产品，如惠普；服务型价值模式依托云计算直接向客户提供基于大数据生成、分析、检索、消费的服务平台，如微软的 Azure 平台；寄生型价值模式提供专业的咨询服务，如天睿。

（三）数据产业的特征

“十三五”时期，我国数据产业取得了突破性发展，2020 年产业规模约 8 000 亿元，产业价值不断提升。到“十四五”新时期，我国数据产业快速发展并呈现以下特征：

（1）数据产业走向市场化。2020 年，《关于构建更加完善的要素市场化配置体制机制的意见》将数据列为继土地、劳动力、资本、技术之后第五种市场化配置的关键生产要素。“十四五”时期，数据对提高生产效率的乘数作用将更加凸显，对经济增长的贡献将进一步提高，我国将建立规范、活跃、有序的数据要素流通市场，实现数据要素价格市场决定、流动自主有序、配置高效公平，进一步推动数据价值从平台商业价值向全社会的经济价值演进。

（2）数据产业流通规范化。当前，由于缺乏法律依据和成熟经验，数据资产确定产权、交易流通、安全保护成为数据治理中的重大难题，制约数据要素价值释放和我国数字经济发展。2020 年，数据治理进程明显加快，《中华人民共和国数据安全法（草案）》《深圳经济特区数据条例（征求意见稿）》《浙江省公共数据开放与安全管理暂行办法》等从数据确权、共享、流通、安全保障等方面为数据治理提供依据，规范数据治理行为，积累数据治理经验，加快我国数据治理进程。“十四五”期间，我国数据治理将更加成熟和完善，地方政府、各行业及企业等都将在数据治理方面形成成熟的方案和制度，数据共享、流通、安全保障等数据治理能力将显著提高。

（3）数据产业更具融合性。目前，我国大数据技术在应用领域取得显著进展，在数据采集、存储、清洗、分析、可视化等方面拥有一批具有国际竞争优势的企业，但在大数据基础理论、核心算法、关键软件层面相较于发达国家仍存在明显差距。把科技自立自强作为国家发展的战略支撑，要求大数据技术领域逐步补齐短板，进一步强化长板，增强大数据产业的质量和安全。自 2005 年开源大数据项目 Hadoop 诞生以来，大数据技术持续演变迭代，出现了 Storm、Spark 等广泛应用的开源项目，并一直主导着大数据技术的发展方向和创新模式，打造和掌握有影响力的、关键源代码的开源社区成为我国大数据产业构建基础能力的关键。此外，大数据不再作为纯粹独立的技术，其与机器学习、区块链、人工智能、边缘计算、量子计算等技术交叉融合的态势日趋增强，通过紧密相关的信息技术发展体现其价值。

（4）数据产业应用广泛性。融合应用是大数据产业的发展重点，“十四五”期间，我国产业持续优化升级，大数据与各产业的融合步伐不断加快、融合深度不断提升，各细分产业应用场景的拓展和深入挖掘仍是关注焦点，将推动各产业在更深层次、更大范围应用数据变革现有业务模式，实现产业高质量发展。在制造业领域，大数据将进一步引领制造业朝个性化定制、柔性化和智能化生产、网络化协同方向演进。在医疗健康领域，大数据在个人健康管理、养生养老、医药研发、公共卫生管理、医疗行业监督等方面全面应用。在交通领域，依赖实时全面的交通数据助推无人驾驶、智能驾驶逐渐大范围落地。在农业领域，农产品生产监控、供需匹配、安全溯源、流通等方面越来越广泛地应用大数据。在能源领域，大数据是能源系统智慧化升级的支撑，将助力优化和协调能源效能、智能预警和运维设备、新能源预测等。

（5）数据产业基础设施完备性。互联网、移动互联网、物联网等信息技术快速发展，工业互联网、自动驾驶、高清视频、VR/AR 等新经济创新加快，产生的海量数据聚集以及数据的处理需求爆发式增长，对数据存储能力和计算能力的要求不断提高，亟须加速建立以数据中心为代表的算力和存储新型基础设施，除电信运营商、传统数据中心、金融机构之外，新技术、新模式、新经济等领域的企业明显加大对大型大数据中心，特别是云化数据中心的投资和建设力度。在新基建政策以及数字经济和数字业务快速发展的推动下，数字经济领域代表性企业开始从传统租赁数据中心向大规模自研和自建更加高效、安全、智能、绿色的数据中心转变。

（6）数据产业应用服务性。城市大脑是支撑政府民生服务和社会治理的重要数字基础设施，充分凸显了大数据在社会治理中带来的治理成效，也让公共管理部门认识到大数据是提升社会治理效能的基础性工具。“十四五”期间，基于政府大数据的城市大脑将成为国家和各级政府提升民生服务水平和社会治理现代化的必要手段。

（7）数据产业区域特色性。当前我国各区域的大数据发展水平和能力存在明显差距，8 个国家大数据综合试验区在吸引政策支持和集聚产业要素方面具备明显优势，引领我国大数据产业发展，并逐渐形成可推广、可复制的成熟方案和经验。随着大数据示范区建设不断推进，河北（雄安新区）、浙江、福建、广东、重庆、四川等地获批成为国家数字经济创新发展试验区，未来这些地区将引领大数据产业的创新发展和特色发展。

案例 9－2　疫情下的数据产业应用

二、数据产业链

结合相关研究对数据产业链的理解，本书认为数据产业链是由相关的数据产业部门或企业基于产业活动形成的经济技术联系，客观形成的环环相扣、首尾相连的链条式咬合关系，通过数据资源的加工合作串联起的一定地域空间范围内不同企业之间的供求关系。一条完整的数据产业链需要数据基础设施、数据产业服务和数据融合应用这三个层层递进的环节。

（一）数据基础设施

数据基础设施是整个数据产业链的引擎和基础，它涵盖了网络、存储和计算等硬件设施，云计算资源管理平台，以及与数据采集、数据分析（如流处理、交互查询、批处理、机器学习、人工智能等）和数据展示等相关的方法和工具。我国在 2018 年中央经济工作会议、2020 年政府工作报告等中强调要加快“新基建”建设步伐。国家发改委在 2020 年 4 月召开的例行新闻发布会上初步研究认为：新型基础设施是以新发展理念为引领，以技术创新为驱动，以信息网络为基础，面向高质量发展需要，提供数字转型、智能升级、融合创新等服务的基础设施体系。

随着人工智能和 5G 技术的发展，芯片和终端等与存储和计算相关的设备成为发展的热点，数据中心作为“新基建”重要的一部分，将在“新基建”的推动下迎来新的发展契机；云计算资源管理平台（包括私有云和公有云）持续提升底层硬件的利用效率，日益成为产业不可或缺的重要支撑。人工智能分析框架、NoSOL 和 NewSQL 数据库，以及 Spark 和 Hadoop 等平台的日益成熟，为数据分析挖掘提供了丰富的工具箱。

数据中心是数据产业发展的基石，也是数字经济发展的关键支撑。《2020 年中国大数据产业发展白皮书》显示，2016—2019 年我国数据中心数量和规模快速增长，2019 年机架数量达到 227 万架；投资规模大幅增长，2019 年增长率为 13.5%。从长期来看，数据中心将更多地受应用市场驱动，主要表现在四个方面：互联网等云化应用和服务增多；数字经济、数字政府和数字社会建设加速；企业层面加速数字化转型；万物互联，数据量爆发。数据中心的建设可以带动服务器、网络、数据采集设备、数据管理平台等软硬件产品的发展，还可以拉动大数据向服务层、应用层延伸，数据产业的未来价值将不断提高，数据中心将迎来黄金发展期。数据中心逐渐朝高密度、超大规模方向发展。承载用户大规模的用云需求，充分发挥数据中心的规模效益，大幅降低业务部署成本和维护成本，满足向上的可扩展的需要。

（二）数据产业服务

数据产业服务是数据市场的未来增长点之一，它立足于海量数据资源，围绕各类应用和市场需求，提供辅助性的服务，包括数据交易、数据资产管理、数据采集、数据存储、数据处理、数据安全以及基于数据的 IT 运维等。其中，数据采集是指对企业内部的经营数据、管理数据和企业外部的用户行为数据等进行挖掘、整合。数据存储是指将采集的数据纳入数据聚合平台，方便数据的输入和输出。数据处理是指利用数据分析方法和工具对数据进行加工和分析，挖掘潜藏在数据中的深度信息，实现数据的增值。

随着 5G 商用的全面推广，数据采集和预处理需求加大。此外，随着数字技术日益复杂，提供第三方数据分析、可视化和安全服务的市场也逐渐壮大。然而，数据交易服务由于数据权属不清晰、模式不落地等问题，发展潜力相对较小。

（三）数据融合应用

数据融合应用是数据产业发展的重点，是指将处理好的数据产品应用到行业中，为企业提供决策支持，从而提高运营效率，其涵盖与政府、工业、医疗、金融、教育、交通等领域紧密联系的软件和整体解决方案，以及通用的与营销等业务应用密切相关的软件和整体解决方案。融合应用最能体现数据的价值和内涵，是数据技术与实体经济深度融合的生动体现，能够切实地助力实体经济企业提高效率、降低成本，也能助力政府提升社会治理水平和民生服务能力。

在数字经济时代，由于消费的场景化、渠道的多元化、产品与服务的一体化，企业开始利用“互联网＋”思维模式重构营销链条。当前互联网大数据主要应用于广告营销等方面，企业通过新媒体、自媒体、融媒体、网络广告等方式增加用户和流量，提升用户黏性，精准匹配用户的需求，并为用户推送更多的内容，全球广告营销正在被数据驱动。在实际运作过程中存在以下问题：一方面，用户数据获取成本增加，在用户和流量一定的情况下，卖方数量的增加会导致保持用户黏性以及维持稳定流量的成本增加；另一方面，数据分析技术、数据量、数据平台等多要素导致企业提供的服务与用户需求不匹配。此外，营销管理能力不足、行业企业对线上线下资源整合能力不足，给精细化管理带来了挑战，导致营销效率难以提高。

数字中国

“十三五”期间我国大数据产业发展成效

政策体系逐步完善。党中央、国务院围绕数字经济、数据要素市场、国家一体化大数据中心布局等作出一系列战略部署，建立促进大数据发展部际联席会议制度。有关部委出台了20余项大数据政策，各地方出台了300余项相关政策，23个省区市、14个计划单列市和副省级城市设立了大数据管理机构，央地协同、区域联动的大数据发展推进体系逐步形成。

产业基础日益巩固。数据资源极大丰富，总量位居全球前列。产业创新日渐活跃，成为全球第二大相关专利受理国，专利受理总数全球占比近20%。基础设施不断夯实，建成全球规模最大的光纤网络和4G网络，5G终端连接数超过2亿，位居世界第一。标准体系逐步完善，国家标准立项33项，发布24项。

产业链初步形成。围绕“数据资源、基础硬件、通用软件、行业应用、安全保障”的大数据产品和服务体系初步形成，全国遴选出338个大数据优秀产品和解决方案，以及400个大数据典型试点示范项目。行业融合逐步深入，大数据应用从互联网、金融、电信等数据资源基础较好的领域逐步向智能制造、数字社会、数字政府等领域拓展，并在疫情防控和复工复产中发挥了关键支撑作用。

生态体系持续优化。区域集聚成效显著，建设了8个国家大数据综合试验区和11个大数据领域国家新型工业化产业示范基地。一批大数据龙头企业快速崛起，初步形成了大企业引领、中小企业协同、创新企业不断涌现的发展格局。产业支撑能力不断提升，咨询服务、评估测试等服务保障体系基本建立。数字营商环境持续优化，电子政务在线服务指数跃升至全球第九，进入世界领先梯队。

三、数据产业商业模式

工信部发布的《大数据产业发展规划（2016—2020年）》显示，2015年，中国大数据产业规模为2 800亿元。目前的大数据产业基本上是围绕数据营销领域展开，而规模达数十万亿元的金融、电信、交通、旅游、制造、房地产等领域为大数据产业提供了更为广阔的腹地，但行业大数据应用才刚刚起步，如何更快、更好地推动行业大数据发展成为规划目标实现的根本。

数据产业能够催生更大的市场和利润空间，构建数据行业应用新体系。在数据产业链中，不同环节的商业需求催生新的运作方式和盈利方式，从而形成新的商业模式。商业模式是指企业的运作方式以及盈利方式，在大数据环境下，企业的商业模式围绕产业链构建。在数据产业链的不同环节，形成了以下新商业模式：

（1）数据自营模式。数据自营模式是指企业自身拥有大量的数据，同时具备强大的数据处理和分析能力，能够根据数据分析结果改进现有产品或预测未来从而获利的商业模式。这种模式基本涵盖了数据产业链的各个环节，集数据生成、存储、处理和应用于一体，适用于综合实力较强的企业。数据自营模式因自产自销数据，不仅降低了成本，更适应企业的需求，使企业在大数据市场上占有一席之地。

（2）数据租售模式。数据租售模式是指通过一定的媒介，将广泛收集、精心过滤的数据销售或租赁给客户来获利的模式。这种模式适用于拥有海量数据、具有强大数据收集能力和整合萃取信息能力的企业。在这种商业模式下，数据实现了增值，针对可供交易的产品，很好地诠释了“数据即资产”的观念。

（3）数据平台模式。数据平台模式是指通过为客户提供方便快捷的个性化平台服务来获利的商业模式，数据的分析、分享和交易等功能都能通过平台来实现。数据平台模式主要包括数据分析平台模式、数据分享平台模式和数据交易平台模式。数据分析平台模式是指通过灵活租赁的方式为客户提供数据存储、数据运算和数据分析的平台服务，要求客户掌握一定的数据分析能力，客户只需将数据上传到平台，便可使用平台上的分析工具进行数据分析。数据分享平台模式是指平台服务商凭借自身拥有的数据资产，为客户提供云数据库、数据推送、数据集成等服务，同时开放数据接口、提供开发环境，供开发者进行基于数据的应用开发从而获得利润分成，这需要平台服务商具有强大的数据采集能力和分析能力。数据交易平台模式是指第三方平台服务商为数据所有者和数据需求者提供数据交换、交易的服务平台，需要完善的平台技术保证交易的顺利进行，数据所有者将数据上传到平台，数据需求者便可从平台上下载。

（4）数据仓库模式。数据仓库模式是指通过整合所有类型的数据来为企业提供决策支持，从而达到获利目的的商业模式。这种模式适用于决策型企业，帮助客户快速做出正确的决策，实现投资回报率最大化。

四、数据产业集群

产业集群是指在特定区域内，具有竞争与合作关系，且在地理上集中，有交互关联性的企业、专业化供应商、服务供应商、金融机构、相关产业的厂商及其他相关机构等组成的群体。数据产业集群发展是指大数据产业形成的紧密联系的企业，包括上游的供应商、下游的营销网络与客商、互补产品的生产商和通过相关技能、技术或共同投入联系起来的业内企业，以及相关支撑机构（包括大学、科研机构及相关政府事业单位），围绕培育产业集群，提升产业自主创新能力，形成强劲、持续的产业竞争优势而展开的一系列活动的总和。其明显的作用是在大数据产业初期克服某种程度的市场失灵，形成合力创新。因此，产业集群发展不仅是一种经济行为，而且是一个由多要素、多主体、多联系协同形成的复杂社会系统活动。

（一）数据产业集群发展的诱导因素

数据产业集群发展的诱导因素包括需求因素和制度因素。需求是数据产业集群发展的根本动力，对数据的需求一方面来自企业内部经营活动，另一方面来自特定项目及政府采购。同时，个性化服务催生的需求日益凸显。多层面需求制度的形成，从根源上形成了对大数据产业的强势促进。制度的完善主要是市场竞争环境的改善，政府部门遵循市场规律，营造健康有序的开放性市场环境，赋予各类企业平等竞争的地位，规范市场竞争行为，形成良好的市场竞争环境。

（二）数据产业集群发展的动力机制

对于数据产业集群而言，集群外部环境的刺激与集群内部各主体的非线性作用，从外部与内部两方面形成了集群发展的动力机制。

从数据产业集群内部来看，发展动力主要来源于四个方面：收益的吸引力、创新成果的推动力、创新文化的号召力和企业高层的领导力。第一，企业是以营利为目的的经济实体，如果某种活动能使集群企业获得高额利润，那么这种预期收益会驱动经营活动持续进行，成为促进企业集群发展的根本动力。第二，知识传播和交流效率会随着创新成果在集群成员之间的传播、推广和应用而加速和提升，激发创新者的思维，使其根据新的创新平台和自身情况进行二次创新，持续提升集群的整体创新能力。第三，创新文化是指在创新及创新管理活动中形成的创新观、创新态度、创新准则和规范，是数据产业集群发展的精神动力源泉。第四，企业领导对业务及发展方向的判断决定了企业对数据业务及其发展的态度和决策，因此，企业高层的领导能力对集群发展的绩效有重要作用。

从数据产业集群外部环境来看，发展动力主要来源于市场需求、政府扶持、科技推动及市场竞争等方面。第一，市场需求是企业活动的起点和终点。企业活动因市场需求的存在而展开，市场需求成为数据产业集群持续发展的重要动力。第二，政府部门在数据产业集群发展中主要起到政策制定、协调、规范与监管等作用，保护集群内外交易各方的正当利益，减少协同与合作过程中的摩擦，降低新兴产业主体的创新风险，此外，政府通过减税、补贴、提供公共产品等方式鼓励企业创新，推动数据产业集群内企业的发展。第三，科学技术是第一生产力，科技转化为生产力的过程是将新技术加以应用的过程，同时，科技的进步也直接推动或催生新一轮的产业集群发展，并直接推动大数据产业的发展。第四，竞争是市场经济条件下的普遍规律。在数据产业集群发展环境下，大量相同或相似的竞争对手存在，迫使企业持续开展经营及创新活动以拉开竞争距离，保持竞争优势。

案例 9－3　贵阳贵安大数据产业集群

第 3 节　数据资产交易

目前，我国的数据交易处于起步阶段，但进程不断加速。随着数字技术在各个领域和行业的渗透，数据在业务的发展和运营中积累和沉淀，蕴含着较高的价值，但是过去数据资产交易存在确权难、定价难、互信难、入场难、监管难五大难点，制约了数据资产交易和数据资产价值的挖掘。在制度持续完善的背景下，一批批数据交易平台、数据交易中心、数据交易所不断涌现出来，截至 2023 年 6 月底，全国各地由政府发起、主导或批复的数据交易所达到 44 家，呈现出爆发式增长趋势。数据资产交易是数字经济发展的重要方向，《“十四五”大数据产业发展规划》明确了数据资产交易的发展目标，数据要素价值评估体系初步建立，要素价格由市场决定，数据流动自主有序，资源配置高效公平，培育一批较成熟的交易平台，市场机制基本形成。

一、数据交易模式

数据一般具有非竞争性、非排他性，并不适合作为私人产品进行交易，除非采用某种技术手段限制数据被重复使用。但是，对数据需求方而言，政府开放和共享的数据不能满足数据分析要求，其迫切希望通过交易的方式来获得更多的数据，因此产生了一些数据交易模式。当前，数据交易模式有如下八种：

（一）直接交易数据模式

交易双方就数据交易的内容和方式进行详细约定，签订数据交易合同，一方交货、一方付款，完成交易。通常购买方通过某种渠道了解到销售方出售某类数据，经与销售方协商后，签订合同，购买数据。这种模式比较适合线下“一手交钱，一手交货”的交易，在数据黑市比较普遍，但交易不透明，市场监管难度大。在此类交易模式下，卖方很难控制买方的行为，特别是买方复制数据并与其他第三方再进行交易的行为。例如，A 以 1 万元的价格出售 1 份数据给 B，却很难保证 B 不会复制这份数据并以更低的价格卖出去。

直接交易数据模式的优点在于交易易达成、数据产品不会被第三方侵占。缺点在于数据交易不透明，不利于市场监管，容易侵犯第三方数据主体的权益，购买的数据可能涉及法律风险，并且完整数据集的质量不可控。

（二）数据交易所模式

政府牵头成立的数据交易所在政府监管下、在集中场所进行数据供求关系撮合，比如贵阳大数据交易所。数据交易所类似于股票交易所，买卖双方必须注册成为会员，通过交易所平台进行数据买卖。但是，由于信息不对称、数据易复制，交易双方担心数据被第三方交易所截留，进行非法套利。早期政府开办的数据交易所，数据交易很简单，交易双方一旦达成某次交易，就可能不再依靠数据交易所进行下一次交易。通过数据交易所模式容易获得更多的交易撮合机会，有利于监管，数据主权权益有保障，但数据容易被交易所截留。

（三）资源互换模式

在移动 App 中，App 服务商通过提供免费的 App 应用服务，换取对用户个人数据的使用权。资源互换模式也存在一些问题：第一，互联网平台与用户之间的地位不平等、信息不对称，用户被迫接受数据授权协议，可能用重要的个人数据换取了不太有价值的资讯服务，互联网平台也可能过度收集用户个人数据，或把从甲业务中收集到的个人数据用于用户不知情的乙业务上，从而造成侵犯隐私和数据滥用问题。第二，用户依赖互联网平台，难以行使对数据的可携带权，很难将自己的数据开放给或迁移到第三方平台。第三，用户难以获得对个人数据的合理收益权。

资源互换模式能促进数据的开发应用，交易双方都能受益，但用户可能被迫过度授权数据的使用，平台服务商可能滥用数据，不利于隐私保护。

（四）会员账户服务模式

销售商出售数据平台的会员服务，购买方购买会员服务后，可以获得与会员等级对应的数据访问权。会员账户服务模式有利于专业的数据开发和数据监管，但门槛过高，很多中小客户难以受益，并且存在会员盗窃风险。

（五）数据云服务交易模式

销售商不直接提供数据，而是提供数据应用的云服务或系统，消费者购买云服务或系统，通过服务获得数据应用价值。数据云服务交易模式有利于数据监管，推进数据分析的集约化、专业化，但存在数据服务过于标准化以至于难以满足个性化数据分析需求、不利于数据整合创新、容易造成数据垄断等缺点。

（六）API 访问模式

销售商通过应用程序接口（API）将用户数据开放给经授权的第三方机构，以促进用户数据的开发使用。销售商既限定哪些数据可开放，也限定向哪些机构开放。API 访问模式有利于数据自动化获取以及数据合作开发，但数据范围被限定，对 API 开发能力有要求。

（七）基于数据保护技术的数据交易

使用密码学和隐私计算技术，包括可验证计算、同态加密、安全多方计算、联邦学习、区块链技术等，实现数据加密，限制或规定数据的重复使用次数，推动数据产品转变为私人产品进行交易，或者在不影响数据控制权的前提下交易数据使用权，以便从技术上构建数据交易的产权基础，并计量数据主体和数据控制者的经济利益。

（八）利益相关方的数据平台＋数据的联盟交易模式

这是指数据消费者共同出资，投资一家“数据平台＋数据”的服务商，这家服务商负责生产数据产品，并将产品出售给所有利益相关方。比如成立于 2003 年的 Markit，其股东包括主要的信用违约互换（CDS）做市商，这些金融机构股东把自己的 CDS 数据上传到 Markit，Markit 整合 CDS 数据后以收费方式对外提供，包括定价和参考数据、指数产品、估值和交易服务等。Markit 的金融机构股东在不泄露自己商业机密的情况下，不仅从 Markit 的运作中获知 CDS 市场整体情况，而且从 Markit 的业务增长中获得投资收益。

二、数据资产交易平台

目前，大数据的应用已经拓展到各行各业，数据资产交易平台的出现促进了数据的流通，数据得以发挥最大的使用价值。下面以国内外数据资产交易平台为例，从交易平台类型、交易平台数据来源、交易平台产品类型、交易平台产品涉及的主要领域以及交易平台的交易规则五方面进行介绍。

（一）交易平台类型

数据资产交易平台可分为两类：第三方数据交易平台和综合数据服务平台。第三方数据交易平台业务简单明确，通常提供数据出售、数据购买、数据供应方查询以及数据需求发布等服务，平台主要负责对交易过程进行监管，仅充当数据供应方和数据需求方的中介，不涉及数据的采集、处理和存储，对平台工作人员的专业要求不高。综合数据服务平台业务相对复杂，涉及数据的加工处理，能够为用户提供个性化的服务，对平台工作人员有一定的技术能力和专业知识要求，目前数据的处理技术主要有机器学习、数据挖掘和神经网络等。

国内的数据交易平台大多提供综合数据服务，如贵阳大数据交易所、武汉东湖大数据交易中心、江苏大数据交易中心，能够在一定程度上满足用户的个性化需求，同时也对数据处理、交易过程的监管提出了更高的要求，对数据交易平台进行有效的监管，是保证交易过程安全的前提。国外的数据交易平台大多为第三方数据交易平台，如 BDEX、Infochimps、Mashape、RapidAPI，仅提供数据供应方和数据需求方进行交易的通道。第三方数据交易平台虽然不涉及数据的处理、加工、存储等，但对数据的质量和交易过程安全也有监管的责任和义务。

（二）交易平台数据来源

交易平台数据的来源主要有以下几种：一是政府公开数据；二是企业内部数据；三是数据供应方提供的数据，这种类型的数据一般是由数据供应方在数据交易平台上根据交易平台的规则和流程提供自己拥有的数据；四是网页爬虫数据，这种类型的数据是企业利用一定的技术手段，在各个网页获取的有效数据；五是合作伙伴数据，这种类型的数据主要是指企业的合作伙伴产生、沉淀的数据提供给交易平台。

国内的交易平台数据来源比较广泛，比如贵阳大数据交易所、陕西西咸新区大数据交易所等综合数据服务平台，其数据来源主要包括政府公开数据、企业内部数据、数据供应方提供的数据、网页爬虫数据以及合作伙伴数据等，中关村数海大数据交易平台、重庆大数据交易市场、华中大数据交易所、上海数据交易所等第三方数据交易平台则主要是通过数据供应方提供数据。多种数据来源可以丰富交易平台数据，但也增大了数据监管难度。国外的交易平台，如 Factual、Infochimps 及 Qlik DataMarket 的数据来源主要有数据供应方提供的数据、政府公开数据、网页爬虫数据等，其他第三方数据交易平台则是由数据供应方提供数据。数据来源渠道集中有利于交易平台对数据来源渠道的监管，从源头控制数据的质量。第三方数据交易平台的数据质量直接由数据供应方负责，数据供应方所提供数据的质量对平台发展有着重要影响。

国内京东万象的数据来源中有合作伙伴数据，其合作伙伴涉及多个领域，包括数据分析师、大海洋、环境云、汇法网等，通过合作伙伴获取数据有利于数据的长期获取。国外的数据交易平台还有数据社区提供数据以及传统方式线下采集数据两种数据获取方式，数据社区是若干社会群体或组织聚集在大数据领域内形成的一个相互关联、相互沟通的大集体，通过数据社区可以及时了解用户需求，更新数据；在传统的数据采集方式下，数据的全面性无法保障，且数据采集耗时较长，面对大量且更新较快的数据，该方式很难满足需求。

（三）交易平台产品类型

交易平台会根据自己的目标和定位提供不同类型的产品。根据产品类型，一方面可以看出该交易平台提供数据的丰富程度；另一方面有利于用户根据自己需要的产品类型合理地选择交易平台。产品类型主要有以下几种：API、数据包、云服务、解决方案、数据定制服务以及数据产品。API 是应用程序接口；数据包包括原始数据以及运用一定的技术手段处理之后的数据；云服务是指基于互联网相关服务的增加、使用和交互，通常通过互联网提供实时、动态的资源；解决方案是指在特定的情境下，利用已有的数据，为数据需求方提供处理问题的方案，如数据分析报告等；数据定制服务是指当数据需求方在交易平台上没有找到自己所需的数据时，可以向交易平台提出自己的需求，交易平台对该需求进行确认，之后利用相应的技术有针对性地采集数据，满足用户的需求；数据产品主要是对数据的应用，比如数据采集系统、软件等。

产品类型跟平台类型是相互联系的。国内提供的交易数据类型相对多样，包括 API、数据包、数据产品、数据定制服务、云服务和解决方案等，多样化的产品一方面可以满足用户的需求；另一方面可以使数据尽可能发挥价值，但对技术的要求也更高。国外的数据交易平台多为第三方数据交易平台，因而产品类型多为 API 和数据包。

（四）交易平台产品涉及的主要领域

数据交易平台会对产品领域进行分类，了解平台产品涉及的主要领域，有利于用户在短时间内根据需求所属领域选择合适的平台。国内外数据交易平台产品涉及的主要领域有：政府、经济、教育、环境、法律、医疗、人文、地理、交通、通信、人工智能、商业、农业、工业等。

国内外数据交易平台基本上都涉及多个领域，提供的多领域数据可以较好地满足用户对跨学科、跨领域的数据需求，不仅为用户收集、处理、加工数据提供了方便，也为用户节省了数据收集成本。但是这种交易平台针对性较弱，用户仅需一个领域的数据时，对交易平台的选择就需要从多方面进行考虑。在国外数据交易平台中，Factual 和 Quandl 的针对性较强，Factual 主要提供有关位置的地理数据，Quandl 主要提供经济领域数据，这样有利于用户对相应领域数据的查找和交易，也可以增强交易平台的针对性，重点关注某一领域将使交易平台更加专业地掌握该领域的相关数据，更容易争取到单一需求用户。

（五）交易平台的交易规则

交易平台的交易规则是对用户的行为规范，是安全有效进行交易的保障，也是交易平台对各个用户进行监管的依据。大部分数据交易平台都有明确的交易规则，比如贵阳大数据交易所的《贵阳大数据交易观山湖公约》、华中大数据交易所的《华中大数据交易平台规则》等，这些交易规则都明确了用户的权利、义务和责任，以及交易过程。

案例 9-4　数据交易
——华中大数据交易所

三、数据交易发展瓶颈与趋势

（一）数据交易发展瓶颈

1. 相关法律法规滞后

目前已经颁布的大数据法律法规中，虽然有相关的交易条款，但都是条款型指导性规定，无法具体指导交易平台的建立和运营。大数据战略虽然已经实施，但当前仍缺乏数据交易相关的系统性法律规定，对交易主体、交易客体、交易平台及其组织结构管理缺少明确的法律指导，也没有全国统一的法律规定供各交易平台建立和运营时参考，所以各交易平台基本上都是按照自己的理解和方案建立，各交易平台功能、经营范围、经营主体类型、客体管理方式和交易方式都不相同，造成了交易平台发展较为混乱的局面。比如，有的平台允许自然人注册交易，有的平台则不允许；有的平台有较为详细的用户注册章程或用户协议，有的平台则没有；有的平台对交易客体及交易数据有详细规定，有的平台则较为模糊。各平台对主体交易过程、交易之后的数据处理享有的权利和应履行的义务规定也各不相同：有的平台对已经制定的规章制度严格执行，有的平台则较为宽松。以上种种，均是没有明确的法律规定造成的混乱，较为严重地影响了数据交易过程、数据质量以及交易双方权利的行使和义务的履行，不仅降低了平台运营效能，还会对用户的隐私和财产权、企业商业秘密以及国家安全造成损害。

2. 监管机构不明确

法律地位的不明确使得数据交易平台的建设机构各不相同：有的是政府机构独资建立，有的是政府和科技公司共同出资建立，有的是行业协会建立，有的是科技公司独立兴办。对于前两者建立的平台，基本上都是由政府主导、平台机构参与制定各种规章制度，并对整个平台进行监管，平台既是裁判员又是运动员，很可能会影响监管力度和效果。目前，全国还没有一个非常明确的法律法规来规定到底应该由哪一个机构监管交易平台，严重影响交易平台的稳健发展。

3. 数据质量及数据定价标准缺失

质量就是生命，这句话对大数据行业来讲十分贴切。如果数据质量得不到保证，数据就一文不值。数据的完整性、系统性、正确性、时效性、易用性和确权性是体现数据质量的重要标准。由于目前缺乏系统性、法律性的数据标准，卖方提供的数据的质量参差不齐。各数据交易平台用户协议虽然也有一些条款要求数据卖方提供符合平台要求的数据源，但有时会因数据卖方把握标准不同和水平有限，导致提供的数据质量较低。较低的数据质量不仅会影响交易次数，而且会影响买方的处理结果，最终损害平台的声誉。

数据价格是影响数据交易平台活跃度的重要参数。数据定价低了无法体现数据价值，会降低数据卖方出售数据的积极性；数据定价高了则会降低数据买方的积极性。目前较为常用的定价方式有三种，即买卖双方协商定价、卖方直接定价和竞拍定价。采用协商定价的较多，但此种定价方式效率低，缺少统一的定价标准，会导致整个交易市场运行混乱。卖方直接定价则一般定价较高，对交易市场活跃度影响较大。竞拍定价一般发生在数据价值高、垄断程度较高的场合，使用频率较低。从整体来看，国内数据交易市场发展还处于初始阶段，数据交易存在交易额度低、质量低、层次低、风险高的“三低一高”现象。

4. 交易平台可交易数据量及数据需求不足

数据交易是随着大数据的发展而兴起的新兴产业，在我国仅有几年的实践经验，部分数据交易平台运营仅一两年，普遍存在数据量及用户不足的问题。政府部门和国有企业等数据供应方虽然掌握着国家大部分数据，却由于技术水平、政策法规和体制机制等原因“不会”“不敢”“不愿”将其公开，导致数据资产价值得不到应有的体现，数据供需不均衡问题突出。数据量及用户不足会严重影响交易活跃度和成交额。贵阳大数据交易所数据显示，截至 2018 年 3 月，发展会员数目突破 2 000 家，已接入 225 个优质数据源，可交易的数据总量超 150PB，可交易数据产品 4 000 余个。但有学者统计，截止到 2020 年 9 月 12 日，该交易平台上的数据源仅有 1 003 个，大数据应用仅为 101 个，作为在中国运行时间最长、资格最老的交易平台，贵阳大数据交易所的数据源和应用程序总数也仅有 1 104 个。

2020 年《环球财经》报道，贵阳大数据交易所开始运营时，定下的营业额目标是 100 亿元，而 2017 年和 2018 年的营业额仅为 3 亿元和 2 亿元，可见交易平台严峻的运营形势。交易不活跃的重要因素是数据需求较少，原因有三个方面：一是数据量小、质量低，挖掘不出多大价值；二是价格太高，买方购买数据会面临较大的经济风险；三是缺少数据需求和大数据专业人才，影响数据交易活跃度。

5. 数据交易平台分散

各省都想建立本省的数据交易平台，有的省甚至不止一个数据交易平台，如湖北省就有湖北大数据中心、武汉东湖大数据交易中心、华中大数据交易所和武汉长江大数据交易中心。这些交易平台建成后面临数据量小、用户少、数据需求少等一系列困境，最终导致交易不活跃，营业额很低，甚至出现亏损。由政府投巨资建立起来的交易平台，最后可能成为僵尸网站，这些现象应该引起政府部门的高度重视。各省都单独建立数据交易平台会造成政府资金的严重浪费。

6. 专业人才缺乏

目前数字经济、数字中国、数字强国战略急需大数据专业人才是不争的事实，专业人才缺乏是由信息技术发展速度与人才培养速度不匹配造成的。《中国经济的数字化转型：人才与就业》报告显示，目前我国大数据技术人才缺口超过 150 万，尤其缺乏兼具技术能力与行业经验的复合型人才。大数据专业人才包括两类：一是大数据技术人才，主要用于建立大数据系统软件和硬件、系统运营及安全维护；二是大数据行业技术人员，其针对数据买方的需求，专门对特定行业的大数据进行清洗、处理、建模及可视化操作，通过大数据挖掘得出买方需要的数据处理结果，以便用数据赋能特定行业。对数据交易平台建设来说，上述两类人才都是必需的，其中大数据行业技术人员对数据交易平台的产品丰富性及数据的深入应用有十分重要的意义。当前各大数据交易平台人才稀缺，影响了平台的健康安全稳定运行，也影响了平台的运营效益。

（二）数据交易发展趋势

在大数据时代，数据分析技术的日趋成熟使得各类数据价值日益凸显，不同主体对数据交易的需求也愈加迫切。传统数据交易平台中的数据交易存在数据被恶意采集、隐私泄露、数据被转手、数据虚假等诸多风险。一般认为，采用具有去中心化、透明性、隐私保护性、不可篡改性等特点的区块链技术是解决上述数据交易问题的一种重要途径。

区块链是从比特币底层技术衍生出来的新型技术，最早的定义来自中本聪 2008 年发表的论文，它是一个由多方共同参与维护的分布式数据库，每一个参与维护的节点都保存了完整的区块链数据，这些节点通过运行一致性算法来实现对账本状态的改变。区块链的多节点性、不可篡改性、强制执行性为解决数据交易中存在的问题提供了思路。多节点性是指在区块链中进行的身份认证、数据交易和数据验证等过程都经过多个节点的验证，可以解决第三方平台的不可信问题；不可篡改性是指使用区块链存储数据的访问控制列表和数据交易记录，可以提高访问控制的安全性，并为数据所有者提供真实可信的交易日志；强制执行性是指在数据代理和数据请求中使用智能合约指定交易规则，智能合约生效后自动执行，不被任何一方干预，为买卖双方建立信任关系提供了技术基础。

将数据交易与区块链技术结合，可以为解决数据交易现存问题提供新思路，但区块链自身也存在一些弊端，如隐私保护问题。相较于传统数据交易平台，区块链可以保证数据所有者对数据的知情权和控制权，不存在第三方隐藏交易或篡改数据，但区块链存储的交易信息和访问控制列表是公开透明的，各个节点都可以访问，各实体尽管大多以匿名方式加入区块链，但仍有被获取真实信息、追踪到真实个体的可能。解决区块链的隐私保护问题主要有两种方式：一是在现有区块链中强化匿名性；二是创建对现有区块进行改进的区块。

一般基于区块链的数据交易平台主要解决未经授权就采集和转售数据等问题。实际上，基于区块链的数据交易平台还可以支持数据所有者获得持续的数据交易利益，激励其更加主动地共享数据。若在第三方平台实现该功能，不能确保数据代理商诚实地根据销售情况向数据所有者返利。使用区块链平台，数据使用记录无法篡改，并可以利用智能合约实现自动返利。使用区块链实现价值转移，不仅可以在数据所有者和数据代理商之间建立信任，创造良好的数据共享环境，打破各行业间的数据孤岛，还可以利用区块链技术直接进行点对点交易的特点，实现点对点的价值直接转移，即在集成数据交易过程中将其中个体数据的价值直接转移至个体数据所有者，以此鼓励数据共享和流通。例如，患者电子病历已成为医疗大数据的重要内容，在医学研究、药物研发、医疗保险等领域具有重要价值，但电子病历数据本身不仅涉及医疗机构和医生，还涉及患者个人，其所有权确认、隐私保护、数据价值分配等在传统数据交易中很难做到兼顾各方。采用区块链技术的隐私保护以及价值转移机制，就可能很好地处理患者隐私保护、数据所有权确认、数据价值合理分配等方面的问题，可以实现患者在获得一定收益的情况下让渡部分隐私信息，推进医疗数据共享共用。此外，为降低用户隐私泄露的可能性，未来应更加鼓励对数据分析产品的交易，这也能降低大数据的使用门槛。此外，随着分析结果的多次出售，还可以缓解单次数据分析的计算成本。

采用区块链的大数据交易技术在未来研究中需要结合具体数据交易应用场景，充分发挥区块链技术特点，设计能更好地实现数据价值保护、数据隐私保护、数据价值可控转移、数据分析产品交易与更易于落地实施的新机制和新方法，推进各类大数据的应用深度。

// 基本概念 //

数据资产（data asset）　　数据要素（data factor）
数据产业（data industry）　　产业集群（industrial cluster）
价值评估（value assessment）　　数据资产交易（data asset transaction）

// 讨论题 //

1. 数据在何种情形下才能成为资产？是否所有数据都可作为资产？
2. 数据交易存在哪些安全问题？如何解决这些安全问题？
3. 数据资产在企业生产过程中发挥怎样的作用？
4. 论述目前我国数据产业的发展现状。
5. 论述数据资产在建设全国统一大市场中的角色和重要性。

// 第 10 章 //
数据隐私与安全

学习目标

1. 掌握个人数据、隐私的基本概念，了解二者之间的区别。
2. 掌握信息安全、数据安全、网络安全的基本概念，了解三者之间的区别。
3. 了解信息安全等级保护的基本概念以及不同级别的含义。
4. 了解数据管理能力成熟度的基本概念，以及评估数据管理能力成熟度的主要维度。

导 言

进入大数据时代，个人数据由于能反映数据主体的偏好、状态、位置等信息，成为一项重要的战略资源，为企业的产品设计、营销等活动提供战略指导，也为公共部门的决策制定、资源分配提供依据。然而，由于涉及隐私，个人数据资源利用一直面临着创新与隐私保护的权衡。

自 2021 年下半年《中华人民共和国数据安全法》和《中华人民共和国个人信息保护法》颁布实施以来，数据安全成为一个热点话题，数据隐私保护问题也伴随而来。本章主要围绕以下内容展开：(1) 个人数据与隐私概述；(2) 国内外的隐私规制；(3) 信息安全概述；(4) 数据管理能力成熟度评估。

第 1 节　个人数据与隐私概述

一、相关概念

(一) 个人数据

人类在生产生活中产生大量数据。目前对数据的定义分歧不大，普遍公认的定义是：能够通过设备（如计算机）自动处理、记录的信息[①]，可以是数字、文字、图像，也可以

① 根据英国 1984 年《数据保护法》的定义。

是计算机代码。对于个人数据，不同经济体法律的定义存在分歧，代表性定义如下。

目前影响最大的是欧盟 2018 年生效的《通用数据保护条例》（GDPR），其中个人数据指的是任何已识别或可识别的自然人的相关信息。

1998 年，英国《数据保护法》就“个人数据”做出的界定是：有关一个活着的自然人的数据组合，通过这些数据或者将这些数据与使用者占有的其他数据相结合，可以辨识该人，个人数据还包括有关该人的任何观点的表述和在涉及该人时使用者或他人的意图。

冰岛《与个人数据处理相关的个人数据保护法》对“个人数据”的定义为：任何与已识别或可识别的自然人相关的信息，即可以直接或间接地追溯到特定的个人（包括在世的和离世的人）的信息。

日本《个人信息保护法》对“个人数据”的界定为：与生存着的个人有关的信息中因包含有姓名、出生年月以及其他内容而可以识别出特定个人的部分。

我国在个人数据方面的规定包括：2020 年发布的《中华人民共和国民法典》将个人信息定义为“以电子或者其他方式记录的能够单独或者与其他信息结合识别特定自然人的各种信息”。《信息安全技术 个人信息安全规范》（GB/T 35273—2020）规定个人信息指“以电子或者其他方式记录的能够单独或者与其他信息结合识别特定自然人身份或者反映特定自然人活动情况的各种信息”。2021 年发布的《中华人民共和国个人信息保护法》规定个人信息为“以电子或者其他方式记录的与已识别或者可识别的自然人有关的各种信息，不包括匿名化处理后的信息”。香港特别行政区相关规定则将个人数据定义为：个人资料指符合以下说明的任何资料——直接或间接与一名在世的个人有关。

从世界各经济体的相关法律对个人数据的定义来看，主要有两个要点，一是个人数据的主体，二是信息与个人的相关性。目前各经济体对个人数据的主体界定的差异主要在于其是否包含离世的个人，而在个人相关性方面则较为统一，即有助于识别个人的任何数据。《中华人民共和国个人信息保护法》明确指出，“不包括匿名化处理后的信息”，这就为个人数据的相关产业发展预留了空间。

（二）个人数据与个人信息

从各经济体的法律及标准来看，大多没有进行特别区分，“个人数据”与“个人信息”经常被混用。在中文语境中“个人数据”和“个人信息”也经常被混用。日本《个人信息保护法》明确规定个人数据是存储于数据库中的个人信息。从研究文献来看，二者也经常被混用。国内有的文献甚至直接用“个人数据信息”。

无论是从技术角度，还是从中文语义角度，二者还是有所区别的。“数据”更强调能被设备自动化处理，而“信息”更强调内容的传递，尤其随着信息技术的迅速发展，二者的语义差别越来越明显。因此，在研究大数据环境下的隐私问题时，“个人数据”概念的使用更为准确。但是，由于不少法律条款使用“个人信息”，后文还是会尊重原文，使用该词。

（三）隐私

隐私是一个发展的概念，不同的国家、民族甚至不同的个体，在不同的历史发展阶段，对其都有不同的认识。长期以来，学者们从不同的视角对隐私的概念进行了大量的研究，主要观点包括：（1）权利视角：隐私是一种免受侵扰的权利或个人收集、存储、处理、传播并使用信息的权利；(2) 控制视角：人们控制外界能否获得自己信息的能力；(3) 内容视角：隐私在内容上包括身份和生活信息或人际交流隐私和数据隐私等。一般来说，隐私是指“一种与公共利益、群体利益无关，当事人不愿他人知道或他人不便知道的信息，当事人不愿他人干涉或他人不便干涉的个人私事，以及当事人不愿他人侵入或他人不便侵入的个人领域”。

大数据背景下的隐私问题引发空前的担忧。以个人信息泄露事件为例，2015 年 8 月，在线票务销售平台大麦网 600 余万用户账户密码泄露，用户信息被公开售卖，10 月，网易 163 邮箱、126 邮箱过亿数据发生泄露。同年的《中国消费者报》调查发现，76%的受访者认为在大数据时代个人信息更容易被泄露，被泄露最多的是个人通信信息。大量事实与案例表明，基于大数据技术及商业价值驱动下的用户隐私问题发生了新的变化，主要体现在以下四个方面：

一是用户隐私数据化。在大数据时代，数据相互交叉、排列、组合，海量杂乱无章的单个记录被转化为可制表分析的量化形式，用户的隐私逐渐被挖掘并以数据化的形式呈现。

二是用户隐私商业化。大数据的价值不再单纯源于它的基本用途，而更多地源于它的二次利用。隐私数据化后，必然更多地涉及对用户行为习惯、消费习惯等隐私的挖掘，进而转化为现实的商业利益。

三是用户隐私边界模糊化。大数据技术使网络隐私边界跨越了空间，用户信息在不同的虚拟空间中不断被传播和云存储；同时网络隐私边界也跨越了时间，不仅可以挖掘用户过去的信息，还可以预测其未来行为。

四是用户隐私趋零化。一方面，通过大数据分析技术可以推断甚至预测用户的消费习惯和喜好等个人情况；另一方面，通过大数据关联挖掘技术可以将模糊化、匿名化的信息挖掘出来，用户俨然成了透明人。

此外，大数据背景下的隐私还具有数据收集和提取的便利性、数据隐私保护和使用难以权衡等新特征，引发了用户数据控制权丧失、数据偏见等突出问题。隐私问题已经成为大数据应用和发展的最大障碍之一，在大数据技术普及和推广的过程中，大众对数据获取方式的认识及理念发生了根本转变，同时也为个人隐私的保护埋下了隐患。这不仅是企业和政府亟须应对的实践问题，也是隐私研究的重大理论问题。用户隐私保护所面临的困境主要有以下几个方面：

1. 个人隐私的边界消失

传统的信息保护以用户授权为主，即应用服务商、软件分发商、物流公司、金融机构等在为用户提供服务的过程中，如果与用户签订了相应的保护协议，便有责任、有义务保护用户的个人隐私和个人信息。然而，在大数据技术的使用和发展过程中，用户个人隐私和个人信息的权利边界越来越模糊，使得传统的信息保护模式丧失了基本的保护功能。例如，用户登录账户之后，便相当于将个人信息和个人隐私直接展现在服务商面前，后续在进行多重平台交易的情况下，用户的个人信息和个人隐私得不到充分保护。究其原因，主要在于我国企业对个人信息和个人隐私缺乏足够的重视和保护。

2. 大量的数据产生，威胁安全防护系统

在大数据时代，信息的收集和处理较为集中，将多元化的信息数据融合在一起，以满足企业和社会的发展需求。然而，过于集中的数据整合和处理会使企业面临过高的数据泄露风险。数据量的多少影响安全系统的运营质量，假如安全系统的更新迭代速度没有与数据量的增长和发展速度保持同步，安全系统将出现相应漏洞。

3. 保护个人隐私的法律体系有待完善

在大数据时代，个人信息成为企业服务和增长的基点，个人信息成为网络中的“公开信息”，个人隐私难以得到有效的保护。在大数据技术蓬勃发展的同时，现有的个人隐私保护法相对滞后，在司法实践方面，我国依旧缺乏完善的法律法规和处罚规则，隐私犯罪的成本较低，致使侵犯隐私的问题层出不穷。我国有必要构建完善的隐私保护法。然而，完善法律体系需要经历相对漫长的过程，在此期间，社会公众如何保护个人隐私，如何用法律武器来对抗隐私犯罪，成为我国个人隐私保护的主要困境。当个人不愿将个人信息公布时，个人信息便会成为隐私。因此，如何在法律层面认定个人信息及个人隐私逐渐成为我国立法的关键问题。

二、个人数据与隐私的关系

人们经常将个人数据和隐私相混淆，二者的关系见图 10－1。

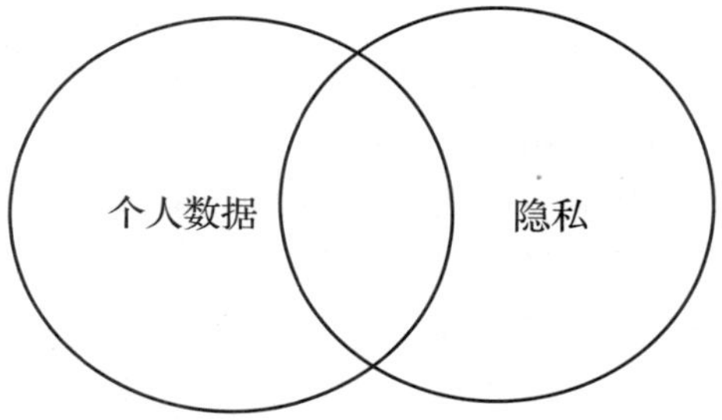

图 10－1　个人数据与隐私的关系

1. 有些隐私并非个人数据

《中华人民共和国民法典》规定，隐私是自然人的私人生活安宁和不愿为他人知晓的私密空间、私密活动、私密信息。由此可见，仅私密信息属于个人数据，而私密空间、私密活动并非个人数据。

在美国，隐私包括信息隐私、空间隐私、通信隐私、身体隐私。显然，空间隐私和身体隐私并非个人数据。

2. 有些个人数据并非隐私

隐私是一个动态概念。面对不同的人，在不同的时间、不同的地点，隐私有不同的边界。例如，在家人之间，个人财务数据就不是隐私；在不同年龄段，很多个人数据的敏感性也随之变化，例如有些女性就忌讳谈论年龄。

3. 多维发展理论视角下的隐私

多维发展理论（multidimensional developmental theory）是一个用于理解有关用户对隐私和隐私侵犯认知的理论框架。根据多维发展理论的观点，隐私是一个多维、动态发展及情境化的概念，由三个主要维度构成。一是人际交互（interpersonal interaction），认为隐私是一个人际交互概念，人际交互是隐私的核心内涵并涉及两个非常重要的概念，即交互管理（interaction management）和信息管理（information management）。交互管理指的是用户对网站或第三方机构收集和使用个人信息的行为进行管理，信息管理则是指用户管理与他人或组织交互的过程中产生的个人信息。二是环境影响（environmental impact），认为环境影响主要包括社会文化、社会物质性以及生命周期三个方面。社会文化构成了有关隐私概念的边界，不同的文化有不同类型和结构的隐私。社会物质性是指物质环境对人们的隐私理解具有塑造作用，尤其是技术变革会对隐私认知产生直接影响。生命周期则指个体对隐私的理解与其生命周期息息相关并受制于不同年龄段的能力、地位、生活方式。三是自我发展（self-development），认为隐私是指个体发展过程中的个性特征，主要包括所拥有的自主（自己能够选择做什么）和自尊（在人际交往中受到尊重的程度）两个方面。

任何情境下的隐私问题都可以用这三个维度及其内在构成要素间的交互关系进行有效解释。用户对隐私的认知是一种基于环境影响的反映，进而演化和反馈到自我发展层面，最终在特定情境下的人际交互过程中得到体现。这意味着三个维度之间存在一定的关联性，也表明了多维发展理论非常适用于剖析动态发展环境和特定情境中的隐私问题，这为我们深入探索大数据背景下我国用户隐私顾虑的影响因素及行为效应提供了很好的研究视角。

多维发展理论在研究解决隐私问题方面获得了很好的应用。有学者利用多维发展理论对隐私顾虑影响用户隐私披露过程中的伪造个人信息行为进行了分析（Lwin & Williams，2003）。研究发现，隐私顾虑会受到环境和自我发展的影响，而隐私披露过程也存在一些理性选择的因素。有学者按照多维发展理论的思想着重从人际交互角度出发，构建了一个适用于西方情境下的隐私顾虑的整合模型（Hong & Thong，2013）。通过文献研究和大样本实证分析发现，隐私顾虑是一个多维高阶的构念并由交互管理、信息管理及知晓（awareness）三个方面构成，其中，交互管理包括收集（collection）、二次使用（secondary usage）及控制（control），信息管理则包括错误（errors）和不当访问（improper access）。此外，还发现隐私顾虑对信任具有显著的负向影响。国内在这方面的关注严重不足，研究尚处于空白。

三、个人数据的价值

生产要素是与时俱进的，在不同的生产力条件下，生产要素也会有所不同。威廉·配第认为土地和劳动是生产要素。萨伊则将劳动、资本和土地的“三位一体”看成价值的来源。马克思认为劳动是价值的唯一本源，但他也认可技术、资本等生产要素在价值创造中的作用：虽然只有可变资本部分才能创造剩余价值，但它只有在另一些部分，即劳动的生产条件也被预付的情况下，才会创造出剩余价值。

随着经济理论的不断发展，管理、技术等也被视为生产要素。随着信息化水平的不断提升，人们生产生活中的数据呈爆发式增长。IDC 发布的报告称，2011 年全球被创建和被复制的数据总量为 1.8ZB，而且全球数据总量每两年增长 1 倍。在这些庞杂的数据中，不少数据集符合“大数据”的属性要求。这些大数据只要利用得当，将和土地、资本、技术一样，为人类社会创造宝贵的财富。个人数据由于直接体现用户偏好、反映市场需求，其应用价值将与日俱增。

1. 提高政府公共服务效率

政府是掌握的数据资源最丰富的部门之一，也是利用大数据的潜力最大的部门之一。信息时代的政府公共服务供给从线下走向线上，从实体走向数字，实现了与现实社会相适应的治理现代化转变，个人数据的使用为政府公共服务效率和质量的提高提供了重要支撑，主要体现在：

（1）为政府各项政策的制定提供参考依据。较之以往的各种经济预测方法，大数据能更准确地预测整体经济形势、疾病暴发流行、社会动乱进展等情况，有助于增强政府的科学决策能力。

（2）提升政府内部协调效率。大数据能让原本相互分离的政府部门之间更便捷地获取相关数据，可以大大缩短搜索和处理时间，提高政府运行效率。

运用大数据技术，政府在公共领域可打破信息孤岛，提高处理大规模数据业务的能力，缩短服务供给周期，极大地缓解公共服务决策负担，也增强了公共服务的可及性并提升了公众的幸福感。

2. 提高企业生产力

大数据是提高企业生产力的关键，企业利用的数据，可以是自身在运营过程中创造并存储的数据，也可以是专业服务机构提供的数据。通过采用各种应用程序管理大量数据，企业能够提高生产力。企业利用大数据的价值体现在：

（1）帮助企业挖掘市场需求。利用实时或接近实时的方式收集详细的数据，通过数据挖掘，运用数据分析方法，准确分析和预测市场需求变化，支持企业的战略决策。例如，电商企业通过对商品点击率、查询情况和订单情况进行分析，可以制定价格调整和促销推广等决策。

（2）帮助企业定位目标市场。利用大数据，企业能够对人群进行非常具体的细分，以便精准定制产品和服务，从而满足客户需求。随着技术的进步，很多企业已经能够将客户实时微观细分，以便精准使用促销和广告方式。例如，奈飞能根据用户偏好推荐电影，脸书能根据用户偏好推荐好友及应用。

（3）帮助企业创新产品与服务。大数据能够帮助企业改进现有的产品与服务，更重要的是，能够推动企业创造新产品和新服务，甚至开发全新的商业运营模式。例如，在医疗保健领域，企业通过分析病人的临床和行为数据，开发了针对目标群体的预防保健项目；制造企业通过内嵌在产品中的传感器获取数据，创新售后服务并改进下一代产品。

3. 提高社会治理智能化水平

大数据在提高公共部门和私有部门的生产力的同时，为提高社会治理智能化水平开辟了广阔的空间。用大数据提高社会治理智能化水平，关键在于找准大数据与社会治理创新的契合点，将大数据同社会治理深度融合，完善收益分配机制，提升社会治理的精准性，推进社会治理体系和治理能力现代化。

（1）完善收益分配机制。随着社会发展速度加快，社会流动性也在增强，利用大数据及时、全面掌握社会治理情况及其变化趋势，大力推行立体、动态的社会治理方式，提高社会治理智能化水平。通过大数据分析，能准确把握居民收入状况、企业资金流向，深入分析贫富差距，从而制定科学的税收和转移支付制度，完善收益分配机制。

（2）提升社会治理的精准性。社会治理内嵌于社会结构，随着社会结构的变化，社会治理对象、主体也会发生显著的变化，社会阶层结构出现新老演化，人口的年龄结构、素质结构和空间分布结构发生很大的变动，特别是思想活跃、利益诉求多样、跨群体触发能力强的新兴社会阶层对创新社会治理提出了很多新课题。各类社会治理主体通过获取、存储、管理、分析等手段，将具有海量规模、快速流转等特征的大数据变成活数据，通过大数据分析，尤其是社交网络和移动终端的情绪分析，有效分析社会各阶层的矛盾，从而采取相关措施，调整生产关系，进而广泛应用于社会治理，更好地服务不同的社会群体。大数据的应用将成为政府和社会组织实施精准治理、智能治理的重要法宝，助力稳定社会发展。

4. 个人数据的应用情况

由于个人数据直接体现购物心理、市场需求，传统模式下的个人数据主要应用于粗放式广告和地毯式营销。在大数据环境下，非结构化个人数据的应用不仅产生了较好的经济效益，其在科研、医疗和教育方面的扩展应用也产生了较好的社会效益。

在商业领域，通过大数据技术对个人数据进行整理、加工、处理和分析，可以实现定向广告和针对性较强的营销，从而带来巨大的商业价值。在传统模式下，个人数据利用率低。由于移动互联网和云计算的快速发展和落地，对分散的、颗粒度小的数据的收集能力明显增强，大块状数据的处理能力不断提升，个人数据利用率显著提高。深度的数据挖掘和分析、机器学习，揭示出大数量级数据暗含的某些规律，个人数据的价值在数据流中得以最大化利用。

在金融领域，通过对大量交易数据的分析，可以快速掌握产品交易的基本规律、消费者的消费习惯及信用记录。因此，金融机构可以通过大数据获悉宏观经济运行现状、特定行业的景气水平以及市场信心，从而为风险控制创造便利条件。此外，大数据还有利于金融产品的创新和推广，为不同客户定制特定的金融产品。

在企业级应用领域，大数据的应用正处于逐步成熟的阶段。在电子商务方面，通过对有关用户特征大容量面板数据的深度分析和挖掘，数据持有方可以快速发掘用户一般和特定的行为习惯，从而为定向的电子营销创造条件。在生产管理方面，大数据的使能化功能在 CRM、SCM 以及 BI 方面不断凸显，成为企业经营管理革新的重要动力和表现。国外企业如奈飞和脸书等互联网企业，较早就开始利用用户遗留在网络上的数字痕迹（digital traces）来分析用户需求。

在智慧城市领域，大数据的应用前景十分广阔。在智能交通方面，通过对交通流量的深度分析，可以掌握交通流量变化的历史数据，并为交通主管部门提供决策支持；在智能医疗方面，病历电子化的不断推进为大数据在医疗方面的应用奠定了良好的基础，特别是在传染病的预警、防治和诊断方面有较大的应用空间；在提供智能公共服务方面，大数据将成为有效的解决方案。

在科学研究方面，有足够的个人数据可供使用。人类的行为分析及预测甚至可以脱离逻辑分析，只需要统计分析。经济预测、应急管理、疾病防治等，都可以借助个人数据挖掘，得出应对之策。

在传媒领域，个人数据也被广泛使用。通过大数据分析进行新闻挖掘和深度报道，从而扩大媒体的发行量和影响力。不少业界人士甚至认为大数据颠覆了传媒的生产方式。

四、个人隐私披露行为

1. 隐私披露的概念内涵

各种个性化、便携式服务在改变用户隐私态度的同时也引起了用户隐私行为的变化，用户不再一味地保护他们的隐私信息，而是会根据具体的情况主动披露。人际关系的发展和信息披露是相互作用的，个体对与自己关系亲近的人会披露更多的信息，披露更多的个人信息就会得到对方更高程度的信任，彼此间的关系就越亲密。用户的信息披露行为包括个人事实信息的披露、敏感信息的披露、与公众接触的表露以及对特定群体的表露四个方面。隐私披露行为是指用户允许企业按照他们可以接受的方式收集和处理他们的个人信息。

2. 网络平台的用户信息收集方式

在网络平台上，用户的个人隐私主要有以下几个方面：（1）用户个人基本信息。包括性别、学历、联系方式、年龄、财务等基础信息，还有用户登录网站的时间和次数、搜索网页主题词等网站行为信息。通过对不同类型的基本信息进行关联分析，网络平台可以分析用户的行为习惯和需求等。（2）个人心理状态信息。这类信息通常拥有更高的层次和价值，包括用户的情绪状态、对事物的看法等更加私密的信息。

网络平台获取用户的信息有服务器端挖掘、用户主动提供和系统被动学习三种方式，其中那些高特征度信息主要是通过用户注册时提交的表单获取的。根据用户能否感知自己的信息被网络平台收集进行划分，将用户信息收集方式分为显性收集、隐性收集和显性隐性收集结合三种方式，其中显性收集方式主要用于收集用户的个人基本信息，隐性收集方式主要用于收集用户的行为信息和心理状态信息。

3. 隐私披露行为的影响因素

通过对国内外相关文献的回顾和梳理，用户隐私披露行为的主要影响因素可以概括为以下几个方面：

（1）信息特征因素。就隐私披露而言，网络平台收集的用户信息类型会影响到它们对风险和威胁的感知与判断。许多消费者不愿意透露自己的信用卡信息、储蓄账号、资产等财务信息，但不介意透露自己的收入；用户对不同类型信息的隐私顾虑程度也不相同，与个人基本资料、生活方式等信息相比，他们对财务、购买力等信息具有更高的敏感度；用户愿意提供个人信用卡号和社会保障账号的仅占 3%和 1%，但愿意提供个人爱好和邮箱信息的占比高达 82%和 76%。

（2）用户个体因素。用户个体因素包括人口统计因素、个性特征和个体感知。其中人口统计因素包括性别、学历、年龄等，有关研究表明，男性比女性更多地在社交网站上显示他们的电话号码和家庭住址；在相同情境下，年轻人比老年人更倾向于披露个人信息。个性特征是指个体的性格类型，在几种性格类型中，亲和型性格会显著地正向影响隐私关注，理智型性格却会引起个体的隐私保护行为。个体感知包括感知风险、感知收益和感知控制等。用户的感知收益包含社交收益和信息收益两方面，二者都正向影响用户的隐私披露行为；用户在使用网站过程中感受到的愉悦感和对服务商的信任会产生刺激用户披露信息的内部激励；另外，当青少年察觉到披露自己的隐私信息的风险水平较高时，他们往往拒绝提供信息。除以上几个因素外，对互联网的使用和依赖程度也会影响用户的信息披露水平；当用户对是否披露或如何披露个人信息有更大的自主权时，用户会倾向于披露较少的个人信息。

（3）网站因素。网站因素包括网站声誉、网站隐私政策、网站信任等。在 B2C 中，服务商良好的声誉可以极大地促进用户提供信息并进行交易的意愿（Milne，1999）；网站隐私政策的告知明确性、权限水平和保护程度会通过用户的信息控制和风险感知来影响他们提供信息的意愿；用户对自己信任的服务商会更愿意披露自己的信息，两者间建立较高程度的信任关系，以此来缓解双方的顾虑，是一个重要方法。

（4）社会情境因素。社会情境因素的关注点在于制度和文化。制度的直接体现是国家的法律规范和监管方式，而文化最受关注的是个人主义-集体主义和关系两个维度。中国文化强调集体主义，所以用户在团队内会毫无顾忌地提交自己的出生日期、手机号码等信息。此外，在中国情境下，网络平台用户披露信息的对象往往是政府或具有良好声誉的权威网站，对一些声誉较差的网络平台会产生比较强烈的排斥，拒绝提供个人信息或提供虚假个人信息。

4. 信息披露的隐私顾虑

隐私顾虑是一个多维、动态发展且情境化的概念，在不同的时期内涵不同。在大数据时代，隐私环境、人际交互关系及自我发展发生了十分深刻的变革，网络隐私呈现数据化、商业化、边界模糊化、趋零化等特点，需要进行更为深入的研究。另外，我国在经济体制、科学技术、历史文化等方面都不同于国外情境，西方的研究成果在中国的适用性可能遇到挑战。尽管有人做了一些有益的探索（Hong & Thong，2013；王忠，2014），但都无法直接回答大数据时代中国情境下的网络隐私内涵及测量问题。已有文献从多个角度讨论了网络隐私顾虑的影响因素，归纳起来主要是从技术、社会文化、个体特征、信息敏感度等展开研究。

（1）技术。技术是影响网络隐私顾虑的主要因素之一。大数据作为互联网、物联网、云计算之后 IT 产业又一次颠覆性的技术变革，正从大体量（volume）、多类别（variety）、生成快速（velocity）和价值（value）等方面对网络隐私顾虑产生深刻的影响，主要体现为：1）大数据技术在数据体量上扩展了“收集”的定义。大数据技术使得网站或第三方机构能够获取用户体量浩大的数据，而这些数据中极有可能包含了个人隐私数据，对这些巨量数据进行聚集和大数据分析时更容易导致网络隐私威胁。2）大数据技术在数据类别上剥离了用户的网络隐私控制权。大量结构化和非结构化的用户数据被采集、存储，通过大数据技术分析可以揭示数据间的潜在关系，对用户的网络隐私行为及其特征进行技术还原，致使用户网络隐私逐渐趋零化。3）在实时数据处理上，突破了“不当访问”的界限。随着移动终端的应用普及，用户的各类数据如地理位置信息等具有很强的时效性，它们快速地产生和被收集，使得用户网络隐私顾虑如影随形。4）大数据技术改变了“二次使用”的形式和价值。数据量和数据价值密度成反比关系，对不同类型的用户数据进行排列组合可以更加彻底地开发数据的二次使用价值。

考虑大数据整个生命周期中的网络隐私顾虑是大数据发展的必然趋势，大数据生命周期可以从数据发布、数据存储、数据分析挖掘和数据使用四个层面进行划分。用户数据往往在其不知情的情况被收集；大数据的存储者和拥有者是分离的，用户数据面临着被不可信的第三方偷窥或者篡改的风险。此外，用户数据一旦被上传网络，则立即被永久性地保存下来，很难彻底清除；大数据的关联分析可以发掘隐藏在各种网络交互活动中的特殊关联性，并提取出隐含的先前未知的有潜在价值的信息；用户数据被收集后，将脱离收集背景，多数在用户不知情的情况下被用作他途或将被转让给第三方等。

（2）社会文化。有学者认为，文化会对用户网络隐私顾虑产生显著的影响，这种影响主要通过国别和种族等来考察，也显著地表现在相关文化价值观的差异上。帕克（Park，2008）通过比较美国和韩国消费者对网络隐私的态度，分析了文化因素在隐私政策与互联网隐私需求间的调节作用。此外，有学者从组织制度文化、公共政策等方面讨论了文化因素对网络隐私顾虑的影响。

关于中国与西方国家在文化价值上的差别已有广泛的研究，个人主义-集体主义及权力距离是公认最重要的两个维度。随着网络技术的兴起，中国网民进入“新网络群居时代”并呈现出参与式文化、圈子文化等特点。例如，微信红包的盛行、朋友圈文化的流行不仅仅是一种移动生活方式的新趋势，更是对人际关系的重构、强化、扩散和维护，使得网络隐私问题变得更加复杂。在中国文化情境下，公众对陌生人的信任度往往不高，诚信文化缺乏。如网购平台商品欺诈行为、假货泛滥成灾等，这势必会降低用户对网络平台的信任，加剧人们的网络隐私顾虑。此外，在大数据时代，用户的数据安全意识十分淡薄，数据泄露事件频频发生，而我国在用户网络隐私保护方面的相关立法仍然相当滞后，引发了对用户网络隐私泄露的空前担忧。

（3）个体特征。个体特征对网络隐私顾虑的影响大致可以分为如下几类：人口统计因素，如性别、年龄、受教育程度等；个性因素，包括性格特征、自我独立与自我依赖；个体认知因素，主要指自我效能，即个人对自己处理隐私风险能力的信念。在大数据时代，个体特征依然是影响网络隐私顾虑的重要因素，个体特征和用户心理状态对用户的生成行为的影响越来越大。

（4）信息敏感度。信息敏感度（information sensitivity）是指在某一特定情形下个人对提供某一类信息的顾虑水平。对于网络隐私顾虑而言，信息类型的差异主要体现在个人对被要求提供的信息类型的敏感上。不同情境对信息敏感度的影响不同。此外，信息敏感度对隐私顾虑和个人信息提供意愿也有一定的影响。在网络隐私边界模糊化的大数据时代，用户对网络隐私顾虑的体验和感受与数据类型、数据价值（时效性）等密切相关。不同用户对不同类型信息有不同的敏感度。2015 年《中国消费者报》调查显示，在六大类个人信息中，消费者认为个人财务信息最重要，其次是个人身份信息，随后依次是个人通信信息、个人消费信息、个人社会关系信息以及个人背景信息。

第 2 节　国内外的隐私规制

一、欧盟《通用数据保护条例》概述

欧盟着重于监管解决方案，制定管理多个行业数据使用的原则，包括需要个人对某些数据处理活动的同意。严格的隐私监管会抑制潜在消费者的追踪或锁定目标。欧盟已

经为收集和使用个人身份数据设置了障碍。欧盟《通用数据保护条例》（GDPR）升级了个人数据的保护水平，例如，要求企业征求消费者的明确同意才可收集有关其过去购买和近期浏览行为的信息，企业必须将用户个人的 IP 地址或 cookie 数据等信息置于和用户其他机密数据相同的保护等级等。面对严苛的制度，有些企业选择了整改，投入了大量资源以求合规，如谷歌、脸书等；有的企业则暂时退出欧盟市场，如美国的一些新闻网站和游戏公司。

每个雇用欧盟公民或与欧盟公民开展业务的企业都必须决定是否需要进行数据保护影响评估（data protection impact assessment，DPIA）。隐私保护委员会公布处理业务黑名单和白名单。GDPR 要求，企业的数据处理活动中如果出现了黑名单事项，必须进行 DPIA。如果出现白名单事项，则不需要进行 DPIA。黑名单事项主要包括：

（1）能唯一识别个人的生物数据，并被用于确定个人是被雇用还是被解雇，或者被接受还是被拒绝。无论该数据是来自公共空间、私密空间还是第三方委托。

（2）收集数据未获得数据主体许可。例如，智能电话、听觉及视频设备等电子设备。

（3）从第三方收集的个人数据，可能会对个人的健康、财务产生负面影响，或者数据处理目的没有获得数据主体的认可。

（4）医疗植入物生成的数据。这些数据可能是对权利和自由的侵犯，或者可能造成健康风险。

（5）社会中易受伤害的成员的个人数据。例如，儿童，精神、身体受到挑战的个人。

（6）高度敏感的个人数据。如财务报表、就业情况、社会服务参与情况、私人活动、家庭私事。

一方面，数据隐私合规正在成为企业国际业务的重要组成部分，在全球开展业务的企业必须遵守各国的隐私法规；另一方面，GDPR 的国际影响力日益增强，其他国家正在努力将其隐私法规与 GDPR 的要求保持一致。对于企业而言，为了简化隐私合规工作，就应严格按照 GDPR 的标准，这样在其他国家和地区基本都能符合要求。①

二、日本与欧盟的互动

日本早在 2003 年就颁布了《个人信息保护法》（APPI）。该法旨在保护个人的权益，同时确保对个人信息的使用给予应有的考虑。日本个人信息保护委员会（PPC）是一个高度独立的组织，旨在确保个人信息的正确处理，同时考虑个人信息的有用性。其职能如下：

一是对特定个人信息的监管。为行政组织和经营者等指定个人信息的管理员，为其提供必要的指导或建议，报告收集和现场检查如果违反法律法规，可以提出建议和命令。在实施《个人信息保护法》修正案之前，各部委和机构有责任像以前一样监督个人信息处理业务。

二是处理投诉和咨询事宜。通过设立投诉咨询窗口，一方面对涉及特定个人信息处理等的投诉进行必要的调解；另一方面解释和说明有关《个人信息保护法》和相关制度

① https://blog.focal-point.com/beyond-the-gdpr-what-you-should-know-about-japans-act-on-the-protection-of-personal-information.

的各类问题。

三是对特定个人信息的保护评估。主要是针对个人号码（相当于中国的居民身份证号码），评估各类组织和其他人使用时的风险，并确定评估内容和程序。

四是制定和推广保护个人信息的基本政策。根据《个人信息保护法》等制定了《个人信息保护基本方针》，并努力保护个人信息。

五是国际合作。除了参加有关个人信息保护的国际会议外，还与海外相关组织交流信息，并致力于建立合作关系。

六是宣传教育。利用关于保护和适当有效使用个人信息的小册子、网站、简报会等进行宣传和教育活动。

七是开展调查研究，发布研究报告，以显示个人信息保护委员会事务的处理情况。

日本于 2017 年 5 月，即 GDPR 生效前一年，对《个人信息保护法》进行了一次全面的修订。修正案反映了数据隐私监管加强的全球趋势。日本政府和欧盟委员会达成了一项联合协议，双方将并肩合作，为其公民提供更高水平的数据隐私保护。

2018 年 7 月，在 GDPR 生效后不到两个月，日本和欧盟同意承认彼此的数据保护制度，为个人数据提供充分的保护。欧盟委员会在一份新闻稿中表示，此举将创造“世界上最大的安全数据流区域”。一旦最终确定，这些“互惠充分”的决策将允许个人数据在日本企业和欧盟企业之间流动而不受额外的安全检查。从欧盟的角度来看，日本将被认为具有适当的数据保护措施，这意味着可能不再需要与日本实体签订具体的数据转移协议。这是欧盟和第三国首次就相应的数据保护水平达成一致意见。

2018 年 9 月，日本个人信息保护委员会公布了关于如何在充分认可后处理从欧盟转移的个人数据的补充规则。当欧盟委员会正式通过时，该规则将生效，即日本已根据 GDPR 第 45 条确保为个人数据提供足够的保护。根据规则，需要对日本目前的法规实施五项重大实质性变更。这些变更旨在加强日本的数据隐私法规，以与 GDPR 保持一致，从而实现与欧盟之间个人数据的顺畅流动。欧盟与日本个人数据保护的比较见表 10－1。

表 10－1　欧盟与日本个人数据保护的区别

	GDPR	APPI	区别
适用情形	所有的个人数据相关活动	仅限于商业目的的自动化的数据处理	APPI 的适用范围更窄，不包括其他目的的数据处理，以及非自动化的数据处理
适用范围	无论境内境外，只要是处理欧盟公民或居民数据	日本监管机构不在日本以外拥有管辖权，但有权与其他国家的监管机构共享信息，以执行该法	APPI 的适用范围更小
重点保护数据	种族、民族、政治观点、基因数据、生物识别数据、性取向、健康数据	种族、宗教、社会地位、病史或犯罪记录	日本重点保护的数据类型更少
传输给第三方	公司主动通知数据主体涉及其数据的所有处理活动并得到其许可	获得日本个人信息保护委员会的批准。一旦获得批准，公司必须在转移之前对数据进行匿名化	APPI 的条件更为宽松，获得一方批准的成本远低于获得所有主体的许可

续表

	GDPR	APPI	区别
数据出境	个人数据只能转移到欧盟已经认定的能提供充分法律保护的，或者受到具有约束力的公司规则、具有约束力的协议、经批准的行为准则或经批准的认证保护的第三国	个人资料不得转移给外国实体，除非：(i) 数据主体已经特别事先同意将个人数据传输给外国实体；(ii) 接收方所在的国家/地区的法律系统被视为等同于日本数据保护机构指定的日本个人数据保护系统，要么接收方根据日本数据保护机构的规定，采取适当的保护个人数据的措施	APPI 的条件更为宽松，在欧盟要经过复杂的审查或认定
责任主体	数据控制者和数据处理者	运营者	日本没有区分控制者和处理者，主要责任由控制者落实
处罚力度	轻者处以 1 000 万欧元或者企业上一年度全球营收的 2%，两者取其高。重者处以 2 000 万欧元或者企业上一年度全球营收的 4%，两者取其高	滥用个人信息获取非法所得的人将面临至少一年的监禁和/或 50 万日元的罚款	日本的处罚力度大大低于欧盟

虽然 GDPR 和 APPI 在某些领域有所不同，但欧盟和日本加强合作，致力于更好地保护居民的数据。GDPR 和 APPI 都同意，个人数据只应转移到法律制度与其自身相同或者采取适当保护措施的第三国。如果满足这些条件，则该国家或地区进入白名单，欧盟和日本之间将会有合规的个人数据传输，而无须标准合同条款、约束性公司规则或隐私认证等工具。① 2018 年底，日本已将欧盟列入其白名单。在双方的共同努力下，2019 年 1 月 23 日，日本和欧盟签订了个人数据跨境传输充分性框架协议，实现了个人数据的双边自由传输。

三、美国的隐私规制

相比之下，美国采取了更为宽松的监管，以鼓励行业自律的治理方式，通常选择提供指导原则而不是执行原则。例如美国联邦贸易委员会 2012 年向国会提出的建议，引入了 do not track（请勿追踪）机制，类似于在 2003 年成为法律的“谢绝来电”清单。这种机制应用于网络浏览器，人们在上网时可以选择 do not track 向网站发出不希望被追踪的信号。还有一些网络广告商提供了消费者退出机制，例如谷歌的退出设置，消费者可以选择拒收某些类型的定向广告。然而，这些机制并不能完全阻止广告公司或网站收集数据。行业自律的效果依赖于透明机制和控制机制的执行情况。然而，实际情况不容乐观。

首先，透明机制存在局限。许多实证研究都表明了透明机制的不足之处。例如很多

① https://iapp.org/news/a/gdpr-matchup-japans-act-on-the-protection-of-personal-information/.

企业的隐私政策文件关于用户数据的具体用途往往含糊其词，或者并没有全部告知用户。更为关键的是，用户往往没有耐心去阅读隐私政策，或者限于知识水平不能很好地理解隐私政策。这样就使得透明原则的实施大打折扣，用户对数据使用还是一知半解，甚至一无所知。

其次，控制机制也受到了批评。虽然提供了控制机制，但只有少数人会使用。而且很多时候控制机制可能只是虚幻的，控制悖论增加了人们分享敏感数据的意愿，反而使他们承担更大的隐私泄露风险。

因此，人们对透明机制和控制机制在充分保护隐私方面的可行性表示怀疑，不少学者提出美国应建立更为严格的监管制度。2018 年 6 月 28 日，号称全美最严格的隐私保护法《加州消费者隐私法》（CCPA）在加利福尼亚州的参众两院一致通过，并由州长签署生效。该法是在地产大亨阿拉斯泰尔·麦克塔格特（Alastair Mactaggart）① 和 GDPR 的夹击下通过，但仍然预留了很大的企业发展空间。例如该法于 2020 年实施，只有满足年度总收入达 2 500 万美元、出售个人信息的年收入超过总收入 50%等一系列条件的企业才需要遵守该法。整体上，该法还是鼓励数据流动。

四、对中国监管制度的启示

三种治理模式虽然有明显的差异，但都在调动利益相关者参与个人隐私保护，既依靠企业自我管理和消费者责任制度，又依靠监管制度。治理模式的差异主要体现在利益相关者各自发挥作用的程度不同。欧盟政府发挥关键作用，美国市场发挥关键作用，而日本介乎其中。事实上，在保护隐私进而提高整体社会福利方面，个人、企业和政府都有优势及不足，具体见表 10－2。

表 10－2　主要利益相关者优劣势分析

利益相关者	优势	劣势
企业	企业能以隐私保护作为竞争手段，以提高声誉和市场占有率。领导型企业还可以组建行业协会，给行业制定隐私保护技术标准，提高行业整体信誉	企业有投机动力违规使用个人信息。行业协会的约束力有限
政府	通过立法阻止个人信息的不当披露，具有强制力	制度可能僵化，制约创新。难以有效执行，或者执行成本高昂
个人	自主学习和掌握隐私保护的专业知识。利用保护隐私的规章制度进行维权。必要时发起集体诉讼	个人掌握的知识有限，难以有效监督企业

发挥市场的主导作用推动行业自律，受制于行业协会自我调节的能力。如果行业协会能形成影响力，提供该行业的专业知识、行业规范和集体物品，确实能起到很好的效果。这也是目前我国各类行业自律公约不断出台的重要原因。三种模式侧重点有所不同，与宏观环境、历史文化等都有关系。

---

① 如果不通过，阿拉斯泰尔·麦克塔格特将力促一个更为严苛的倡议上升为法律。

欧盟和中国的情况有很多不同。一是欧盟隐私保护传统更深厚。无论是公共部门还是商业机构，普遍都有很强的隐私保护意识。二是大型互联网企业都是外企。GDPR 触动最大的是美国企业的利益，法律制定及执行阻力相对较小。三是欧盟的高税收、高福利制度。高福利制度需要高税收制度来维持。欧盟其他行业税负大大高于互联网行业。蓬勃发展的互联网行业被其他行业视为“占便宜”，以至于欧盟经常对互联网企业进行罚款，而且很快要实行数字服务税，直接对其征税。

美国是数据流入国，大部分知名的 IT 或互联网企业总部都在美国。严格的监管可能会对经济增长和效率产生消极的影响，这是美国不愿意看到的结果，而且互联网行业强大的游说集团和游说能力，使得美国也不可能通过严苛的隐私保护法规。

日本的经济实力和产业发展基础介于二者之间，采取的制度设计也是一条中间道路。一方面，成立了个人信息保护委员会，制定了一些监管措施，例如对于数据出境，个人信息数据库不能转移到日本以外的任何一方，除非接收方有足够的数据保护措施，或者委员会认为其有力度足够的保护隐私法；另一方面，使得以往的某些灰色地带合法化，例如允许公司使用和销售有关其客户的“大数据”，只要这些数据去掉了姓名和出生日期等个人标识符。

中国有强大的互联网产业，有巨大的产业规模、众多的就业人口和庞大的上下游产业链。首先，严厉的处罚措施不容易出台。从业者不会坐以待毙。其次，发展仍然是第一要务，仍然需要相应行业发挥强大的创新能力推动经济迅速发展。严厉的措施可能使得行业发展受到制约。三种模式相比较，日本的很多做法值得我国学习和借鉴。一方面加强制度建设，更好地进行国际协作、与国际接轨；另一方面有“亲商条款”，使得某些商业行为合法化、规范化，促进数据流动，挖掘数据红利。

第 3 节　信息安全概述

一、基本概念

有一些与信息安全相关的概念经常让人混淆，包括网络安全、数据安全等。

国际标准化组织（ISO）对信息安全的定义如下：“为数据处理系统建立和实施技术、管理上的安全保护，保护计算机硬件、软件、数据不因偶然的或恶意的原因而受到破坏、更改、泄露。”

今天人们常说的“网络”和“网络安全”是与当代信息技术和信息安全相关的网络及网络安全，具体是指由计算机、服务器、线路和其他信息设备组成的信息负载和流动网络以及它们的安全问题。为此，可以做出以下定义：网络就是由计算机、服务器、网线及其他载体构成的信息存储和流动体系；网络安全就是作为信息存在和流动载体的计算机、服务器、网线及其他物理设施的安全。

2021 年 9 月 1 日《中华人民共和国数据安全法》正式施行。根据《数据安全架构设计与实战》一书的定义，狭义的数据安全往往是指保护静态存储级的数据以及数据泄露防护等。广义的数据安全则是基于“安全体系以数据为中心”的立场，泛指整个安全体系侧重于数据分级以及敏感数据全生命周期的保护，数据安全更加接近于一种控制目的。

首先，需要明确《中华人民共和国数据安全法》《中华人民共和国网络安全法》《中华人民共和国个人信息保护法》以及“等保 2.0”之间的关系。它们存在关联性，即在保证网络安全的前提下，覆盖数据安全及个人信息安全，在行业领域建设相关安全保障体系时，特别是涉及关键信息基础设施时，必须要遵从“等保 2.0”相关规范。在关联性基础之上，建设单位需要结合具体场景、行业特性、数据属性等，综合判断自身业务特点应该参照哪一部或哪几部法律法规。其次，数据安全保障体系建设需要明确“技术”与“管理”并重的思路，把“技术”作为“管理”的延续，即基于数据全生命周期构建数据安全指标，借助丰富的数据安全监测手段以及快速响应机制等，通过技术手段的不断进步逐一落实数据安全管理目标。

广义的信息安全是一个包括信息本身安全（信息内容安全）、信息载体安全（包括网络安全）、信息程序安全，以及影响和危害信息安全的因素和信息安全保障维护等在内的内容广泛的信息安全问题。网络安全只是一种信息载体安全，是信息安全（问题）的一种，也是信息安全（问题）的一个方面。当然，在信息存在和流动越来越依赖网络的今天，网络安全不仅是信息安全（问题）的一个方面，而且是信息安全（问题）一个非常重要的方面，是信息本身安全的重要保障和条件。目前国内典型的信息安全法律法规和国际主要安全标准见表 10 - 3。

表 10 - 3 目前国内典型的信息安全法律规范和国际主要安全标准

国内主要法律法规	《中华人民共和国网络安全法》 《中华人民共和国数据安全法》 《中华人民共和国计算机信息系统安全保护条例》 《信息安全等级保护管理办法》 《企业内部控制基本规范》和《企业内部控制审计指引》
国际主要安全标准	信息系统审计与控制协会《信息及相关技术控制目标》 国际标准化组织《信息安全管理体系》（ISO27001） 国际标准化组织《信息技术服务管理体系》（ISO20000）

二、公共利益与隐私保护的冲突

和产业界一样，政府也需要收集、处理和使用个人数据。因为有公信力背书，较之于企业，人们一般会更加信任政府。一项有关隐私信任的问卷调查发现，人们对公共部门或者公用事业的数据收集也存在缺乏信任的问题。例如，徐玉玉案就在于教育部门的数据被盗；在医疗卫生行业，孕婴家庭会收到各种推销电话；有小孩的家庭，教育产品的推销也很精准。有些数据可能是黑客入侵获得，有些数据可能是内部人倒卖。某些数据一旦泄露出去，买方能使用多年，例如从推销孕妇写真，一直到孩子上兴趣班。随着制度建设不断完善，对公共部门的隐私信任水平应该有所提高，但是其中涉及的一些关键问题也不容忽视。

2013 年 6 月美国中央情报局前雇员、国家安全局防务承包商博思艾伦咨询公司雇员斯诺登揭露包括“棱镜”项目在内的政府多个秘密情报监视项目，引起了轩然大波。这个事件也引起了美国国民对政府过度收集个人数据的抗议和指责。2013 年 12 月，美国白宫情报与通信技术审查小组的报告指出，“过度监督和无理保密可能威胁公民自由、公众信任和民主自治的核心过程”，而“美国必须继续在全球范围内收集信号情报，以确保我们公民的安全”。报告指出，“美国政府必须同时保护两种不同形式的安全：国家安全和个人隐私”。

除了民众的抗议，政府获取个人数据也会遇到企业的抵制。2016 年美国警方获得了一位实施恐怖袭击的枪手的苹果手机，要求苹果公司协助解锁该手机。苹果公司以保护用户隐私为由拒绝了警方的要求。后来纠纷提交到了法院，美国一名联邦法官裁定，要求苹果公司协助联邦调查局解锁犯罪嫌疑人的苹果手机。然而，苹果公司拒绝执行。后来警方只好联系第三方解锁了该手机。

各国法律都允许政府在履行职能所必需的情况下，可以强制个人提供相关的数据信息。美国政府的监视项目没有给予数据主体知情权，更没有获得其同意，偷偷收集了公众的通话记录等数据，这也是遭到公众谴责的主要原因。我国尚无专门的法律规定政府部门对个人数据的收集问题，只是在一些规章制度中有一些零散的规定。以往数据采集难、数据存储成本高、数据分析能力弱，即便不设限制，政府也无力进行大规模的数据采集和分析。随着数据采集愈加便利、存储成本日益下降以及分析技术迅速提升，需要建立健全相关的法律法规，以限制政府的数据采集行为。

欧盟法院于 2015 年裁定安全港协议无效也是对斯诺登事件的一个回应。欧盟国家和公民使用了美国企业提供的大量产品和服务，用户数据通过该协议传输至美国企业，美国政府也能获取这些数据。制定平衡隐私保护和信息共享与商业利益和国家安全利益的策略，可能仍然是未来几年棘手而又至关重要的研究课题。

第 4 节　信息安全等级保护

一、等保概述

（一）等保的概念

“等保”，即信息安全等级保护，出自《信息安全等级保护管理办法》。这是为规范信息安全等级保护管理，提高信息安全保障能力和水平，维护国家安全、社会稳定和公共利益，保障和促进信息化建设，根据《中华人民共和国计算机信息系统安全保护条例》等有关法律法规而制定的办法，指明了我国网络安全领域的基本国策、基本制度。早在 2017 年 8 月，公安部信息安全等级保护评估中心就根据中央网信办和全国信息安全标准化技术委员会的意见将等级保护在编的 5 个基本要求分册标准进行了合并，形成《信息安全技术：网络安全等级保护基本要求》（GB/T 22239—2019）一个标准，取代了《信息安全技术：信息系统安全等级保护基本要求》（GB/T 22239—2008）。该标准于 2019 年 5 月 10 日发布，于 2019 年 12 月 1 日开始实施。

信息安全等级保护是目前检验一个系统安全性的重要标准，是对系统是否满足相应安全保护标准的评估方法。为了督促、检查等级保护工作的进行，有关部门依照相应法律法规进行管理，《中华人民共和国网络安全法》和《信息安全等级保护管理办法》明确规定，网络运营者应当履行安全保护义务，如果拒不履行，将会受到相应处罚。信息系统的运营、使用单位开展等保工作也可对本单位的系统进行一次全面的检测，发现系统内部的安全隐患与不足之处，规避信息安全泄露风险。

把不同信息系统分成不同安全级别，然后严格按照安全级别所规定的要求从事信息活动。目前，我国正积极推动信息安全等级保护制度，以最大限度地避免系统安全漏洞和低级庸俗内容带来的信息安全风险。

（二）等保的内容

等保是一个全方位的系统安全性标准，包括物理安全、应用安全、通信安全、边界安全、环境安全、管理安全等方面（见表 10－4）。

表 10－4 等保的内容

层次	保护内容
物理安全	机房物理访问控制、防火、防雷击、温湿度控制、电力供应、电磁防护
应用安全	身份鉴别、访问控制、安全审计、剩余信息保护、软件容错、资源控制和代码安全
通信安全	网络架构、通信传输、可信验证
边界安全	边界防护、访问控制、入侵防范、恶意代码防护等
环境安全	入侵防范、恶意代码防范、身份鉴别、访问控制、数据完整性和保密性、个人信息保护
管理安全	系统管理、审计管理、安全管理、集中管控

（三）等保的级别

信息系统的安全保护等级由两个定级要素决定：等级保护对象受到破坏时所侵害的客体和对客体造成侵害的程度。

1. 受侵害的客体

等级保护对象受到破坏时所侵害的客体包括以下三个方面：

（1）公民、法人和其他组织的合法权益。

（2）社会秩序、公共利益。

（3）国家安全。

2. 对客体的侵害程度

对客体的侵害程度由客观方面的不同外在表现综合决定。由于对客体的侵害是通过对等级保护对象的破坏实现的，因此，对客体的侵害的外在表现为对等级保护对象的破坏，通过危害方式、危害后果和危害程度加以描述。

等级保护对象受到破坏后对客体造成侵害的程度归结为以下三种：

（1）造成一般损害。

（2）造成严重损害。

（3）造成特别严重损害。

3. 定级要素与等保级别的关系

根据受侵害的客体、对客体的侵害程度与等保相关管理文件，信息安全等级保护分五个级别，一级防护水平最低，最高等保为五级。

表 10－5　不同等保级别的特征

等保级别	适用的信息系统及行业	信息系统遭破坏后造成侵害的程度
一级（自主保护级）	一般适用于小型私营、个体企业与中小学，乡镇所属信息系统、县级单位一般信息系统	信息系统受到破坏后，会对公民、法人和其他组织的合法权益造成损害，但不损害国家安全、社会秩序和公共利益
二级（指导保护级）	一般适用于县级某些单位中的重要信息系统；地市级以上国家机关、企事业单位内部的一般信息系统。例如不涉及工作秘密、商业秘密、敏感信息的办公系统和管理系统	信息系统受到破坏后，会对公民、法人和其他组织的合法权益产生严重损害，或者对社会秩序和公共利益造成损害，但不损害国家安全
三级（监督保护级）	一般适用于地市级以上国家机关、企事业单位内部的信息系统，例如涉及工作秘密、商业秘密、敏感信息的办公系统和管理系统	信息系统受到破坏后，会对社会秩序和公共利益造成严重损害，或者对国家安全造成损害
四级（强制保护级）	一般适用于国家重要领域、重要部门中的特别重要系统以及核心系统。例如电力、电信、民航、银行、税务等重要部门的生产、调度等涉及国家安全、国计民生的核心系统	信息系统受到破坏后，会对社会秩序和公共利益造成特别严重损害，或者对国家安全造成严重损害
五级（专控保护级）	一般适用于国家重要领域、重要部门中的极端重要系统	信息系统受到破坏后，会对国家安全造成特别严重损害

二、等保测评流程

等保测评是经公安部认证的有资质的测评机构依据国家信息安全等级保护规范规定，受有关单位委托，按照有关管理规范和技术标准，对信息系统安全等级保护状况进行检测评估的活动。很多企业不明白为什么要花费巨额资金来做等保测评，其实等保测评结束表明企业在信息安全等级保护、风险控制和系统整体化建设方面得到了权威机构的认可，标志着平台在网络攻击防范、内部系统和制度完善、用户隐私保护、资金安全漏洞修补等合规方面全面升级，为保障用户信息与维护资金安全筑起了一道坚实的高墙。

等保测评包括五个阶段：（1）系统定级；（2）系统备案；（3）建设整改；（4）实施测评；（5）监督检查。定级对象（即等保测评对象）建设整改后，需要选择符合国家要求的测评机构，按 GB/T 22239—2019 等技术标准进行等保测评，之后向监管单位提交测评报告。

（一）系统定级

进行等保测评的第一步是确定企业信息系统的安全保护等级。根据网络安全等级保护制度 2.0 定级指南，云计算、物联网、工业控制系统、采用移动互联技术的系统、通信网络设施以及数据库等系统属于强制定级备案的范畴。其他团体，比如公益组织和中小私营企业，原则上也要进行定级备案。

根据相关规定，定级对象具有以下三大基本特征：（1）具有确定的主要安全责任主体；（2）承载相对独立的业务应用；（3）包含相互关联的多个资源。如果企业的系统有以上特征，那么就算系统再小，也需要进行定级备案。简言之，互联网上的系统大都要进行定级备案。对于关键信息基础设施，“定级原则上不低于三级”，且三级及以上信息系统每年或每半年就要进行一次测评。定级流程：确定定级对象→初步确定等级→专家评审→主管部门审批→公安机关备案审查→最终确定的级别。

（二）系统备案

根据《中华人民共和国网络安全法》，新建或者已有的二级及以上信息系统都需要进行等保备案。企业最终确定保护对象的级别以后，就可以到公安机关进行备案。备案所需材料主要是《信息安全等级保护备案表》，不同级别的信息系统需要的备案材料有所差异。二级及以上信息系统运营、使用单位在备案时需要提交的资料有：（1）信息系统安全定级报告纸质材料，一式两份；（2）信息系统安全备案表纸质材料，一式两份；（3）上述备案的电子档，并制成光盘提交。三级以上信息系统同时提供以下材料：1）系统拓扑结构及说明；2）系统安全组织机构和管理制度；3）系统安全保护设施设计实施方案或者改建实施方案；4）系统使用的信息安全产品清单及其认证、销售许可证明；5）测评后系统符合等保要求的技术检测评估报告；6）系统安全保护等级专家评审意见；7）主管部门审核批准系统安全保护等级的意见。公安机关一般会在 10 日内给予反馈，如果备案材料无遗漏，备案通过，公安机关会发放备案证明；如果备案不通过，企业就需要重新定级。

（三）建设整改

等保整改是等保建设中的一个环节，是指按照等保建设要求，对信息和信息系统进行的网络安全升级，包括技术层面和管理层面的整改。整改的最终目的是提高企业信息系统的安全防护能力，让企业可以成功通过等保测评。等保整改没有什么资质要求，只要企业可以按照等保要求进行相关网络安全建设，而由谁来实施是没有要求的。由于目前企业网络安全人才紧缺，很多时候都需要寻找专业的网络安全服务公司来进行整改，比如青莲网络。整改主要分为管理整改和技术整改。管理整改主要包括：明确主管领导和责任部门，落实安全岗位和人员，对安全管理现状进行分析，确定安全管理策略，制定安全管理制度等。其中，安全管理策略和制度包括人员安全管理事件处置、应急响应、日常运行维护设备、介质管理安全监测等。技术整改主要是指企业部署和购买能够满足等保要求的产品，比如网页防篡改、流量监测、网络入侵监测产品等。

（四）实施测评

企业可以登录“网络安全等级保护网”查看最新的测评机构推荐名单。根据规定，对信息系统安全等级保护状况进行的测试应包括两个方面的内容：一是安全控制测评，主要测评信息安全等级保护要求的基本安全控制在信息系统中的实施配置情况；二是系统整体测评，主要测评分析信息系统的整体安全性。其中，安全控制测评是系统整体测评的基础。二级及以上信息系统都要做等保测评，等保测评得分在 70 分以上并且没有高风险项才算通过。等保测评结束后，测评机构会出具测评报告。企业需要把测评报告提交给公安机关才算真正落实了等保测评工作。

（五）监督检查

企业要向当地公安机关网安部门提交测评报告，接受公安机关的监督，配合完成对网络安全等级保护实施情况的检查，就公安机关提出的问题做出改进。

三、等保法律要求

2019 年 5 月 13 日，国家市场监督管理总局、国家标准化管理委员会召开新闻发布会，网络安全等级保护制度 2.0（等保 2.0）标准正式发布，其中包括网络安全等级保护的基本要求、测评要求、安全设计技术要求三部分。《中华人民共和国网络安全法》出台后，等级保护进入 2.0 时代。《中华人民共和国网络安全法》和《信息安全等级保护管理办法》明确规定网络运营者应履行安全保护义务，如果拒不履行，将会受到相应处罚。等保 2.0 实施后，不开展等级保护等于违反《中华人民共和国网络安全法》，主管部门可以根据法律规定进行处罚。《中华人民共和国网络安全法》第二十一条要求，国家实施网络安全等级保护制度；第二十五条要求，网络运营者应当制定网络安全事件应急预案；第三十一条要求，关键信息基础设施，在网络安全等级保护制度的基础上，实行重点保护；第五十九条明确，网络运营者不履行本法第二十一条、第二十五条规定的网络安全保护义务的，由有关主管部门给予处罚。

《中华人民共和国网络安全法》的相关规定摘录如下：

第二十一条　国家实行网络安全等级保护制度。网络运营者应当按照网络安全等级保护制度的要求，履行下列安全保护义务，保障网络免受干扰、破坏或者未经授权的访问，防止网络数据泄露或者被窃取、篡改：（一）制定内部安全管理制度和操作规程，确定网络安全负责人，落实网络安全保护责任；（二）采取防范计算机病毒和网络攻击、网络侵入等危害网络安全行为的技术措施；（三）采取监测、记录网络运行状态、网络安全事件的技术措施，并按照规定留存相关的网络日志不少于六个月；（四）采取数据分类、重要数据备份和加密等措施；（五）法律、行政法规规定的其他义务。

第三十八条　关键信息基础设施的运营者应当自行或者委托网络安全服务机构对其网络的安全性和可能存在的风险每年至少进行一次检测评估，并将检测评估情况和改进措施报送相关负责关键信息基础设施安全保护工作的部门。

第五十九条　网络运营者不履行本法第二十一条、第二十五条规定的网络安全保护义务的，由有关主管部门责令改正，给予警告；拒不改正或者导致危害网络安全等后果的，处一万元以上十万元以下罚款，对直接负责的主管人员处五千元以上五万元以下罚款。关键信息基础设施的运营者不履行本法第三十三条、第三十四条、第三十六条、第三十八条规定的网络安全保护义务的，由有关主管部门责令改正，给予警告；拒不改正或者导致危害网络安全等后果的，处十万元以上一百万元以下罚款，对直接负责的主管人员处一万元以上十万元以下罚款。

第 5 节 数据管理能力成熟度评估

一、数据管理能力成熟度评估概述

与信息系统等级保护的实施标准不同，《数据管理能力成熟度评估模型》（GB/T 36073—2018）是国家大数据重点标准之一，是一个综合标准规范、管理方法论、评估模型等多方面内容的综合框架，目标是提供一个全方位组织数据能力评估的模型，旨在指导企业科学、规范、安全地进行数据的全生命周期管理和应用，引导企业把数据作为生产要素，支撑企业在生产、经营、管理等环节进行数字化转型升级。

企业开展数据管理能力成熟度评估可以带来诸多益处：

（1）推动企业完善数据管理体系，提升管理水平。与欧美国家相比，在数据管理领域我国一直缺乏数据管理成熟度体系的相关研究，数据管理能力成熟度评估模型（DCMM）的出现填补了这一空白。根据数据管理能力成熟度评估结果，企业能够有效提升对数据管理的认识，提升数据管理的落实和实施效率，增强数据的管理和应用能力，有助于企业熟练地管理数据资产，更加客观地选择管理的优先顺序、范围和内容，提升管理水平。

（2）保障企业数据质量和数据安全，优化数据应用环境，支撑业务活动开展。DCMM 强调数据标准和数据安全，在 DCMM 中，数据标准为组织的数据管理活动提供操作指导；数据安全管理明确各类数据的管理要求和策略，有助于组织构建自主可控的大数据安全体系。通过 DCMM 的贯标，有效解决了企业的数据孤岛问题，提升了数据质量；以数据视角构建安全防护体系，保障企业的数据安全应用，有效改善数据应用环境，提升数据产业链的资源优化配置和动态协调水平。

（3）加强数据人才培养，提升组织绩效。大数据产业的发展是由技术驱动的，该领域对人员的技能和素质有很高的要求。进行数据管理能力成熟度评估有利于企业建立数据管理和应用队伍，对组织的数据从业人员进行专业化培养和培训，培养他们的数据思维和数据意识，从而提升组织的数据变现、数据创新能力。

（4）获得政府奖励及支持。发展数字经济是构建竞争新优势的战略选择，发展数字经济的核心是以数据为关键的生产要素，所以企业的数据能力对数字经济的发展具有重要意义。为了掌握大数据管理和应用现状，发现地区产业发展存在的优势和问题，政府陆续出台奖励政策，并采取不同的形式，引导企业贯标，推进 DCMM 的贯标工作，加快企业、政府形成合力，强化行业的精准管理，形成共建、共享的数据管理体系。

（5）规范行业管理，提升产业能级。相较于传统的产业，大数据行业是一个新生的领域，理论知识和行业实践尚处于探索和发展的阶段，特别是有关数据管理和应用的知识体系。开展 DCMM 的贯标工作，可以规范和指导数据产业的发展，提升从业人员的数据资产意识。通过对数据管理和应用实践的探索，逐步规范数据管理过程，提升数据管理成熟度，从而提升数据产业能级。

二、数据管理能力成熟度评估过程

（一）数据管理能力成熟度评估过程

数据管理能力成熟度评估过程主要分为三个阶段：

（1）差距分析：贯标启动，进行差距分析。

（2）能力建设：建立数据管理组织，完善制度，内部运行并开展自评估。

（3）测量评估：组建评估队伍，开展第三方评估，获取评估报告和能力证书。

（二）DCMM 适用范围

DCMM 适用于组织和机构对数据管理能力成熟度进行评估。评估对象既可以是数据拥有方，通过一系列的方法、关键指标和问卷来评价某个企事业单位的数据管理现状，从而帮助其查明问题、找到差距、指出方向，并且为它提供与发展战略相匹配的数据管理能力体系建设建议；也可以是数据服务商，该标准的落地实施，可以助力数据服务商完善自身解决方案，提升自身的咨询、实施能力。

另外，如果企业具备以下特征，建议进行数据管理能力成熟度评估：

（1）拥有大量数据，有数据管理需求，例如金融与保险机构、互联网企业、电信运营商、工业企业、数据中心所属主体、高校、政务数据中心等。

（2）为客户提供数据解决方案，例如数据开发/运营商、信息系统建设和服务提供商、信息技术服务提供商等。

（三）开展数据管理能力成熟度评估需要做的准备工作

企业在开展数据管理能力成熟度评估前，需要做好以下准备工作：

1. 梳理企业现状

在申请数据管理能力成熟度认定之前，企业需要对照能力等级标准的相关要求，梳理自身数据管理的相关制度、执行过程文档、数据管理平台和工具的相关资料，进行差距分析，制订建设提升工作计划。根据差距分析，进行能力建设，健全数据管理组织，完善数据管理制度体系，优化数据管理平台和工作，而后开展对标自我评估。

另外，在开展数据管理能力成熟度评估之前，企业需要达到基本的要求，具体见表 10－6。

表 10－6　企业申请数据管理能力成熟度评估的基本要求

指标	受管理级	稳健级	量化管理级	优化级
成立时间（年）	≥1	≥2	≥3	≥5
营业收入（万元）	≥100	≥500	≥1 000	≥1 000
从业人员数量（名）	≥50	≥100	≥1 000	≥5 000

2. 确定数据管理能力成熟度评估范围

数据管理能力成熟度评估是从多维度对企业的数据管理能力进行评估，包括数据战略、数据治理、数据架构、数据应用、数据安全、数据质量、数据标准和数据生存周期 8 个能力域，详见图 10－2。

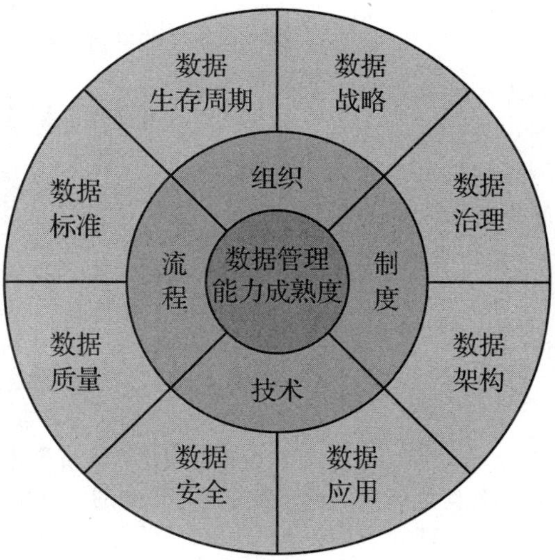

图 10－2　数据管理能力成熟度评估能力域

3. 确定数据管理能力成熟度等级

DCMM 将数据管理能力成熟度划分为五个等级，自低向高依次为初始级（1 级）、受管理级（2 级）、稳健级（3 级）、量化管理级（4 级）和优化级（5 级），不同等级代表企业数据管理能力成熟度不同。具体见表 10－7。

表 10－7　数据管理能力成熟度不同等级特点及具体特征

等级	特点	具体特征
初始级	数据管理的需求主要是在项目层面体现，没有统一的管理流程，主要是被动式的管理	a. 组织在制定战略决策时，未获得充分的数据支持； b. 没有正式的数据规划、数据架构设计、数据管理组织和流程等； c. 业务系统各自管理自己的数据，各系统之间的数据存在不一致的现象，组织意识到数据管理或数据质量的重要性； d. 数据管理仅根据项目实施的周期进行，无法核算数据管理、维护成本。
受管理级	组织已经意识到数据资产，根据管理策略的要求制定了管理流程，指定相关人员进行初步的管理	a. 意识到数据的重要性，制定了部分数据管理规范，设置了相关岗位； b. 意识到数据质量和数据孤岛是重要的管理问题，但目前没有解决问题的办法； c. 进行了初步的数据集成工作，尝试整合各业务系统的数据，设计相关数据模型并设置相关管理岗位； d. 进行了一些重要数据的文档工作，对重要数据的安全、风险等方面设计相关管理措施。

续表

等级	特点	具体特征
稳健级	数据已经被当作实现组织绩效目标的重要资产，在组织层面制定了一系列标准化的管理流程，促进数据管理的规范化	a. 意识到数据的价值，在组织内部建立数据管理规章和制度； b. 数据的管理及应用能结合组织的业务战略、经营管理需求以及外部监管要求； c. 建立了相关数据管理组织、管理流程，能推动组织内各部门按流程开展工作； d. 组织在日常的决策、业务开展过程中能获取数据支持，明显提升工作效率。
量化管理级	数据被认为是获取竞争优势的重要资源，数据管理效率能够进行量化分析和监控	a. 在组织层面认识到数据是组织的战略资产，了解数据在流程优化、绩效提升等方面的重要作用； b. 在组织层面建立了可量化的评估指标体系，可准确测量数据管理流程的效率并及时优化； c. 参与国家、行业等相关标准的制定工作； d. 组织内部定期开展数据管理、应用的相关培训工作； e. 在数据管理、应用的过程中充分借鉴了行业最佳案例以及国家标准、行业标准等外部资源，促进组织本身数据管理、应用水平的提升。
优化级	数据被认为是组织生存和发展的基础，相关管理流程能够实时优化，能够在行业内进行最佳实践的分享	a. 组织将数据作为核心竞争力，利用数据创造更多的价值和提升改造组织的效率； b. 能主导国家、行业等相关标准的制定工作； c. 能将组织自身数据管理能力建设的经验作为行业最佳案例进行推广。

数据管理能力成熟度评估包含的内容较多且向下兼容，即申请高等级评估时需要同时满足低等级评估的要求。企业在申请数据管理能力成熟度认定之前自身可以进行简易的评估，主要包含企业规模、数据管理人员、数据管理制度和数据管理工具与平台等维度（见表 10－8），并对照不同等级的具体特征，对自身进行评估。

表 10－8　企业简易评估维度

维度	企业规模	数据管理人员	数据管理制度	数据管理工具与平台
内容	营业收入 员工数量 数据量	专业的数据管理团队 专业的数据管理人员 兼职的数据管理人员	数据架构 数据安全 数据质量 数据标准	数据质量管理平台 数据标准管理平台 数据安全管控工具

4. 组建企业数据管理工作组，负责人是公司 CDO 或领导层

从评估的过程来看，一般来说，数据战略和数据治理能力域需要的是管理人员，其余 6 个能力域需要技术人员，从实际评估来看，企业一般配置 3～8 名工作人员，在申请比较低的等级时，一个人可以覆盖 2～3 个能力域，相应能力域的负责人员见表 10－9。

表 10-9 评估队伍组建

能力域	相关负责人员
数据战略	企业负责人、数据管理负责人、首席数据官等
数据治理	数据管理负责人、首席数据官、数据分析师等
数据架构	数据架构师、数据仓库构架师、数据模型管理员等
数据应用	应用架构师、BI 架构师、报表开发人员等
数据安全	数据安全管理员、数据安全审计员等
数据质量	数据质量分析师、数据质量管理员等
数据标准	数据管理专员、数据提供者、数据分析师等
数据生存周期	数据开发工程师、数据运维工程师等

(四) 数据管理能力成熟度项目实施

组织数据能力被综合定义为八大一级过程域，其中每个一级过程域又由若干二级过程域组成（见表 10-10），DCMM 通过对每个二级过程域的概念、目标以及功能进行定义来标准化组织数据管理的过程。在进行数据管理能力成熟度评估的过程中，每个一级过程域相互独立，可以单独开展评估，但是在实际的管理过程中，每个一级过程域又相互支撑，需要统一全面开展评估才能完善数据管理体系。数据管理能力成熟度评估的实施周期为 3～6 个月。

表 10-10 数据管理能力成熟度评估过程域

一级过程域	二级过程域
数据战略	数据战略规划、数据战略实施、数据战略评估
数据治理	数据治理组织、数据制度建设、数据治理沟通
数据架构	数据模型、数据分布、数据集成与共享、元数据管理
数据应用	数据分析、数据开放共享、数据服务
数据安全	数据安全策略、数据安全管理、数据安全审计
数据质量	数据质量需求、数据质量检查、数据质量分析、数据质量提升
数据标准	业务数据、参考数据和主数据、数据元、指标数据
数据生存周期	数据需求、数据设计和开放、数据运维、数据退役

根据 DCMM 可以准确评估各地大数据发展现状。通过对地方、行业及各单位组织数据管理、应用情况的评估，可以掌握地方、行业及各单位组织数据管理和应用的现状，发现具备的优势和存在的问题，为更好地利用本地、行业的数据资源和进行有针对性的指导提供支持。

同时，依据 DCMM，将企事业单位业务、技术应用、数据需求与数据管理过程相结合，以解决企事业单位实际业务问题、支撑技术应用为出发点，实现企事业单位数据管理体系革新、生产模式优化、运行效率提升，加快推动企事业单位向数字化、网络化、智能化转型发展，切实提高企事业单位的数据管理水平和综合竞争力。

（五）部分地区对数据管理能力成熟度评估的补助政策

为了鼓励企业申请数据管理能力成熟度评估，很多地方给企业提供了财政补助。以下地区供参考，具体补助及申报情况以当地政府公开信息为准（见表 10－11）。

表 10－11　部分地区对数据管理能力成熟度评估的补助

济南市	对首次通过 DCMM 2 级、3 级、4 级评估认证的软件企业，一次性分别给予最高 20 万元、30 万元、50 万元奖励
淄博市	对首次通过 DCMM 2 级、3 级、4 级评估认证的软件企业，一次性分别给予最高 20 万元、30 万元、50 万元奖励
天津市	对首次通过国家 DCMM 2 级和 3 级评估认证的企业，给予 40 万元支持；对首次通过国家 DCMM 4 级和 5 级评估认证的企业，给予 50 万元支持
重庆市	对通过 DCMM 2 级、3 级、4 级评估的企业，分别奖励 20 万元、30 万元、50 万元
山西省	对首次通过 DCMM 3 级、4 级、5 级的企业，分别给予 10 万元、20 万元、30 万元奖励
成都市	对通过 DCMM、信息技术服务标准（ITSS）等国家标准体系认证评估的单位，可一次性给予 10 万元奖励
贵阳市	DCMM 认证按 2 级、3 级、4 级及以上分别一次性给予 10 万元、20 万元、30 万元资金支持
太仓市	对首次通过国家 DCMM 认证的企业，给予最高 50 万元支持

// 基本概念 //

个人数据（personal data）　个人信息（personal information）　隐私（privacy）

《通用数据保护条例》（General Data Protection Regulation，GDPR）

信息安全（information security）

数据管理能力成熟度评估模型（data management capability maturity model，DCMM）

// 讨论题 //

1. 请分析个人数据与隐私的关系。
2. 请分析隐私披露行为的影响因素。
3. 请简述信息安全等级保护测评过程。
4. 请简述数据管理能力成熟度评估的维度。

// 第11章 //
数字经济政策

学习目标

1. 了解全球主要经济体的数字经济政策，并比较政策着力点的差异。

2. 理解我国数字经济政策体系的构成，了解我国数字产业化政策和产业数字化政策的主要内容。

3. 了解我国数字化治理方面的政策。

4. 了解数字经济政策发展趋势。

导　言

数字经济正成为重组全球要素资源、重塑全球经济结构、改变全球竞争格局的关键力量，各国竞相制定数字经济发展战略、出台鼓励政策，规范数字经济发展。党的十八大以来，我国高度重视发展数字经济，推动数字经济发展逐步上升为国家战略。《关于积极推进“互联网＋”行动的指导意见》《关于发展数字经济稳定并扩大就业的指导意见》《国家信息化发展战略纲要》《网络强国战略实施纲要》《数字经济发展战略纲要》《“十四五”数字经济发展规划》等政策措施，从国家战略层面对数字经济的发展进行了全局性部署。工信部、农业农村部、科学技术部、交通运输部等相关部委也纷纷加快数字经济相关政策的出台。

本章梳理了全球主要经济体和我国的数字经济政策体系。具体包括以下三个方面的内容：(1) 对全球主要经济体的数字经济政策进行概述；(2) 对我国数字经济政策的基本内容进行梳理；(3) 对数字经济政策的展望。

第1节　全球主要经济体的数字经济政策概述

数字经济作为驱动全球经济发展的新动能，各经济体对数字经济的重视程度日益提升，纷纷加快数字经济战略部署。美国着力推进人工智能研发与应用，加快智能制造产业发展，强化网络空间安全战略，保障本国数字经济的国际主导地位。欧盟通过促进数据保护与共享，推进人工智能的发展与治理，构建公平开放的数字经济发展环境，保障数字经济规范发展。英国强化数字经济顶层设计与立法保障，深入推进政府数字化转型，提高政府数字服务效能。德国积极推进“工业 4.0”，大力推进人工智能的发展与应用，提升数字经济竞争力。日本大力推动人工智能等新一代信息技术发展，强化数字技术在其他产业中的应用，促进实体经济转型升级，打造“超智能社会”。俄罗斯从顶层设计、数字技术发展和完善信息基础设施的覆盖应用入手，重点发展物联网与人工智能等新兴技术，加强个人与公共数据保护。

一、美国数字经济政策

美国把发展数字经济作为实现繁荣和保持竞争力的关键，陆续出台了《数字经济议程》《美国创新战略》《国家人工智能研究和发展战略计划》《智能制造振兴计划》《国家网络战略》《数字贸易与美国的贸易政策》《数字政府战略》等政策。

注重普及数字经济理念。1998 年，美国商务部发布了《浮现中的数字经济》报告，开始把发展数字经济作为驱动创新发展的手段。随后，美国商务部发布《数字经济 2002》报告和《数字经济 2003》报告，对早期数字经济理念的普及起到了推动作用。2010 年，美国商务部提出“数字国家”的概念。2015 年，美国商务部发布了《数字经济议程》，把发展数字经济作为实现繁荣和保持竞争力的关键，该议程聚焦四个方面：自由开放的互联网、互联网信任和安全、互联网接入和技能、创新和新兴技术。随着数字技术与经济社会的深度融合，数字经济的内涵也日益丰富，如何衡量数字经济成为各界关注的重点。2018 年，美国商务部经济分析局发布了工作文件——《数字经济的定义和衡量》，对在新时代认识和衡量数字经济发展起到了重要的推动作用。

全面提升国家创新能力，推进人工智能研发与应用。21 世纪以来，美国立足于高质量就业和可持续增长，不断升级创新政策，全面提升国家创新能力。2016 年，美国商务部发布了《在数字经济中实现增长与创新》，将数字经济与创新相结合。美国国家科学基金会在 2009 年发布了《美国机器人路线图》，直接促使奥巴马政府在 2011 年启动“国家机器人计划”，以“建立美国在下一代机器人技术及应用方面的领先地位”。2018 年，美国发布了《美国机器人智能国家战略报告》，提出六大国家机器人智能策略，旨在通过对产品研发的长期资金支持，促进机器智能技术安全发展，并通过加强创新基地建设巩固美国的领先地位。

加快智能制造产业发展。金融危机后，美国开始反思过度依赖金融和房地产等虚拟经济带来的弊端，出台了一系列政策支持“制造业回归”。2013 年，美国发布了《国家制造业创新网络：一个初步设计》，提出投资 10 亿美元组建美国制造业创新网络，集中力量推动数字化制造、新能源、新材料等先进制造业的创新发展，打造一批具有先进制造能力的创新集群。2016 年，美国发布《智能制造振兴计划》，依托新一代信息技术、新材料、新能源等创新技术，加快发展技术密集型先进制造业。2021 年 6 月，美国参议院通过了《美国创新与竞争法案》（USICA），拜登政府授权 1 900 亿美元用于科技领域，540 亿美元专门用于半导体、微芯片和电信设备的生产，其中拨款 520 亿美元来应对半导体短缺问题。

强化网络空间安全战略。美国将网络空间安全提升为国家战略，克林顿政府于1998年发布的《克林顿政府对关键基础设施保护的政策》，成为美国政府建设网络空间安全的指导性文件。2000年，美国发布《信息系统保护国家计划》，提出网络空间安全规划。小布什政府在“9·11”恐怖袭击事件之后，意识到信息安全问题的严峻性，发布了《关键基础设施保护》的行政令，宣布成立“总统关键基础设施保护委员会”，该委员会在2003年发布《确保网络空间安全的国家战略》，作为美国联邦政府和社会各行业关键基础设施网络空间保护政策的执行计划和行动指南。2009年，奥巴马政府发布《网络空间政策评估——保障可信和强健的信息和通信基础设施》，将网络空间安全定义为“举国面临的最严重的国家经济和安全挑战之一”，并宣布“数字基础设施将被视作国家战略资产，保护这一基础设施将成为国家安全的优先事项”，全面规划了保卫网络空间的战略措施。2018年，美国白宫发布《美国国家网络战略》，提出要培育充满活力和弹性的数字经济，经济安全和国家安全密切相关，新一代信息技术已经成为经济发展的根基。2019年，美国国防部发布《国防部数字现代化战略》，旨在快速推动国防部数字环境的现代化，应对大国竞争。

推进数字政府治理进程。1993年，美国发布《从繁文缛节到结果导向：创造一个效率更高、成本更低的政府》，“电子政务”首次出现在政府文件中。1996年，美国联邦政府推进“重塑政府运动”，积极推进政务电子化，应用网络技术以及通信技术来履行政府公共服务职能，优化政府机构，提升政府行政绩效。2002年，公布《电子政务战略——简化面向公民的服务》，提出以公民为中心、以结果为导向、以市场为基础的三大原则，实现了政府网站从信息浏览到可以办事服务的转变，从“以信息技术为中心”转变为“以公民为中心”。2012年，美国白宫发布《数字政府战略》，要求政府机构“建立一个21世纪的平台，更好地服务美国人民”，并提出以信息为中心，建设共享平台，以用户为中心，建立安全隐私平台。

二、欧盟数字经济政策

欧盟相继出台了《数字化单一市场战略》《通用数据保护条例》《欧盟人工智能》《人工智能合作宣言》《人工智能协调计划》等政策，通过积极建立数字单一市场，促进数据保护与开放共享，推进人工智能的发展与治理，重视智能制造产业的发展与应用，着力构建公平开放的数字经济竞争环境。

积极建立数字单一市场。欧盟委员会在1993年发布《成长、竞争力与就业白皮书》，提出加快信息网络基础设施建设。1994年，欧盟委员会提出信息社会行动计划——《欧洲迈向信息社会之路：行动计划》，主要目标在于加速电信服务产业的自由化，以及整合欧盟数字经济方面的相关政策。2005年，欧盟委员会正式批准了《数字经济五年发展规划（2005—2010年）》，提出重点落实的三大战略：第一，消除内部市场分割，创建统一的欧盟信息空间；第二，加大信息通信技术领域的科研投入；第三，在欧盟开展数字扫盲，不断提升公共服务质量。2015年，欧盟委员会启动了《数字化单一市场战略》，通过采取一系列措施消除法律和监管障碍，增进成员国间的合作与交流，将成员国市场打造成一个统一的数字市场。2020年，欧盟委员会公布了《塑造欧洲数字未来》的数字化战略，涵盖了数据利用、人工智能、平台治理等领域的发展和立法框架，希望通过加大技术研发投入和建立统一数字市场，使欧盟在数字经济发展方面获得领先优势。

重视数据保护与开放共享。早在 1995 年欧洲议会就通过了《资料保护指令》，围绕“知会用户、目的明确、用户同意、信息安全、明确收集方、用户查验、追责渠道”七个关键词，提出企业对个人数据进行处理需遵循的标准。为进一步加大对数据的保护力度，欧盟委员会在 2016 年通过了《通用数据保护条例》，从个人数据处理的基本原则、数据主体的权利、数据控制者和处理者的义务、个人数据跨境转移等方面，建立了完备的个人数据保护制度，成为全球个人数据立法的典范。2018 年，欧盟委员会发布了《建立一个共同的欧盟数据空间》，围绕公共部门数据开放共享、科研数据保护和获取、私营部门数据分享等事项，提出了建立欧盟共同数据空间的多项举措。2018 年，欧盟委员会发布《非个人数据在欧盟境内自由流动框架条例》，旨在确保非个人数据在欧盟范围内的自由流动、消除数据保护主义，为大数据、云计算和人工智能等技术的发展铺平道路，推动数字经济发展，增强欧盟在全球数字市场的竞争力。2020 年，欧盟委员会发布了《欧洲数据战略》，致力于构建“单一数据市场”，将欧盟打造为全球数据赋能社会的典范和领导者。《人工智能伦理罗马宣言》的签署是欧盟推动全球数字经济监管新标准的标志性事件，将对人工智能和数字经济发展产生深远影响。[①]

推进人工智能发展与治理。欧盟于 2013 年提出“人脑计划”，通过计算机技术模拟人类大脑，建立一套全新的涵盖生产、处理、整合、模拟数据的信息通信技术平台，该计划将脑科学研究数据与产业相结合，直接为人工智能提供支撑。为了在机器人产业中取得领先地位，2014 年欧盟委员会发布了《2014—2020 欧洲机器人技术战略研究计划》及《地平线 2020 战略——机器人多年发展战略图》，目的是促进机器人产业及其供应链发展，促使机器人技术对社会和经济产生更积极的影响。2018 年，欧洲科学与新技术伦理组织发布《关于人工智能、机器人及“自主”系统的声明》，认为人工智能、机器人技术的进步引发了一系列复杂的、亟待解决的道德问题，呼吁为上述技术系统的设计、生产、使用和治理制定国际公认的道德和法律框架。2018 年 4 月，欧盟委员会发布了《欧盟人工智能》，同年 7 月，欧盟成员国签署《人工智能合作宣言》，以加强欧盟成员国在人工智能领域的技术研发、道德规范制定和投资规划方面的合作。2019 年 7 月，欧盟委员会发布《可信赖人工智能的政策与投资建议》，旨在确保可信赖人工智能的可持续性、增长性、竞争性和包容性。

重视智能制造产业发展与应用。为了提高欧洲制造业的整体竞争力，早在 1995 年欧盟就启动了“智能制造系统”计划以及为期十年的项目研究。欧盟委员会于 2007 年开启欧盟第七框架计划，提出利用智能制造实现制造模式的新革命，资助了多个智能制造项目，如“未来工厂”计划和火花计划。欧盟委员会于 2010 年通过“欧洲 2020 战略”，提出要实现智能化的经济增长，重点发展信息、节能、新能源和以智能为代表的先进制造，并制定与智能制造直接相关的“全球时代的工业政策”计划。2012 年和 2014 年欧盟委员会又分别出台了《未来经济复苏与增长：建设一个更强的欧洲工业》和《为了欧洲的工业复兴》两个政策文件，进一步调整了 2010 年的工业政策。2015 年，欧洲公布“单一数字市场”战略，将“打造欧洲数字经济和数字社会”作为关键行动领域之一，提出

---

① 郑雪平. 欧盟数字经济发展政策取向及成效. 中国社会科学报，2021－04－12.

智能工厂、标准、大数据、云计算和数字化技能五个优先行动领域。2016 年，欧盟发布了《欧洲工业数字化战略》，重点从以下几个方面推动欧洲工业数字化：组织欧盟有关国家和地区就工业数字化战略展开对话，协调各方工业数字化战略步伐；推动各方建立工业数字化公私伙伴关系，鼓励各方积极利用欧盟投资计划和欧洲结构投资基金提供的机遇；投资 5 亿欧元建设泛欧数字化创新中心，为企业提供数字创新咨询服务等。2020 年 3 月，欧盟发布的《欧洲新工业战略》提出通过物联网、大数据和人工智能三大技术来提升欧洲工业的智能化程度，大型企业、中小企业、创新型初创企业等均在受支持范围内。2022 年 2 月，欧盟委员会公布《芯片法案》，根据该法案，欧盟将投入超过 430 亿欧元的公共和私有资金，用于支持芯片生产、试点项目和初创企业。

提升欧盟全球数字规则话语权。尽管欧盟数字经济的国际竞争力不高，但在规范监管数字经济发展方面，却力求引领全球。欧盟颁布的《通用数据保护条例》几乎成为全球通行标准，目前已有约 120 个国家受其影响，通过了类似法规保护隐私。“数字主权”既是欧盟面对的痛点，也是欧盟一直以来追求的目标，还是欧盟实现“在数字世界中独立行动”愿景的基石。与美国不同，在数字经济领域，欧盟采取的是先规范后发展的路径，立法规制和监管保护是欧盟数字经济的优势。2020 年 12 月，欧洲议会通过了关于《数字市场法案》的提案，是 20 多年来欧盟在科技企业监管领域的重大立法，旨在为规模大到被认为扮演“守门人”角色的企业制定一份“监管清单”，以防止其进行市场垄断、妨碍公平竞争、损害平台用户的利益。《数字市场法案》明确了“守门人”的标准：市值 750 亿欧元、年营业额 75 亿欧元、月用户数 4 500 万以上，主要包括亚马逊、苹果、谷歌、脸书等企业。“守门人”一旦违反《数字市场法案》的规定，将受到严厉的经济惩罚。首次违规罚款就高达其全球营收的 10%，8 年内若出现 3 次及以上违规行为，罚款将上升到全球营收的 20%。

三、日本数字经济政策

日本不断升级科技创新战略，大力推动人工智能等新一代信息技术的发展，强化数字技术在其他产业中的应用，陆续出台《人工智能技术战略》《集成创新战略》等战略，促进实体经济转型升级，打造“超智能社会”。2000 年，日本为促进数字信息产业的发展，成立了“IT 战略总部”。2013 年，日本将“IT 战略总部”升级为内阁的“高度信息通信网络社会推进战略部”，统筹相关部门的工作，并将数字信息产业应用于区域振兴、资源和智慧农业等领域。

不断升级科技创新战略。从 2013 年开始，日本政府每年都出台《科学技术创新综合战略》，提出从“智能化、系统化、全球化”的角度推进科技创新。《科学技术创新综合战略 2014》提出要重点聚焦信息通信（包括信息安全、大数据分析、机器人和控制系统技术等）、纳米和环保三大领域。《科学技术创新综合战略 2015》提出借助物联网和大数据培育新产业等内容。2016 年，日本通过了《第五期科学技术基本计划（2016—2020）》，该计划首次提出“超智能社会”的概念，指出信息通信技术的发展让日本进入了社会经济结构日益变化的“重大改革时代”。2018 年，日本发布了《第二期战略性创新推进计划（SIP）》，该计划旨在通过推动科技从基础研究到实际应用的转化、解决国民生活的重要问题，促进科技研究和开发，实现技术创新，建设“超智能社会”。日本政府在 2019 年度补充预算案中，列入约 9 550 亿日元的“数字新政”相关预算。这一预算主要包括向中小企业的信息化投入 3 090 亿日元，向学校的信息通信应用投入 2 318 亿日元，向加强“后 5G”时代信息通信基础投入约 1 100 亿日元，还包括给年轻科研骨干最多 10 年、平均每年约 700 万日元的研究经费支持，以及对量子研究机构和超级计算机领域的投资等。

加强数字信息产业建设与应用。日本数字信息产业的发展历史较为悠久，最早可追溯至 1956 年发布的《机械工业振兴临时措施法》，制定了一系列振兴数字信息产业的政策。此后，日本在数字信息产业方面的政策不断升级，推动传统产业转型，为数字经济发展打下了良好基础。1969 年，日本科学技术会议提出《关于科学技术信息流通的基本政策》，日本信息政策初步集中完成了信息产业规划和全国信息流通体系的建构，并提出“从国家的角度合理整顿和强化信息流通及信息服务的体制”。2001 年，日本政府提出“e-Japan 战略”，集中力量建设信息基础设施；2003 年，日本政府又提出“e-Japan 战略Ⅱ”，目标是将数字技术应用于食品、医疗、金融、行政等经济社会其他产业和领域。2004 年，日本政府提出了“u-Japan 战略”，重点建设泛在网络社会，从网络、终端、平台和应用 4 个层面构建数字信息技术与经济社会的联系。2011 年，日本政府提出了“ICT 维新愿景 2.0”，提出打造强大的日本数字信息经济。

以制造业为核心打造“超智能社会”。日本政府高度重视高端制造业的发展，在 2009 年制定的《i-Japan 战略 2015》中，强调要加强对制造业信息化、大数据等领域的研究和资助，积极推动信息通信、智能制造的发展。2016 年，日本内阁会议通过了《第五期科学技术基本计划（2016—2020）》，提出以制造业为核心，灵活利用信息通信技术，基于互联网或物联网，打造世界领先的“超智能社会”。超智能社会被定义为“能够细分掌握社会的种种需求，将必要的物品和服务在必要时以必要的程度提供给有需要的人，让所有人都能享受到优质的服务，超越年龄、性别、地区和语言的差异，快乐舒适生活的社会”。2016 年 12 月，日本工业价值链参考架构正式发布，标志着日本智能制造政策的实质性突破，建立了日本智能工厂互联互通的基本模式。2017 年，日本政府发布指引性文件《“互联产业”：东京举措 2017》，聚焦自动驾驶、机器人、智能生活等领域，明确“互联产业”是日本未来产业发展的新方向。2018 年 6 月，日本政府发布了《日本制造业白皮书（2018）》，明确将互联工业作为制造业发展的战略目标，强调通过连接人、设备、系统、技术等创造新的附加值，强调智能制造和融合发展。

重视人工智能技术创新。2015 年 1 月，日本政府发布了《新机器人战略》，主要介绍国家社会发展机器人产业的背景和“机器人革命”的目标、核心战略以及未来发展机器人的战略规划。2016 年，日本通过新版《日本再兴战略》，将 2017 年确定为“日本人工智能元年”，通过发展人工智能保持并扩大日本在汽车、机器人等领域的技术优势，扎实推进“超智能社会 5.0”。日本政府正式设立“人工智能研究中心”作为国家层面的综合管理机构。2017 年 3 月，日本政府发布《人工智能技术战略》，明确了人工智能发展的技术重点，推动人工智能向强人工智能和超人工智能的方向延伸，并进一步规划部署了人工智能的技术研发，提出具体的战略路线图。2019 年制定的“AI 战略”提出，到 2025 年，日本要实现每年 50 万左右的大学生及高等专科院校学生能够掌握初级 AI 能力的目标，并将其中的 25 万人培养成能够使用 AI 解决自身专业领域课题的人才。

四、俄罗斯数字经济政策

俄罗斯希望通过实施数字经济解决人口危机以及经济严重依赖石油和天然气出口的问题，相继出台《俄联邦数字经济规划》《俄联邦数字经济法》《2030 年前国家人工智能发展战略》等一系列政策，从顶层设计、技术发展和法律法规制定等方面，推动数字经济发展。

注重数字经济顶层设计。2017 年 5 月，俄罗斯联邦政府颁布了《俄联邦信息社会发展战略（2017—2030）》，提出要为信息通信技术的使用创造条件，加强信息化社会发展。2017 年 6 月，俄罗斯总统普京表示“发展数字经济是俄罗斯经济领域第一要务”。同年 7 月，俄罗斯联邦政府批准《俄联邦数字经济规划》，在规范性关联、人才和教育、培育研发能力和技术储备、信息基础设施、信息安全 5 个基本方向框架内，规定了 2024 年前的目标和任务。在机构设置上，“俄罗斯联邦通信与大众传媒部”在 2018 年正式更名为“俄罗斯联邦数字发展、通信与大众传媒部”，主要职能是通过网络为国家、州、区提供基本社会服务，保证 IT 行业高速发展，普及通信服务、网络和大众传媒。

重点支持数字技术创新。2016 年 12 月，俄罗斯总统普京批准了《俄罗斯联邦科技发展战略》，强调要用 10～15 年的时间，通过实施向数字生产技术转换、提高人力资源使用效率、发展生态和清洁技术等措施实现科技进步，提高产品和服务创新水平。2018 年 3 月，俄罗斯国防部、联邦教育和科学部制定了“俄罗斯人工智能发展计划”，大力推动人工智能理论研发和提高实践应用水平。2019 年 3 月，俄罗斯联邦政府通过了《俄联邦国家科技发展计划》，提出发展国家智能产业，实现国家科学研究长期发展和基础保障等 5 个子计划。

完善数字经济监管法律法规。2017 年，俄罗斯联邦政府颁布了《联邦关键信息基础设施安全法》，确立了对关键基础设施的安全评估和国家监控制度。该法把预防计算机攻击作为优先方向，依法保障“发现、预防和消除对俄罗斯联邦信息资源实施计算机攻击的国家体系”运行，确定了关键信息基础设施分级标准和关键信息基础设施注册登记制度。2018 年，俄罗斯财政部发布《数字资产联邦监管法（草案）》，目的是调节数字金融资产在创建、发现、存储和流通过程中所产生的关系，以及按智能合约行使权利和履行义务时所发生的关系，在该草案中，数字金融资产被定义为“利用密码学技术创建并以电子形式存在的资产”，包括“加密货币”和“代币”。2019 年俄罗斯联邦政府通过了新的《数字权利法》，确定了数字权利的行使和转让方式，并为包括数字交易在内的数字权利制定了规则。

推动人工智能研发与应用。2018 年 3 月，俄罗斯制定“俄罗斯人工智能发展计划”，涵盖了俄罗斯人工智能研究的组织执行机构、教育培训、理论跟踪以及实用探索等领域。俄罗斯联邦政府高度重视机器人和人工智能在国家安防和军事方面的应用，陆续发布了《未来俄军用机器人应用构想》《人工智能在军事领域的发展现状及应用前景》《2025 年前未来军用机器人技术装备研发专项纲要》等发展规划，明确了军用机器人的研发重点，包括无人机、陆上机器人系统以及以无人潜航器为代表的水下机器人，并将人工智能视为国家间战略的重要领域。普京在 2019 年批准了《2030 年前国家人工智能发展战略》，旨在推进人工智能领域进行科学研究、为用户提供信息和计算资源的可用性，完善人工智能领域的人才培养体系等。俄罗斯人工智能治理体系的外在形态是“一体两翼”的政策网络，以《2030 年前国家人工智能发展战略》作为基本战略构想，以数字经济框架内的人工智能“路线图”和人工智能联邦项目建构发展议程，以《2024 年前俄罗斯人工智能和机器人技术领域监管发展构想》为核心确立监管议程。俄罗斯人工智能治理体系的实体结构则表现为在联邦政府统一领导下的二元平行系统运作模式，由国防部担任操盘手的军用人工智能板块建立了完整的闭环系统，而以俄罗斯联邦储蓄银行为主要操盘手的民用人工智能板块的运行机制仍有待进一步完善（封帅，2022）。

促进政府数字化转型。1999 年俄罗斯发布了《关于组建俄罗斯信息中心的政府令》，由信息社会世界峰会推动，俄罗斯开始加强政务网络和信息通信网络建设，促进办公自动化与信息公开化。2001—2002 年，俄罗斯相继发布《2010 年前俄罗斯信息化发展联邦目标纲要》《“电子俄罗斯”联邦目标纲要》等。2008 年，俄罗斯联邦政府批准《2010 年前俄罗斯电子政府建设构想》，作为俄罗斯官方发布的首个电子政府战略性文件，将电子政府建设的目标设定为公开政府信息和提供国家服务，具体包括：建立统一的互联网门户；建设获取国家机构活动信息和国家电子服务的公共基础设施；建立支持公民与国际机构间互动的信息咨询系统、联邦互联网公共服务门户、联邦电话服务中心、俄罗斯国家信息中心等。2014 年，俄罗斯联邦通信与大众传媒部拟定了一份关于国家电子政务系统发展的草案——《组织国家电子政务基础设施管理进程》，提出了俄罗斯建设电子政务基础设施的主要方向。

五、印度数字经济政策

印度在传统软件业的基础上，加快信息基础设施建设，大力发展物联网、人工智能等数字技术，加强个人与公共数据保护，相继推出“数字印度”计划、《人工智能国家战略（讨论稿）》等政策推动数字经济发展。

加快基础设施覆盖与应用。2004 年 4 月，印度电信管理局向通信主管部门建议：允许互联网服务提供商使用任何介质来建设自己的“最后一公里”，以鼓励互联网服务提供商为用户提供更快的互联网接入服务。2004 年 10 月，印度通信与信息技术部发布了《国家宽带计划》，提出推动宽带基础设施建设，以促进网络普及率的提高。2010 年 12 月，印度发布了《关于推进国家宽带计划的建议》，旨在通过大力发展国家宽带网络，尤其是普及农村宽带，推进宽带在城乡的快速覆盖，以促进国家经济的可持续发展。2011 年印度推出了国家光纤网络计划，通过普遍服务基金提供资助，该计划为 25 万个农村地区提供宽带接入。2019 年 2 月，印度电信管理局规划了 5G 网络的潜在应用场景，并在频谱需求、基站部署等方面做了明确安排。

巩固软件业优势，发展人工智能等新兴技术。早在 1984 年，甘地政府就将软件业确立为可以享受各项优惠政策的产业。1986 年，甘地政府颁布《计算机软件出口、开发和培训政策》，把计算机软件作为经济发展战略的重点，规定为生产全部用于出口的产品而需要进口的设备可免除关税，降低软件业发展的成本。近年来，印度把发展人工智能作为国家战略，2017 年成立人工智能工作组，研究使用人工智能加速经济发展的可能性。2018 年，印度发布《人工智能国家战略（讨论稿）》，该战略以“AI 卓越研究中心”和“国际 AI 转型中心”两级综合战略为基础，加快人工智能整个产业链的应用，并明确了人工智能技术在医疗、农业、教育、智慧城市和基础设施、交通运输等重点领域的应用。

加强个人与公共数据保护。2000 年，印度颁布《信息技术法案》；2008 年颁布了《信息技术法案（修订案）》；随后在 2011 年又颁布了《信息技术法规》。上述法律法规的出台，不仅对防范利用信息技术犯罪、利用网络传播色情内容等进行了规定，而且对关于数据与个人隐私的信息技术监管进行了相关的规定。2013 年，印度通信与信息技术部发布《印度国家网络安全政策》，该政策规定了在处理、存储、传输信息的过程中，应包含数字信息安全，捍卫网络用户的隐私权，减少数据窃取和网络犯罪所造成的损失。2018 年，印度政府联合内阁批准了《国家数字通信政策》，要求建立全面的数字通信数据保护制度，以保护个人隐私权、自治权和选择权。2019 年，印度内阁推出了最新的《个人数据保护法案》，要求互联网公司必须将在印度收集的关键个人数据存储在印度境内，经过脱敏后才可以转移至国外处理；所有组织在收集个人数据时，需要征得数据持有人的明确同意；社交媒体公司需要建立相关机制识别出自愿的用户，即平台需要提供选择，让用户选择是否愿意进行身份验证；所有处理商业数据的公司均需要到政府部门注册为受信公司等。

第 2 节　我国的数字经济政策体系

与其他国家相比，我国的数字经济发展迅速，数字经济政策数量也迅速增加，层级不断下沉。根据中国信息通信研究院的统计，国务院、国家发改委在 2016 年共出台 23 个数字经济相关政策，2017 年累计出台 30 个数字经济相关政策，到 2019 年，出台的数字经济相关政策增至 48 个。各部委出台的数字经济政策稳步增加，2016 年累计出台 32 个相关政策，2019 年累计出台 102 个相关政策。各地出台的政策数量增加迅速，2016 年，各地累计出台 169 个相关政策，到 2019 年，各地累计出台的数字经济政策已达到 605 个。[①]

数字经济政策体系日益完善，政策覆盖范围不断拓宽。近年来，产业数字化作为数字经济的突破口率先发力，从政策类型来看，产业数字化政策是各类政策中数量最多的。数字经济顶层政策、数字产业化和数字化治理的相关政策稳步增加，数字经济政策体系不断完善。

数字技术作为一种通用技术，以重要生产要素的方式，作用于经济社会的各行各业，数字经济政策覆盖范围也不断拓宽，出现从技术领域到产业融合领域，再到经济社会形态的发展趋势。在信息产业部时期，政策主要集中在信息产业内部，政策的行业属性明显；2008 年，工信部成立，开启了我国信息化和工业化融合的新阶段；2015 年，国务院印发《关于积极推进“互联网＋”行动的指导意见》，数字经济政策由行业内部向更广的经济领域拓展；2017 年，党的十九大报告提出“推动互联网、大数据、人工智能和实体经济深入融合”，数字经济政策开始覆盖经济社会的各个领域。

---

① 何伟，孙克，胡燕妮，等. 中国数字经济政策全景图. 北京：人民邮电出版社，2022.

一、数字产业化政策

(一) 大数据政策不断深化

近年来，我国逐渐认识到大数据的重要性，加快大数据与实体经济的融合发展。2014 年，大数据首次被写入政府工作报告，大数据开始成为各级政府关注的热点，政府数据开发共享、数据流通与交易、利用大数据保障和改善民生的概念深入人心。2015 年 8 月，国务院印发了《促进大数据发展行动纲要》，这成为我国大数据发展的战略性、指导性文件，体现了在国家层面对大数据发展的顶层设计和统筹布局，为我国大数据应用、产业和技术的发展提供了行动指南。2016 年，在《中华人民共和国国民经济和社会发展第十三个五年规划纲要》中，第二十七章“实施国家大数据战略”成为各级政府制定大数据发展规划和配套措施的重要指导。2016 年底，工信部发布了《大数据产业发展规划（2016—2020 年）》，这成为大数据产业发展的行动纲领。

(二) 数字技术政策加速聚焦

伴随着物联网、云计算等技术快速发展，我国出台了数字经济相关政策，深化数字技术研发应用，促进新兴产业加快发展。2017 年 1 月，中共中央办公厅、国务院办公厅印发《关于促进移动互联网健康有序发展的意见》，指出“鼓励和支持技术创新，激发和保护企业活力，不断增强发展内生动力，全方位推进移动互联网健康有序发展”。2017 年 3 月，工信部印发了《云计算发展三年行动计划（2017—2019 年）》，指出云计算是信息技术发展和服务模式创新的集中体现，从提升技术水平、增强产业能力、推进行业应用等方面，提出了推动云计算健康发展的行动方案。2019 年 1 月，国家互联网信息办公室发布《区块链信息服务管理规定》，旨在明确区块链服务提供者的信息安全管理责任，规范和促进区块链技术及相关服务健康发展。2019 年 7 月，国家互联网信息办公室、国家发改委、工息部、财政部联合印发《云计算服务安全评估办法》。2021 年 12 月，国务院印发《“十四五”数字经济发展规划》，提出“瞄准传感器、量子信息、网络通信、集成电路、关键软件、大数据、人工智能、区块链、新材料等战略性前瞻性领域，发挥我国社会主义制度优势、新型举国体制优势、超大规模市场优势，提高数字技术基础研发能力”。实施数字技术创新突破工程，补齐关键技术短板、强化优势技术供给、抢先布局前沿技术融合创新。

(三) 产业政策稳步升级

我国高度重视数字经济领域的创新驱动和技术研发，积极发展人工智能、虚拟现实等数字产业，提供高端有效供给和产业核心竞争力。2016 年 9 月，《智能硬件产业创新发展专项行动（2016—2018 年）》出台，提出“以推动终端产品及应用系统智能化为主线，着力强化技术攻关，突破基础软硬件、核心算法与分析预测模型、先进工业设计及关键应用，提高智能硬件创新能力”。2017 年 7 月，《国务院关于印发新一代人工智能发展规划的通知》对我国人工智能发展进行战略部署，确立了三步走目标：“到 2020 年，人工智能总体技术与应用与世界先进水平同步”“到 2025 年，人工智能基础理论实现重大突破、技术与应用部分达到世界领先水平”“到 2030 年，人工智能理论、技术与应用总体达到世界领先水平”。2018 年 12 月，工信部发布《关于加快推进虚拟现实产业发展的指导意见》，提出“突破关键核心技术”“丰富产品有效供给”“推荐重点行业应用”“建设公共服务平台”“构建标准规范体系”“增强安全保障能力”6 项重点任务。2019 年 8 月，科学技术部印发《国家新一代人工智能开放创新平台建设工作指引》，提出“通过建设开放创新平台，着力提升技术创新研发实力和基础软硬件开放共享服务能力，鼓励各类通用软件和技术的开源开放，支撑全社会创新创业人员、团队和中小微企业投身人工智能技术的研发，促进人工智能技术成果的扩散与转化应用，使人工智能成为驱动实体经济建设和社会事业发展的新引擎”。

二、产业数字化政策

（一）第一产业数字化转型政策

与发达国家相比，我国农业数字化转型起步较晚，早期发展以政府引导和资金支持为主。1986 年，我国推出了“863”计划，支持研究“农业智能应用系统”。2003 年，“863”计划将“大规模现代化农业数字化技术应用研究与开发”列为重大科技专项进行研究。从 2003 年开始，农业部在天津、上海、安徽三地率先开展了农业物联网区域试验工程，在财经农业实时数据和物联网应用方面进行了探索。2015 年以来，我国相继出台了《推进农业电子商务发展行动计划》《关于推进农业农村大数据发展的实施意见》《关于加快推进重要产品追溯体系建设的意见》《“互联网＋”现代农业三年行动实施方案》《“十三五”全国农业农村信息化发展规划》《数字乡村发展战略纲要》等政策，提出要发展智慧农业，推进农业数据共享开放，推进农业生产智能化、经营网络化、管理数据化、服务在线化，全面提高农业信息化水平。

在智慧农业方面，2018 年 12 月发布的《关于加快推进农业机械化和农机装备产业转型升级的指导意见》，提出促进互联网、大数据、移动互联网、智能控制、卫星定位等信息技术在农机装备和农机作业中的应用。在农业电子商务方面，2015 年 10 月国务院办公厅发布《关于促进农村电子商务加快发展的指导意见》，全面部署指导农村电子商务健康快速发展，指出要发挥市场机制作用，加快农村电子商务发展，把实体店与电子商务有机结合，使实体经济与互联网产生叠加效应。2017 年 8 月商务部、农业部发布《关于深化农商协作大力发展农产品电子商务的通知》，要求建立农村电商基地，搭建农产品电商供应链，促进农产品销售，培养农业农村品牌，推动农业转型升级。在追溯体系建设方面，2016 年农业部发布《关于加强农产品质量安全追溯体系建设的意见》，旨在进一步提升农产品质量安全监管能力，落实生产经营主体责任，增强实用农产品消费信心，并应用现代信息技术加快全国农产品质量安全追溯体系建设。

（二）第二产业数字化转型政策

为推进数字经济与工业融合发展，我国先后出台了《国务院关于深化制造业与互联网融合发展的指导意见》《信息化和工业化融合发展规划（2016—2020）》《智能制造发展规划（2016—2020 年）》《国务院关于深化“互联网＋先进制造业”发展工业互联网的指导意见》《工业互联网 APP 培育工程实施方案（2018—2020 年）》《工业互联网发展行动计划（2018—2020 年）》《工业互联网平台建设及推广指南》《工业互联网平台评价办法》

《国家智能制造标准体系建设指南（2018 年版）》等一系列政策文件，为我国工业数字化转型指明了方向、提出了要求、增添了动力。

在智能制造方面，《国务院关于积极推进“互联网+”行动的指导意见》提出将推动互联网与制造业融合，提升制造业的数字化、网络化、智能化水平，发展基于互联网的协同制造新模式，开展智能制造试点示范，加强工业大数据的开发与利用。2016 年发布的《智能制造工程实施指南（2016—2020）》提出智能制造工程分两阶段实施：“十三五”期间通过数字化制造的普及、智能化制造的试点，推动传统制造业重点领域实现数字化制造，在有条件的重点产业全面启动智能转型；“十四五”期间加大智能制造的实施力度，关键技术装备、智能制造标准、工业互联网、信息安全、软件支撑能力显著增强，构建新型制造体系，重点产业逐步实现智能转型。2017 年，《高端智能再制造行动计划（2018—2020 年）》发布，提出加快发展高端再制造、智能再制造产业，加强高端智能再制造关键技术创新与产业化应用、推动高端智能再制造装备研发与产业化应用、实施高端智能再制造示范工程、培育高端智能再制造产业协同体系等八项任务举措。

在工业互联网方面，2017 年 11 月，国务院印发《关于深化“互联网+先进制造业”发展工业互联网的指导意见》，提出加强工业互联网顶层设计，加快互联网平台建设，加快构建工业互联网标准体系，加大共性技术攻关力度。2018 年 5 月，《工业互联网发展行动计划（2018—2020 年）》发布，提出到 2020 年底初步建立工业互联网基础设施和产业体系，还提出基础设施能力提升行动、标识解析体系行动、工业互联网平台建设行动、核心技术标准突破行动等 36 项具体行动方案。2018 年 7 月，《工业互联网平台建设及推广指南》发布，提出构建基于云平台的海量数据采集、汇集和分析的服务体系，制定工业互联网平台标准、建设工业互联网平台生态、加强工业互联网平台管理。2020 年 3 月，《工业和信息化部办公厅关于推动工业互联网加快发展的通知》提出，要加快工业互联网等新型基础设施建设，推动工业互联网在更广范围、更深程度、更高水平上融合创新，培植壮大经济发展新动能，支撑实现高质量发展。

（三）第三产业数字化转型政策

数字化转型有力地推动了服务业特别是生产性服务业的高质量发展。近年来，我国陆续出台了《国务院关于促进信息消费扩大内需的若干意见》《国务院关于大力发展电子商务加快培育经济新动力的意见》《关于促进互联网金融健康发展的指导意见》《电子商务“十三五”发展规划》《“十三五”国家信息化规划》《中华人民共和国电子商务法》《国务院办公厅关于促进平台经济规模健康发展的指导意见》《金融科技（FinTech）发展规划（2019—2021 年）》等政策。

在电子商务方面，2015 年 5 月，《国务院关于大力发展电子商务加快培育经济新动力的意见》出台，提出推进电子商务企业税费合理化，进一步释放电子商务发展潜力，提升电子商务创新发展水平。2016 年 12 月《电子商务“十三五”发展规划》发布，提出了“电子商务全面融入、覆盖国民经济和社会发展各领域，成为经济增长和新动能转换关键动力”的发展目标。2018 年 8 月，《中华人民共和国电子商务法》出台，鼓励发展电子商务新业态，推进电子商务诚信体系建设，营造有利于电子商务创新发展的市场环境。2021 年 10 月，商务部、中央网信办、国家发改委联合发布《“十四五”电子商务发展规划》，提出要推动电子商务与一、二、三产业加速融合，全面促进产业链供应链数字化改造，成为助力传统产业转型升级和乡村振兴的重要力量。设定“十四五”时期我国的电子商务发展战略框架：在促进形成强大的国内市场方面，以电子商务引领消费升级、推进商产融合、服务乡村振兴；从深化创新驱动、优化要素配置、统筹发展安全入手，深入挖掘数据要素价值，推动 5G、大数据、区块链、物联网等先进技术的集成创新和融合应用，实现电子商务高质量发展。在推动更高水平对外开放方面，依托“丝路电商”，深化数字经济国际合作，推动跨境电商发展，加强数字产业链全球布局；推进跨境交付、个人隐私保护、数据跨境流动等数字领域国际规则的构建，倡导开放共赢的国际合作新局面。

在互联网金融方面，2015 年 7 月，中国人民银行、工信部等联合印发《关于促进互联网金融健康发展的指导意见》，提出鼓励创新、支持互联网金融稳步发展的政策措施，积极鼓励互联网金融平台、产品和服务创新，鼓励从业机构相互合作，拓宽从业机构融资渠道，确立了互联网支付、网络借贷、股权众筹融资、互联网基金销售、互联网保险、互联网信托和互联网消费金融等互联网金融主要业态的监管职责分工。2019 年 8 月，《金融科技（FinTech）发展规划（2019—2021 年）》发布，提出探索云计算、人工智能等新兴技术在金融领域的安全应用，全面提升金融科技应用水平，将金融科技打造成金融高质量发展的引擎。2019 年 12 月，中国银保监会印发《关于推动银行业和保险业高质量发展的指导意见》，提出增强金融产品创新的科技支撑，银行、保险机构要夯实信息科技基础，建立适应金融科技发展的组织架构、激励机制、运营模式，充分运用人工智能、大数据、云计算、区块链、生物识别等新兴技术，大力发展移动互联网终端业务，探索构建互联网金融服务平台。

三、数字化治理政策

随着数字经济蓬勃发展，数字技术在提升经济运行效率、重塑社会形态的同时，也给传统治理理念、治理模式、治理手段等带来巨大挑战。我国各级政府高度重视数字化治理，持续提升公共服务数字化水平，推动数字化治理能力提升。

（一）提升公共服务数字化水平

早在 2011 年，全国政务公开领导小组就发布了《关于开展依托电子政务平台加强县级政府政务公开和政务服务试点工作的意见》，该文件指出，通过试点方式，以统一的电子政务平台为载体，推进行政权力公开透明运行，逐步实现政务服务均等化，全面提高县级政府政务公开和政务服务水平，探索利用数字化手段提高基层的政务服务能力。2014 年，国务院办公厅印发《关于促进电子政务协调发展的指导意见》，明确提出“电子政务在国家治理体系和治理能力现代化建设中发挥重要作用”的目标，提出加快国家电子政务内网建设、加强国家电子政务外网建设和管理、积极推动各地区各部门业务专网应用迁移和网络对接、强化国家基础信息资源开发利用、推进信息资源共享和数据开放利用、切实加强安全保密等 17 项工作任务。2015 年，《国务院关于积极推进“互联网＋”行动的指导意见》将创新政府网络化管理和服务作为“互联网＋”益民服务的首要内容。2016 年，国务院相继发布《关于加快推进“互联网＋政务服务”工作的指导意见》《“互联网＋政务服务”技术体系建设指南》，围绕业务支撑体系、基础平台体系、关键保障技术体系、评价考核体系等方面，提出信息化解决路径和操作方法，实现互联网与政务服务深度融合，建成覆盖全国的整体联动、部门协同、省级统筹、一网办理的“互联网＋政务服务”体系，大幅提升政务服务智慧化水平，让政府服务更智慧，让企业和群众办事更方便、更快捷、更有效率。

在推进政务信息共享方面，2016 年，国务院印发《政务信息资源共享管理暂行办法》，部署由促进大数据发展部际联席会议负责组织、指导、协调和监督政务信息资源共享工作。2016 年，国务院印发《关于加快推进“互联网＋政务服务”工作的指导意见》，明确部署国务院各部门要加快整合面向公共服务的业务系统，梳理编制网上政务服务信息共享目录，尽快向各省网上政务服务平台按需开放实时数据接口，支撑政务信息资源跨地区、跨部门、跨层级互认共享。2017 年 5 月，国务院办公厅印发《政务信息系统整合共享实施方案》，围绕政府治理和公共服务的改革需要，最大限度为企业和群众提供便利；强调加快推进政务信息系统整合共享，推进统一接入数据共享交换平台加快公开数据开放网站的建设，建设完善全国政务信息共享网站；加快构建政务信息共享标准体系，实现政务数据共享和开发，在重点领域取得突破性进展。2017 年 5 月，国务院办公厅印发《政府网站发展指引》，该文件提出，按照建设法治政府、创新政府、廉洁政府和服务型政府的要求，打通信息壁垒、推动政务信息资源共享，不断提升政府网上履职能力和服务水平。2018 年 6 月，国务院办公厅印发《进一步深化“互联网＋政务服务”推进政务服务“一网、一门、一次”改革实施方案》，提出加快构建全国一体化网上政务服务体系，推进跨层级、跨地域、跨系统、跨部门、跨业务的协同管理和服务，推动企业和群众办事线上“一网通办”（一网），线下“只进一扇门”（一门），现场办理“最多跑一次”（一次），让企业和群众到政府办事像“网购”一样方便。2021 年 12 月，国务院印发的《“十四五”数字经济发展规划》进一步指出，要建立健全政务数据共享协调机制，加快数字身份统一认证和电子证照、电子签章、电子公文等互信互认，推进发票电子化改革，促进政务数据共享、流程优化和业务协同。推动政务服务线上线下整体联动、全流程在线、向基层深度拓展，提升服务便利化、共享化水平。开展政务数据与业务、服务深度融合创新，增强基于大数据的事项办理需求预测能力，打造主动式、多层次创新服务场景。

在智慧城市管理方面，应用互联网、物联网、云计算和大数据等技术，汇聚城市人口、建筑、街道、环境、交通等数据信息，加强智慧城市统筹，提升电力、燃气、交通、水务等公共基础设施精细化管理，成为各地方政府推动的重要政策方向。2013 年，江苏省发布《关于加快智慧城市建设的实施意见》，提出加快信息化基础设施建设、推进城市产业智慧转型升级、推进信息消费持续增长、提升城市管理和公共服务智慧化水平、推动信息资源共享和综合开发利用、加强地理信息服务平台的应用和推广、健全网络信息安全保障体系七大重点任务。福建省、宁夏回族自治区、陕西省、河北省、上海市等先后出台了智慧城市建设相关指导意见。运用大数据、云计算、区块链、人工智能、物联网等新一代信息技术，构建政府、社会组织和大众广泛参与的共建共治共享机制，对一些“城市病”进行智能化、精细化、可视化治理。2021 年 12 月，国务院印发的《“十四五”数字经济发展规划》指出，深化新型智慧城市建设，推动城市数据整合共享和业务协同，提升城市综合管理服务能力，完善城市信息模型平台和运行管理服务平台，因地制宜构建数字孪生城市。

在医疗健康方面，2018 年 4 月，《国务院办公厅关于促进“互联网＋医疗健康”发展的意见》发布，从健全“互联网＋医疗健康”服务体系、完善“互联网＋医疗健康”支撑体系、加强行业监管和安全保障等方面全面布局互联网技术在医疗健康领域的应用。2018 年 7 月，《关于深入开展“互联网＋医疗健康”便民惠民活动的通知》出台，要求加快推进智慧医院建设，运用数字技术改进优化诊疗流程，逐步推动实现居民电子健康卡、社保卡、医保卡等多卡通用、脱卡就医等。各级地方政府也纷纷发布政策意见，推动“互联网＋医疗健康”实施，覆盖加快全面健康信息平台和数据库建设、健全医疗标准体系、建立电子健康档案及电子病历等内容。云南、安徽等分别发布了促进医疗大数据发展的实施意见，提出规范和推动医疗大数据的融合共享、开放应用，实现跨机构、跨地区、跨行业的信息系统互联共享和业务协同、医疗健康数据精准汇聚和集成共享，以及推进健康医疗大数据应用创新等发展目标。

在智慧交通方面，在移动互联网、物联网、车联网等技术的驱动下，近年来，交通领域发生了颠覆性变革，大力发展数字交通，形成以数据为关键要素、促进物理空间和虚拟空间的交通运输深度融合的现代交通运输体系。2017 年 2 月，国务院印发《“十三五”现代综合交通运输体系发展规划》，提出将信息化、智能化发展贯穿于交通建设、运行、服务、监管等全链条各环节，推动云计算、大数据、物联网、移动互联网、智能控制等技术与交通运输深度融合，实现交通基础设施和运作工具数字化、网络化与运营运行智能化。2017 年 9 月，交通运输部办公厅印发《智慧交通让出行更便捷实施方案（2017—2020 年）》，提出围绕提升城际交通出行智能化水平、加快城市交通出行智能化发展等方面，推动以企业为主体的智慧交通出行信息服务体系建设，促进“互联网＋便捷交通”的发展。2019 年 7 月，交通运输部印发《数字交通发展规划纲要》，提出构建交通领域数字化的信息采集体系、网络化的传输体系、智能化的应用体系、网络和数据安全体系等，大幅提升交通运输大数据的应用水平，出行信息全覆盖服务，物流服务的平台化和一体化进入新阶段，行业治理和公共服务能力显著提升等目标。2019 年 12 月，交通运输部印发《推进综合交通运输大数据发展行动纲要（2020—2025 年）》，提出推动大数据与综合交通运输深度融合，计划到 2025 年，我国综合交通运输大数据标准体系更加完善，基础设施、运载工具等成规模、成体系的大数据集基本建成；交通运输行业数字化水平显著提升；综合交通运输信息资源深入开放共享；综合交通大数据中心体系基本建成，为加快建设交通强国、助力数字经济发展提供坚强支撑。

（二）健全完善数字经济治理体系

2021 年 12 月，国务院印发的《“十四五”数字经济发展规划》指出，从强化协同治理和监管机制、增强政府数字化治理能力、完善多元共治新格局出发，健全完善数字经济治理体系。

（1）强化协同治理和监管机制。规范数字经济发展，坚持发展和监管两手抓。探索建立与数字经济持续健康发展相适应的治理方式，制定更加灵活有效的政策措施，创新协同治理模式。明晰主管部门、监管机构职责，强化跨部门、跨层级、跨区域协同监管，明确监管范围和统一规则，加强分工合作与协调配合。深化“放管服”改革，优化营商环境，分类清理规范不适应数字经济发展需要的行政许可、资质资格等事项，进一步释放市场主体创新活力和内生动力。鼓励和督促企业诚信经营，强化以信用为基础的数字经济市场监管，建立完善信用档案，推进政企联动、行业联动的信用共享共治。加强征信建设，提升征信服务供给能力。加快建立全方位、多层次、立体化监管体系，实现事前、事中、事后全链条全领域监管，完善协同会商机制，有效打击数字经济领域违法犯罪行为。加强跨部门、跨区域分工协作，推动监管数据采集和共享利用，提升监管的开放、透明、法治水平。

（2）增强政府数字化治理能力。加大政务信息化建设统筹力度，强化政府数字化治理和服务能力建设，有效发挥对规范市场、鼓励创新、保护消费者权益的支撑作用。建立完善基于大数据、人工智能、区块链等新技术的统计监测和决策分析体系，提升数字经济治理的精准性、协调性和有效性。推进完善风险应急响应处置流程和机制，强化重大问题研判和风险预警，提升系统性风险防范水平。探索建立适应平台经济特点的监管机制，推动线上线下监管有效衔接，强化对平台经营者及其行为的监管。

（3）完善多元共治新格局。建立完善政府、平台、企业、行业组织和社会公众多元参与、有效协同的数字经济治理新格局，形成治理合力，鼓励良性竞争，维护公平有效市场。加快健全市场准入制度、公平竞争审查机制，完善数字经济公平竞争监管制度，预防和制止滥用行政权力排除、限制竞争。进一步明确平台企业主体责任和义务，推进行业服务标准建设和行业自律，保护平台从业人员和消费者合法权益。开展社会监督、媒体监督、公众监督，培育多元治理、协调发展新生态。鼓励建立争议在线解决机制和渠道，制定并公示争议解决规则。引导社会各界积极参与推动数字经济治理，加强和改进反垄断执法，畅通多元主体诉求表达、权益保障渠道，及时化解矛盾纠纷，维护公众利益和社会稳定。

（三）强化数字经济安全体系

（1）增强网络安全防护能力。为了保障网络安全，维护网络空间主权和国家安全、社会公共利益，保护公民、法人和其他组织的合法权益，促进经济社会信息化健康发展，2016 年 11 月 7 日第十二届全国人民代表大会常务委员会第二十四次会议通过《中华人民共和国网络安全法》，国家采取措施，监测、防御、处置来自中华人民共和国境内外的网络安全风险和威胁，保护关键信息基础设施免受攻击、侵入、干扰和破坏，依法惩治网络违法犯罪活动，维护网络空间安全和秩序。《“十四五”数字经济发展规划》提出，强化落实网络安全技术措施同步规划、同步建设、同步使用的要求，确保重要系统和设施安全有序运行。加强网络安全基础设施建设，强化跨领域网络安全信息共享和工作协同，健全完善网络安全应急事件预警通报机制，提升网络安全态势感知、威胁发现、应急指挥、协同处置和攻击溯源能力。提升网络安全应急处置能力，加强电信、金融、能源、交通运输、水利等重要行业领域关键信息基础设施网络安全防护能力，支持开展常态化安全风险评估，加强网络安全等级保护和密码应用安全性评估。支持网络安全保护技术和产品研发应用，推广使用安全可靠的信息产品、服务和解决方案。强化针对新技术、新应用的安全研究管理，为新产业新业态新模式健康发展提供保障。加快发展网络安全产业体系，促进拟态防御、数据加密等网络安全技术应用。加强网络安全宣传教育和人才培养，支持发展社会化网络安全服务。

（2）提升数据安全保障水平。建立健全数据安全治理体系，研究完善行业数据安全管理政策。建立数据分类分级保护制度，研究推进数据安全标准体系建设，规范数据采集、传输、存储、处理、共享、销毁全生命周期管理，推动数据使用者落实数据安全保护责任。依法依规加强政务数据安全保护，做好政务数据开放和社会化利用的安全管理。依法依规做好网络安全审查、云计算服务安全评估等，有效防范国家安全风险。健全完善数据跨境流动安全管理相关制度规范。推动提升重要设施设备的安全可靠水平，增强重点行业的数据安全保障能力。进一步强化个人信息保护，规范身份信息、隐私信息、生物特征信息的采集、传输和使用，加强对收集使用个人信息的安全监管能力。2021 年 4 月 27 日国务院通过了《关键信息基础设施安全保护条例》，对公共通信和信息服务、能源、交通、水利、金融、公共服务、电子政务、国防科技工业等重要行业和领域，以及其他一旦遭到破坏、丧失功能或者数据泄露，可能严重危害国家安全、国计民生、公共利益的重要网络设施、信息系统等关键信息基础设施加大保护力度。2021 年 6 月 10 日第十三届全国人民代表大会常务委员会第二十九次会议通过《中华人民共和国数据安全法》，明确了数据安全主管机构的监管职责，建立健全数据安全协同治理体系，提高数据安全保障能力，促进数据出境安全和自由流动，促进数据开发利用，保护个人、组织的合法权益，维护国家主权、安全和发展利益，让数据安全有法可依、有章可循，为数字经济的安全健康发展提供了有力支撑。

（3）切实有效防范各类风险。《“十四五”数字经济发展规划》提出，强化数字经济安全风险综合研判，防范各类风险叠加可能引发的经济风险、技术风险和社会稳定问题。引导社会资本投向原创性、引领性创新领域，避免低水平重复、同质化竞争、盲目跟风炒作等，支持可持续发展的业态和模式创新。坚持金融活动全部纳入金融监管，加强动态监测，规范数字金融有序创新，严防衍生业务风险。推动关键产品多元化供给，着力提高产业链供应链韧性，增强产业体系抗冲击能力。引导企业在法律合规、数据管理、新技术应用等领域完善自律机制，防范数字技术应用风险。健全失业保险、社会救助制度，完善灵活就业的工伤保险制度。健全灵活就业人员参加社会保险制度和劳动者权益保障制度，推进灵活就业人员参加住房公积金制度试点。探索建立新业态企业劳动保障信用评价、守信激励和失信惩戒等制度。着力推动数字经济普惠共享发展，健全完善针对未成年人、老年人等各类特殊群体的网络保护机制。

我国通过一系列战略和政策推动数字经济发展，尤其是“十四五”规划纲要将加快数字化发展、建设数字中国单独成篇，提出建设数字经济、数字社会、数字政府的发展方向，2021 年 12 月，国务院印发《“十四五”数字经济发展规划》，从优化升级数字基础设施、充分发挥数据要素作用、大力推进产业数字化转型、加快推动数字产业化、持续提升公共服务数字化水平、健全完善数字经济治理体系等方面，进一步加强了数字经济政策的顶层设计。

数字中国

发展数字经济的战略意义

发展数字经济意义重大，是把握新一轮科技革命和产业变革新机遇的战略选择。

（1）数字经济健康发展，有利于推动构建新发展格局。构建新发展格局的重要任务是增强经济发展动能、畅通经济循环。数字技术、数字经济可以推动各类资源要素快捷流动、各类市场主体加速融合，帮助市场主体重构组织模式，实现跨界发展，打破时空限制，延伸产业链条，畅通国内外经济循环。

（2）数字经济健康发展，有利于推动建设现代化经济体系。数据作为新型生产要素，对传统生产方式变革具有重大影响。数字经济具有高创新性、强渗透性、广覆盖性，不仅是新的经济增长点，而且是改造提升传统产业的支点，可以成为构建现代化经济体系的重要引擎。

（3）数字经济健康发展，有利于推动构筑国家竞争新优势。当今时代，数字技术、数字经济是世界科技革命和产业变革的先机，是新一轮国际竞争重点领域，我们一定要抓住先机、抢占未来发展制高点。

资料来源：习近平．不断做强做优做大我国数字经济．求是，2022（2）.

第3节　数字经济政策展望

在党中央、国务院的大力推动和支持下，我国数字经济政策覆盖领域和范围不断扩大，政策着力方向日益贴近人民的生产生活，但数字经济发展和数字经济政策细化落地仍然存在一些挑战。一是对数字产业化关键核心技术布局不足，“重应用、轻研发”的现象仍然存在，对新业态、新模式的政策重视程度远高于对关键核心技术的布局；二是生产领域产业数字化政策落地困难，我国数字经济逐步由消费领域向生产领域拓展，但生产领域产业数字化转型面临的政策问题更为复杂，对政策分类实施的要求更高；三是数字化政策治理面临诸多挑战，政府监管体系不能适应新业态创新发展的需要，市场准入监管与数字经济发展不相适应等问题相继出现；四是国际合作不确定性加大，当前全球产业格局和金融稳定受到冲击，经济运行风险和不确定性显著上升，为数字经济国际合作带来诸多不确定因素。

一、不断深化数字产业化的关键技术领域布局

当前新一轮科技革命和产业变革蓄势待发，重大颠覆性技术不断出现，科技成果转化速度加快，产业组织形式和产业链条更具垄断性。在关键核心技术领域占据制高点是世界主要经济体的战略目标。我国应进一步加强数字产业化领域的基础研究，部署互联网、大数据、人工智能、量子信息、机器人等前沿领域的关键技术研发和产业化布局，支持人工智能应用、量子物质与应用、基础电路与光电芯片、机器人与智能制造、地球

系统科学等前沿领域研究，力争实现基础理论和关键技术突破；加强关键核心技术研发，加大对 5G、工业互联网、云计算、大数据等领域关键技术的研发支持，重点突破底层基础技术、基础工艺能力等问题，完善技术转换政策环境，助力研究成果加快向应用端转移；建立完善的知识产权管理服务体系，运用在线识别、实时监测、源头追溯等技术，利用数字技术加强知识产权保护，推动数字技术成果转移转化。

二、产业数字化政策不断迈向精准化

近年来，产业数字化在数字经济中的比重不断上升，互联网新技术应用在全方位、全角度、全链条改造传统产业，提高全要素生产率，以及释放数字经济潜力等方面的作用不断增大。不同地区、不同行业间数字化水平、数字化潜力和数字化形态的差异，对产业数字化政策制定与落地提出了新的要求。未来应鼓励各地政府、各部门以分类实施、精准施策为原则，根据产业发展的实际状况，制定合乎实际、切实可行的产业数字化政策方案。对于产业基础好、上下游设施配套完善、行业集中度高的区域，应加大智能制造、工业互联网、智能工厂等高端制造业部署；对于产业基础相对薄弱、数字化转型认识不足的区域，应优先布局数字化转型服务环境，通过开展工业互联网改造升级、推进工业互联网标识解析应用等方式，加强基础性网络部署，通过打造行业级、企业级工业互联网平台服务能力等方式提高企业的数字化转型能力，通过大力培育数字化产品与解决方案供给、开展中小企业数字化人才培训等方式，完善产业数字化环境，实现产业数字化、精准化、务实化。

三、积极布局全方位数字化治理

伴随着数字经济发展的不断深化，数字化治理日益成为全球广泛关注的话题。我国应顺应数字经济发展趋势，坚持审慎包容治理的理念，在严守安全底线的前提下，鼓励新模式新业态创新发展，对新生事物留有“观察期”，同时严密跟踪数字经济发展动向，制定出台相应政策，推动多元共治深层次应用。一方面，要建立高效的政府协同监管体系，各部门开展联合执法协同监管制度化、常态化，在平台治理、网络安全保障等方面形成监管合力；另一方面，要构建互联网行业多方参与治理机制，打造政府主导、企业自治、行业自律、社会监督的社会共治模式。数字化治理也要做好技管结合，利用数字技术进一步提升政府治理能力，不断优化治理手段与方式。例如，积极运用大数据、人工智能等技术提升政府治理能力，对典型平台的突出问题进行精准高效的管理。各级政府应加快数字化公共服务政策实施，积极布局数字化技术在智慧城市管理、医疗健康、交通运输等领域的应用，切实提高人民生活的便利性，让人民共享数字经济发展福祉。

四、数字经济国际合作

由于数字鸿沟、平台垄断和数据跨境流动等问题日益超越传统全球经济治理边界，客观上需要建立一个关于全球数字经济治理的系统分析框架。数字经济创新发展给现有国际规则体系带来新的挑战，国际规则亟待重塑，各国应在充分尊重各自主权与发展利益的基础上，共同协商构建相关技术产品和服务的国际标准。当前数字规则和秩序的重塑在国际舞台上正积极推进，以二十国集团为代表的国际组织大力推动数字议题；世界贸易组织与区域贸易协定为数字规则发展演进铺设多元化路径（中国信息通信研究院，2021）。一是探索数据跨境安全有序流动的国际规则，针对隐私保护、数据安全、数字税收、数据法治等，加强国际交流与合作，增加共识和信任，共同推动制定切实可行的国际规则，让数据更好地促进技术进步，服务数字经济发展。二是加强网络安全国际合作，借助多边合作框架，推动各国在网络安全标准制定、技术研发、产品研制等方面开展合作，组织开展研讨会、展览展示会、人才培训会等多种形式的交流活动；加强在线交易方面的国际合作，共同打击网络犯罪和保护数字经济环境；全面提升关键数字基础设施、网络数据、个人信息等安全保障能力，增强融合领域安全防护能力，积极应对新型网络安全风险。三是探索反映发展中国家利益和诉求的规则体系，推动多边、区域等层面数字经济国际规则协调，构建数字经济国际规则特性，共享数字经济发展成果。

数字中国　中国数字经济政策大事记

// 基本概念 //

数字经济政策（digital economy policy）　数字经济治理（digital economic governance）
数字化治理（digital governance）　数字政府（digital government）
智慧城市（smart city）

// 讨论题 //

1. 全球主要经济体数字经济政策的相同点和差异有哪些？
2. 我国数字经济政策体系的主要内容是什么？
3. 我国产业数字化政策和数字产业化政策的主要内容是什么？
4. 结合数字经济发展趋势，探讨数字经济政策将如何演进。

参考文献

[1] 王如玉，梁琦，李广乾．虚拟集聚：新一代信息技术实验经济深度融合的空间组织新形态．管理世界，2018，34（2）：13－21.

[2] 钞小静，沈坤荣．城乡收入差距、劳动力质量与中国经济增长．经济研究，2014，49（6）：30－43.

[3] 陈昌盛，许伟，兰宗敏，等．“十四五”时期我国发展内外部环境研究．管理世界，2020，36（10）：1－14＋40＋15.

[4] 陈晓红，李杨扬，宋丽洁，等．数字经济理论体系与研究展望．管理世界，2022（2）：208－224.

[5] 发展数字经济应注重维护社会公平．（2021－04－06）．http://www.rmlt.com.cn/2021/0406/611220.shtml.

[6] 郭思佳，申丹虹．数字经济对消费支出影响分析．商业经济研究，2021（22）：66－68.

[7] 胡鞍钢，周绍杰．中国如何应对日益扩大的“数字鸿沟”．中国工业经济，2002（3）：5－12.

[8] 贺达，顾江．互联网对农村居民消费水平和结构的影响：基于CFPS数据的PSM实证研究．农村经济，2018（10）：51－57.

[9] 何大安．数字经济下内循环为主战略的理论分析．社会科学战线，2020（12）：36－47.

[10] 荆文君，孙宝文．数字经济促进经济高质量发展：一个理论分析框架．经济学家，2019（2）：66－73.

[11] 林毅夫，蔡昉，李周．中国经济转型时期的地区差距分析．经济研究，1998（6）：5－12.

[12] 刘荣婷．网络经济对居民消费行为的影响探究：基于消费者行为学视角．商业经济研究，2019（1）：44－46.

[13] 马化腾，等．数字经济．北京：中信出版集团，2017.

[14] 马香品．数字经济时代的居民消费变革：趋势、特征、机理与模式．财经科学，2020（1）：120－132.

[15] 孟祺．数字经济与高质量就业：理论与实证．社会科学，2021（2）：47－58.

[16] 牛亮．数字经济新业态促进下的零售业态模式创新：基于组织韧性视角．商业经济研究，2021（4）：31－34.

[17] 彭晋璋．信息经济学与波拉特的《信息经济》．经济学动态，1985（7）：60－62.

[18] 戚聿东，褚席．数字经济学学科体系的构建．改革，2021（2）：41－53.

［19］任保平，苗新宇．新经济背景下扩大新消费需求的路径与政策取向．改革，2021（3）：14－25.

［20］石勇．数字经济的发展与未来．中国科学院院刊，2022，37（1）：78－87.

［21］沈悦，郭品．互联网金融、技术溢出与商业银行全要素生产率．金融研究，2015（3）：160－175.

［22］腾讯研究院．打造数字经济新优势：全球主要国家数字经济的规模、价值链与融合水平研究．2022.

［23］王玉香，徐洪波．数字经济赋能下流通业效率对居民消费升级的影响：基于消费扩容提质的视角．商业经济研究，2021（16）：40－44.

［24］魏萍，陈晓文．数字经济、空间溢出与城乡收入差距：基于空间杜宾模型的研究．山东科技大学学报（社会科学版），2020，22（3）：75－88.

［25］许宪春，张美慧．中国数字经济规模测算研究：基于国际比较的视角．中国工业经济，2020（5）：23－41.

［26］许竹青，郑风田，陈洁．“数字鸿沟”还是“信息红利”？信息的有效供给与农民的销售价格：一个微观角度的实证研究．经济学（季刊），2013，12（4）：1513－1536.

［27］许恒，张一林，曹雨佳．数字经济、技术溢出与动态竞合政策．管理世界，2020，36（11）：63－84.

［28］闫德利．数字经济的内涵、界定和规模测算．腾讯研究院，2022.

［29］叶茜茜．互联网金融技术创新扩散的空间溢出效应：基于P2P网贷数据的实证检验．中国流通经济，2016，30（9）：9.

［30］张正平，卢欢．数字鸿沟研究进展．武汉金融，2020（3）：64－71＋84.

［31］张旭亮，史晋川，李仙德，等．互联网对中国区域创新的作用机理与效应．经济地理，2017，37（12）：9.

［32］张俊英，郭凯歌，唐红涛．电子商务发展、空间溢出与经济增长：基于中国地级市的经验证据．财经科学，2019（3）：14.

［33］周利，廖婧琳，张浩．数字普惠金融、信贷可得性与居民贫困减缓：来自中国家庭调查的微观证据．经济科学，2021（1）：145－157.

［34］中国信息通信研究院．2015中国信息经济研究报告．2015.

［35］中国信息通信研究院．中国数字经济发展白皮书（2017年）．2017.

［36］中国信息通信研究院．全球数字经济白皮书：疫情冲击下的复苏新曙光．2021.

［37］中国数字经济占GDP比重34.8%已成网络和数字化大国．（2019－06－17）．https://tech.sina.com.cn/it/2019-06-17/doc-ihvhiews9331303.shtml.

［38］国家发展改革委高技术产业司．分享经济发展指南．2017.

［39］国家信息中心．中国共享经济发展报告2022．2022.

［40］何超，张建琦，刘衡．分享经济：研究评述与未来展望．经济管理，2018，40（1）：191－208.

［41］韩卫波．基于文献计量的国内外共享经济研究进展分析．经济研究导刊，2018（30）：177－180.

［42］刘祎，王玮．工业大数据时代技术示能性研究综述与未来展望．科技进步与对

策，2019，36（20）：154－60.

［43］刘征驰，邹智力，马滔．技术赋能、用户规模与共享经济社会福利．中国管理科学，2020，28（1）：222－230.

［44］林培望．IT 可供性对企业数字化创新及其创新绩效的影响机制研究．广州：广东工业大学，2021.

［45］帅旭，陈宏民．网络外部性与市场竞争：中国移动通信产业竞争的网络经济学分析．世界经济，2003（4）：45－51＋80.

［46］魏江，刘洋，等．数字创新．北京：机械工业出版社，2020.

［47］魏江，赵雨菡．数字创新生态系统的治理机制．科学学研究，2021，39（6）：965－969.

［48］吴岱蔚，马清，许恒．政府优化共享经济平台的福利经济分析：基于一般均衡理论的视角．产业经济评论，2018（4）：5－12.

［49］吴清烈．电子商务：理论与实践．北京：电子工业出版社，2015.

［50］杨卓凡．数字经济平台的规模效应、技术创新与“IT 生产率悖论”解析．互联网天地，2018（10）：24－27.

［51］袁淳，肖土盛，耿春晓，等．数字化转型与企业分工：专业化还是纵向一体化．中国工业经济，2021（9）：137－155.

［52］朱悦．交易成本：理解数字经济的“密钥”．经济观察网，2019－09－16.

［53］张青，华志兵．资源编排理论及其研究进展述评．经济管理，2020，42（9）：193－208.

［54］张超，陈凯华，穆荣平．数字创新生态系统：理论构建与未来研究．科研管理，2021，42（3）：1－11.

［55］波拉特．信息经济论．长沙：湖南人民出版社，1987.

［56］庞皓．统计学．6 版．成都：西南财经大学出版社，2020.

［57］孙毅．数字经济学．北京：机械工业出版社，2022.

［58］康铁祥．中国数字经济规模测算研究．当代财经，2008（3）：118－121.

［59］张建华，李博．KLEMS 核算体系与产业结构优化升级研究．当代经济研究，2008（4）：12－16.

［60］许宪春，余航，杨业伟．政府微观调查数据开发应用的国际经验和建议．统计研究，2017，34（12）：3－14.

［61］张美慧．互联网经济对国民经济核算基本分类的影响．经济统计学（季刊），2018（2）：68－79.

［62］向书坚，吴文君．OECD 数字经济核算研究最新动态及其启示．统计研究，2018，35（12）：3－15.

［63］杨仲山，张美慧．数字经济卫星账户：国际经验及中国编制方案的设计．统计研究，2019，36（5）：16－30.

［64］许宪春，张美慧．中国数字经济规模测算研究：基于国际比较的视角．中国工业经济，2020（5）：23－41.

［65］许宪春，张美慧，张钟文．数字化转型与经济社会统计的挑战和创新．统计研

究，2021，38（1）：15－26.

［66］财新智库，BBD. 2022年3月中国数字经济指数报告.（2022－05－14）. https://yun.ccxe.com.cn/indices/dei.

［67］H3C. 城市数字经济指数.（2021－04－09）. http://www.h3c.com/cn/Deindex/2021/Faq/.

［68］赛迪顾问. 中国数字经济发展指数白皮书发布.（2021－04－22）. https://www.ccidgroup.com/info/1096/32959.htm.

［69］腾讯研究院. 数字中国指数报告（2019）.（2019－05－28）. https://www.tisi.org/15098.

［70］中国信通院. 全球数字经济新图景（2020年）.（2020－10－14）. http://www.caict.ac.cn/kxyj/qwfb/bps/202010/t20201014_359826.htm.

［71］中国信通院. 中国数字经济发展白皮书.（2021－04－23）. http://www.caict.ac.cn/kxyj/qwfb/bps/202104/t20210423_374626.htm.

［72］《中国信息化水平评价研究》课题组. 中国信息化水平评价研究报告. 统计研究，2006（2）：3－9＋81.

［73］石磊，张笑然. 元宇宙：思想政治教育的未来场域. 思想教育研究，2022（3）：36－42.

［74］陈晓红，李杨扬，宋丽洁，等. 数字经济理论体系与研究展望. 管理世界，2022，38（2）：208－224＋13－16.

［75］陈收，蒲石，方颖，等. 数字经济的新规律. 管理科学学报，2021，24（8）：36－47.

［76］刘月. 数字平台能力、价值共创与平台企业竞争优势关系研究. 长春：吉林大学，2021.

［77］陈兵，赵青. 平台经济领域个人信息保护的反垄断法必要及实现：以德国脸书案为例的解说. 兰州学刊，2022（2）：88－100.

［78］陈肖盈. 日本平台经济领域竞争环境整顿的经验分析. 现代日本经济，2022，41（1）：47－57.

［79］杜津宇，董艳莉. 外卖平台“二选一”行为市场支配力研究. 长白学刊，2022（1）：107－115.

［80］胡春燕. 国外工业互联网发展特点与态势分析. 青岛日报，2020－08－16.

［81］江山. 美国数字市场反垄断监管的方法与观念反思. 国际经济评论，2021（6）：26－55＋5.

［82］李小鲁，李喜燕，张纬武. 互联网平台垄断行为治理：国际经验与本土选择. 西南金融，2021，12（12）：1－10.

［83］沙烨. 数字财富鸿沟：数字控制与资本控制的叠加效应. 文化纵横，2021（5）：84－93.

［84］王煜婷. 数字经济背景下我国经营者集中制度的完善. 中国政法大学学报，2022（1）：161－172.

［85］肖鹏. 工业互联网白皮书（2021）. 中国企业数字化联盟，2021.

[86] 信息通信管理局. 工业互联网百科词条. (2021-07-29). https://wap.miit.gov.cn/ztzl/rdzt/gyhlw/jyjl/art/2021/art_aefc34025c824961a8464352ecee2a7f.html.

[87] 徐蓓. 数字经济时代平台反垄断规制的困局和调适. 商业经济研究, 2022 (1): 93-96.

[88] 易芳, 包嘉豪. 数字经济背景下平台企业相关市场界定的量化研究: 以阿里巴巴"二选一"案为例. 财经问题研究, 2022 (2): 33-41.

[89] 尹振涛, 陈媛先, 徐建军. 平台经济的典型特征、垄断分析与反垄断监管. 南开管理评论, 2022, 25 (3): 14.

[90] 袁嘉. 德国数字经济反垄断监管的实践与启示. 国际经济评论, 2021 (6): 56-76+5.

[91] 张卫东. 欧盟平台经济领域的反垄断监管及其借鉴. 电子政务, 2022 (3): 77-87.

[92] 工业互联网产业联盟. 工业互联网平台白皮书 (2017). 2017.

[93] 中国信息通信研究院政策与经济研究所. 平台经济与竞争政策观察 (2021年). 2021.

[94] 安筱鹏. 重构: 数字化转型的逻辑. 北京: 电子工业出版社, 2019.

[95] 李杰. 工业大数据: 工业4.0时代的工业转型与价值创造. 北京: 机械工业出版社, 2015.

[96] 李培根, 高亮. 智能制造概论. 北京: 清华大学出版社, 2021.

[97] 刘强. 智能制造概论. 北京: 机械工业出版社, 2021.

[98] 柳卸林, 董彩婷, 丁雪辰. 数字创新时代: 中国的机遇与挑战. 科学学与科学技术管理, 2020, 41 (6): 3-15.

[99] 卢阳光, 闵庆飞, 刘锋. 中国智能制造研究现状的可视化分类综述: 基于CNKI (2005—2018) 的科学计量分析. 工业工程与管理, 2019, 24 (4): 14-22+39.

[100] 路甬祥. 走向绿色和智能制造: 中国制造发展之路. 中国机械工程, 2010, 21 (4): 379-386+399.

[101] 吕铁, 韩娜. 智能制造: 全球趋势与中国战略. 人民论坛·学术前沿, 2015 (11): 6-17.

[102] 孟凡生, 赵刚. 中国制造企业创新柔性与智能化转型关系的实证研究: 基于商业模式创新和环境动态性的中介调节效应. 预测, 2018, 37 (6): 1-8.

[103] 宁振波. 智能制造的本质. 北京: 机械工业出版社, 2021.

[104] 戚聿东, 徐凯歌. 智能制造的本质. 北京师范大学学报 (社会科学版), 2022 (3): 93-103.

[105] 孙柏林. 装备制造业转型发展趋势: 绿色化与智能化. 电器工业, 2013 (11): 31-35.

[106] 陶永, 蒋昕昊, 刘默, 等. 智能制造和工业互联网融合发展初探. 中国工程科学, 2020, 22 (4): 24-33.

[107] 王友发, 周献中. 国内外智能制造研究热点与发展趋势. 中国科技论坛, 2016 (4): 154-160.

［108］肖静华，吴小龙，谢康，等．信息技术驱动中国制造转型升级：美的智能制造跨越式战略变革纵向案例研究．管理世界，2021，37（3）：161－179.

［109］闫纪红，李柏林．智能制造研究热点及趋势分析．科学通报，2020，65（8）：684－694.

［110］张洁，汪俊亮，吕佑龙，等．大数据驱动的智能制造．中国机械工程，2019，30（2）：127－133＋158.

［111］张曙．工业 4.0 和智能制造．机械设计与制造工程，2014，43（8）：1－5.

［112］赵敏．基于 RAMI 4.0 解读新一代智能制造．中国工程科学，2018，20（4）：90－96.

［113］赵剑波．推动新一代信息技术与实体经济融合发展：基于智能制造视角．科学学与科学技术管理，2020，41（3）：3－16.

［114］郑力，莫莉．智能制造：技术前沿与探索应用．北京：清华大学出版社，2020.

［115］中国电子信息产业发展研究院．智能制造术语解读．北京：电子工业出版社，2018.

［116］周济．智能制造："中国制造 2025"的主攻方向．中国机械工程，2015，26（17）：2273－2284.

［117］朱剑英．智能制造的意义、技术与实现．航空制造技术，2013（Z2）：30－35.

［118］马述忠，房超，梁银峰．数字贸易及其时代价值与研究展望．国际贸易问题，2018（10）：16－30.

［119］熊励，刘慧，刘华玲．数字与商务：2010 年全球数字贸易与移动商务研讨会论文集．上海：上海社会科学院出版社，2010：42－54.

［120］王爱华，王艳真．中日跨境数字贸易规模测度分析．现代日本经济，2021（1）：43－55.

［121］李俊，李西林，王拓．数字贸易概念内涵、发展态势与应对建议．国际贸易，2021（5）：12－21.

［122］刘洪愧．数字贸易发展的经济效应与推进方略．改革，2020（3）：40－52.

［123］张宇．数字经济下的国际贸易：理论反思与展望．天津社会科学，2021（3）：84－92.

［124］吴清烈．电子商务：理论与实践．北京：电子工业出版社，2015.

［125］马克思，恩格斯．马克思恩格斯全集：第 3 卷．北京：人民出版社，1960.

［126］马克思．资本论：第 1 卷．北京：山东人民出版社，1975.

［127］李嘉图．政治经济学及赋税原理．丰俊功，译．北京：光明日报出版社，2009.

［128］张宇，蒋殿春．数字经济下的国际贸易：理论反思与展望．天津社会科学，2021（3）：84－92.

［129］全球（郑州）跨境电商研究院．世界主要国家跨境电商政策与解读．北京：中国商务出版社，2021.

［130］Worldpay. 2022 年全球支付报告．2022.

［131］美国商务部零售指数司．2021年第4季度零售电子商务销售报告．2022.
［132］日本产业经济省商务情报政策局．令和二年电子商务市场调查报告．2021.
［133］韩国统计局．2021年12月线上购物调查报告．2022.
［134］中国信通院．数字贸易发展白皮书（2020年）．2020.
［135］中国互联网络信息中心．中国互联网络发展状况统计报告（第49次）．2022.
［136］李建军，朱烨辰．数字货币理论与实践研究进展．经济学动态，2017（10）：115－127.
［137］杨延超．论数字货币的法律属性．中国社会科学，2020（1）：84－106＋206.
［138］刘双印，雷墨鹭兮，王璐，等．区块链关键技术及存在问题研究综述．计算机工程与应用，2022，58（3）：17.
［139］姚前．国际数字货币研发态势对中国的启示．https://new.qq.com/rain/a/20211215A05TVP00.
［140］黄祥钟，陈铭．利率分层制度下央行数字货币利率的设计与政策含义．金融经济学研究．2021（7）：3－15.
［141］刘凯，李育，郭明旭．主要经济体央行数字货币的研发进展及其对经济系统的影响研究：一个文献综述．金融理论与政策，2021（6）：13－22.
［142］赵建，李嘉怡．全球金融市场的“数字革命”：交易结构、投资行为与风险特征．探索与争鸣．2021（8）：25－36.
［143］中国人民银行数字人民币研发工作组．中国数字人民币的研发进展白皮书．2021.
［144］孙国峰．Libra的货币性质、潜在影响与演变方向．经济学动态，2019（12）：15－26.
［145］于伟，王玉荣，易宪容．数字加密货币的金融风险：特征、机制及其防范．江海学刊，2022（1）：81－90.
［146］陈伟光，明元鹏．数字货币：从国家监管到全球治理．社会科学，2021（9）：13－27.
［147］张振杰．浅析大数据金融发展存在的问题与对策．商业经济，2020（2）：168－169.
［148］胡学林，范先究，李政为，等．基于数据应用的供应链金融模式研究．征信，2021（11）：80－86.
［149］陆岷峰，吴建平．大数据时代财富管理痛点分析与转型路径：基于智能投顾应用视角．金融管理研究，2018（1）：18－33.
［150］戈志武．大数据征信监管研究．西南金融，2017（4）：13－18.
［151］中国电子商务协会．第三方电子支付探索与实践．北京：中国标准出版社，2008.
［152］中国人民银行．非金融机构支付服务管理办法．（2016－05－24）．http://www.gov.cn/zhengce/2016-05/24/content_5076138.htm.
［153］谢瑶华，栾福茂．我国第三方支付的现状、风险及控制对策．财会月刊，2017（13）：41－45.
［154］王哲，周均旭．我国第三方支付的发展现状与对策研究．改革与战略，2011，

27 (8)：68－70.

［155］阳志梅. 谈第三方支付机构应用优势及发展模式. 商业时代，2008 (9)：91－92.

［156］艾志锋. 中国第三方支付发展研究：基于央行监管视角. 武汉金融，2011 (11)：15－17.

［157］杨东. 监管科技：金融科技的监管挑战与维度建构. 中国社会科学，2018 (5)：69－91＋205－206.

［158］张哲宇，唐建伟. 互联网银行靠什么赚取高利润. 中国金融，2018 (14)：78－79.

［159］巴曙松，杨彪. 第三方支付国际监管研究及借鉴. 财政研究，2012 (4)：72－75.

［160］蔡普华，汪伟，郑颖，等. 金融科技发展与商业银行数字化转型：影响与建议. 新金融，2021 (11)：39－44.

［161］赵丹丹. 国内外领先银行数字化转型的实践与启示. 新金融，2021 (10)：15－20.

［162］华泰证券课题组，朱有为. 证券公司数字化财富管理发展模式与路径研究. 证券市场导报，2020 (4)：11.

［163］普华永道思略特. 背水一战：数字化时代下的财富管理. 2018.

［164］王馨. 互联网金融助解“长尾”小微企业融资难问题研究. 金融研究，2015 (9)：128－139.

［165］谢平，邹传伟，刘海二. 互联网金融的基础理论. 金融研究，2015 (8)：1－12.

［166］李建军，王德. 搜寻成本、网络效应与普惠金融的渠道价值：互联网借贷平台与商业银行的小微融资选择比较. 国际金融研究，2015 (12)：56－64.

［167］谢平，邹传伟，刘海二. 互联网金融监管的必要性与核心原则. 国际金融研究，2014 (8)：3－9.

［168］李焰，高弋君，李珍妮，等. 借款人描述性信息对投资人决策的影响：基于 P2P 网络借贷平台的分析. 经济研究，2014 (1)：143－155.

［169］廖理，李梦然，王正位. 聪明的投资者：非完全市场化利率与风险识别：来自 P2P 网络借贷的证据. 经济研究，2014 (7)：125－137.

［170］艾金娣. P2P 网络借贷平台风险防范. 中国金融，2012 (14)：79－81.

［171］王紫薇，袁中华，钟鑫. 中国 P2P 网络小额信贷运营模式研究：基于“拍拍贷”、“宜农贷”的案例分析. 新金融，2012 (2)：42－45.

［172］高昂，彭云峰，王思睿. 数据资产价值评价标准化研究. 中国标准化，2021 (9)：90－93.

［173］张驰. 数据资产价值分析模型与交易体系研究. 北京：北京交通大学，2018.

［174］梁艳. 互联网企业数据资产价值评估. 石家庄：河北经贸大学，2020.

［175］李永红，李金骜. 互联网企业数据资产价值评估方法研究. 经济研究导刊，2017 (14)：104－107.

[176] 朱扬勇，叶雅珍．从数据的属性看数据资产．大数据，2018，4（6）:65－76.

[177] 中国信息通信研究院云计算与大数据研究所．数据资产管理实践白皮书（2.0版）．2018.

[178] 光大银行，瞭望智库．商业银行数据资产估值白皮书．2021.

[179] 林飞腾．基于成本法的大数据资产价值评估研究．商场现代化，2020（10）：59－60.

[180] 刘琦，童洋，魏永长．市场法评估大数据资产的应用．中国资产评估，2016（11）：33－37.

[181] 李永红，张淑雯．数据资产价值评估模型构建．财会月刊，2018（9）：30－35.

[182] 迪莉娅．我国大数据产业发展研究．科技进步与对策，2014（4）：56－60.

[183] 赛迪顾问大数据产业研究中心．"十四五"时期我国大数据产业发展特征．软件和集成电路，2021（4）：2.

[184] 冯莹．基于大数据产业链的商业模式研究．现代商业，2016（24）：34－35.

[185] 池莲．谈大数据产业形成路径及其产业集群发展动力机制．商业经济研究，2015（17）：66－68.

[186] 王卫，张梦君，王晶．国内外大数据交易平台调研分析．情报杂志，2019，38（2）：181－186＋194.

[187] 崔学敬．我国大数据交易存在的主要问题及其应对．学习月刊，2021（4）：49－51.

[188] 曹萌，于洋，梁英，等．基于区块链的大数据交易关键技术与发展趋势．计算机科学，2021，48（S2）：184－190.

[189] 工业和信息化部．"十四五"大数据产业发展规划．2021.

[190] 中国信息通信研究院．大数据白皮书．2020.

[191] 何伟，孙克，胡燕妮，等．中国数字经济政策全景图．北京：人民邮电出版社，2022.

[192] 李锋．欧盟立法提升数字经济国际竞争力．https://www.zhonghongwang.com/show-278-237323-1.html

[193] 中国信通院．全球数字治理白皮书．2021.

[194] 郑雪平．欧盟数字经济发展政策取向及成效．中国社会科学报，2021－04－12.

[195] 习近平．不断做强做优做大我国数字经济．求是，2022（2）.

[196] 陈伟光，钟列炀．全球数字经济治理：要素构成、机制分析与难点突破．https://kns.cnki.net/kcms/detail/11.3799.F.20211223.1058.002.html.

[197] 封帅．建构非对称竞争优势的尝试：俄罗斯人工智能治理体系的结构与逻辑解析．俄罗斯学刊，2022，12（2）：25.

[198] 华义．日本为何大力推进"数字新政"．经济参考报，2020－01－15.

[199] 周念利，孟克．美国拜登政府的数字贸易治理政策趋向及我国应对策略．太平洋学报，2021，29（10）：9.

[200] 伍艳．论网络信息时代的"被遗忘权"：以欧盟个人数据保护改革为视角．图

书馆理论与实践，2013（11）：4－9.

［201］弓永钦，王健．APEC与欧盟个人数据跨境流动规则的研究．亚太经济，2015（5）：9－13.

［202］王忠．大数据时代个人数据交易许可机制研究．理论月刊，2015（6）：131－135.

［203］相丽玲，高倩云．大数据时代个人数据权的特征、基本属性与内容探析．情报理论与实践，2018，41（9）：45－50＋36.

［204］史宇航．个人数据交易的法律规制．情报理论与实践，2016，39（5）：34－39.

［205］黄国彬，张莎莎，闫鑫．个人数据的概念范畴与基本类型研究．图书情报工作，2017，61（5）：41－49.

［206］Aker J C. Dial “A” for Agriculture：A Review of Information and Communication Technologies for Agricultural Extension in Developing Countries. Agricultural Economics，2011，42（6）：631－647.

［207］BEA. Measuring the Digital Economy：An Update Incorporating Data from the 2018 Comprehensive Update of the Industry Economic Accounts. https//www. bea. gov/system/files/2019-04/digital-economy-report-updateApril-2019_1. pdf.

［208］Ho C C，Tseng S F. From Digital Divide to Digital Inequality：The Global Perspective. International Journal of Internet & Enterprise Management，2006，4（3）：215－227.

［209］Jensen R T. Information，Efficiency，and Welfare in Agricultural Markets. Agricultural Economics，2010，41：203－216.

［210］Martin S P. Is the Digital Divide Really Closing? A Critique of Inequality Measurement in A Nation Online. Society，2003，1（4）：1－13.

［211］Leonardi P M. When Flexible Routines Meet Flexible Technologies：Affordance，Constraint，and the Imbrication of Human and Material Agencies. MIS Quarterly，2011，35（1）：147－67.

［212］Markus M L，Silver M S. A Foundation for the Study of IT Effects：A New Look at DeSanctis and Poole's Concepts of Structural Features and Spirit. Journal of the Association for Information Systems，2008，9（10）：609－632.

［213］Norman D A. Affordance，Conventions，and Design. Interactions，1999，6（3）：38－42.

［214］Strong D M，Volkoff O，Johnson S A，et al. A Theory of Organization-EHR Affordance Actualization. Journal of the Association for Information Systems，2014，15（2）：53－85.

［215］Barefoot K，Curtis D，Jolliff W A，et al. Defining and Measuring the Digital Economy.（2018－03－15）. https://www. bea. gov/research/papers/2018/defining-and-measuring-digital-economy.

［216］BEA. Updated Digital Economy Estimate-June 2021.（2021－06－01）. https://www. bea. gov/system/files/2021-06/DE% 20June% 202021% 20update% 20for% 20web% 20v3. pdf.

［217］ Brydon A. Australian Digital Inclusion Index：2021. Melbourne：RMIT，Swinburne University，2021.

［218］ European Commission. Digital Economy and Society Index (DESI) 2021：DESI Methodological Note. (2021-11-12). https://digital—strategy. ec. europa. eu/en/policies/desi.

［219］ ITU. The ICT Development Index (IDI)：Conceptual Framework and Methodology. https://www. itu. int/en/ITU-D/Statistics/Pages/publications/mis2017/methodology. aspx.

［220］ ITU. The ICT Development Index (IDI)：Methodology，Indicators and Definitions (as of February 2019). (2019-02-01). https://www. itu. int/en/ITU-D/Statistics/Documents/statistics/ ITU_ICT%20Development%20Index. pdf.

［221］ OECD. Measuring the Digital Economy：A New Perspective. https://read. oecd-ilibrary. org/science-and-technology/measuring-the-digital-economy_9789264221796-en#page128.

［222］ Thomas J，Barraket J，et al. Australian Digital Inclusion Index：2021. Melbourne：RMIT，Swinburne University，2021.

［223］ Stieglitz N. Industry Dynamics and Types of Market Convergence. DRUID Summet Conference on "Industrial Dynamics of the New and Old Economy-Who is Embracing Whom?"，Copenhagen/Elsinore，2002.

［224］ Dess G G，Beard D W. Dimensions of Organizational Task Environments. Administrative Science Quarterly，1984，29 (1)：52-73.

［225］ Armstrong M. Competition in Two-sided Markets. Rand Journal of Economics，2006，37：668-691.

［226］ Bedre-Defolie Ö，Nitsche R. When Do Markets Tip? An Overview and Some Insights for Policy. Journal of European Competition Law & Practice，2020，11 (10)：610-622.

［227］ Belleflamme P，Peitz M. Platform Competition：Who Benefits from Multi-homing?. International Journal of Industrial Organization，2019，64：1-26.

［228］ Belleflamme P，Peitz M. The Economics of Platforms. Cambridge University Press，2021.

［229］ Cabral L. Dynamic Price Competition with Network Effects. The Review of Economic Studies，2011，78 (1)：83-111.

［230］ Calvano E，Polo M. Strategic Differentiation by Business Models：Free-to-air and Pay-tv. The Economic Journal，2020，130 (625)：50-64.

［231］ Casadesus-Masanell R，Hervas-Drane A. Competing with Privacy. Management Science，2015，61 (1)：229-246.

［232］ Dewenter R，Haucap J，Wenzel T. Semi-collusion in Media Markets. International Review of Law and Economics，2011，31 (2)：92-98.

［233］ Evans D S，Schmalensee R. The Antitrust Analysis of Multi-sided Platforms. 2013.

［234］ Evans D S. Why the Dynamics of Competition for Online Platforms Leads to

Sleepless Nights but not Sleepy Monopolies. SSRN 3009438, 2017.

[235] Evans D S, Schmalensee R. Matchmakers: The New Economics of Multisided Platforms. Harvard Business Review Press, 2016.

[236] Jullien B. Competition in Multi-sided Markets: Divide and Conquer. American Economic Journal: Microeconomics, 2011, 3 (4): 186 - 220.

[237] Rochet J C, Tirole J. Platform Competition in Two-sided Markets. Journal of the European Economic Association, 2003, 1 (4): 990 - 1029.

[238] Frank A G, Dalenogare L S, Ayala N F. Industry 4.0 Technologies: Implementation Patterns in Manufacturing Companies. International Journal of Production Economics, 2019, 210: 15 - 26.

[239] Thoben K D, Wiesner S, Wuest T. "Industrie 4.0" and Smart Manufacturing—A Review of Research Issues and Application Examples. International Journal of Automation Technology, 2017, 11 (1): 4 - 16.

[240] Zhou Y, Zang J, Miao Z, et al. Upgrading Pathways of Intelligent Manufacturing in China: Transitioning across Technological Paradigms. Engineering, 2019, 5 (4): 691 - 701.

[241] Weber R H. Digital Trade in WTO-Law-Taking Stock and Looking Ahead. SSRN Electronic Journal, 2010, 5 (1): 1 - 24.

[242] Davoodalhosseini S. Central Bank Digital Currency and Monetary Policy. Journal of Economic Dynamics and Control, 2021: 104 - 150.

[243] Gray M, Zhang B. Crowdfunding: Understanding Diversity//Handbook on the Geographies of Money and Finance. Edward Elgar Publishing, 2017.

[244] Zhang J, Liu P. Rational Herding in Microloan Markets. Management Science, 2012, 58 (5): 892 - 912.

[245] Steve M. The Rise of Digital Wealth Management. FT Partners, 2016.

[246] BCG. Global Digital Wealth Management Report 2018. 2018.

[247] Lin M, Prabhala N R, Viswanathan S. Judging Borrowers by the Company They Keep: Friendship Networks and Information Asymmetry in Online Peer-to-Peer Lending. Management Science, 2013, 59 (1): 17 - 35.

[248] Lin M, Viswanathan S. Home Bias in Online Investments: An Empirical Study of an Online Crowdfunding Market. Management Science, 2016, 62 (5): 1393 - 1414.

[249] Hornuf L, Schwienbacher A. Market Mechanisms and Funding Dynamics in Equity Crowdfunding. Journal of Corporate Finance, 2018, 50: 556 - 574.

[250] Mollick E. The Dynamics of Crowdfunding: An Exploratory Study. Journal of Business Venturing, 2014, 29 (1): 1 - 16.

[251] Zheng H, Li D, Wu J, et al. The Role of Multidimensional Social Capital in Crowdfunding: A Comparative Study in China and US. Information & Management, 2014, 51 (4): 488 - 496.

[252] Belleflamme P, Lambert T, Schwienbacher A. Crowdfunding: Tapping the

Right Crowd. Journal of Business Venturing, 2014, 29 (5): 585 - 609.

[253] Greiner M E, Wang H. Building Consumer-to-Consumer Trust in E-finance Marketplaces: An Empirical Analysis. International Journal of Electronic Commerce, 2010, 15 (2): 105 - 136

[254] Henderson S, et al. Issues in Financial Accounting. Pearson Higher Education Australia, 2015.

[255] Shen Y, et al. Pricing Personal Data Based on Information Entropy. Proceedings of the 2nd International Conference on Software Engineering and Information Management, 2019: 143 - 146.

[256] Shannon C E. A Mathematical Theory of Communication. Bell Systems Technical Journal, 1948, 27 (4): 623 - 656.

[257] Li X, Yao J, Xue L, et al. A First Look at Information Entropy-Based Data Pricing. IEEE International Conference on Distributed Computing Systems, 2017.

[258] Stone E F, Stone D L. Privacy in Organizations: Theoretical Issues, Research Findings, and Protection Mechanisms. Research in Personnel and Human Resources Management, 1990, 8 (3): 349 - 411.

[259] Strahilevitz L J. Privacy Versus Antidiscrimination. University of Chicago Law Review, 2008, 75 (1): 363 - 381.

[260] Stutzman F, Gross R, Acquisti A. Silent Listeners: The Evolution of Privacy and Disclosure on Facebook. Journal of Privacy and Confidentiality, 2012, 4 (2): 7 - 41.

[261] Waldfogel J. The Effect of Criminal Conviction on Income and the Trust Reposed in the Workmen. Journal of Human Resources, 1994, 29 (1): 62 - 81.

图书在版编目（CIP）数据

数字经济概论 / 谢卫红主编；李秀敏，王永健，王如玉副主编. -- 北京 : 中国人民大学出版社，2023.6
高等学校新文科教材. 数字化管理系列
ISBN 978-7-300-31719-9

Ⅰ.①数… Ⅱ.①谢… ②李… ③王… ④王… Ⅲ.①信息经济－高等学校－教材 Ⅳ.①F49

中国国家版本馆 CIP 数据核字（2023）第 091324 号

高等学校新文科教材·数字化管理系列
数字经济概论
主　编　谢卫红
副主编　李秀敏　王永健　王如玉
Shuzi Jingji Gailun

出版发行	中国人民大学出版社		
社　　址	北京中关村大街 31 号	**邮政编码**	100080
电　　话	010－62511242（总编室）		010－62511770（质管部）
	010－82501766（邮购部）		010－62514148（门市部）
	010－62515195（发行公司）		010－62515275（盗版举报）
网　　址	http://www.crup.com.cn		
经　　销	新华书店		
印　　刷	天津中印联印务有限公司		
开　　本	787 mm×1092 mm　1/16	**版　　次**	2023 年 6 月第 1 版
印　　张	20.75 插页 1	**印　　次**	2024 年 9 月第 2 次印刷
字　　数	482 000	**定　　价**	49.00 元

中国人民大学出版社　管理分社

教师教学服务说明

中国人民大学出版社管理分社以出版工商管理和公共管理类精品图书为宗旨。为更好地服务一线教师，我们着力建设了一批数字化、立体化的网络教学资源。教师可以通过以下方式获得免费下载教学资源的权限：

- 在中国人民大学出版社网站 www.crup.com.cn 进行注册，注册后进入“会员中心”，在左侧点击“我的教师认证”，填写相关信息，提交后等待审核。我们将在一个工作日内为您开通相关资源的下载权限。

- 如您急需教学资源或需要其他帮助，请加入教师 QQ 群或在工作时间与我们联络。

中国人民大学出版社　管理分社

教师 QQ 群： 648333426（工商管理）　114970332（财会）　648117133（公共管理）
教师群仅限教师加入，入群请备注（学校+姓名）

联系电话： 010-62515735，62515987，62515782，82501048，62514760

电子邮箱： glcbfs@crup.com.cn

通讯地址： 北京市海淀区中关村大街甲 59 号文化大厦 1501 室（100872）

管理书社　　人大社财会　　公共管理与政治学悦读坊